新媒体营销

杨临佳　主编

高职高专经济管理类创新教材

清华大学出版社
北京

内 容 简 介

本书作为面向高职院校新媒体专业学生的实践型教材，以"理论奠基、技能驱动、行业对接"为核心编写理念，系统构建了新媒体营销的知识体系与能力框架。

全书共分为七个项目，内容由浅入深、层层递进，覆盖新媒体营销全流程，旨在培养适应行业需求的高素质技术技能人才。本书以"认识新媒体营销"开篇，解析新媒体营销的基本概念、特征与发展趋势，明确岗位能力要求，帮助学生建立全局认知；通过"新媒体营销平台"项目，深入剖析主流新媒体平台的运营逻辑与内容策略，强化学生对多平台协同运营的实操能力；通过"软文营销"与"社群营销"两个项目，详细讲解文案创作、社群运营的核心方法论，聚焦行业热点，提升学生的专业技能；通过"短视频与直播营销"项目，提供从脚本写作、拍摄剪辑到直播策划与话术设计的全流程实战指导，助力学生掌握流量时代的核心技能；通过"新媒体营销运营与推广"与"新媒体营销数据分析"两个项目，分析真实企业案例，讲解数据工具应用方法，培养学生的活动策划能力与数据驱动决策思维，使学生契合行业对"策划—运营—分析"复合型人才的需求。

本书特色鲜明，首先，体现产教融合理念，内容融入头部企业案例(如抖音、腾讯)与行业标准，确保教学内容与岗位需求无缝对接；其次，采用任务驱动模式，每个项目下设多个任务，采用"任务导入—知识讲解—思想领航—项目检测"四步教学法，实现"学做一体"。

本书提供课件，请读者扫描封底的二维码获取；本书提供拓展资料和项目检测，请读者扫描正文中的二维码获取。

本书能够连接课程与职场，既可作为高等院校和高职高专院校电子商务、市场营销、经济管理等相关专业的教材，也可作为新媒体从业者系统化提升职业技能的参考资料。

图书在版编目 (CIP) 数据

新媒体营销 / 杨临佳主编 . -- 北京 : 清华大学
出版社 , 2025. 6. -- (高职高专经济管理类创新教材).
ISBN 978-7-302-69240-9

Ⅰ. F713.365.2

中国国家版本馆 CIP 数据核字第 2025PM6451 号

责任编辑：施　猛　王　欢
封面设计：常雪影
版式设计：方加青
责任校对：马遥遥
责任印制：刘　菲

出版发行：清华大学出版社
　　　　　网　　　址：https://www.tup.com.cn，https://www.wqxuetang.com
　　　　　地　　　址：北京清华大学学研大厦 A 座　　　　　　　　邮　　　编：100084
　　　　　社 总 机：010-83470000　　　　　　　　　　　　　　　邮　　　购：010-62786544
　　　　　投稿与读者服务：010-62776969，c-service@tup.tsinghua.edu.cn
　　　　　质 量 反 馈：010-62772015，zhiliang@tup.tsinghua.edu.cn
印 装 者：小森印刷（天津）有限公司
经　　销：全国新华书店
开　　本：185mm×260mm　　　印　　张：18.25　　　字　　数：433 千字
版　　次：2025 年 6 月第 1 版　　　印　　次：2025 年 6 月第 1 次印刷
定　　价：59.00 元

产品编号：094393-01

前　言

党的二十大报告指出："教育、科技、人才是全面建设社会主义现代化国家的基础性、战略性支撑。必须坚持科技是第一生产力、人才是第一资源、创新是第一动力，深入实施科教兴国战略、人才强国战略、创新驱动发展战略，开辟发展新领域新赛道，不断塑造发展新动能新优势。我们要坚持教育优先发展、科技自立自强、人才引领驱动，加快建设教育强国、科技强国、人才强国，坚持为党育人、为国育才，全面提高人才自主培养质量，着力造就拔尖创新人才，聚天下英才而用之。"职业教育作为培养高素质技术技能人才的关键环节，必须全面落实立德树人的根本任务，深化产教融合、校企合作，推动职普融通、科教融汇，增强职业教育的适应性和吸引力，为社会主义现代化建设提供坚实的人才保障。本书以党的二十大精神为指引，结合职业教育特点和新媒体行业发展趋势，系统构建了理论与实践深度融合的教学内容，从以下四个维度深入贯彻党的职教方针与育人要求。

一、立德树人，落实"德技并修"的育人目标

党的二十大报告指出："全面贯彻党的教育方针，落实立德树人根本任务，培养德智体美劳全面发展的社会主义建设者和接班人。"本书始终将素质教育与专业能力培养紧密结合，通过以下设计体现"德技并修"的育人理念。

(1) 案例融入传统文化元素。本书引入弘扬社会主义核心价值观、传承中华优秀传统文化的典型案例，引导学生关注社会需求，强化家国情怀。

(2) 职业素养贯穿始终。本书在"新媒体营销岗位与能力要求"任务中，明确强调诚信意识、法律合规性及社会责任，旨在培养学生成为兼具专业技能与职业操守的新媒体人才。

(3) 实践任务强化使命担当。本书设置公益主题营销策划任务，鼓励学生运用新媒体工具服务社会公益事业，践行以人民为中心的发展思想。

二、产教融合，提升职业教育的适应目标

党的二十大报告指出："统筹职业教育、高等教育、继续教育协同创新，推进职普融通、产教融合、科教融汇，优化职业教育类型定位。"本书以"校企协同、岗位导向"为编写原则，从内容到形式全面体现产教融合特色。

(1) 行业标准融入课程框架。本书的目录设计紧密对标《国家职业教育专业教学标准》和新媒体行业岗位能力要求。

(2) 真实项目驱动学习过程。本书的每个项目均以企业真实需求为背景设计任务，引

入营销活动的真实数据集，要求学生完成数据采集、分析与可视化报告撰写，模拟企业决策场景。

(3) 校企专家共建内容体系。本书编写团队由高职院校教师与杭州不等食品科技有限公司等企业资深从业者共同组成，确保案例库、技能训练模块紧贴行业前沿，提升学生实战能力。

三、实践导向，强化技术技能培养目标

党的二十大报告指出："深化教育领域综合改革，加强教材建设和管理，完善学校管理和教育评价体系，健全学校家庭社会育人机制。"本书以"项目引领、任务驱动"为核心理念，构建"学做一体"的教学体系。

(1) 模块化项目设计。全书共分为七个项目，涵盖新媒体营销全链条能力。例如，从"认识新媒体营销"的理论奠基，到"短视频与直播营销"的技能深化，再到"新媒体营销数据分析"的决策支持，层层递进，形成闭环能力培养路径。

(2) 任务式技能训练。本书每个项目下设3～5个任务，采用"任务导入—知识讲解—思想领航—项目检测"四步教学法。

(3) 数字化资源配套。本书配套开发数字资源平台，打破传统课堂的时空限制，助力"线上线下混合式教学"改革的推进。

四、终身学习，服务学生可持续发展目标

党的二十大报告指出："推进教育数字化，建设全民终身学习的学习型社会、学习型大国。"本书通过以下设计，助力学生适应技术快速迭代的新媒体行业。

(1) 前沿技术渗透教学内容。本书解析AIGC(人工智能生成内容)等新兴技术，激发学生创新思维。

(2) 数据驱动决策能力培养。本书系统教授数据采集工具的使用方法及可视化呈现技巧，使学生能够基于数据优化营销策略，形成科学决策思维。

本书以党的二十大精神为根本遵循，以服务学生职业发展为核心目标，通过价值引领、产教融合、实践创新和终身学习四大维度的系统设计，全面回应了"培养什么人、怎样培养人、为谁培养人"这一教育根本问题。我们期待，通过对本书的学习，学生能掌握新媒体营销的硬核技能，更能成长为具有家国情怀、创新精神和社会责任感的新时代技术技能人才，为全面建设社会主义现代化国家贡献青春力量。

本书由台州科技职业学院的杨临佳担任主编，负责全书体例设计、文稿撰写、习题编撰、课件制作及统稿；新民晚报社的张泽茜参与项目二、项目五、项目六部分内容的撰写；台州职业技术学院的斯梦华、台州科技职业学院的肖徽徽和孙家齐以及浙江极氪智能科技有限公司的王雪莹参与案例收集及部分内容的撰写。

编者在编写本书过程中，参考了一些资料，已在文中列出，在此向相关作者表示感谢。限于能力水平，本书可能存在一些不妥之处，敬请广大读者批评指正，反馈邮箱：shim@tup.tsinghua.edu.cn。

编者

2025年1月

目　录

项目一　认识新媒体营销

教学目标

【知识目标】

- 理解媒介的概念及时代演变；
- 了解新媒体的概念；
- 了解新媒体的特征；
- 理解新媒体营销的概念、特征与优势；
- 理解新媒体内容营销的形式；
- 了解我国互联网五大亮点；
- 了解新媒体营销工作内容；
- 了解AARRR模型的作用；
- 了解不同渠道的营销策略；
- 了解活动运营的工作内容与职责；
- 了解品牌管理中提升品牌影响力的手段；
- 了解新媒体营销工作岗位的类别；
- 了解新媒体营销工作的职业发展路径。

【能力目标】

- 能够举例说明新媒体信息传播过程中的"话语权"与"投票权"；
- 掌握"趣缘"的特性；
- 能够辨别UGC、PGC、PUGC、OGC；
- 掌握新媒体内容营销的形式；
- 了解新媒体营销发展现状；
- 能够区分融媒体、自媒体、全媒体、社会化媒体；
- 了解新媒体营销发展趋势；
- 能够为自己了解的新媒体平台简单描绘用户画像；
- 掌握新媒体营销的职业技能与职业素养。

【素质目标】

- 培育人工智能时代的职业伦理道德；
- 明确新媒体内容营销的职业红线；
- 培养新媒体营销职业发展能力；
- 树立创新思维与数据思维。

⬡ 思维导引

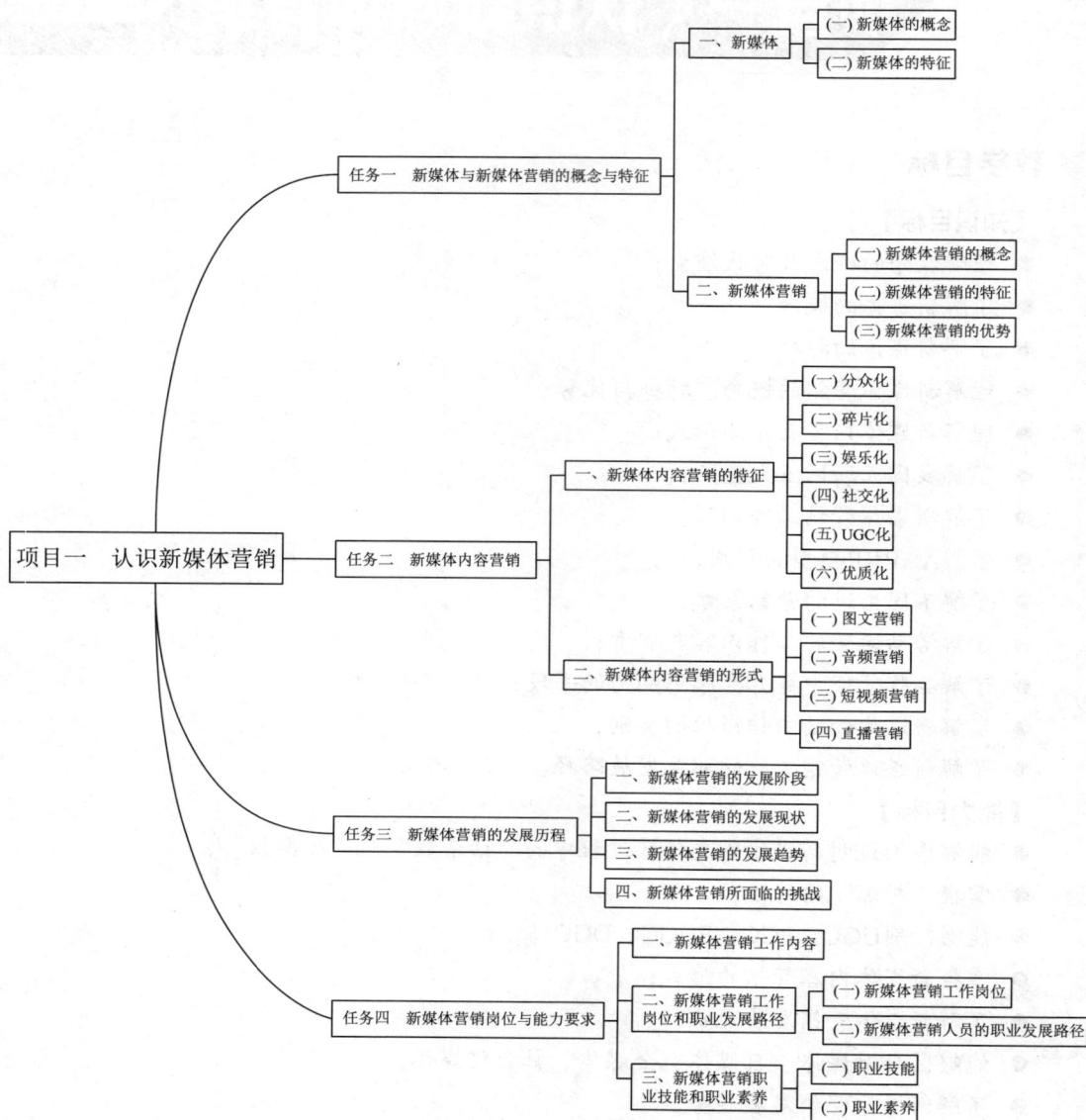

项目一　知识框架

⬡ 项目导读

各地文旅官方新媒体"内卷"掀宣传热潮[①]

　　2023年冬，哈尔滨冰雪旅游IP成功出圈，强大的溢出效应带动起全国各地的文旅宣传热潮。各地文旅部门官方新媒体账号纷纷出奇招、花式"整活"，成为2023年以来文旅领域的现象级传播事件。

[①]　王媛，刘佳雯. 各地文旅官方新媒体"内卷"掀宣传热潮 [EB/OL]. (2024-02-07)[2024-12-01]. https://mp.weixin.qq.com/s/XifkjX0z0giNnCzETBDR2g. 有删改

一、渠道：政务文旅短视频成引流关键

各地文旅部门将短视频作为舆论宣传的重要载体，纷纷开启花式"整活"之路。例如，"河南省文化和旅游厅"官方抖音账号开启"轰炸"模式，自1月9日起，官方账号在9日内发布250余条视频，介绍许昌戏曲、少林功夫等特色文化，粉丝量火速突破200万；陕西文旅晒出"185消防员"硬核照片；江西文旅安排帅气"锦衣卫"邀请各地"公主"光临；山西、山东、河北、河南组成"山河四省"，抱团宣传。除了文旅部门，各地消防、公安、教育、林业等官方账号也打出配合战，积极转发推广相关内容，并以直播、直拍等形式助推热度第二波扩散。截至2024年1月25日，抖音平台中"#河北文旅""#重庆文旅"等短视频播放量已累计超46亿人次。

二、方式：全方位感官盛宴锁定关注度

各地文旅部门在密集输出内容的过程中，始终将打造优质内容放在第一位，竞相开启一场非同寻常的"内卷"视听盛宴。首先，提升直观视听感受。例如，山东文旅凭借"喊麦"神曲《我姓东》抢占一波流量高峰，《我姓东》24小时内在各官方平台播放量近4000万人次，网友在评论区直呼"太魔性"。其次，不少地方文旅部门开启"摇人"模式，邀请本地明星为家乡引流宣传，一众演艺明星纷纷献上视频或小作文为家乡"上分"。最后，随着"黑龙江蔓越莓""四川鱼子酱"的走红，各地文旅部门纷纷展示"压箱底"的特产，震惊网友，由此掀起的"特产大摸底"演化成新的话题点，快速拉近文旅部门与网友的心理距离。

三、主体："文旅局长"才艺秀成宣传亮点

在本轮宣传中，各地文旅局长纷纷从幕后走到台前，惊艳亮相，成为宣传亮点。例如，湖南省张家界武陵源区文旅局局长变身"茅古斯"，跳起网红舞蹈"科目三"；四川省道孚县文旅局局长化身"宇航员""唐明皇""格萨尔王"，中英文双语无缝切换；广东省云浮文旅局局长表演高空纵跃跳伞；贵州省丹寨文旅局局长大秀喷火技艺；等等。针对这一现象，舆论称"'文旅局局长'已成新晋网红IP"。

四、频率：密集输出主打"题海战术"

在宣传密度上，各地文旅部门新媒体深谙"题海战术"精髓，争先恐后地开启"加更"模式，多地文旅账号熬夜"比赛"，卷出新高度。例如，山西文旅曾日更57条视频，最快的时候1分钟更新两条视频；四川文旅连夜更新25条视频；河北文旅更是立下"一天60条KPI"的目标，最终创下连更75条视频的纪录，被网友调侃"键盘要冒烟了"。在网友的献计献策与监督围观下，各地文旅部门官方新媒体账号的粉丝数量不断增加，内容输出不断优化升级。

截至2024年1月25日12时，与"各地文旅宣传"有关的全舆论场信息总量为297万余条，其中媒体报道及客户端文章166万余篇，微博信息56万余条，微信公众号文章53万篇，相关视频超27万条，相关话题"#各地文旅局都疯了#"等频登微博热搜榜，累计阅读

量超20亿。

五、各地文旅争"上分"惹争议

各地文旅部门在新媒体平台的竞逐持续引发热议，舆论观点主要集中在以下三个方面。

(一) 点赞各地文旅宣传"大戏"

对于这一波文旅宣推热潮，不少业内专家都表示，中国旅游发展史上从来没有出现过这样全国联动的盛况。深圳大学旅游发展研究中心研究员刘杰武认为，在各地文旅局答卷的背后，是其承袭下来的文旅"有作为"的考量，同时实现了利用低成本宣传博取高关注度和高流量的目的。《人民日报》等央媒指出，各地文旅部门的"卷"体现了行政主体主动贴合市场的积极姿态，让人们充分感受到各地不甘落后、努力发展文旅产业的干劲与诚意，争当"卷王"，获益的还是广大消费者。

(二) 建议地方文旅宣传注重修炼"内功"

中国旅游改革发展咨询委员会专家委员孙小荣称，文旅宣推倘若陷入千城一面的同质化竞争，就算能在网上"火一把"，也难免昙花一现。各省市在借势营销时，应重点考虑植入的内容，只有吸引游客的长久注意力并获得流量变现，才能"热"得持久。央视网评论文章称，推动文旅产业高质量发展，各地不仅要千方百计做大做好外宣工作，让当地的美景、美食和特色文化广为人知，从而吸引人来，还要逐步提高城市的旅游承载能力、接待能力、服务水平，这才是游客和当地民众最需要、最期待的。

(三) 批评个别地方剑走偏锋的宣传方式

在这波席卷而来的文旅宣传热潮中，各地宣传可谓"八仙过海，各显神通"，但也有个别地方的宣传有跑偏之嫌。据"@新闻晨报"、《北京青年报》等媒体报道，"@吉林文旅"用某盗墓小说主角宣传长白山，网络大V"@蘸盐"质疑称"盗墓'文化'的热度不该去蹭"。另外，江西文旅发布网络"红人"范小勤(江西一名16岁智力残疾男孩，曾因长相神似马云而被称为"小马云")的相关视频，该做法也受到批评。有舆论认为，一个本该送到特殊学校培养的孩子，却总是被拉入大众视线范围之内用来赚取流量，成了被消费的对象，这不是正常现象。"封面新闻"等媒体认为，地方文旅选人应谨慎，应找一些正能量达人，可以争取流量但不能无底线。

【思考与讨论】

1. 在各地文旅宣传热潮中，你看到了哪些表现突出的新媒体平台？
2. 什么是新媒体？什么是新媒体营销？
3. 新媒体营销的优势与劣势分别是什么？

任务一　新媒体与新媒体营销的概念与特征

任务导入

如今，越来越多的企业和组织机构活跃在新媒体平台上，开展产品营销、危机公关、客户维护、品牌宣传、信息发布等活动。那么，新媒体是什么？新媒体营销有什么特征？为什么越来越多的企业倾向于使用新媒体平台来开展日常经营活动？

随着科学技术和数字化信息的不断发展，移动终端与互联网技术成为人们生活和工作中不可缺少的信息传播工具，抖音、快手、小红书、微信公众号等新媒体平台应运而生。"新媒体"是相对于电视、报纸、杂志、广播这四大"传统媒体"而言的，也是能够承载广告信息的媒体，具有大众传播的功能。与此同时，新媒体内容形式的丰富性向品牌广告营销提出了新的挑战。在本任务中，我们将了解新媒体与新媒体营销的概念与特征。

一、新媒体

在了解新媒体之前，我们应先了解媒介。广义的"媒介"是指能使人与人、人与事物或事物与事物之间产生联系或发生关系的物质。狭义的媒介是指利用媒质存储和传播信息的物质工具，即"广告媒介"。传播学意义上的"媒介"属于狭义的媒介。

知识链接1-1

媒介即人的延伸

新媒体作为一种媒介，从内容的角度来讲，既可以传播文字，也可以传播声音和图像；从过程的角度来讲，既可以通过流媒体方式实现线性传播，也可以通过存储和读取方式实现非线性传播。因此，原有的以材质、样式、符号系统等物理形态对媒介所做的分类和定义已经不再适用，"媒介"这个概念的外延已经大大扩展。

微课1-1

什么是媒体

(一) 新媒体的概念

1967年，"新媒体"(new media)一词由时任美国哥伦比亚广播公司(Columbia Broadcasting System，CBS)技术研究所所长戈尔德马克(P. Goldmark)在一份有关电子录像的商业开发计划中率先提出。1969年，美国传播政策总统特别委员会主席罗斯托(E. Rostow)在向时任总统提交的报告书中，也多次使用"new media"一词。此后，"新媒体"开始在美国流行，并迅速传播到世界各地，成为人们关注的热点。

微课1-2

认识新媒体

关于新媒体的概念，至今学术界众说纷纭，仍未形成严格而统一的定论。联合国教育、科学及文化组织认为，新媒体是以数字技术为基础、以网络为载体进行信息传播的媒介。美国《连线》杂志认为，新媒体是所有人对所有人的传播。新传媒产业联盟秘书长王斌认为，新媒体是以数字信息技术为基础，以互动传播为特点，具有创新形态的媒体。清华大学熊澄宇教授认为，新媒体主要指在计算机信息处理技术基础上产生和影响的媒体形态，包括在线的网络媒体和离线的其他数字媒体形式。

总之，新媒体的概念是动态的，新媒体是建立在数字技术和网络技术等信息技术基础之上的，随着科学技术的革新，新媒体的形态和概念会发生新的变化；新媒体的概念又是相对的，会随着新的媒介载体出现而发生变化，新媒体总是相对于传统媒体而存在的。简单地说，新媒体是指当下"万物皆媒"的环境，包含所有数字化的媒体形式。新媒体的本质在于人人都可以成为信息的生产者，也可以成为信息的传播者。新媒体的意义在于每个人都在信息传播中被赋予话语权，每个人对于信息都有投票权。因此，可以将新媒体理解为数字化时代中的各种媒体形态，它是一种不断发展、变化的产物。

*课堂讨论

请以你平时经常使用的新媒体平台(如抖音、B站、小红书等)为例，说明信息传播中的"话语权"和"投票权"分别是什么？

(二) 新媒体的特征

新媒体以数字技术为基础，最大特点是打破了不同媒介之间的壁垒，消融了媒介之间、地域和行政之间甚至传播者与接受者之间的边界。与传统媒体相比，新媒体在传播方式、传播主体、传播行为、传播内容等方面都具有较为典型的特征，如图1-1所示。

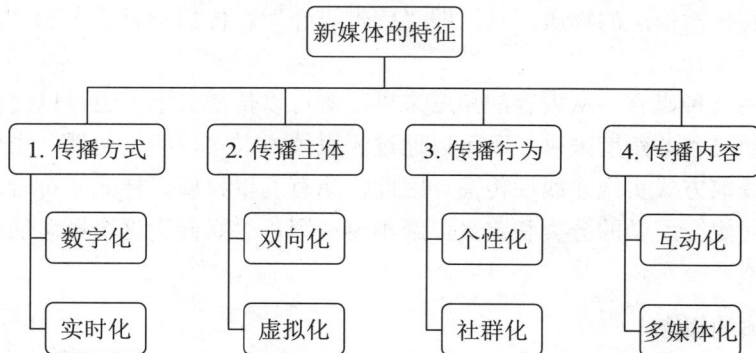

图1-1　新媒体的特征

1. 传播方式数字化、实时化

(1) 数字化。传播方式数字化是新媒体较为显著的特征。数字化的实质是去物质化，即文本可以独立于其物理载体(如纸张、胶片等)而存在。数据可以被压缩到最小的体积，用户可以极快的速度和非线性的方式检索数据，加工和处理数据也非常方便。在新媒体时代，数字媒体内容的生产、表现形式、传输和使用等都发生了质的变化，信息传递打破了传统媒体时代的固定模式——相较于平面媒体(以文字、图像表达)、广播媒体(以声音表达)及电视媒体(以影像、声音表达)，新媒体几乎涵盖传统媒体的所有表达方式，文字、声音、图像、动画甚至虚拟环境俱全。

(2) 实时化。传播方式实时化即通过新媒体可以实时传播信息，用户可以通过互联网和移动设备等随时随地发布、传播和获取最新的资讯。新媒体打破了时间和空间的限制，实现了信息的快速流动。与传统媒体相比，新媒体更能迅速响应和传递新闻事件。

2. 传播主体双向化、虚拟化

(1) 双向化。传统媒体传播信息的方式是单向的、线性的、用户不可选择的；而新媒体传播信息的方式是双向的，强调受众的自主选择与反馈，每个受众既是信息的接受者，也是信息的传播者，传者和受者的角色可以随时互换，同时传受双方对信息的反馈又有助于及时调整传播的行为和方式，从而有效地提升双方对信息意义理解的一致性。总之，相较于传统媒体，新媒体能够实现定向及实时传播，从而满足用户对媒体"开放性"的需求。此外，信息在非线性传播中的往返流动也有利于传受双方共同创造和分享信息。

(2) 虚拟化。传统媒体传播信息的程序大致是"记者发现新闻事实→媒体把关(审稿)→传播给受众"。在这个传播过程中，传统媒体几乎垄断了信源，把关比较容易，信息传播者的"把关人"①身份是具有权威性和公信力的；而在新媒体环境下，传播主体具有虚拟性及丰富性，基于传统媒体把关的传播模式不再适用，碎片化传播模式导致大众对"真相"的关注逐渐失焦。法国后现代主义思想家鲍德里亚(Jean Baudrillard)说过："在网络空间里，我们不再是'人'，而是出现在另一个人的电脑屏幕上的信息。"人们通过一个个ID来代表自己，将真实的身份、性别、年龄隐匿起来，这样就可以毫无顾忌地以某种虚拟的身份相互沟通和交流，所以建立在虚拟数字信息交流基础之上的人际关系也具有一定的虚拟性。有人从传播学的角度将互联网看作"一个模拟传统社会传播形式的数字化平台，或者与现实社会并列的虚拟传播环境，即虚拟社会"。

3. 传播行为个性化、社群化

(1) 个性化。新媒体时代，人们对新媒体信息不仅有选择权，还有控制权，可以改变信息传播的内容和形式。人们可以根据自己的需求精选信息，例如通过搜索引擎收集自己感兴趣的信息，通过新闻类App、QQ、微信、电子邮件定制新闻资讯等。新媒体平台允许用户根据个人兴趣、偏好和行为获得定制的内容，大数据可以通过个性化的推荐系统和算法帮助用户精准地找到自己感兴趣的信息。这种个性化推送不仅提高了用户体验，也提高了信息传播的针对性和有效性，为企业进行商业决策和市场营销提供了可靠的依据。

(2) 社群化。被称为"互联网第一代公民"的霍华德·赖恩戈德(Howard Reingold)认为，借助网络媒介或线上公开平台，在现实生活中没办法面对面交流的人可以排除社会差异进行虚拟的思想交流与对话，这就是"网络社群"。在新媒体平台上，不同用户因相同的兴趣、爱好、信仰等聚集在一起，从而形成各种各样的社群，社群中的个体之间可以分享生活、观点和信息。社群驱动的新媒体平台为用户提供了更强的参与感和归属感。新媒体社群化有助于用户的垂直化细分，既提高了用户黏性及互动率，又降低了信息传播成本；有助于打破依靠血缘、业缘、地缘等建立关系的传统，以"趣缘"为导向，把现实中的人际交往和社群关系搬到互联网上。

---

① "把关人"(gatekeeper)，最早是由美国社会心理学家、传播学四大奠基人之一库尔特·卢因(Kurt Lewin, 1947)在《群体生活的渠道》一文中提出的。卢因认为，在研究群体传播时，信息的流动是在一些含有"门区"的渠道里进行的，在这些渠道中，存在一些把关人，只有符合群体规范或把关人价值标准的信息才能进入传播渠道。

*课堂讨论

请上网搜索相关资料，结合新媒体的"社群化"特征，谈谈你对抖音平台"兴趣电商"的理解。

4. 传播内容互动化、多媒体化

(1) 互动化。与传统媒体相比，新媒体更强调用户与内容的互动。用户可以通过评论、分享、点赞等方式积极参与内容传播，信息传播和交流具有动态性。广播、电视等传统媒体的信息传播方式是线性传播、单向传播，导致受众对信息的反馈大多是延迟的、滞后的。新媒体彻底改变了受众在信息传播中的被动地位，在媒体与受众之间、受众与受众之间建立了一种多元化的互动交流关系，实现了传播者和接受者之间平等、双向的互动传播。

(2) 多媒体化。传统媒体如报纸、广播等，只能提供单一形式的信息，而新媒体可以同时提供文字、图片、音频、视频等多种形式的信息。新媒体的多媒体性不仅丰富了信息内容，而且提高了信息传播效果，还增强了信息内容的吸引力，因此更能满足不同用户的需求。

二、新媒体营销

(一) 新媒体营销的概念

新媒体营销是指利用新媒体平台进行宣传和推广的一种营销方式，它是企业软性渗透的商业策略在新媒体形式上的实现，通常借助媒体表达与舆论传播使消费者认同某种概念、观点和分析思路，从而达到宣传企业品牌、销售产品的目的。传统营销以企业为中心，建立在企业原有的产品、服务和渠道等基础之上，主要通过广告、促销等方式进行宣传。新媒体营销以用户为中心，关注用户价值的实现，主要通过社交媒体、博客、视频、搜索引擎优化等手段吸引潜在用户，更加注重与用户的互动和沟通，了解用户的需求和反馈，从而更好地满足用户需求，提高用户满意度。

简而言之，新媒体营销是基于特定产品的问题分析和概念诉求，利用新媒体平台对消费者进行针对性心理引导的营销方式。

(二) 新媒体营销的特征

传统营销与新媒体营销的特点对比如图1-2所示。

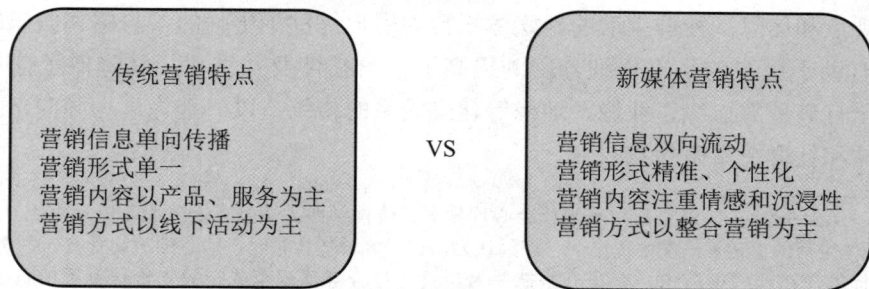

图1-2　传统营销与新媒体营销的特点对比

新媒体营销具有信息的双向流动性与互动性、营销形式的个性化与精准性、营销内容的情感性与沉浸性、营销渠道的多样性与整合性四大特征。

1. 信息的双向流动性与互动性

在新媒体营销中，营销信息在企业和消费者之间双向流动，企业不仅是信息的发布者，也是与消费者建立互动关系的参与者；消费者也不再只是被动接收信息，还可以主动参与到产品和品牌的塑造中。这个过程也呈现了企业与消费者的互动性，通过双方多样化的互动，企业能够及时了解市场动向和消费者需求，以便及时调整市场策略。

2. 营销形式的个性化与精准性

新媒体营销在营销形式上发生了重大变革。传统营销通过传统媒体来强化品牌形象、占领用户心智，这种形式成本较高且已经无法满足消费者的需求；新媒体营销通过互联网、社交媒体、移动应用来进行营销宣传，这种形式营销成本更低，同时还能实现精准定位，提升个性化体验。如今，数据驱动的新媒体营销已经成为主流，它不仅可以通过大数据技术，对用户进行精细化的划分和定位，还可以根据用户的属性和标签推送信息，从而使营销内容更加贴近用户需求和喜好，进而实现个性化营销。

3. 营销内容的情感性与沉浸性

新媒体营销强调将营销重点从内容转向情感。传统营销侧重于宣传产品和服务的功能特性，而新媒体营销更强调情感连接和营造体验感。例如，华为和小米等品牌通过情感营销策略，成功建立了与消费者的深度连接。此外，新媒体营销还具有沉浸性的特点，随着增强现实、虚拟现实和柔性电子等技术的发展，新媒体可通过"万物皆屏"打造出多维度立体的媒体体验，让用户沉浸其中。

行业观察1-2

小米广告片——
《想不到生活还能这样过》

4. 营销渠道的多样性与整合性

新媒体营销渠道广泛且具有多样性，直播、短视频等多维度的传播形式，不仅能满足不同品牌和产品的营销需要，也能更好地迎合现代年轻人的消费习惯。此外，新媒体营销还能综合线上线下渠道、融合传统媒体并结合各种营销方法进行整合营销。

(三) 新媒体营销的优势

新媒体营销的优势体现在传播力、传播内容、传播效果三个方面。

1. 传播力

新媒体营销传播覆盖面广、传播速度快，可以覆盖全球范围内的大量用户，不受时间和空间的限制。新媒体营销借助互联网技术，信息传播更加迅速，同时实现了实时接收信息、实时做出相应反馈。

2. 传播内容

新媒体营销互动性强、形式多样，可以针对不同的受众群体制定不同的营销策略，实现个性化定制内容和精准营销。新媒体营销可以与用户进行实时互动，回答用户的问题，消除用户的疑虑，增加用户的参与感和忠诚度。新媒体营销采用多种形式，如文字、图片、音频、视频等，可以增加营销的趣味性和吸引力。

3. 传播效果

相较于传统媒体营销，新媒体营销可利用大数据技术提高营销精准性，从而降低成本，节省营销预算。新媒体营销还可以通过数据分析和用户行为研究，对营销效果进行衡量和评估，为企业提供决策支持，帮助企业不断优化营销策略，提高营销效果。

任务二　新媒体内容营销

任务导入

一座小城，一个故事——博大精深的中国传统文化，源远流长；独具匠心的民俗艺术，代代相承；热气腾腾的家乡味道，难以忘怀……

你将如何通过图文、视频或直播的形式，向全班同学介绍你的家乡？

随着数字化进程的飞速推进，新媒体环境正经历着前所未有的深刻变革。从大数据的应用到人工智能的崛起，从虚拟现实的出现到元宇宙的兴起，新媒体的边界正在不断扩展，为各行各业带来了前所未有的机遇与挑战。在此背景下，新媒体内容生态体系发生了显著转变。在传统媒体时代，渠道为王；而在新媒体时代，内容为王。这不仅体现在内容创作形式的多样化和技术创新的普及化，更体现在用户参与内容消费的方式与习惯发生的结构性改变，以及用户参与主动性的增强和个性化需求的凸显，而新媒体营销的不同形式能够适应用户的不同需求。

一、新媒体内容营销的特征

"内容"是新媒体营销的核心，"渠道"是新媒体营销发布内容的平台，即用户获取内容的途径。新媒体营销形式是指内容与渠道的结合方式，即新媒体内容在各渠道呈现的形式，主要有图文、音频、短视频和直播等。新媒体内容营销的核心在于以有趣和有价值的方式向消费者传递品牌信息，增加品牌曝光率，从而提高销量。新媒体内容营销不仅包括直接的销售推广，也包括品牌故事讲述、客户关系管理、市场调研等多个方面。新媒体内容营销的目的不仅是吸引潜在客户，还包括树立品牌形象、提高网络曝光率以及最终实现销售目标。

新媒体内容营销的形式呈现分众化、碎片化、娱乐化、社交化、UGC化、优质化的特征。

(一) 分众化

新媒体内容营销基于互联网和大数据分析，呈现多平台分众化[①]的特点，可以对营销受众进行更为精准的定位，从而有针对性地将受众喜爱的内容以不同的形式传递出去。

*课堂讨论

请上网搜索资料，回答以下问题：

1. 分别用三个关键词，概括你对抖音和快手两个平台的印象。

2. 请在微信公众号和抖音搜索"老爸评测"，查看该博主在两个平台发布的内容并分

---

① 分众化是对目标受众进行分类，利用基于数字技术的传播途径将信息直击目标受众的一种营销模式。如今，分众化传播已成为优化信息、规避信息同质化的重要手段，它能集中媒体优势，整合传播内容，对信息进行分类加工，以特定的渠道将信息传播到目标人群中，从而充分满足受众的需要，进而实现传播效果最大化。

析异同，说说你认为哪类人群更喜爱微信公众号的内容？

(二) 碎片化

在信息大爆炸的时代，信息的传播和获取方式发生了巨大变化，人们通过各种渠道、媒介获取不同形式的信息内容，但由于信息量庞大，人们只能获取零散和片段式的信息，即信息碎片化。各新媒体平台的用户对内容的消费都呈现出碎片化的特点，而新媒体内容也因遵循信息碎片化的趋势，呈现短、平、快的特点。

(三) 娱乐化

碎片化信息导致人们的注意力容易分散，人们无法集中精力深入学习和思考。为了抓住受众的注意力，轻量级、娱乐化的内容应运而生。娱乐化既是新媒体的时代特性，又是新媒体的内容特性。

(四) 社交化

"无社交不营销"，社交化营销是新媒体内容营销的发展趋势。新媒体依托新的社交平台传播内容，天生具有社交的基因。无论何种形式的新媒体内容都包含社交属性，注重与用户进行互动和沟通。社交化是当前新媒体内容的核心特点。

(五) UGC化

UGC(user generated content，用户原创内容)起源于互联网领域，是指用户将自己的原创内容通过互联网平台进行展示或者提供给其他用户。在当前的互联网发展阶段，用户已深入参与到互联网信息建设中，参与各种形式的新媒体内容创作，不仅促进了信息的传播，还提升了用户的黏性。

知识链接1-2

UGC、PGC、PUGC、OGC的区别

(六) 优质化

在"渠道为王"的时代，有渠道即可占领信息传播高地。在"内容为王"的时代，信息变得多样化、渠道变得分散且透明，只有创作出优质的内容才能在竞争中胜出。在新媒体营销中，无论在何种渠道发布何种形式的内容，都要确保内容的高质量。

二、新媒体内容营销的形式

在互联网时代，新媒体内容营销已经成为企业进行品牌推广和产品营销的重要手段之一。企业通过各种数字化新媒体平台，如微信公众号、微博、抖音、快手、小红书等，以图文、音频、短视频和直播的形式，创作有趣、有价值的内容，以吸引目标受众的关注，传递品牌信息和促进销售。此外，AI技术已经被广泛应用于新媒体内容营销的各个环节，从内容推荐到后期制作再到数据分析，都离不开AI的助力。随着AI技术的不断进步和广泛应用，新媒体内容创作和传播将更加智能、高效。

行业观察1-3

图文营销的"雷区"
——"灾难营销"

(一) 图文营销

图文营销是指通过图片和文字的组合，向目标受众传达品牌理念、产

品信息，以吸引用户关注和分享。在微信公众号、微博、小红书、知乎、头条等新媒体平台上，企业可以通过发布各种形式的图文内容，如海报、漫画、插图、图片故事等，吸引用户的关注和转发。图文营销常用于电商平台，商家通过发布商品图片和相关文字描述来吸引用户的注意，从而促进销售。图文营销的优点在于能够直观地展示商品特点，帮助用户更好地了解产品，从而提升销售效果。图文营销还可以应用小程序、H5等工具，通过各种途径扩散内容，从而达到最终的推广目的。

与单纯的文字营销相比，图文营销利用图片的视觉冲击力和文字的精确性，能够更有效地传播信息，提高用户对品牌的认知度和好感度。

在图文营销中，需要注意以下几点。

1. 选择合适的图片

选择与品牌主题相关的图片，有助于用户理解和接受品牌信息。同时，还要注意图片的质量和清晰度，以及与文案的搭配。

2. 创作有趣的故事

在图文营销中，有趣的故事有助于用户产生共鸣，提高用户对品牌的认知度和好感度。

3. 突出品牌信息

在图文营销中，应突出品牌信息，以便加深用户对品牌的印象，在阅读过程中能够更好地记住品牌。

4. 定期发布

在图文营销中，应定期发布图文内容，保持品牌的曝光度，这样才能提高用户关注度。

(二) 音频营销

音频营销是一种以音频为主要传播载体的营销方式，包括广播、播客、有声书、网络语音互动交流等多种形式。企业可通过新媒体音频平台制作专题节目或者广播广告，介绍有关产品以及产品和生活方式相关的内容或者话题，传播产品价值，吸引用户的关注，从而传达品牌故事、行业动态等内容，拓展用户听觉感知。

行业观察1-4

音频营销的案例

音频具有"闭频""场景化""伴随式"特点，用户可以边做其他事情边听音频，既提高了信息的获取效率，也使品牌更加拟人化和个性化。需注意的是，这种方式虽简单直接，但触达人群有限。然而，随着语音识别技术的进步，以及智能音箱等设备的出现，音频营销的市场前景将越来越广阔。

知识链接1-3

音频营销的
发展趋势

在音频营销中，需要注意以下几点。

1. 内容应简洁明了

音频营销的内容形式应以语音为主，内容应简洁明了，时长最好控制在10分钟以内。内容应相关且有序，避免杂乱无章，保证质量。应避免使用"啊""嗯"等不必要的语气助词和口头语，保持流畅性。应确保内容原创性，避免引起版权问题。

2. 广告植入应适当

在目标受众集中的音频节目中植入广告，可以增加品牌曝光度。但植入广告要把握好度：广告时长要适当，植入时机要适当，与节目契合度要适当，表现形式要适应，植入广告数量要适当，等等。

3. 建立自媒体品牌

直接进入音频平台，建立自己的音频自媒体，与新媒体音频平台合作出品特定节目。

4. 定制专题节目

根据品牌特性和产品特点，与主播合作定制节目，通过设定粉丝特权来加速营销转化。

(三) 短视频营销

短视频营销是指在短视频平台上发布有关企业产品和服务的宣传视频，通过有趣、创新的形式向目标用户展示企业的产品和服务，从而挖掘潜在客户，提高品牌知名度和销售额。短视频营销的重点是锁定目标受众人群和创造有价值的内容。由于短视频营销比图文、音频营销的信息密度大，且呈现方式更为直观，更容易刺激用户的非理性消费。

行业观察1-5

SK-II上线首部
短视频互动式广告

在短视频营销中，需要注意以下几点。

1. 视频内容精简、突出亮点

短视频的时长为几十秒到几分钟，容易吸引用户的注意力并快速传播信息，方便企业更好地展示自己的产品和服务，同时也方便用户迅速了解企业的特点和优势。在制作短视频时，可以在视频标题和封面突出显示视频亮点，从而快速吸引用户；也可以使用引人注目的文字或图像，激发用户的好奇心。

2. 形式多样化

短视频营销可以采用不同的形式，如教程、短剧、情景剧、交互式内容等，可以让用户感受到不同的营销创意。

3. 易于分享和传播

短视频通常分享有趣、有用、有料的内容，容易被用户分享和转发，这样可以扩大宣传范围，让更多潜在客户了解企业的产品和服务。

4. 交互式内容

在短视频营销中，巧妙结合互动元素，如投票、调查或提问等，不仅可以提高用户的参与度和留存率，还可以提升用户的参与感，从而提升用户对短视频的兴趣和关注度。

5. 满足用户需求

短视频营销具有内容碎片化、消费场景多元化、形式丰富、时间简短的特征，可以更好地满足用户的需求。

6. 精准推广与数据分析

在短视频营销中，应定期分析相关数据和用户反馈信息，了解用户的观看习惯、兴趣和需求，再根据数据分析结果优化视频内容和推广策略，以提高转化率。

(四) 直播营销

直播营销是指以直播平台为载体，在现场随着事件的发生、发展进程同时制作和播出节目的营销方式。企业利用直播平台进行产品展示、服务讲

知识链接1-4

直播营销——品牌
营销的4.0阶段

解、互动答疑等，直接与用户实时沟通，便于用户近距离地看到产品的样貌，激发用户的购买欲，从而达到提升品牌形象和增加销量的目的。

直播营销是一种营销形式上的重要创新，相较于图文、音频和短视频，直播离电商销售更近，因此组建直播团队开展直播营销将成为大多数企业的营销必选项。对于广告主而言，直播营销具有极大的优势，因为直播营销本身就是一场"事件营销"[①]，能够提升品牌曝光率、转化率以及客户忠诚度。

在直播营销中，有许多不同的模式和策略，每种模式和策略都有其独特的优势和适用场景，常见的直播营销模式有产品展示直播、互动直播、直播拍卖、直播问答、直播活动、直播推广。

在直播营销中，需要注意以下几点。

1. 确定产品和目标受众

首先需要确定推销的产品和目标受众，再结合产品类型、价格、品牌等因素，以及目标受众的年龄、性别、兴趣等因素，确定直播带货的策略和方式。

2. 选择合适的直播平台

选择合适的直播平台非常重要。各直播平台如抖音、快手、淘宝直播、视频号等都有自己的内容风格和受众特点，企业应结合实际需求、品牌调性和产品特性进行选择，同时还应了解不同平台的直播规则和要求。

3. 制订直播带货计划

制订详细的直播带货计划有助于更好地组织直播内容和安排直播时间。在制订计划的过程中，应考虑直播的时间、频率、主题、互动方式等因素，并提前准备好所需的设备和道具。此外，还需要制订营销计划，以便更好地进行营销推广。

4. 提升直播效果

在直播过程中，可以通过完善一些细节来提升直播效果，例如良好的形象、流利的口才、顺畅的互动交流等；还可以通过一些工具来提升直播效果，例如音效设备、灯光设备、摄像头等；也可以通过一些数据来评估直播效果，例如观看人数、点赞数、评论数等。

5. 售后服务和客户关系维护

在直播营销中，售后服务和客户关系维护是非常重要的。因此，企业应及时回复用户的问题并尽快解决用户的问题，保持良好的沟通和互动。这将有助于企业建立良好的口碑和客户关系，提高客户的忠诚度和满意度。

6. 遵守法律法规和道德规范

在直播营销中，应遵守法律法规和道德规范，具体包括：遵守广告法和产品质量法等法律法规，不得进行虚假宣传或销售劣质产品；直播人员应遵守道德规范，不得做出任何不良行为或发表不当言论。

[①]　事件营销(event marketing)是一种市场营销策略，企业通过策划、组织具有新闻价值和社会影响力的事件以及利用具有名人效应的人物，来吸引媒体、社会团体和消费者的兴趣与关注，从而提高企业或产品的知名度、美誉度，树立良好的品牌形象，并最终促成产品或服务的销售。事件营销具有短期性、独特性、沉浸式体验、高传播性和话题性的特征。

任务三　新媒体营销的发展历程

任务导入

　　未来，新媒体营销将实现"与内容创作融合""与高新技术融合""与消费者深度互动"。请根据你平时的观察，说说有哪些新颖、有趣的新媒体营销模式？请列举具体的营销案例进行说明。

　　新媒体的快速发展，不仅改变了消费者的媒介使用和消费习惯，也改变了企业的营销理念与模式。随着数字技术与通信技术的发展，互联网竞争格局加剧，各大平台不断优化功能、拓展功能领域、实现功能演进，以抢夺受众的注意力资源。与此同时，各品牌也在流量吸引、用户留存、商业化等方面展开较量，内容生产与线上、线下场景相结合的应用形式正在快速"聚变"。为了更好地帮助企业把握时代脉搏，更精准地助力企业开展新媒体营销，在本任务中，我们将学习新媒体营销的发展历程。

一、新媒体营销的发展阶段

　　我国新媒体营销的发展经历了早期阶段、蓬勃发展阶段、移动互联网阶段、新技术驱动阶段，如图1-3所示。从传统门户网站到社交媒体，再到移动互联网、短视频、直播，新媒体行业格局不断演变，技术创新和商业模式创新也不断涌现，为我国的经济社会发展提供了新的动力。

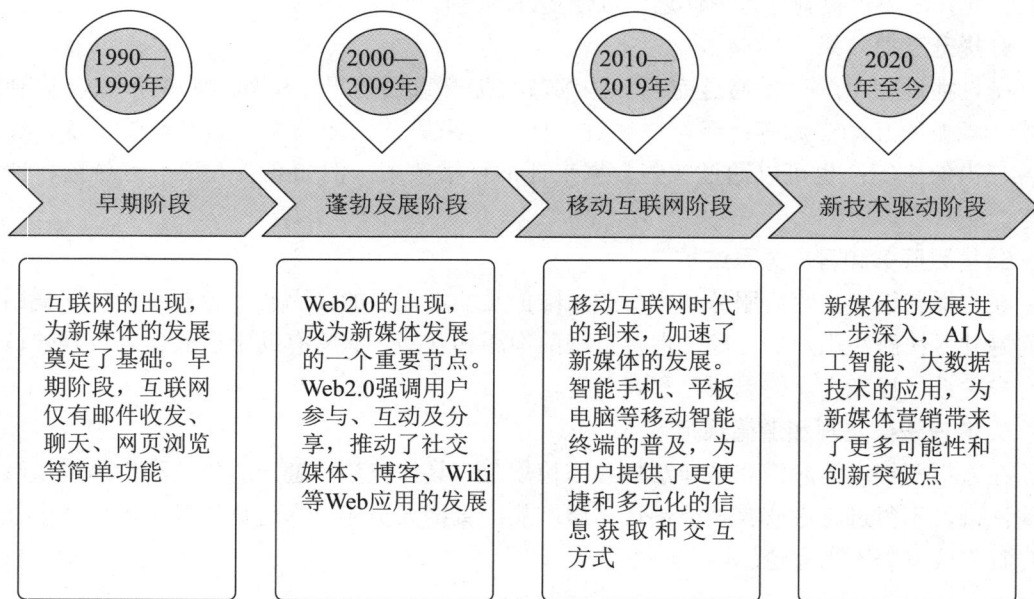

1990—1999年	2000—2009年	2010—2019年	2020年至今
早期阶段	蓬勃发展阶段	移动互联网阶段	新技术驱动阶段
互联网的出现，为新媒体的发展奠定了基础。早期阶段，互联网仅有邮件收发、聊天、网页浏览等简单功能	Web2.0的出现，成为新媒体发展的一个重要节点。Web2.0强调用户参与、互动及分享，推动了社交媒体、博客、Wiki等Web应用的发展	移动互联网时代的到来，加速了新媒体的发展。智能手机、平板电脑等移动智能终端的普及，为用户提供了更便捷和多元化的信息获取和交互方式	新媒体的发展进一步深入，AI人工智能、大数据技术的应用，为新媒体营销带来了更多可能性和创新突破点

图1-3　我国新媒体营销的发展阶段[①]

---

① 智研资讯.2024年中国新媒体行业报告：市场规模、供需态势及发展前景预测[EB/OL]. (2024-04-13)[2024-12-01]. https://baijiahao.baidu.com/s?id=1796183400509145852&wfr=spider&for=pc.

二、新媒体营销的发展现状

截至2023年12月，我国网民规模达10.92亿人，较2022年12月增长2480万人，互联网普及率达77.5%。其中，我国网络视频用户规模达10.67亿人，占网民整体的97.7%；网络购物用户规模达9.15亿人，占网民整体的83.8%。我国网络购物行业持续健康发展，进一步发挥稳增长、促消费的作用，绿色消费、国货"潮品"等成为消费的新增长点[①]。

微课1-3
剖析新媒体
行业——时代背景

*课堂讨论

1. 请列举你了解的国货品牌。

2. 上网搜索相关资料，向你的同学介绍一场你认为非常成功的"国货营销"。

中国互联网络信息中心主任刘郁林表示，目前我国互联网有五大亮点：一是"实"，基础资源底座更实；二是"稳"，网民规模平稳增长；三是"新"，新型消费更加活跃；四是"深"，数实融合不断深化；五是"全"，便民惠民服务齐全[②]。

目前，我国新媒体营销的发展呈现如下几个特点。

(一) 新媒体营销已成为企业营销战略的重要组成部分

随着互联网的普及和移动设备的广泛使用，新媒体营销逐渐成为主流的营销方式，与传统营销方式逐步融合，成为企业获取用户、推广产品和提升品牌知名度的重要手段。

知识链接1-5
融媒体、自媒体、
全媒体、社会化媒体

(二) 新媒体营销形式多样化

企业不仅可以通过社交媒体、博客、微信公众号等平台进行品牌推广，还可以利用短视频、直播等互动性更强的方式进行产品展示和销售。这种多样化的营销模式不仅能够提高企业的曝光率，也能增强企业与用户的互动和用户黏性。

(三) 新媒体营销更具精准性和个性化

随着大数据和人工智能技术的发展，企业可以通过收集和分析用户数据，精准定位目标受众，制定个性化的营销策略，从而提高营销效果和转化率。

(四) 新媒体营销也面临一些挑战

随着互联网进入"存量时代"[③]，新媒体平台的竞争日益激烈，企业需要投入更多的资源和精力来维护和运营新媒体账号。同时，随着用户对广告抵触情绪的增加，企业需要不断创新营销方式，提高内容的质量和趣味性，以吸引用户的关注和参与。

---

① 2024 年第 53 次中国互联网络信息中心《中国互联网络发展状况统计报告》[EB/OL]. (2024-03-22)[2024-12-01]. https://www.cnnic.net.cn/n4/2024/0322/c88-10964.html.

② 中工网 . 我国网民规模达 10.92 亿人 [EB/OL]. (2024-03-24)[2024-12-01]. https://baijiahao.baidu.com/s?id=1794363344005478060&wfr=spider&for=pc.

③ 存量时代，指在经济增长和发展中，侧重于利用已有的资源和条件来实现发展。互联网红利消退的后流量时代，进入"用户存量时代"。

现阶段，新媒体营销是充满活力和挑战的，企业需要在适应市场变化的同时，满足用户的需求，同时也需要关注新媒体平台的发展趋势和用户需求的变化，以便及时调整营销战略。

三、新媒体营销的发展趋势

QuestMobile数据显示，截至2023年9月，抖音、快手、小红书、哔哩哔哩、微博五大典型新媒体平台去重活跃用户[①]规模达到10.88亿，三大梯队态势基本形成。第一阵营抖音，以7.43亿月活、同比5.1%的增速独占鳌头；第二阵营微博、快手月活分别为4.85亿、4.57亿；第三阵营B站和小红书，月活分别为2.1亿、1.99亿[②]。

(一) 各主流新媒体平台的发展趋势

未来，各主流新媒体平台将呈现以下发展趋势。

1. 用户基数大且流转于各平台间

我国新媒体平台用户规模庞大，各平台均手握一批具备新观念、新态度的年轻人。近半数用户会同时活跃在三个及以上的平台，平台从流量驱动迈入内容驱动。

行业观察1-6

新媒体营销：国货"潮品"消费新潮流

2. 各平台均在不断突破内容边界

当前，虽然泛娱乐、美食等轻松、治愈的内容仍是市场主流，但各平台一直在不断尝试通过短剧、图文、音乐、小说等形式打造新内容，旨在寻找新的发力点。

3. 内容电商化的路径已被"跑通"

各平台正在加速复制成功经验，并尝试走出差异化路线。例如，抖音以"酒旅"板块为主；快手主打性价比"团购"；小红书的"强种草"属性结合高消费能力用户，让更多"小资"文化从线上走到线下。

4. 平台借由数字化工具链接商家与用户

平台帮助商家完善售后服务，提升物流履约能力，从而提高生意管理效率，与此同时，更加关注用户不同层次的需求及自我表达。

(二) 新媒体营销总体发展新趋势

随着新媒体的发展，新媒体营销的发展将呈现以下新趋势，如图1-4所示。

微课1-4

剖析新媒体行业——发展趋势

1. 内容营销

随着人们对广告抵触情绪的增加，内容营销成为一种更加有效的营销方式。企业应不断优化网站和社交媒体上的内容，提供优质、有趣和有价值的信息，从而吸引潜在用户，并使其产生实际购买行为。

---

① 去重活跃用户，是指在一个特定的统计周期内(如日、周、月)，登录或使用某个产品的用户数量，但会去除重复登录的用户。

② QuestMobile . 2023 年 新 媒 体 生 态 洞 察 [EB/OL]. (2023-11-21)[2024-12-01]. https://www.thepaper.cn/newsDetail_forward_25372102.

2. 技术数字化

随着大数据技术的发展，新媒体营销呈现数字化趋势。企业通过大数据技术对用户行为进行分析，能更好地了解用户的兴趣、需求，从而通过智能推荐算法为其提供更精准的服务和内容，进而提高内容质量、推送效率和丰富用户体验。此外，人工智能将在新媒体内容创作、个性化推送、自动化运营和产业经营等方面发挥更大的作用，同时自然语言处理和语音识别技术能够帮助媒体和企业更加高效地处理大量的内容和数据。

知识链接1-6

国家互联网信息办等部门发布《互联网算法推荐管理规定》

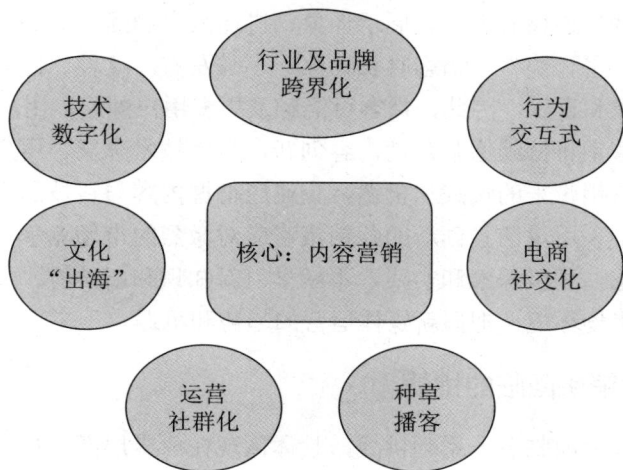

图1-4　新媒体营销的发展趋势

3. 行为交互式

新媒体平台更注重用户之间的互动和社交功能的开发，这将有利于增强用户黏性和丰富用户体验，从而提高平台活跃度。同时，企业利用短视频、直播等新媒体形式将产品特点和使用场景直观展示给用户，能够提高用户黏性和转化率。

4. 行业及品牌跨界化

随着媒介的边界逐渐模糊，跨界融合将成为常态，行业和品牌的跨界融合也将进一步加强。媒体将与金融、电商和教育等领域深度融合，提供一体化服务，打造更广泛的生态圈。品牌的跨界融合也会更加常见，这种融合不仅有利于品牌宣传，还能提升品牌忠诚度和用户口碑。

5. 文化"出海"

新媒体激发了多元主体的传播力量，丰富了中国文化传播的形式，进一步拓宽了文化传播的渠道，为中国文化"出海"提供了极大的便利。虽然教育、游戏、网文(网络文学)等领域仍是中国文化"出海"所依托的热门门类，但值得注意的是，2023年下半年以来，新媒体短剧正在猛烈飘向大洋彼岸，"传统文化+短视频"已成为传播中国文化的新时尚。

6. 电商社交化

社交媒体的兴起改变了人们的沟通方式，也给企业带来了全新的营销渠道。在社交媒体平台上，企业可以与用户直接互动，了解用户的意见和需求，并及时回应。同时，通过社交媒体广告和营销推广，企业可以精确定位目标受众，提高品牌曝光率和产品销售量，提升用户体验，促进口碑传播。

7. 运营社群化

社群化运营有助于企业建立与用户的紧密联系，提升用户黏性和忠诚度。企业可以通过社交媒体、论坛等平台，与用户进行互动交流，收集用户反馈信息，不断优化产品和服务。

8. 种草播客

播客营销以声音、故事性等优势成为品牌传递价值观、与用户建立深度连接的有效途径。品牌可通过播客传递核心理念、展示形象、讲述故事和提供服务，打造品牌魅力。不同于短视频的"短、平、快"，播客时长动辄一小时左右，这种"慢"的特色也迎合了一部分小众群体的需求和喜好，因此，播客可能触及更多用户圈层，用户黏性较强。

未来，新媒体营销将持续增强营销内容创新、数字技术升级、用户体验优化的三重驱动力。面对新媒体营销带来的挑战与机遇，企业应把握内容与科技的交汇点，紧跟市场趋势，优化资源配置，采用灵活且创新的营销策略应对激烈的市场竞争。此外，新媒体运营人员应以开放的心态，积极探索和实践，不断学习新知识和新技能，灵活调整运营策略，以适应快速变化的市场环境，把握新媒体运营的趋势和机遇。

四、新媒体营销所面临的挑战

新媒体营销在未来面临着一系列挑战，具体体现在内容层面、技术层面、市场层面、消费者层面、政策法规层面。

(一) 内容层面：创意新

在信息大爆炸的时代下，由于信息碎片化，受众注意力欠缺，对内容的质量和创意要求越来越高。在此背景下，企业应不断创新内容形式，提高内容的趣味性和实用性，以吸引受众的注意力。此外，内容质量和真实性问题日益凸显，一些新媒体营销内容中充斥着低质量甚至虚假的信息，严重破坏了新媒体营销的生态，损害了企业、平台和用户的利益，因此企业应加强对内容质量的把控，确保提供的信息真实可靠。

(二) 技术层面：更新快

随着科技的不断发展，新媒体营销所依赖的技术手段也在不断更新迭代。企业应跟进最新的技术趋势，积极应用大数据、人工智能、物联网等新技术，以优化营销策略和用户体验。然而，技术的快速更新也可能带来学习成本上升、技术兼容性问题等方面的挑战。同时，数据安全和隐私保护问题日益凸显。企业应加强数据管理和保护，确保用户数据的安全性和隐私性，避免因数据泄露或滥用而引发信任危机。

(三) 市场层面：竞争大

新媒体营销市场竞争日趋激烈，越来越多的企业涌入这个领域，争夺有限的用户资源和市场份额。如何在众多竞争者中脱颖而出，成为企业需要解决的重要问题。企业应加强自身核心竞争力，提供独特的内容和服务，以吸引和留住用户。

(四) 消费者层面：需求多

消费者的需求和行为在不断变化，注重个性化、体验化和情感化的新媒体营销方式更容易吸引他们的关注。因此，企业应更深入地了解消费者的需求和心理，精准提供有趣、有用、有料的营销内容，以此来吸引和留住消费者。

(五) 政策法规层面：动态变化

新媒体营销发展迅速，而相关的法规政策往往滞后于实践，导致一些新媒体营销活动存在法律风险和不确定性，给企业带来潜在的法律纠纷和经济损失。我国新媒体营销领域的法规政策正在不断完善，企业应密切关注相关法规政策的变化，确保营销活动的合规性，避免因违反法规政策而引发法律风险。

为了应对上述这些挑战，企业应加强市场调研，了解消费者的需求和市场趋势；加强技术创新和人才培养，提高营销活动的技术水平和专业性；加强数据管理和保护，确保用户数据的安全性和隐私性；积极与政府部门和行业协会保持沟通，了解政策动向，确保营销活动合法合规。

任务四　新媒体营销岗位与能力要求

任务导入

　　新媒体营销工作充满活力、创新和挑战，随着新技术和新应用的不断涌现，新媒体行业对人才的需求越来越多，对人才素养的要求也越来越高，以往新媒体工作岗位门槛低、薪资高的情况逐渐发生变化……

　　那么，新媒体营销的工作内容有哪些？相关岗位有哪些？具备哪些能力才能胜任这项工作？

　　新媒体营销工作是指利用新兴的数字化媒体技术，通过策划、执行和优化营销活动，以达到品牌推广、用户获取、销售增长等目的的工作。新媒体营销岗位充满了挑战与机遇，它要求从业者具备全面的技能和素质。在本任务中，我们将了解新媒体营销的工作内容、工作岗位和职业发展路径、职业技能和素养要求。

*课堂讨论

　　请你在各求职App中搜索相关资料，并预估以你现在的行业经验和技能水平，能否找到一份新媒体运营相关工作，同时回答以下问题。

　　1.如果现在到岗工作，你的薪资大约是多少？

　　2.你对未来的职业发展方向有何规划？(几年后，凭借新媒体营销工作经验，你能胜任什么岗位工作？)

一、新媒体营销工作内容

　　新媒体营销工作涵盖多方面内容，具体包括：制作和发布内容；用户调研和数据分析；平台广告投放及平台运营；策划和执行营销活动；品牌形象维护及舆情观测；学习并应用新营销方法和新技术，确保营销活动能有效地吸引目标受众、提升品牌知名度，并最终实现业务目标。总之，新媒体营销工作从业者应具备全面的素质和技能，还要有创新思维、数据思维和一定的学习能力。

二、新媒体营销工作岗位和职业发展路径

(一) 新媒体营销工作岗位

　　公司性质和公司规模不同，新媒体营销工作岗位也存在一定的差异。通常情况下，"新媒体营销"岗位根据实际工作内容和公司需求细分为社交媒体运营、内容策划专员、SEO(search engine optimization，搜索引擎优化)专员、数据分析师、新媒体营销策划师等岗位，涵盖新媒体营销业务的各个方面，这些岗位负责执行新媒体营销策略，以推动品牌宣传和业务增长。以下列出一些常见的新媒体营销岗位及其大致的工作职责。

1. 新媒体营销专员/经理

(1) 制定和执行企业的新媒体平台营销策略,包括社交媒体、博客、短视频、直播等平台。

(2) 维护和提升品牌在新媒体平台上的形象。

(3) 监测和分析新媒体营销效果,提供数据支持。

2. 社交媒体运营专员/经理

(1) 管理企业在社交媒体平台上的账户,包括微博、微信、抖音等。

(2) 制定社交媒体营销策略,发布更新内容,回复用户留言。

(3) 与用户互动,维系良好的用户关系。

3. 内容策划专员/经理

(1) 制定和执行企业新媒体内容策划方案。

(2) 创作高质量的新媒体内容,提升品牌知名度和美誉度。

4. SEO专员/经理

(1) 开展企业搜索引擎优化工作,包括分析搜索引擎算法和趋势、制定优化策略等。

(2) 开展关键词研究和网站优化工作,提升品牌在搜索引擎中的排名。

5. 广告投放专员/经理

(1) 在各种新媒体平台上投放广告。

(2) 分析市场需求和广告效果,制订广告投放计划和预算。

(3) 监测广告投放效果,根据需要优化广告效果。

6. 数据分析师

(1) 收集和分析市场和用户数据,为新媒体营销策略的制定和调整提供数据支持。

(2) 监测和分析新媒体营销活动的效果,提出优化建议。

7. 新媒体营销策划师

(1) 制定新媒体营销整体策略和计划,包括目标客户分析、营销渠道选择等。

(2) 协调各方资源,推动新媒体营销活动的顺利进行。

这些岗位的具体职责和任职要求可能因企业规模和业务需求的不同而有所不同,但总体来说,要胜任新媒体营销岗位工作,应具备扎实的市场营销、媒体传播及相关专业的知识;应具有良好的沟通表达能力、文笔功底、组织策划以及创新思维能力;应熟悉各大媒体平台的运作规则并能熟练使用互联网营销工具;应具有积极拥抱变化和团队合作的精神以及积极解决问题的能力。

(二) 新媒体营销人员的职业发展路径

微课1-5

新媒体运营者

总体来看,新媒体营销人员的职业发展路径通常为:从初级的新媒体营销人员逐步晋升为中级的社交媒体经理或内容运营主管,再晋升为高级的新媒体营销总监或品牌经理,直至成为行业专家。在这个过程中,新媒体营销人员需要不断提升自己的专业技能和管理能力,把握行业变化的趋势,同时需要保持敏锐的洞察力和创新精神,不断探索新的营销方法和手段,以推动公司的业务发展。

新媒体营销人员的职业发展路径通常是一个逐步深化和拓宽的过程,具有发展性和多样性的特点，具体可以分为以下几个阶段。

1. 初级阶段

在这个阶段，新媒体营销人员通常从事基础工作，如社交媒体平台的日常维护、内容创作和发布、初级数据分析等。他们通过实践来熟悉新媒体营销的基本流程和操作方法，积累工作经验。

2. 中级阶段

在积累了足够的工作经验后，新媒体营销人员可能会晋升至中级职位，如社交媒体经理或内容运营主管。在这个阶段，他们应能独立策划和执行新媒体营销活动，对营销效果进行深入分析，并提出优化建议。同时，他们还应与团队成员紧密合作，确保营销活动的顺利进行。

3. 高级阶段

那些在中级阶段表现出色且具备较强管理能力的新媒体营销人员可能会晋升至高级职位，如新媒体营销总监或品牌经理。在这个阶段，他们应能制定并执行公司的新媒体营销战略，领导团队开展大规模的营销活动，并对整个营销过程进行全面的监控和管理。

4. 专家阶段

在职业发展后期，一些新媒体营销人员可能会成为行业内的专家，通过分享经验、撰写专业文章或参与行业研讨会等方式来提升自己的知名度和影响力。他们也可以进一步深造，获得相关的认证或学位，以提升自己的职业竞争力。

除了以上职业发展路径，新媒体营销人员还可以考虑向其他相关领域进行拓展，如数字营销、品牌管理、公关等。这些领域与新媒体营销密切相关，可以为他们提供更广阔的职业发展空间。

三、新媒体营销职业技能和职业素养

(一) 职业技能

本书将新媒体职业技能归纳为内容创作、数字营销、平台运营、数据分析四个方面。

1. 内容创作技能

新媒体营销的核心在于内容。新媒体营销人员需要具备多元化的内容创作能力，包括撰写高质量文案、短视频制作、H5海报设计等；同时还应了解不同平台调性、内容特点和用户喜好，以创作出更符合品牌需求和用户喜好的内容。

2. 数字营销技能

新媒体营销人员需要掌握数字营销的基本知识和技能，包括搜索引擎优化、社交媒体营销、内容营销、数据分析和广告投放等，以便利用数字技术和互联网渠道进行品牌推广和营销。

3. 平台运营技能

新媒体营销人员需要掌握各平台的运营规则，能够根据企业不同的营销需求及时制定和调整营销策略；还应掌握各种内容载体形式的新媒体营销策略，能够进行内容定位与规划，完成内容运营与优化、内容分发与推广等，实现品牌传播推广。

4. 数据分析技能

通过收集和分析各类数据，如用户行为数据、市场趋势数据等，新媒体营销人员可以更准确地了解市场需求和用户喜好，为营销策略的制定和实施提供有力的数据支持。同时，新媒体营销人员还应具备评估不同营销策略实际效果的能力，以便及时调整并优化策略。

《新媒体运营职业技能等级标准(2021年版)》(详见二维码)对新媒体营销技能等级的发展提出了更为详尽的要求，各等级侧重的技能点也不同——"初级新媒体营销"更注重"运营"，对社交网络自媒体运营、社会化媒体运营、短视频运营提出了明确的要求；"中级新媒体营销"更注重"营销推广"，包括搜索引擎营销、信息流推广、社交网络推广、社交网络自媒体推广、短视频内容推广；"高级新媒体营销"聚焦"营销"领域，包括社交网络自媒体营销、社会化媒体营销、短视频营销、直播营销、微工具营销。

新媒体运营职业技能
等级标准(2021年版)

(二) 职业素养

1. 综合学科背景

新媒体营销人员应具备新闻传播学、广告学、市场营销学等相关专业背景，掌握必要的理论知识，具备一定的实践技能；应掌握新媒体营销的基本方法，熟悉各种新媒体渠道的特点和运营规则；应具备较强的创意策划和执行能力，能够运用数据分析工具进行营销效果评估。

2. 良好的沟通协作能力

新媒体营销人员在工作中需要与其他部门有效配合，共同推动营销活动的顺利进行。因此，良好的沟通能力和团队协作能力至关重要。

3. 自我管理与学习能力

新媒体营销人员应具备内在自驱力，能够承受工作压力，积极主动地完成工作任务；还应具备较强的学习能力和适应能力，能够不断学习和掌握新媒体营销的新知识和新技能。

4. 创新思维与数据思维

新媒体营销需要不断创新和尝试新方法，因此，新媒体营销人员应敢于挑战传统观念，不断提出新想法和新创意；应善于借鉴他人的成功案例和经验，为自己的营销策略注入新的活力；应能通过数据分析来评估营销效果，并据此调整和优化营销策略；应能解读各种数据指标，理解用户行为，并据此制订更具针对性的营销计划。

5. 诚信与责任心

在新媒体营销中，诚信和责任心是新媒体营销人员不可或缺的品质。新媒体营销人员应遵守行业规范和道德标准，确保营销活动的真实性和合法性；还应积极承担自己的责任，为品牌和客户创造价值。

此外，网感[①]好、了解用户心理和需求痛点、用户共情能力强等也是新媒体营销人员应具备的素质。新媒体营销的职业技能与职业素养共同构成了新媒体营销职业的核心能力，新媒体营销人员具备这些核心能力是成功开展企业营销活动的基础，更是规划好职业生涯的前提。

---

① 网感指对网络内容的敏感度和熟悉度，具体来说，就是察觉用户需求并满足用户需求的能力。新媒体营销人员要培养网感，应学会关注热点、拆解内容，还应熟悉各个平台调性，提升独立思考和表达能力，并持续学习和实践。

思想领航

互联网时代下的"娱乐至死"①

"有两种方法可以让文化精神枯萎，一种是奥威尔式的——文化成为一个监狱；另一种是赫胥黎式的——文化成为一场滑稽戏。"②尼尔·波兹曼在《娱乐至死》中警示人们，大众媒介为人们建构了"美丽新世界"，但人们应保持理性和审视的态度，因为强势媒介往往具有隐蔽而强大的力量，能够重新定义现实，甚至塑造一个时代的文化精神面貌。尼尔·波兹曼以20世纪后半叶的美国电视文化生态作为考察对象，以一种精英文化的反思视角重新审视大众媒介可能带来的负面效果。直至互联网时代，当电视"光芒"逐渐消退，新媒体开始登场，"娱乐至死"的现象依然值得人们关注。

一、观看方式的嬗变

伴随印刷术时代的没落，电视时代由此启幕，大众使用电视媒介，在某种程度上促进了文化变迁。尼尔·波兹曼基于此对美国文化重大变迁进行探究，他接受了麦克卢汉关于"媒介即信息"的观点，认为"深入了解一种文化的有效途径是了解这种文化中用于会话的工具"③。他借用赫胥黎在《美丽新世界》中对未来的预言，提出"文化滑稽戏"的概念。他认为媒介存在偏向性，不同的媒介形式所偏好的某些内容甚至会控制文化，而生活于其中的人们，需要正确理解媒介，同时进行反思与审视。

(一) 看电视：感性替代理性

印刷机统治下的时代，文字阅读的珍贵性不言自明，人们认识世界的方式是理性且深刻的。进入电视时代，人们认识世界的媒介变为电视，电视的世界指向娱乐，人们逐渐放弃理性思考，开始滑入感性温床。

电视媒介具有与纸质媒介截然不同的媒介偏向，纸质媒介展示的严肃性内容与电视媒介天然的娱乐性相背离，尼尔·波兹曼承认电视所具备的天然娱乐性。与此同时，人们的观看方式也在发生改变。约翰·伯格在《观看之道》中指出，观看先于言语，我们只看到我们注视的东西，而注视是一种选择行为，注视的结果是我们将看见的事物纳入我们能及——虽然未必是伸手可及——的范围内触摸。由此引发了思维方式的变革，极少调动理性思维而惯用感性体验成为电视时代观众的表征，电视内容的娱乐化呈现契合了人的感性需求，人的感性需求又进一步加剧了电视的娱乐化倾向，甚至连新闻这种严肃性内容到了电视时代也表现出为博眼球和营造视听震撼效果而刻意为之的泛娱乐倾向。

① 人民网. 互联网时代下的"娱乐至死"[EB/OL]. (2020-02-19)[2024-12-01]. https://baijiahao.baidu.com/s?id=165890481876956849&wfr=spider&for=pc. 有删改
② 尼尔·波兹曼. 娱乐至死 [M]. 章艳，译. 北京：中信出版社，2015：185.
③ 尼尔·波兹曼. 娱乐至死 [M]. 章艳，译. 北京：中信出版社，2015：11.

(二) 互联网：碎片化取代过程性

从纸质媒介引导的静观深思到电视媒介带来的视听享受，再到新媒体带来的沉浸式快感，尼尔·波兹曼关于媒介即隐喻的判断依然没有失效，每一种媒介都为人们提供了一种思考方式，新的媒介"更像一种隐喻，用一种隐蔽但有力的暗示来定义现实世界"[①]。乘着互联网浪潮而蓬勃发展的网络新媒体，势不可当地成为人们现代生活的一部分。平板电脑、手机等移动新媒体端的丰富，一方面克服了电视屏幕无法移动的短板，另一方面弥补了电视媒介互动性差的体验。一如当下短视频的火爆，迎合了人们网络化生存的现实需要。此外，手机的便携性也满足了人们随时随地的社交需求，还能帮助生活在快节奏、高压力环境中的人们进行情感宣泄，完成现代人的心绪转换。

二、"娱乐至死"甚嚣尘上

电视媒介的问题并不在于其提供的娱乐性内容，而在于所有的内容都以娱乐的形式呈现出来。严肃话语的丧失、理性人格的消弭都应该成为人们警惕的问题。进入互联网时代，泛娱乐化的问题依旧存在，甚至表现出比电视时代更为复杂的一面。

(一) 泛娱乐化的隐忧

网络时代的新媒体，以更为自由、更为开放的态度表达新内容，影响新一代的观众，而观众也在重新塑造着新媒体的走向。

从网络综艺来看，由于网络节目创作相较于电视节目更为自由，也就更偏重娱乐精神的释放，容易滑向媚俗的边缘。《吐槽大会》第一季第一期就因表演者言语露骨、尺度过大而被下架，《奇葩说》也因话题敏感而遭到删减。窥私、猎奇、博眼球一度成为网络综艺出奇制胜的"法宝"，归根结底都是对娱乐精神的片面理解。"重口味"的话题的确符合注意力经济的规律，能以最低的成本吸引用户，成功触及年轻人的"痒点"和"痛点"，成为最佳上位方式[②]，然而只注重对娱乐精神的发掘，为了眼球经济而不惜牺牲意义，放弃了艺术品位和社会责任，最终只能陷入"娱乐至死"的境地。

(二) 感性的放逐

被新媒体培养起来的"网生代"观众，大多是"90后""00后"，他们是消费网络文化的主流群体，在碎片化信息的轰炸、视听快感的裹挟、感性的放逐中，沉浸在新媒体塑造的媒介"幻觉"里，很容易偏离理性。如果说电视放大了人的感性，那么新媒体则进一步关注感官的沉浸式享受，进一步扩大了人的感性需求。若我们不假思索地继续沉浸其中，将会丧失独立思考的能力，最终将会沦为"娱乐的附庸"以及马尔库斯所言的"单向度的人"。

---

① 尼尔·波兹曼.娱乐至死 [M].章艳，译.北京：中信出版社，2015：11.
② 杨丽雯.情感消费视角下网络剧"圈地"青年群体现象研究 [J].中国青年研究，2016(2)：84-87，114.

三、从欢愉到意义的建构：娱乐的价值

新媒介必然以势不可当的趋势融入大众生活，因此限制大众对新媒介的使用是不现实的。一旦人们习惯了新媒介带来的欢愉，是不会轻易让其离开的，但需要警惕过度娱乐所带来的无意识的麻木和放弃思考的态度，同时放大娱乐的价值、温度和意义。

首先，娱乐是人的本能。艺术的"游戏说"揭示了艺术无功利性的一面，这种无功利的精神愉悦是人类所必需的，追逐娱乐是人的精神需求，同时娱乐也是一种个人权利和精神自由。

其次，保持对艺术的真诚态度是艺术工作者的责任所在，也是避免落入过度娱乐的泥淖中的有效方法。国家广电总局发布的《网络视听节目内容审核通则》规定了网台一致的审核标准，这意味着互联网时代下的艺术创作同样应遵循标准规范，一味地剑走偏锋、求新求怪、博人眼球，注定是无法长久的。

最后，提高公众的媒介素养，媒介教育有利于培养具有健康审美力的观众。尼尔·波兹曼认为，教育始终是有效的方式，提升媒介素养成为互联网时代下应对"娱乐至死"的有效方法。

"问题不在于我们看什么电视，问题在于我们在看电视。"[①]不论是艺术创作领域的影视工作者，还是被媒介建构的幻象所吸引的观众，生活在"媒介生态"中的每一个人都应该保持审慎的态度，消除对媒介的神秘感，正确理解媒介，并对新媒介可能塑造的"新世界"保持清醒的认识，同时把握好媒介与时代的独特关系，避免落入"娱乐至死"的境地。

---

① 尼尔·波兹曼. 娱乐至死 [M]. 章艳，译. 北京：中信出版社，2015：190.

项目检测

一、扫码自测①

二、思考题

1. 传统媒体时代，信息传播有哪些程序？
2. 新媒体营销的优势有哪些？请举例说明。
3. UGC的优势和劣势分别是什么？
4. 常见的直播营销模式有哪些？

三、简答题

请你结合项目内容，上网搜索相关资料，评述以下新媒体营销事件反映了新媒体营销发展过程中的哪些问题。

对近几年的新媒体营销翻车事件进行复盘，你会发现品牌翻车率逐年上升。然而，细究之后发现，这些翻车事件并不是产品和服务问题导致的。恰恰相反，一些头部品牌的产品和服务还在稳步提升中。如今，品牌所处的市场环境和面对的人群发生了巨大的变化，其中涉及社会结构、市场情绪和消费心理的变化。正是这些变化，重塑了品牌与消费者互动的理念与方式，也决定了品牌不可能再以过去的方式处理消费者关系和市场情绪，品牌新媒体营销考验着企业价值观。

一、新媒体营销中的"性别平等和女性权益"

如今，消费者对性别平等和女性权益等议题越来越敏感，渲染性别刻板印象、物化甚至侮辱女性的行为将会受到越来越多消费者的谴责。从模特图的拍摄视角，到海报上的广告词，没有一个角落能逃过消费者的审视。历数品牌翻车事件，围绕女性相关的低俗营销无疑是热点之一。消费者不会放过品牌的任何"失误"，只会将其送上热搜。

例如，某品牌曾在公众号发布文章《女人脚臭是男人的5倍？不信现在闻一下》，对男性和女性的体味进行对比，引发女性消费者强烈不满；某品牌发布的照片存在偷窥视角问题，被指侮辱女性；某品牌外包装印有"约吗""贼大""强硬"等字眼，被认为在打"擦边球"；某品牌发布的广告语"没有蓝宝石，我不脱"，以及某品牌文案"她不醉，没机会"，都被指低俗；某品牌淘宝官方旗舰店销售一款玻尿酸玫瑰滋养洗液，广告里出现"越来越黑我该怎么办""洗出少女粉"等内容，《中国妇女报》对此发表评论："赚女性的钱，还不尊重女性？"某品牌在南京新开一家门店，店铺外墙配有"Sexytea"的英文标识以及古典女子形象，引发消费者联想，此举被质疑"打擦边球"、博眼球。

① 教师和学生拿到书，先扫描封底刮刮卡，再扫书内习题码，确认是否能正常做题；关注"文泉考试"公众号，这个公众号可作为除图书以外的第二入口；教师在公众号内先进行教师认证，待认证通过后可创建班级，将班级码分享给学生，提示学生加入；学生扫描书内习题码或者点击公众号上的"做题"，做完题后，输入班课码，可提交答案；教师可从后台导出成绩。

二、新媒体营销中的"国潮和国货"

国潮和国货正在成为年轻人追捧的对象，但在新媒体营销中存在文化挪用、述而不作、忽视消费者情感认同的问题，往往引发广泛争议，长此以往只会伤害品牌形象。

例如，2022年7月，网友质疑迪奥的一款半身裙挪用了中国古代"马面裙"的设计元素，而迪奥在产品介绍里宣称这款产品采用的是迪奥品牌的标志性廓形元素。此事件引发广泛争议后，迪奥并没有任何回应，只是默默下架了这款产品。8月，网友又提出迪奥的"2022秋冬成衣系列"中的多款产品采用了疑似中国传统花鸟画的图案，但产品介绍中只字未提中国元素。

同年11月，欧莱雅、韩国新罗酒店(Hotel Shilla)和私募股权基金公司Anchor Equity Partners联合推出奢侈护肤品牌Shihyo，宣称品牌灵感来自"东方二十四节气"，产品使用了每个节气收获的自然原料，而这些自然原料来自韩国农民。网友质疑欧莱雅和韩国财团有意模糊"二十四节气"源自中国的事实[①]。

◎ 综合应用

实训一

假设你正在运营一个内容为大学生求职方向的微信公众号，请使用相关工具，设计一个季度"新媒体营销日历(4—6月)"。

实训二

请结合项目内容，上网搜索相关资料，以图1-5为例，简单描绘"抖音"的用户画像。

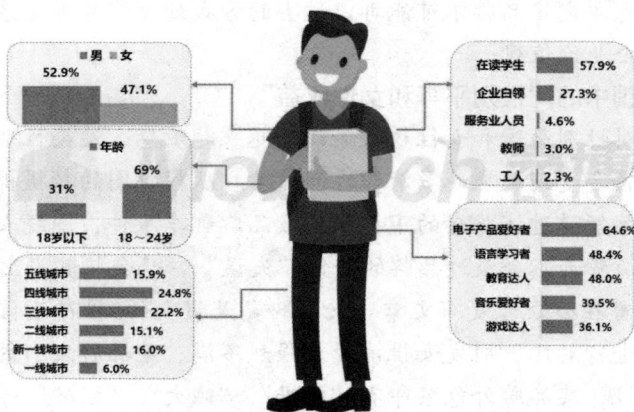

图1-5　用户画像模板[②]

实训三

请你在各求职App上收集各大企业对"新媒体营销"岗位的要求，并结合你现在的经验和能力，设计一份新媒体营销岗位的求职简历。

---

① 亿邦动力.八大血泪教训，品牌如何避免2023年躺枪翻车上热搜[EB/OL].(2022-12-26)[2024-12-01]. https://i.ifeng.com/c/8M45EwMoejY.有删改

② 小Lee的数据产品专栏.用户画像实践踩坑之路[EB/OL].(2022-04-11)[2024-12-01].https://zhuanlan.zhihu. com/p/494692557.

项目二　新媒体营销平台

教学目标

【知识目标】

- 了解新媒体平台的概念与特征；
- 了解新媒体平台的主要类型；
- 了解新媒体平台营销矩阵的概念；
- 理解新媒体平台矩阵营销的意义；
- 了解主流新媒体平台内容营销的特征。

【能力目标】

- 能够举例说明新媒体平台的不同类型；
- 掌握新媒体矩阵营销的方法；
- 掌握新媒体矩阵搭建的方法；
- 能够分辨新媒体矩阵的不同类型；
- 能够使用营销工具；
- 掌握新媒体平台账号起名的方法；
- 能够创建新媒体平台账号。

【素质目标】

- 树立将个人发展与国家、社会、民族的发展紧密结合的责任意识；
- 培育刻苦钻研营销方法的创业精神；
- 树立服务家国意识，培育奉献精神。

◈ 思维导引

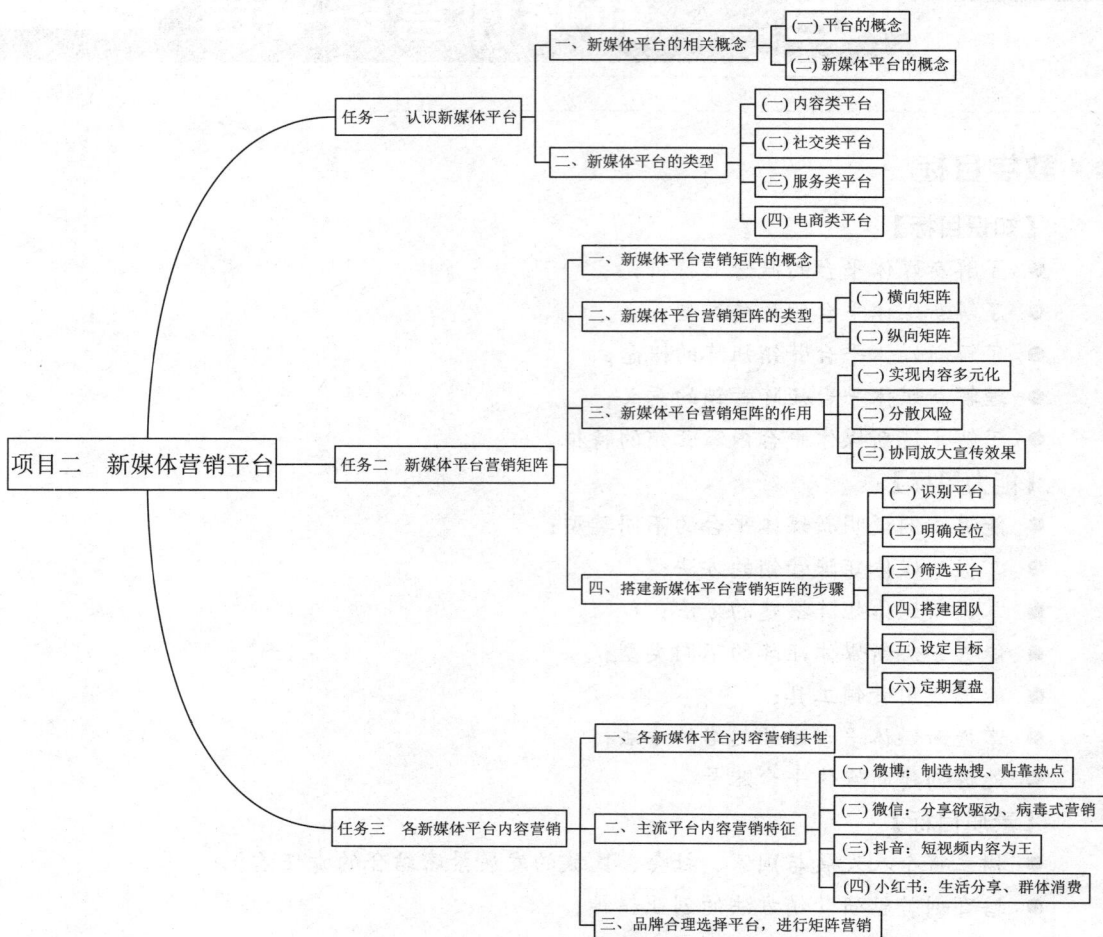

```
                                                    ┌─ 一、新媒体平台的相关概念 ─┬─ (一) 平台的概念
                                                    │                          └─ (二) 新媒体平台的概念
                              ┌─ 任务一  认识新媒体平台 ─┤
                              │                        │                       ┌─ (一) 内容类平台
                              │                        └─ 二、新媒体平台的类型 ──┼─ (二) 社交类平台
                              │                                                ├─ (三) 服务类平台
                              │                                                └─ (四) 电商类平台
                              │
                              │                        ┌─ 一、新媒体平台营销矩阵的概念
                              │                        │
                              │                        │                              ┌─ (一) 横向矩阵
                              │                        ├─ 二、新媒体平台营销矩阵的类型 ─┤
                              │                        │                              └─ (二) 纵向矩阵
项目二  新媒体营销平台 ────────┤                        │
                              │                        │                              ┌─ (一) 实现内容多元化
                              ├─ 任务二  新媒体平台营销矩阵 ┼─ 三、新媒体平台营销矩阵的作用 ┼─ (二) 分散风险
                              │                        │                              └─ (三) 协同放大宣传效果
                              │                        │
                              │                        │                                 ┌─ (一) 识别平台
                              │                        │                                 ├─ (二) 明确定位
                              │                        │                                 ├─ (三) 筛选平台
                              │                        └─ 四、搭建新媒体平台营销矩阵的步骤 ┼─ (四) 搭建团队
                              │                                                          ├─ (五) 设定目标
                              │                                                          └─ (六) 定期复盘
                              │
                              │                         ┌─ 一、各新媒体平台内容营销共性
                              │                         │
                              │                         │                          ┌─ (一) 微博：制造热搜、贴靠热点
                              └─ 任务三  各新媒体平台内容营销 ┼─ 二、主流平台内容营销特征 ─┼─ (二) 微信：分享欲驱动、病毒式营销
                                                        │                          ├─ (三) 抖音：短视频内容为王
                                                        │                          └─ (四) 小红书：生活分享、群体消费
                                                        │
                                                        └─ 三、品牌合理选择平台，进行矩阵营销
```

项目二 知识框架

◈ 项目导读

小红书为汽车企业营销带来了什么？[①]

　　在数字经济的大潮中，线上平台运营已经成为市场经济中的重要一环。从淘宝、微信等互联网企业借着网络效应的"东风"产生前所未有的价值，到抖音、小红书等内容平台的风靡，许多企业和平台在互联网时代的不同阶段中受益。但如果把互联网的镜头聚焦于汽车行业，我们会发现，汽车企业的适应能力似乎没有想象得那么强。在很长一段时间中，由于传统思维模式的固化，线上营销和汽车市场之间无法达成一致，从而造成了汽车消费的"偏航"。如今，新汽车"行至"一个十字路口，汽车营销面临革命性的挑战，必

---

① 祎依. 解码汽车用户图鉴，小红书为车企营销带来了什么？——种草给出了汽车营销在新时代的解决方案的全新范式 [EB/OL]. (2024-05-16)[2024-12-01]. https://mp.weixin.qq.com/s/PpNyLUOJpikGt6YJkp19Hg. 有删改

须向前迈进，因为营销舞台上没有永久的胜利者，只有在变化中不断调整、不断尝试，才能迎来汽车营销的春天。

纵观市场中的线上营销，小红书作为当下热门的互联网社区平台，已成为中国用户不可替代的生活平台和消费决策入口，具有制造流行和热点的能力。基于此，小红书将如何从消费者和行业发展等方面入手，客观分析汽车新营销发生的变化，从而为汽车企业和市场找到布局未来营销的"撬板"？

一、走近用户，从读懂"他的需求"开始

中国汽车经过近十年的快速发展，产品技术水平快速提升，市场保有量不断增高，加之越来越多的城市出台道路限行、限牌以及新能源汽车政策，汽车企业的市场经营面临更大的挑战。

在这样的大环境中，汽车企业的重要任务之一就是在发展中开拓思维，寻找适合自己品牌的运营路线。但在此之前，汽车企业必须认识到，当前汽车市场正处于"用户时代"，因此以数据为基础，更深层次地了解用户，明确用户的真实需求，比以往任何时候都更加重要。

小红书作为当前新兴的互联网分享平台，以其独特的社区氛围、高度互动的用户体验和精准的推荐算法，受到越来越多用户的欢迎。小红书可通过去中心化的信息分发方式，让用户从被动接收信息转变为主动筛选信息。凭借这些天然优势，小红书从内容聚类出发，对用户生产的真实内容进行文本挖掘和数据分析，最终整理形成了自由畅行人的七大特色人类画像，具体包括出行精算师、机械信徒、移动筑巢家、都市漫游家、精奢新贵党、爆改浓人、智驾先锋。

七大特色人类画像以丰富、多元的人物特征，真实地反映出消费者的汽车消费行为偏好，同时也深度梳理了人、场景、需求和相应产品之间的逻辑关联，为汽车品牌提供更加精准的目标市场定位与营销策略参考。典型用车场景如图2-1所示。

图2-1　典型用车场景

相关调查显示，普通年轻消费者更倾向高性价比车型，且对新能源汽车接受度较高；个性化、专业化的汽车用户更看重汽车的性能、操纵感等；一般中年消费者强调汽车的舒适性和安全性……这些洞察对于汽车企业来说，具有重要的市场指导意义。在强调代步属性的时代，汽车营销往往聚焦于性能和价格；而在注重情绪价值的环境下，汽车营销需要通过不同的用户画像构建一系列贴近生活的场景，与消费者建立深度互动和连接，使消费者在精神层面产生共鸣。因此，对汽车用户进行精准画像，深入分析其消费行为和需求，对于汽车企业来说具有重要的战略作用。

二、把握汽车行业发展趋势，探索营销新路径

汽车行业的发展永远是向新而行，在当前的汽车营销中，汽车企业除了要确保产品功能满足用户需求，还要紧紧把握政策动向和时代前进的趋势，不断推动科技创新，从而释放汽车营销的力量，促进企业快速发展。

立足当下，以普通消费者的眼光审视汽车行业的发展趋势，汽车市场已从过去的传统燃油车时代走向新能源汽车时代。聚焦乘用车的细分市场可以发现，当前市场中丰富的产品线为消费者提供了多元化的选择空间，市场也在持续进化，对消费者心智展开争夺。在不同的细分市场中，在不同的人车关系背后，究竟预示着怎样的行业发展趋势？

得益于小红书对七种不同人车关系的解读，我们通过分析可以得出行业发展新趋势，无论是市场方面增换购比例的逐渐上升，智能智驾全新出行体验的风靡，覆盖多年龄段人群需求的汽车"精装"，还是消费层面汽车用户自主探索性的越发增强，消费偏好开始转向本土品牌等，多维度的汽车发展变革给汽车企业的未来发展提供了更多参考。多一份参考就多一分品牌营销成功的把握。在过去的几年中，小红书基于丰富的社区群体和长期的内容积累，对新的生活方式趋势、消费观念趋势的把控更为准确，尤其当消费者对汽车的需求逐步转向审美、娱乐、情绪等溢出价值时，与情感、兴趣相连接的消费趋势会率先在小红书上体现出来，小红书对这一趋势的迎合也会比其他平台更加突出。

因此，通过小红书，汽车企业可以洞察最新的趋势、热点，为身在其中的汽车品牌提供先发机会，助力企业跟随某一热点趋势的潮流，打造与之相匹配的营销场景，探索新的发展路径，从而助力品牌内容持续发酵。

三、小红书实现的汽车"新营销"

新营销在新时代有着全新的定义，它不像汽车产品拘泥于某一种形式，也不苛求达到某一个标准，其最终目标就是让用户能够更快、更全面、更深入地触达产品本身，实现品牌的有效传播与营销。

汽车作为大宗商品，消费者的购买决策过程复杂且需求多样。对此，小红书又将如何有效实现平台的营销价值？在回答这一问题之前，汽车企业应更新认知，当前汽车营销已经进入全域时代，线上是不可忽略的重要阵地，只有愿意变革的营销人，才有机会尝到市场的甜头。不同于过去热门的电商平台，小红书定位于内容平台，作为3亿月活的内容社区，小红书以其独特的内容社区属性，从市场洞察到人群筛选，再到内容投放和效果度

量，可为汽车企业提供全方位的营销支持。2023年，小红书汽车内容、搜索体量呈现高速增长态势，笔记发布量年同比增长85%，汽车阅读量增长48%，汽车搜索量同比增长约70%。

关于小红书的营销支持，一方面关注对汽车品牌的价值塑造，通过社区讨论、熟人推荐等方式提升用户对品牌的认识；另一方面聚焦某一特定产品的价值塑造，通过新车上市、产品种草等方式提升产品曝光度，进而激发更多用户的探索欲。更为重要的是，小红书还可以通过KOS(key opinion sales，关键意见销售)终端布局，在更近距离的场域，帮助品牌与用户建立更加真实的沟通渠道。有人认为，2024年的小红书种草已经从一种"营销手段"变为"市场选择"。根据用户购车决策路径调查，超过50%的用户会在买车筛选时用到小红书，越来越多的消费者把小红书作为看、选、买、用、玩汽车的平台。这种选择趋势也决定了小红书成为汽车新营销的新势力平台。

小红书的高质量流量可以提升用户体验，增加用户黏性，培养用户忠诚，提升用户口碑，但这仅仅完成了营销的"第一步"。为了将流量真正转化为商业成功，小红书进行了一系列规划，并推出"科学四部曲"，包括：基于小红书灵犀平台的科学市场洞察；借助人群反漏斗模型精准筛选核心人群；BKFS(brand KOL feeds search)内容投放方法论下的产品种草组合投放；以人群、内容、生意效果度量为基础的营销优化。在这一科学的规划实践下，汽车市场中已有smart、五菱、沃尔沃等汽车品牌顺应营销趋势，在与小红书的合作中探索出一条坚持与用户价值和品牌利益同向而行的经营之道。更为重要的是，小红书的转化过程具有两个特征，一是长效，即转化时间更长；二是转化是全域的，这也促使小红书可以在汽车行业中实现强有力的线索外溢。整体而言，小红书通过基于整个产品生命周期的种草组合拳设定，为品牌方和汽车企业打造出一个更具确定性的种草营销增长模型，最终实现了从洞察到落地、从应用到品牌营销全环节的行业助力。

【思考与讨论】

1. 请你谈谈"汽车"这个品类的营销现状。

2. 利于小红书开展汽车营销有何优势？

3. 企业在各大新媒体平台上开展营销活动有哪些优势与劣势？

任务一 认识新媒体平台

任务导入

某个传统奶业品牌想占领年轻消费者心智，增强品牌影响力。该品牌的营销策略专员通过对近年来火速出圈的各类品牌进行研究，总结出各类品牌的破圈方式的相同之处，即将品牌调性和产品卖点与新媒体平台相结合，扩大流量，增加推广效应。那么新媒体平台是什么？涵盖哪些类型呢？

*课堂讨论

请判断表2-1中哪些选项属于新媒体平台？如判断"是"，请打"√"；如判断"否"，请打"×"。

表2-1 判断"新媒体平台"

选项	是否属于"新媒体平台"
微信公众号	
电视	
微信	
B站	
喜马拉雅FM	
淘宝	

近年来，新媒体平台在打造主流舆论阵地、输出正向价值观方面发挥了重要作用，其流量的喷涌使得"一夜爆红"的营销模式变得可复制。各大平台加速推进监管与建设，新媒体平台正以良性可持续发展的态势前进。现今，各品牌乃至各政府单位相继开启新媒体平台的矩阵化布局，但各平台的用户群体画像、内容创作模式以及互动形式都存在显著差异，只有"选对的平台、跟对的热点、做对的内容"才能找到流量密码，这就需要我们不断学习与研究。完成本任务的学习，将有助于你掌握新媒体平台的相关概念和类型。

一、新媒体平台的相关概念

(一) 平台的概念

"平台"一词原本是工程学中的概念，是指为了便于生产或施工而设置的工作台，具有"某种活动和工作得以运行的支撑"的含义。除了物理层面的释义，在更广义的层面上，"平台"可以指人脉、眼界和机会，也可以指工作或生活所需的条件，以及产品和服务的形式。

对媒体而言，所谓平台，是指通过一定的通用介质，如数字技术、互联网络和传输协议，在用户与内容和服务提供商之间搭建的扁平的、通用的交互场域，双方或者多方主体只要通过接口接入这个交互场域，就可以实现与另一方中任何主体的互融互通①。

(二) 新媒体平台的概念

新媒体平台是指基于数字技术，特别是互联网、无线通信网、卫星等渠道，通过计算机、手机、数字电视机等终端，为用户提供信息和服务的传播形态。新媒体平台利用数字压缩和无线网络技术的特性，如大容量、实时性和交互性，能够跨越地理界限，实现全球化传播。

在新媒体平台上，用户既是内容的接收者，也能成为内容的创造者和传播者。在这种双向互动的模式下，信息传递更加及时、个性化，并能增强用户体验。此外，新媒体运营不仅仅是内容创作，还涉及社交媒体策略、搜索引擎优化、数据分析等方面，其目的是实现有效的市场营销和品牌推广。总结来说，新媒体平台是一个集多种媒体形式于一体的传播生态系统，它打破了传统媒体的局限性，赋予用户更大的参与权和控制权，从而促进了信息社会的多元化发展和变革。

二、新媒体平台的类型

随着新兴技术与媒体形态的发展，新媒体平台持续迭代，呈现出内容多元化、功能丰富化的趋势。新媒体平台是承载信息的重要渠道，掌握其类型并合理分发内容是实操新媒体营销的第一步，有助于新媒体运营的顺利开展。根据新媒体平台的主要功能，可将其划分为四类，即内容类平台、社交类平台、服务类平台和电商类平台。

(一) 内容类平台

内容类平台是指以内容创作分发或内容传播为主的新媒体平台，用户可以在线发布、浏览和分享内容，内容形式有图文、音频、视频(短视频、长视频)、直播等。不同内容形式的新媒体平台有其不同的特征。内容类平台涵盖范围广，从广义来说，任何新媒体平台都属于内容类平台。如图2-2所示，内容类平台主要包括以下五类：以微信公众号、简书为代表的自媒体平台；以得到、喜马拉雅FM为代表的音频平台；以优酷、爱奇艺、抖音、快手为代表的视频平台；以知乎、百度知道为代表的问答平台；以今日头条、腾讯新闻为代表的资讯平台。

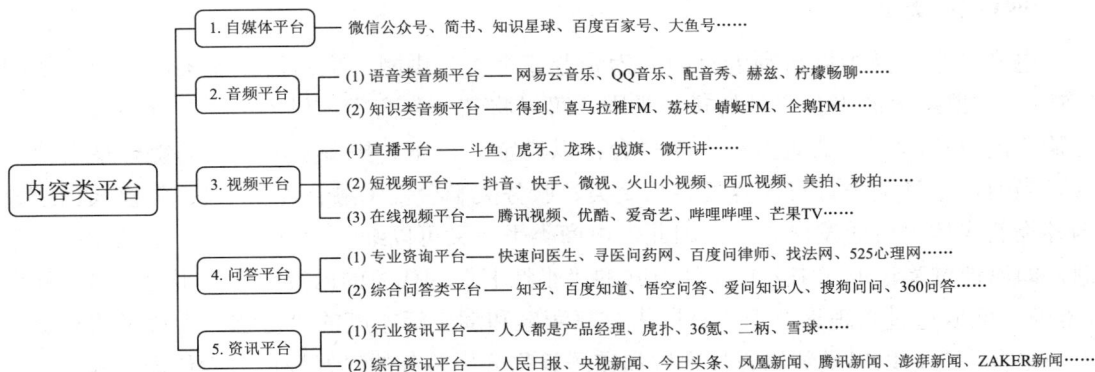

图2-2　内容类平台的类型

① 陈建立.全媒体运营策略浅析[J].新闻爱好者，2014(1).

(二) 社交类平台

微课2-1

新媒体平台概述
——类型与特点

社交类平台是基于用户关系的内容生产与交换平台，以构建人际关系和社会网络为核心，实现信息的及时分享和传播互动的平台。这些平台为用户提供了更为广泛的社会网络连接、更为丰富的信息获取以及交流方式，同时成为企业宣传、品牌营销以及与用户链接的重要渠道。如图2-3所示，按照社交目的，可以将社交类平台分为通讯型平台、交友型平台、兴趣型平台、综合型平台。

图2-3　社交类平台的类型

(三) 服务类平台

服务类平台是指基于互联网建立用户方和服务方之间的链接，提供服务或具体功能，促使双方高效沟通，为用户解决实际需求的一类新媒体平台。如图2-4所示，根据服务方向，可以将服务类平台分为生活服务型平台、公共服务型平台和工具服务型平台。

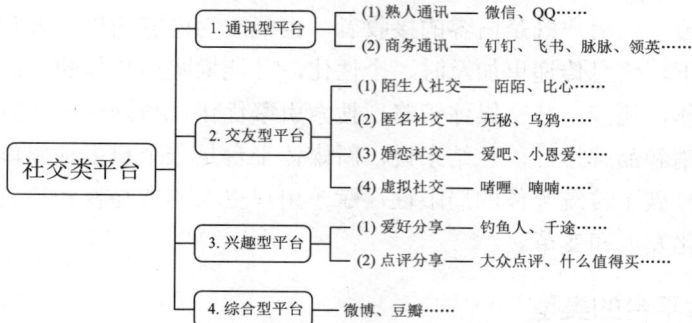

图2-4　服务类平台的类型

(四) 电商类平台

电商类平台是指以盈利为目的，为企业或个人提供网上交易洽谈服务的平台。如图2-5所示，根据电商平台交易的货品类别，可以将其分为两类：以当当、叮咚买菜、考拉海购、蘑菇街为代表的垂直型电商平台；以淘宝、京东、拼多多为代表的综合型电商平台。当前，电商类平台与内容类、社交类、服务类平台发生融合，"电商+"模式已经成为各类新媒体平台的发展方向。因此，电商类平台又可以细分为以下三类：一是内容+电商，即以通过笔记形式来分享生活方式的"小红书"为代表的内容型电商平台；二是社交+电商，即以通过兴趣聚合形成社区来分享潮鞋和潮生活态度的"得物"为代表的社交型电商平台；三是以提供装修设计案例和家居好物分析服务的"好好住"为代表的服务型电商平台。

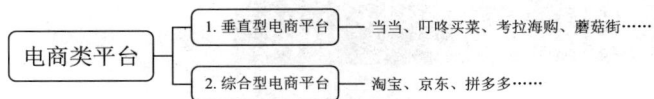

图2-5　电商类平台的类型

　　新媒体运营人员为企业选择新媒体运营平台时，应注意结合企业发展阶段与实际需求。此外，单一类型的新媒体平台已经不能满足企业的日常运营需求，新媒体运营人员应注意从"横向"及"纵向"的角度，为企业搭建"新媒体标准化配置"。

任务二　新媒体平台营销矩阵

任务导入

　　某文创品牌发现其品牌声量与热度正在逐渐衰减，为了持续稳定曝光，该品牌将微信公众号平台的推文更新频率从每周一次增加至每天一次，而且在内容与图文的呈现上都做了很大程度的创新，但并没有达到预期效果。该品牌新媒体运营负责人对近年来火爆的竞品进行调研，他发现成功的IP会同时在多个主流新媒体平台上运营账号，甚至在同一个平台有多个账号活跃。那么到底应该如何选择新媒体平台？有无必要同时在多个平台运营账号呢？

*课堂讨论

谈到新媒体平台营销矩阵，你能举出哪些通过平台矩阵搭建实现营销增量的实例？

　　当下，媒体传播方式已经从线性传播迭代为点对点的网状传播，新媒体渠道过于分散化，且新媒体平台越来越多，很难通过一两个平台覆盖所有用户群。在此背景下，新媒体矩阵这一概念开始被频繁提及。如今，搭建符合自身用户群体特征和需求的新媒体平台营销矩阵已成为每个品牌的重要运营手段。那么什么是新媒体平台营销矩阵呢？完成本任务的学习，你将了解新媒体平台营销矩阵的概念、类型与作用，以及搭建新媒体平台营销矩阵的步骤。

一、新媒体平台营销矩阵的概念

微课2-2

　　"矩阵"是线性代数的重要概念，是指一个按照长方阵列排列的复数或实数集合，广泛应用于各个领域。在新媒体领域，矩阵是指一组相互关联、互动的新媒体资源和平台，通过不同的媒介形式和内容形式来传达信息，以实现信息宣传、营销推广或品牌建设等宣传目的的整体战略模式。新媒体平台营销矩阵就是为了触达营销目标群体而构建的多种新媒体渠道的组合，其组成方式多种多样，涉及社交媒体平台、短视频平台、电商平台等多种渠道以及应用方式。

新媒体平台概述
——新媒体矩阵

二、新媒体平台营销矩阵的类型

知识链接2-1

　　新媒体平台营销矩阵按照广度和深度，可分为横向矩阵和纵向矩阵两个类型。

(一) 横向矩阵

新媒体平台
营销矩阵的结构

　　横向矩阵侧重布局的广度，即在全媒体平台布局，具体包括官网、自有App、论坛和各类外部新媒体平台，如微信、微博、今日头条等，可以称之为外矩阵。

横向矩阵对应的新媒体平台营销矩阵形式为平台矩阵。例如，你运营一个美妆种草类官方号，在多个新媒体平台开设官方账号，这就形成了平台矩阵。

(二) 纵向矩阵

纵向矩阵是指在某一个特定平台的深度生态布局，即各个产品线的纵深布局，也可以称为内矩阵。布局纵向矩阵时，应主要选择目标群体重叠度较高、流量较大的平台。例如，在微信平台上布局订阅号、服务号、视频号、社群、个人号以及小程序等，进行多账号组合运营。

纵向矩阵对应的新媒体平台营销矩阵形式为账号矩阵。例如，你同时运营美妆种草类官方号、教粉丝如何化妆的人设账号以及若干个不同肤质和性别的测评家账号，这就是账号矩阵。一个公司、组织或品牌通常需要建立三种类型的矩阵账号，即官方号、权威个人号和素人号，如表2-2所示。

表2-2　三种矩阵账号类型

矩阵号类型	说　明
官方号	通常以公司或品牌名称注册，是被平台认证的官方账号，以品牌资讯、行业知识、科普知识、产品展示以及营销活动预告为主要内容，具有官方权威性
权威个人号	以"权威人士"或"行业人士"的视角进行主题探讨与内容分享，通常是在提及相关知识时顺带提及产品，可以打造符合公司形象的个人IP
素人号	模拟"目标客户"的真实账号，打造丰满真实的人设，生动地在真实生活场景中体验产品或者服务，围绕产品体验进行分享

横向矩阵的优势在于覆盖面广，而纵向矩阵的优势在于垂直影响力大。横向矩阵可以实现全网触达，但并不是媒体渠道多就一定更具优势。相较于横向矩阵，纵向矩阵更适合在垂直领域打造品牌影响力。每个品牌、企业乃至个人都有自己的定位和属性，同时每个平台也都有自己的用户属性和内容属性。以企业为例，如果处于初期发展阶段，往往没有过多的时间与人力运营多渠道账号，那么集中资源运营与自身目标受众群体重合度最高的平台才是明智的选择。总体来说，横向矩阵和纵向矩阵并无优劣之分，运营者需要根据实际应用场景进行选择，必要时应同时建立横向及纵向矩阵。

行业观察2-2

矩阵的力量：如何撬动过亿用户？

三、新媒体平台营销矩阵的作用

新媒体平台营销矩阵以其高度互动性和及时性的特征广受青睐，它提供了一种全新的沟通和传播方式，能够帮助企业、组织和个人扩大影响力，实现品牌推广、产品营销、信息传递等多重目标，其主要作用体现为能够实现内容多元化、分散风险、协同放大宣传效果。

微课2-3

新媒体平台应用领域——运营优势

(一) 实现内容多元化

不同的新媒体平台，其内容风格、传播方式与互动模式都各不相同，可满足不同用户群体的内容消费习惯与社交偏好，大幅度提升用户触达率与黏

微课2-4

新媒体平台应用领域——平台选择

性。例如，共青团中央通过建立多点联动的新媒体传播矩阵，利用抖音的短视频、B站的弹幕以及微博的转评赞等联合打造拟人化形象"团团"，以此拉近与青年群体的距离，实现宣传国家主流意识形态的目标，如图2-6所示。

图2-6 "共青团中央"抖音、微博、B站账号

(二) 分散风险

不同平台有不同的运营规则，有时会出现限制传播内容，甚至封禁账号的情况。矩阵运营不仅能分散风险，还能在特殊情况下及时保全数据资产，留存粉丝基数，降低负面影响程度。

(三) 协同放大宣传效果

新媒体平台营销矩阵将多个平台结合起来，用户可以在不同的平台看到相关内容，通过反复触达、多点渗透深化印象，提升用户黏度。同时各矩阵平台之间可以形成互补，延展承袭用户对品牌的熟悉度或忠诚度，从而实现营销闭环，并在触达、推广、服务这三个环节中，放大平台自身优势，实现品牌价值宣传最优化。

四、搭建新媒体平台营销矩阵的步骤

在此以某品牌为例，说明搭建新媒体平台营销矩阵的步骤，具体包括识别平台、明确定位、筛选平台、搭建团队、设定目标、定期复盘。

行业观察2-3

入选中国报业深度
融合发展创新案例，
新京报做了啥？

(一) 识别平台

品牌在发展初期不必急于搭建新媒体平台营销矩阵，具体应以品牌的实际需求和发展目标为搭建依据。处于不同发展阶段的品牌，搭建新媒体平台营销矩阵的重心也有所不同。处于启动期的品牌如需搭建新媒体平台营销矩阵，应选择处于流量红利期的平台进行尝试；品牌步入增长期后，应以拓宽渠道为主，如果外矩阵已经初步成型，可以深化内矩阵的搭建，选择运营趋势最佳的平台，建立多个账号，同步运营官方号、权威个人号、素人号等；品牌进入过渡期至成熟期后，外矩阵以开拓新兴流量平台为主，内矩阵以运营细分生态内平台为主。

(二) 明确定位

微课2-5
用产品思维给
平台"定位"

审视自身，明确定位，即明确目标受众、营销目的、品牌价值以及内容方向。

1. 明确目标受众

描绘用户画像，涉及年龄、性别、地域、职业、社交媒体偏好、消费能力等因素，了解用户需求。

2. 明确营销目的

明确当前第一优先级的营销目的，如提升销量、增加曝光、沉淀用户、打造口碑等。

3. 明确品牌价值

挖掘产品核心卖点，打造品牌标签，树立品牌形象。

4. 明确内容方向

微课2-6
新媒体平台
功能 (上)

基于目标受众和营销目的明确内容形式，如短视频、直播、短文等，或对多种内容形式进行组合。

(三) 筛选平台

微课2-7
新媒体平台
功能(下)

明确定位后，即可选择对应的平台进行矩阵布局。平台的选择对于品牌的成功有着至关重要的影响。选择平台时，应考量各平台在垂直领域的综合排名、DAU(daily active user，日活跃用户数量)、变现机制成熟度等因素。

(四) 搭建团队

搭建精益团队，是搭建新媒体矩阵的重要一环。作为实际运营方，团队成员的能力决定了矩阵运营效果的上限。团队岗位可按工作性质分为内容运营、用户运营、摄像制作、活动策划等。

(五) 设定目标

根据实际运营情况，设定近期目标、阶段性目标以及远期目标，并根据不同阶段的目标拆解出每一个产出内容的指标。以抖音平台为例，可拆解出单条内容播放量、点赞量、评论量、转发量等指标。

(六) 定期复盘

对矩阵账号进行日常监测以及阶段性复盘，结合数据结果反馈进行分析，动态优化策略并调整目标。

任务三 各新媒体平台内容营销

任务导入

某高端宠物品牌为了能够迅速突围市场，在新媒体运营中投入了大量的资源，但效果远不达预期。通过与其他品牌账号的反复对比，该品牌的新媒体负责人发现，素材制作越精良，并不意味着曝光量与热度越高，两者之间并没有必然的联系。此外，同一支广告在不同平台的表现也有很大的差异，比如在抖音火爆的视频在B站可能无人问津。该新媒体负责人开始着手研究主流新媒体平台内容营销的特征，进而制定内容策略。

*课堂讨论

图2-7为"喜茶"与"藤原浩"联名营销海报，请你根据海报形式与风格选择发布平台(A～E平台)，并说明原因。

文案：是谁！把我！黑了！

图2-7 "喜茶"与"藤原浩"联名营销海报

A. 小红书　　　　B. 抖音　　　　C. 微信公众号　　　　D. 抖音　　　　E. 知乎

进入数字化和信息化时代，消费者对于传统广告形式已产生免疫甚至排斥心理。内容营销是通过创作和传播有价值的内容来吸引、留住用户和与目标受众建立联系的一种营销策略。它以用户需求为核心，具备灵活性、多样性和独特性，已成为品牌建设的重要手段。各新媒体平台之间的内容营销各有特色，这是在互联网流量红利逐渐放缓的现状下各平台的立身之本，但同时也给各品牌和企业带来了一个新媒体营销的必修课题——了解各平台内容营销的特征。完成本任务的学习，你将了解各主流新媒体平台的内容营销特征和内容营销策略等。

一、各新媒体平台内容营销共性

各新媒体平台在内容营销方面都有其基础共性，即它们都采取双向互动、去中心化的传播方式。传统的品牌建设转化路径是以产品为中心，具体为"曝光→认知→偏好→喜爱→消费决策→品牌忠诚"，属于典型的商业漏斗模式。

知识链接2-2

内容营销的定义

而新媒体平台内容营销的逻辑以及转化路径是"以人为中心"，围绕人进行需求匹配、内容创作、互动开展，转化是时时发生、处处发生的，不再是阶段性的结果，而是涟漪模式。

二、主流平台内容营销特征

(一) 微博：制造热搜、贴靠热点

作为一个超级社交引擎，微博是个人社交场，也是舆论场热点事件的催化剂。《2023年上半年微博热搜数据报告》[1]显示，2023年上半年，社会热点、娱乐热点、垂直热点的关注度相对均衡。但值得关注的是，作为一个广场型平台，微博沉淀了大量的明星和意见领袖，这批账号在微博上掌握着核心话语权，因此微博平台内容营销特征是"造热搜、贴热点"，逐级搅动目标用户以及他们所连接的圈层，最后扩展到大众，如图2-8[2]所示。

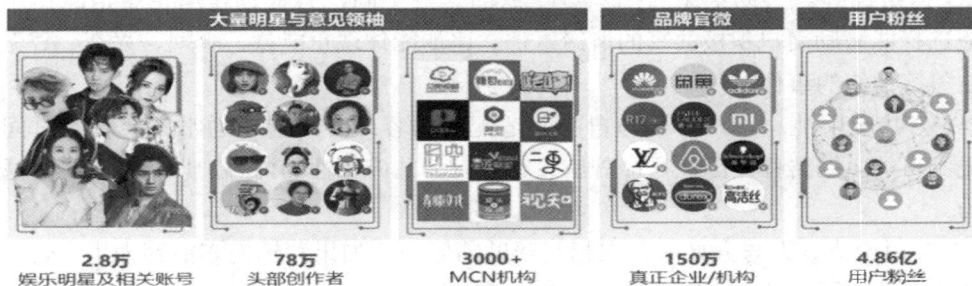

大量明星与意见领袖			品牌官微	用户粉丝
2.8万 娱乐明星及相关账号	78万 头部创作者	3000+ MCN机构	150万 真正企业/机构	4.86亿 用户粉丝

图2-8 微博的特点

1. 制造热搜

在品牌大事件进行期间，可通过发布话题的方式吸引粉丝参与。首先，选择话题词应遵循"易传播、有新意、有悬念"三个原则，这样才能激发用户的参与主动性；其次，通过微博权重账号(粉丝数庞大的博主、明星等)参与转发、讨论；最后，通过粉丝效应形成讨论，进而形成大规模的扩散。

2. 贴靠热点

贴靠热点，即通过已有的热点事件来宣传品牌，进而达到提升品牌知名度、促进销售的效果。这种借势营销的方式可以用极低的投入成本获取更大的流量。常见的方法有两种：一是选择和品牌特性相符合的普世性节日策划特色话题；二是捕捉实时热点，迅速将品牌特点与热点事件进行关联，贴靠其热度进行营销。

行业观察2-4

BMW造梗社交引爆春节营销：招财进宝马到成功

行业观察2-5

2023年微博品牌价值增长——"以热点助力品牌势能"

(二) 微信：分享欲驱动、病毒式营销

微信作为国民社交媒体，覆盖面广泛，其内容营销阵地从朋友圈、公众号逐渐扩展并构建出公众号、视频号和小程序三位一体的生态。相较于其他平台，微信主要是将用户及

① 2023年上半年微博热搜数据报告[EB/OL]. (2023-07-13)[2021-12-01]. https://weibo.com/1658035485/N9GsgdriQ.
② ZZ运营. 微信、B站、抖音、快手、小红书等7大平台玩法详解，一文读懂！[EB/OL]. (2023-08-28)[2024-12-01]. https://zhuanlan.zhihu.com/p/607673908?utm_id=0.

其身边人集中在一个平台上进行互动，这个基于熟人关系链的传播背景设定确保微信传播基于相对真实的环境，用户之间的了解程度和信任度也更高，从而形成了微信内容营销的主要特征——分享欲驱动、病毒式营销。

1. 分享欲驱动

"分享"是微信生态中最重要的助力传播扩散的用户行为，因此其内容应以让用户产生分享欲为核心，即"分享欲驱动"。那么能让用户产生分享欲的内容有什么特征呢？本书将结合乔纳·伯杰(Jonah Berger)的感染力六大原则[1]进行如下分析。

(1) 满足用户社交需求。内容应能迎合用户向身边朋友炫耀身份的需要，帮助用户构建出他们渴望的个人形象。

(2) 激发联想。对内容进行固定场景设计，确保用户传播的产品或者思想与这个场景产生强关联，一旦用户再次步入该场景，就会联想到相关的内容，进而强化传播。

(3) 情绪选择。不同情绪对用户分享欲的影响不同，有促进作用也有消减作用。因此，应选择能激励用户积极共享的情绪事件，比如能体现正能量、幽默、兴奋、尊敬或愤怒、生气等情绪的事件。

(4) 公共应用性。用户对于与自身不适配的内容或者功能，通常不会花费时间去了解，更不可能主动传播。因此，品牌应设计具有公共应用性的内容，以提高行为渗透力和影响力。

(5) 实用价值。人与人之间存在相互帮助的倾向，如果营销内容能够为用户带来个人能力的提升或实际效益，如节约资源、钱财等，用户会更愿意进行传播。

(6) 故事性。相较于获取与传递信息，用户更倾向于分享故事。因此，品牌应明确用什么样的故事和叙述逻辑去包装和表达想要传播的内容。

2. 病毒式营销

病毒式营销是通过提供有价值的产品或者服务，促使用户主动对其进行传播，从而实现"营销杠杆"的作用。这种营销方式能在微信平台上实现传播效益最大化，主要得益于微信相对真实的社交传播链。品牌可基于此，利用用户的"利己性""利他性""炫耀性"和"表达性"的心理需求，对"病原体"——营销内容进行包装。

行业观察2-6

《那一夜，他伤害了他》

行业观察2-7

网易云《2021年度听歌报告》

(三) 抖音：短视频内容为王

截至2025年3月，抖音的月活规模突破10亿，通过短视频种草、直播拔草，抖音已经形成了商业闭环的生态。从最初的15s短视频到如今的中长视频、图文、直播等各种载体，用户可以在抖音平台上看到几乎所有类型的内容。由于采用去中心化的算法推荐机制，抖音平台具有极高的内容消费时长，通过对用户停留时长、点赞等行为进行监测与综合分析，不断向用户推荐符合其偏好的内容，让用户沉浸其中。

虽然抖音的内容与形式多元化，但其主要特征仍然是以内容为王，通过短视频为主账号引流并沉淀粉丝用户是其商业变现的基础条件。

1. 碎片化与趣味性

抖音平台的视频内容大多简单明了，在呈现内容时需要进行碎片化处理，因此能够在

---

① 乔纳·伯杰. 疯传 [M]. 北京：电子工业出版社，2014.

有限的时间内传达核心内容并引起用户的共鸣，激发用户进一步了解的欲望。抖音短视频内容具有较强的趣味性，能够满足用户消磨碎片化时间的需求，此外短、平、快的内容也能提高信息的到达率。

2. 流行元素当道

流行元素是抖音内容营销的关键。流行的BGM(background music，背景音乐)、热门的滤镜等流行元素都能增强短视频的吸引力，促使短视频在短时间内获得更多的关注，从而吸引更多的粉丝用户，提升流量。

行业观察2-8

鸿星尔克"疯狂下属"
整顿职场

(四) 小红书：生活分享、群体消费

"你的生活指南"——这是小红书官方slogan(口号，标语)对其平台内容特性的概括。区别于上述三个平台，小红书是以年轻用户为主体的生活分享类社交媒体平台，其内容主要聚焦生活和消费。

行业观察2-9

小红书联合Lululemon
营销破圈，抢占品质运
动生活新趋势

1. 生活分享

对于同一个商品，在淘宝和小红书上的内容营销往往有很大的区别。如图2-9所示，淘宝聚焦于对商品本身的点评，而小红书更关注使用方式、心得以及效果，能够为其他用户提供更加直接、有价值的信息。

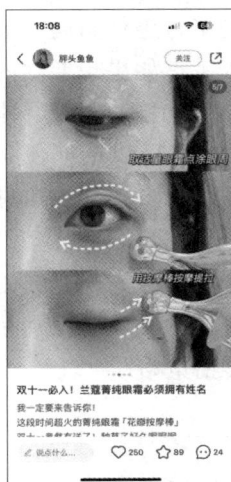

(a) 小红书博主分享兰蔻眼霜使用经验　　(b) 淘宝兰蔻眼霜用户评论区

图2-9　小红书和淘宝内容营销的区别

除了商品营销外，人们还会在小红书上分享生活和工作中的经历以及各种技巧，这是一种对生活方式与观念的自我表达。人们在分享和观看的过程中，既会参照他人的经验调整自己的行为，也会寻找与自己三观相合的同道者。

因此，品牌在小红书平台开展内容营销不能仅停留在对产品的宣传上，还需要挖掘品牌背后的生活理念，营造生活价值。

2. 群体消费

在小红书平台分享消费行为成为用户之间联络情感的方式。在通常情况下人们的消费

欲望是通过群体互动来激发的。"种草""抄作业"都是小红书主要的流行词，也是其主要的内容生产模式。在网络环境中，"种草"是指专门向别人推荐商品以诱人购买的行为；"抄作业"是指模仿别人成功的方法或借鉴前人的经验。在小红书平台上，粉丝用户经常会模仿热门博主的生活方式或者热点内容的表达方式。这种由群体消费机制反驱的内容营销模式是小红书的一大特征。

三、品牌合理选择平台，进行矩阵营销

在当今这个信息爆炸的时代，单一的营销渠道已经难以满足品牌多元化传播的需求。矩阵营销作为一种新兴营销策略，正以其强大的覆盖力和精准的定位能力成为品牌增长的新引擎。

矩阵营销策略是一种高效的新媒体运营框架，它通过精心策划的内容和新媒体渠道布局，帮助品牌在众多接触点与目标受众建立深度连接。这种策略不仅能助力品牌在竞争激烈的市场中脱颖而出，更能确保品牌信息以更具穿透力和针对性的方式直达用户。

通过品牌矩阵营销的多渠道联动，打造品牌立体形象。矩阵营销的核心在于构建一个由多个平台构成的营销网络，每个平台都在品牌传播链中扮演着重要的角色。无论是微博、抖音、小红书，还是知乎、B站，每个平台都有其独特的用户群体和内容风格。通过对目标群体和品牌价值的分析定位，可以选择相应的平台进行布局搭建。例如，如果企业想要通过直播电商提高销量，可以选择从抖音平台入手；如果想要做内容"种草"或者产品评测，可以选择小红书的图文；如果品牌受众是18～30岁的年轻群体，可以在抖音、小红书以及B站等平台做宣传；如果企业只想做品宣内容，可以选择公众号平台等。通过在这些平台上创建和运营官方账号，品牌可以实现多角度、多层次的信息传递，全方位树立品牌形象。

通过矩阵营销，品牌能够在多个平台和渠道同步推广互为补充的内容，形成一股强大的品牌能量。矩阵营销策略还特别强调内容创新与个性化表达，激励品牌持续探索和完善自身，以寻找最能引起目标受众共鸣的内容创作和传播策略。

思想领航

"四全"媒体的内涵要求①

2019年1月25日，习近平总书记主持十九届中央政治局第十二次集体学习，发表了《加快推动媒体融合发展 构建全媒体传播格局》的重要讲话，首次提出"四全"媒体的概念："全媒体不断发展，出现了全程媒体、全息媒体、全员媒体、全效媒体，信息无处不在、无所不及、无人不用，导致舆论生态、媒体格局、传播方式发生深刻变化，新闻舆论工作面临新的挑战。"在习近平总书记作出"加快传统媒体和新兴媒体融合发展"重要指示十周年之际，从国家战略高度、全媒体时代语境和媒体融合实践出发，深刻理解把握"四全"媒体的内涵要求，对于推动中国媒体融合纵深发展具有重要意义。

一、从媒体融合的国家战略高度把握"四全"媒体的本质属性

媒体融合发展是篇大文章。1983年，美国麻省理工学院的伊契尔·索勒·普尔提出媒介融合"media convergence"的概念，指出各种媒介趋于功能一体化的融合趋势。进入21世纪，社会的数字化、网络化和智能化进程在信息技术的赋能下加速演进，媒体系统作为网络社会治理体系中的关键节点，不断融合、迭代与升级，媒体融合是对整个社会传播环境的重构，也是我国重要的国家战略。

2013年11月，"媒体融合"第一次写入党中央全会公报，成为全党共识与统一意志；2014年8月，中央全面深化改革委员会第四次会议审议通过《关于推动传统媒体和新兴媒体融合发展的指导意见》，"媒体融合"从党的意志变成国家战略；2019年1月，习近平总书记提出"四全"媒体，要求推动媒体融合向纵深发展，并把建设全媒体和构建全媒体传播体系作为一项紧迫的时代课题；2020年6月，中央全面深化改革委员会第十四次会议审议通过《关于加快推进媒体深度融合发展的指导意见》，提出建立全媒体传播体系的发展目标；2022年10月，党的二十大报告明确提出："加强全媒体传播体系建设，塑造主流舆论新格局。"

从国家战略角度而言，媒体融合实际上要建成一个全媒体的传播体系，最终赋能中国式现代化。在媒体深度融合关键节点提出的"四全"媒体，其本质是建设全媒体传播体系这一媒体融合总体目标的具体行动纲领，是媒体融合纵深发展必须经历的传播实践。"四全"媒体最终要服务于全媒体传播体系建设，服务于媒体深度融合，服务于中国式现代化。

二、在全媒体的时代语境中理解"四全"媒体的具体内涵

全媒体时代是个大趋势。谁能顺应大势引领全媒体时代，谁就能把握战略主动。习近平总书记提出的"四全"媒体全新概念，首次对全媒体内涵从四个维度进行了阐释。全程媒体是指时空维度，媒体借助多种传播载体、平台以及渠道对一个事件的全过程可以进行零时差、多层次、全方位的信息生产和传播；全息媒体是指技术维度，媒体充分利用多维

---

① 湖南日报.如何理解把握"四全"媒体内涵要求[EB/OL].(2023-08-21)[2024-12-01]. https://baijiahao.baidu.com/s?id=1774831685406192017&wfr=spider&for=pc.

成像、物联网、大数据等技术，通过图文、视频、游戏、AR等多元立体的呈现方式，大幅提高仿真程度，使媒体展现的拟态环境高度还原真实环境；全员媒体是指主体维度，全媒体时代"人人都有麦克风"，人人都是传播主体，通过新技术、新手段"开门办报"，以开放平台吸引全民参与信息的生产传播，可以说是全媒体时代的群众路线；全效媒体是指效能维度，一方面媒体依托大数据等新技术精准定位用户，另一方面媒体集成了信息、内容、社交、服务等多种功能，全面满足用户需求，使传播效果更精准、更高效。

"四全"媒体深刻呈现了全媒体的发展大势，科学揭示了全媒体的发展规律，全面阐释了全媒体的核心内涵，是我国建设全媒体传播体系的关键所在。

三、以主流媒体的融合实践推进"四全"媒体建设升级

"四全"媒体建设，稳健迈开了我国媒体融合的重要一步，主流媒体在融合实践特别是"四全"媒体建设上卓有成效：大多数媒体都运用全媒体的概念，利用文字、图像、声音、视频等多种媒介手段，实现了全方位、多层次的融合传播。但在探索全媒体传播体系建设中，仍存在全媒体人才短缺、优质内容产能不足和体制机制不匹配等突出问题。以主流媒体的融合实践全面推进"四全"媒体的建设升级，是媒体深度融合新的历史任务。

(一) 人才队伍是关键

全媒体人才是"四全"媒体建设的主力军。一要优化现有人才队伍结构，把更多熟悉全媒体实务的优秀人才充实到关键岗位；二要通过高校培养和在岗培训，大力培养全媒体人才；三要实行更加积极有效的人才引进政策，提高人才吸引力和竞争力，最终实现主流媒体人才的全媒体迭代。

(二) 产能升级是核心

优质内容产能是"四全"媒体的核心竞争力。相较于互联网平台上亿级别用户参与的内容生产模式，主流媒体的专业生产内容模式往往产能不足，优质内容被湮没在平台的海量内容之中。必须持续推进全员媒体，扩大用户参与，以先进技术驱动产能升级，特别是依托人工智能技术扩大优质内容产能，使主流媒体更多的优质内容脱颖而出。

(三) 机制创新是动力

机制创新是"四全"媒体建设发展的原动力。2022年，65.6%的省级党报建立了跨部门的融媒体工作室，只有持续深化体制机制改革，构建全媒体采编流程，才能形成集约高效的全媒体内容生产体系和传播链条。同时要发挥市场机制作用，增强主流媒体的市场竞争意识和能力，探索建立"新闻+政务服务商务"的运营机制，优化传播效果。

面对新时代的机遇和挑战，深刻理解"四全"媒体的本质内涵，推动媒体融合纵深发展，在融合实践中推进"四全"媒体建设，守正创新、锐意进取，就一定能打造一批具有强大传播力、引导力、影响力、公信力的新型主流媒体，建立为中国式现代化赋能的全媒体传播体系。

项目检测

知识训练

一、扫码自测

二、思考题

1. 请简要概括新媒体平台与传统媒体平台之间的联系与区别。
2. 新媒体平台营销矩阵运营对于品牌来说有什么优势？
3. 小红书内容营销的特点是什么？

三、知识强化题

请为新能源汽车品牌设计不同社交平台的首篇发布内容。

1. 微信公众号：＿＿＿＿＿＿＿＿＿＿＿＿＿＿＿＿＿＿＿＿＿＿＿＿＿＿＿＿＿。
2. 微博：＿＿＿＿＿＿＿＿＿＿＿＿＿＿＿＿＿＿＿＿＿＿＿＿＿＿＿＿＿＿＿＿。
3. 抖音：＿＿＿＿＿＿＿＿＿＿＿＿＿＿＿＿＿＿＿＿＿＿＿＿＿＿＿＿＿＿＿＿。
4. 小红书：＿＿＿＿＿＿＿＿＿＿＿＿＿＿＿＿＿＿＿＿＿＿＿＿＿＿＿＿＿＿＿。

技能训练

实训一

请任选两个新媒体平台，为自己创建账号，并完成账号基础设置。

实训二

以2～3人为一组，根据新媒体平台营销矩阵的作用，搜索品牌新媒体平台营销矩阵实例来佐证，并向同学简要陈述该品牌是如何搭建新媒体矩阵的。

实训三

将全班分为若干新媒体小组，以3～5人为一组，选出本组组长，完成本书中所有小组任务，每周完成新媒体小组的常规任务——确定新媒体账号名称。

1. 以3～5人为一组，选出一个组长。
2. 以小组为单位，每组建立一个名称库，模板如表2-3所示。
3. 每人每周向组长提交3个新媒体账号名称，由组长将其收录到本组名称库里。

表2-3　新媒体账号名称库(模板)

序号	名称	账号主要内容	认为好的原因

实训四

以小红书自媒体博主的身份，为某运动服装品牌发布一条博文。

实训五

某新能源汽车品牌计划布局新媒体平台营销矩阵，请你帮助该品牌分析并选择适合的营销矩阵类型，为该品牌搭建一个新媒体平台矩阵(结构图形式)。

项目三 软文营销

教学目标

【知识目标】

● 了解新媒体软文营销的概念、特点和本质；

● 理解新媒体软文营销的作用；

● 了解漫画营销的优势；

● 了解KOL和KOC的特点及区别；

● 理解软文营销的六个步骤；

● 理解品牌进行SEO的目的；

● 了解微信软文营销的优势；

● 了解微信公众号的四种类型及特点；

● 了解微信公众号制定内容策略的步骤；

● 了解打造品牌IP的重要性；

● 了解做微信公众号选题需要考虑的七个方面；

● 理解选题与标题的概念；

● 了解优秀推文标题的特征；

● 了解微信公众号推文配图使用规范；

● 了解推文排版的数据；

● 了解朋友圈营销的特征；

● 理解电商文案、电商软文营销的概念、特点、类型和作用；

● 了解电商软文营销的准备步骤；

● 了解色彩搭配的基础知识和搭配方式；

● 理解小红书营销的重要性；

● 了解小红书营销的类型；

● 了解小红书的内容选题类型及选题方法；

● 了解小红书笔记的图文设计类型及设计原则；

● 理解小红书笔记评论维护及数据监测的重要性；

● 了解小红书流量推荐机制、流量层级以及常见的违规问题；

● 了解企业小红书软文营销的推广方式。

【能力目标】

● 能够辨别"品牌软文营销"和"产品软文营销"；

● 掌握内容特点不同的八种软文类型的写作方式；

● 掌握软文营销的技巧；

- 能够运用技巧拟定软文营销的标题；
- 能够创建微信公众号"订阅号"；
- 能够完成微信公众号的账号定位；
- 能够使用微信公众号精品分析模板分析同类公众号；
- 能够使用排期表模板完成一个周期的公众号内容排期；
- 掌握微信推文标题写作、正文写作的技巧；
- 能够使用推文排版工具、新媒体制图工具；
- 能够监测微信公众号营销数据；
- 能够挖掘、提炼产品的卖点；
- 掌握话题策划、媒体策划的技巧；
- 掌握电商软文的写作技巧；
- 能够进行电商软文的视觉呈现；
- 掌握小红书软文营销的写作技巧；
- 能够运用数据工具分析选题价值并生成爆款选题；
- 掌握小红书内容写作及排版技巧；
- 掌握小红书正文写作的行文结构；
- 能够使用工具对小红书笔记进行排版；
- 掌握小红书评论互动的方式方法；
- 能够观测小红书笔记数据。

【素质目标】

- 培育社会主义核心价值观，增强社会责任感及创新精神；
- 树立正确的商业道德观念，强调在追求经济效益的同时，恪守社会责任和道德底线；
- 关注行业动态和市场趋势，关注国家发展战略和产业政策；
- 培育数据思维技能，提高理性分析、科学决策和量化评估的能力。

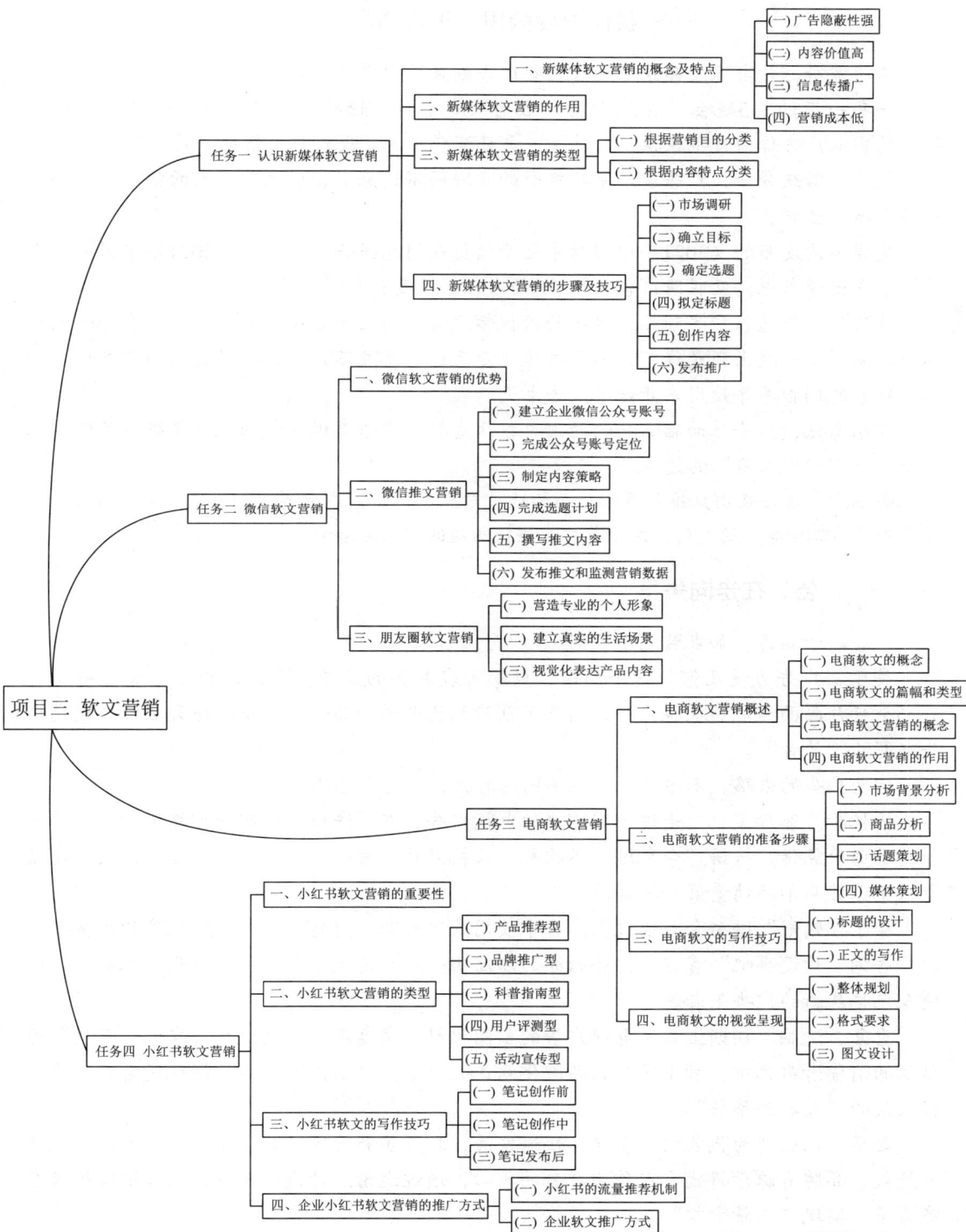

思维导引

项目三　软文营销

任务一　认识新媒体软文营销

一、新媒体软文营销的概念及特点
- （一）广告隐蔽性强
- （二）内容价值高
- （三）信息传播广
- （四）营销成本低

二、新媒体软文营销的作用

三、新媒体软文营销的类型
- （一）根据营销目的分类
- （二）根据内容特点分类

四、新媒体软文营销的步骤及技巧
- （一）市场调研
- （二）确立目标
- （三）确定选题
- （四）拟定标题
- （五）创作内容
- （六）发布推广

任务二　微信软文营销

一、微信软文营销的优势

二、微信推文营销
- （一）建立企业微信公众号账号
- （二）完成公众号账号定位
- （三）制定内容策略
- （四）完成选题计划
- （五）撰写推文内容
- （六）发布推文和监测营销数据

三、朋友圈软文营销
- （一）营造专业的个人形象
- （二）建立真实的生活场景
- （三）视觉化表达产品内容

任务三　电商软文营销

一、电商软文营销概述
- （一）电商软文的概念
- （二）电商软文的篇幅和类型
- （三）电商软文营销的概念
- （四）电商软文营销的作用

二、电商软文营销的准备步骤
- （一）市场背景分析
- （二）商品分析
- （三）话题策划
- （四）媒体策划

三、电商软文的写作技巧
- （一）标题的设计
- （二）正文的写作

四、电商软文的视觉呈现
- （一）整体规划
- （二）格式要求
- （三）图文设计

任务四　小红书软文营销

一、小红书软文营销的重要性

二、小红书软文营销的类型
- （一）产品推荐型
- （二）品牌推广型
- （三）科普指南型
- （四）用户评测型
- （五）活动宣传型

三、小红书软文的写作技巧
- （一）笔记创作前
- （二）笔记创作中
- （三）笔记发布后

四、企业小红书软文营销的推广方式
- （一）小红书的流量推荐机制
- （二）企业软文推广方式

项目三　知识框架

◈ 项目导读

我在短视频里"追广告" [①]

味同嚼蜡，是当下大部分受众对一些广告最直观的感受。

一年一度的315晚会"在逃人员"名单掀起了新一轮的品牌道歉潮，而"野火烧不尽"的虚假广告作为常年在榜"人员"，更让消费者的"厌广告"情绪一再飙升。

作为高活跃分子，广告度过早年短暂的互联网不适期后，以无孔不入的强大能力登顶"存在感"榜首。

艾媒咨询发布的《2021年中国数字化营销行业研究报告》显示，在2021年中国不同媒体广告支出分布中，互联网广告以75.7%的占比居于高位。

从后期剧集植入广告到品牌方入局短视频运营，以及平台小游戏的跳转广告……无一不昭示着，无论线上还是线下，不管身边还是天边，无处不广告，明显过载的广告内容和过于频繁的刷脸率导致用户开始对广告生厌。

显而易见，广告正面临新一轮的用户排斥危机，广告呈现场景的观感降级将品牌方推向消费者"难以入目"的边缘。

当不少广告还在用户推荐页顺势而为地"广撒网"时，广大博主却逆流而上，推开了走向广告"第二世界"的大门，展示着广告惊艳四座的"高定造型"。

一、广告，在走向失灵

广告之于品牌，如米兰之于歌剧。

关于"广告力量几何"这个问题，电影《我和我的父辈》已经给出了答案。一支由3~5个插片画面组成的电视广告，创下了让滞销已久的产品销售一空的逆天业绩，这是广告书写的"传奇"。

回望广告的来路，不难发现，在不同的时代，广告形态不一。

依托于"客厅文化"走进千家万户的电视广告，在"洗脑"营销中占据绝对优势。例如，脑白金凭借广告语"今年过节不收礼，收礼只收脑白金"吸引大量消费者，创下连续十六年保健品单品销量第一的战绩。

除了"销冠"脑白金，通过在广告中使用改编歌曲《好想你》打开国民度的拼多多、以广告词"你没事吧"贯穿于广告始终的溜溜梅……都是生于电视广告时代，但如今仍旧使人记忆犹新的广告王者。

重复、洗脑、朗朗上口是电视广告的出圈秘籍。高复现率的电视广告在以"家庭"为单位的消费者群体中，种下了产品品牌化意识的种子。"国民"产品的涌现是电视广告时代收获的"最甜的苹果"。

之后，以微博为代表的社交媒体快速发展，拉开了新阶段广告"竞演"的大幕。在这一阶段，品牌青睐于将代言人作为广告的重心，通过邀请上升期的流量艺人来汇聚粉丝经济力量，实现"流量带货"。

[①] 秋名. 315"在逃人员"虚假广告和吊打它的"艺术菜花"们 [EB/OL]. (2022-03-16)[2024-12-01]. https://www.163.com/dy/article/H2K0E5350517CTDU.html. 有删改

在此期间，vivo和OPPO两大手机头部品牌将"代言人"类广告"玩"得风生水起。这两大品牌不仅代言人数量多，还为各个代言人拍摄了宣传不同系列手机机型的短片故事。2016年，由某男团主演的《我是你的TF phone》获得1.7亿次播放量，在当时这是相当"能打"的实绩。

时至今日，通过代言人来实现消费者"拉新"和产品变现依旧是品牌广告的首选。

在社交媒体之外，短视频的如火如荼让品牌广告开始了新的"变装"。

随着抖音和快手在直播带货方面成功实现弯道超车，越来越多的品牌方开始入驻短视频平台。在短视频语言下，"快"和"利"成为品牌广告留住消费者的关键。

不论是洗脑的电视广告，还是俊男美女聚集的代言广告，抑或是蹭热度的短视频广告……广告的转型速度可谓一骑绝尘。

尽管广告花样百出，但其对变现越来越露骨的渴求开始让消费者难以忍受。

艾瑞咨询发布的《2021年中国网络广告年度洞察报告》中提及，2021年，在广告主对网络广告效果目标的规划中，"拓展拉新业务，提升新客户的转化率"以63.6%的高占比位居第一。可见，高效变现已经成为广告的绝对靶向。

与此同时，从博主直播间到平台购物节，从品牌周年庆到节庆折扣日，广告有了更多"超常发挥"的空间，更不必说短视频平台上诸如"道歉流""名校出品"等文字陷阱般的广告新样式①。如此难看的"吃相"不仅让消费者心生排斥，也开始让广告本身走向失灵。

面对危机，广告的革新迫在眉睫。

二、定位"价值"，为广告注入"灵魂"

"所以，你为什么还不火？"这是广告博主@艺术菜花评论区常年在榜的疑问。作为一名粉丝不到两百万的抖音博主，@艺术菜花的确称不上大网红，但她的作品有着堪比大制作的质感。

在@艺术菜花拍摄的广告之一——《受伤的天鹅与她的红丝绒》中，不太愿意接受采访的新锐作家曲真为了避开记者，躲进一家名叫"天鹅的针脚"的裁缝店。在这里，曲真喜欢上挂在橱窗里的那条"有点小脾气"的红丝绒裙子。但因为自己脖子上有疤痕，曲真并没有带走这条红丝绒裙子。后来，曲真和店铺设计师开始了一次"贴在橱窗上的对话"。在这次对话之后，曲真接受了自己的不完美，再次来到店里带走了这条红丝绒裙子。

在故事的最后，曲真穿上了那条暴露她不完美的红丝绒裙子，涂上阿玛尼红丝绒限量版"红管"，走出了这家裁缝店。

@艺术菜花的短视频作品承袭韦斯·安德森高饱和色彩的视觉美学，采用与众不同的舞台剧表演风格。在短视频整体画风杂乱、质量参差不齐的当下，@艺术菜花的高质量作品令人眼前一亮，使得观众愿意为之停留。

---

① "道歉流"即通过"对不起（鞠躬），我们不该……"等道歉内容开头，吸引观众注意力、引发观众好奇心，再进行反转并插入软广的视频广告模式。

"名校出品"即为广告中的产品加上"×××大学×××实验室专研"等头衔，让产品有更具说服力的背书。

"文字陷阱"即通过夸大宣传、模糊表述、误导性暗示等形式吸引观众注意力，影响观众的购买决策。

@艺术菜花之所以被称为"抖音广告天花板",不仅在于其作品给观众带来了视觉享受,还在于其从品牌价值出发,和消费者达成"知己之交"。作为一个优秀的乙方,在女性意识觉醒的当下,@艺术菜花的广告作品赋予了香水、口红、面霜等品牌品类以不同的故事。在这些故事里,@艺术菜花展示了不同女性角色的执着、自信、奋斗之美,契合着时下的女性群像,也传达着品牌本身的价值观。

"品牌价值"是@艺术菜花注入广告的灵魂,而了解消费者的价值观、与消费者产生共鸣是@艺术菜花备受欢迎的关键所在。@艺术菜花在广告创作领域走出了一条与流行格格不入的路,没有一味地告诉消费者"棒棒棒"和"买买买",而是以内容为主线,让广告不再囿于一场场展示功能性优点的表彰会,在每一个与众不同的小故事里,唤起更多维的共鸣,细水长流地走向变现。

三、"艺术菜花"们,站在广告的"第二阶"

如今的广告,早已走过了那个需要将品牌的名字"广而告之"的年代,广告应该走向"第二阶"——差异化。

对品牌而言,在直播带货独占鳌头、消费者越发理性的当下,与竞品比拼"知名度"并非明智之举,品牌应把握诉说"差异化"的时机。

图文时代的好物种草曾是奶茶经济取得成功的利器之一。来自甜品的天然诱惑,加上颇有质感的饮品杯和宣传页上寥寥几笔却趣味十足的文案,直接为消费者构建了一种场景化的舒适,刺激了消费者的消费欲。而视频时代的种草,不应该局限于宣扬价格层面的"多快好省",而应该在价值共享中建立品牌与消费者之间的"信任",让消费者因为理念和价值认可品牌,也让变现的故事不再是台前的摇旗呐喊,而是通过更加牢固的信任和更加深厚的情感,细水长流地实现品牌生命力的延伸。

从图文到视频,品牌实现了在更有深度的空间里用更大容量的语言来为自身增值。@艺术菜花通过品牌价值和情感价值赋能产品,让产品的亮点得以放大。同时,这类广告的发展也是一种对品牌能量的续航,品牌不必为流量代言人是否塌房而忐忑,通过更有安全感的自身发展来成就品牌自身。

广告就像一个橱窗,它有着能容纳"一千个读者"的交流空间。关于广告的未来,更多维度的价值感还在路上;关于广告价值的蓝海,还有待开发。

不可否认,广告的终点是变现,但广告过程却是促进消费者购买的关键所在。

满街飞舞的广告宣传页上,"折扣"二字十分醒目;内容丰富的信息流广告里,折扣十分诱人……但在明码标价之外,"艺术菜花"们设计出更优雅、更有价值的广告。

而广告在"第二阶"的故事,也才刚刚开始。

【思考与讨论】

1. 什么是广告的"第二阶"?
2. 什么是软文广告?什么是软文广告营销?
3. 软广营销的特点是什么?它有哪几种内容形式?

任务一 认识新媒体软文营销

任务导入

传统媒体时代，电视广告费每秒动辄上万元，例如某综艺节目总决赛的广告费高达15秒100万元，而黄金时段广告费甚至超过每秒10万元。新媒体时代，"硬性广告"的成本越来越高昂，但形式越来越让人反感，广告信息到达率也越来越低，而新媒体广告以充满创意的内容形式、灵活的发布方式、低廉的营销成本脱颖而出。

那么，什么是新媒体软文营销？它有哪些特点和作用？又有哪些类型和技巧呢？

在当今竞争激烈的市场环境中，新媒体软文营销已经成为企业推广产品或服务的重要手段之一。通过新媒体软文营销，不仅能够吸引消费者的眼球，还能够让消费者潜移默化地对产品或服务产生兴趣和信任感。在新媒体时代，软文作为一种传播媒介和营销手段，为企业开展线上整合营销提供了助力，也是企业在新媒体营销中抢占流量的重要工具。在本任务中，我们将学习新媒体软文营销的概念、特点和作用，以及新媒体软文营销的类型和技巧。

一、新媒体软文营销的概念及特点

知识链接3-1

新媒体软文营销是一种利用新媒体平台(如社交媒体平台、新闻网站等)以软文内容形式进行品牌推广和产品营销的策略，其基于特定产品的概念诉求与问题分析，通过提供有价值的内容来引导受众，使他们在不知不觉中接受广告信息。总而言之，新媒体软文营销是以产品分析为基石，通过文字内容对消费者实施影响并实现商业渗入，最终实现提升客户转化率[①]的营销战略。新媒体软文营销的本质是一种广告形式。

"软广"与"软文广告"
有区别吗？

*课堂讨论

新浪新闻旗下"头号青年"联合领克汽车推出漫画《马路迷惑行为大赏》，从能够引发公众共鸣及热议的马路迷惑行为切入，强势结合新一代领克03的优势，以漫画为内容进行微博热搜运营，热搜位达NO.22。

请上网搜索该案例，与同学们讨论它是"软文广告"吗？

相较于传统广告，新媒体软文营销有以下特点。

(一) 广告隐蔽性强

与传统的新媒体平台广告相比，新媒体软文营销通过提供有价值的内容来引导受众，

---

① 客户转化率是指在一定统计周期内，完成转化行为的次数占推广信息总点击次数的比率。转化率是衡量营销活动成功与否的重要指标，它反映了在所有到达店铺的访客中，有多少人最终完成了预定的目标行为，如购买产品、填写表单、进行注册等。

将广告信息糅合到内容之中，降低了受众的抵触心理，提高了广告信息的接受度。

(二) 内容价值高

新媒体软文营销的核心是提供有价值的内容，包括与产品相关的知识、行业资讯、经验分享、情绪价值等，旨在贴合受众的兴趣，满足受众的需求，即帮助受众获取有趣的知识或者解决一些问题，从而增加受众对品牌的信任感和好感度。此外，新媒体软文的语言表达具有网络特色且内容形式丰富，可以是一则故事，也可以是一篇新闻消息或福利信息。

(三) 信息传播广

新媒体软文具有较高的阅读价值和分享价值，容易在社交媒体、新闻网站等平台被广泛传播，从而高效地扩大品牌知名度和影响力。新媒体平台内容更新速度快，软文营销可以实时更新，保持与时俱进，及时反馈受众需求和市场变化，创造受众喜闻乐见的内容形式。受众可以通过社交分享功能快速将新媒体软文扩散至更多人群，形成口碑传播效应，从而提高品牌认知度和美誉度。

(四) 营销成本低

与传统的广告形式相比，新媒体软文营销的成本相对较低。企业可以通过撰写高质量的软文，以较低的成本实现品牌推广和产品营销；也可以通过新媒体平台的大数据分析和定向推送功能，根据用户的兴趣、地域、年龄等特征进行定位投放，提高广告效果和转化率。此外，新媒体软文营销的长期效益显著，一旦软文被受众接受并传播，软文营销对品牌形象塑造和产品推广的作用将长期存在。

行业观察3-1

"三顿半"的社交
媒体传播

二、新媒体软文营销的作用

新媒体软文营销可以帮助企业实现品牌建设、产品推广、用户管理、舆情管控、市场调研、社交传播等方面的营销目标，从而提升企业市场竞争力和盈利能力。

三、新媒体软文营销的类型

新媒体软文营销可以根据营销目的和内容特点进行分类。

(一) 根据营销目的分类

根据企业不同的营销目的，新媒体软文营销可以分为两大类，即品牌软文营销和产品软文营销。

1. 品牌软文营销

品牌软文营销以品牌推广、宣传为主要目的，适用于输出品牌理念、品牌文化、品牌价值观等方面的内容，可以将品牌故事(品牌发展故事、创始人故事等)、品牌新闻、人物访谈等作为软文主题内容。

2. 产品软文营销

产品软文营销以产品宣传及销售为主要目的，适用于介绍新品、爆品及系列产品等，可以社会热点、种草盘点、经验分享、情感共鸣等作为切入点。

*课堂讨论

请上网搜索"褚橙"营销案例，说说案例中的哪一部分营销属于"品牌软文营销"，哪一部分营销属于"产品软文营销"？

(二) 根据内容特点分类

根据内容特点的不同，可以将新媒体软文营销分为故事型、经验型、娱乐型、新闻型、访谈型、种草型、福利型、情感型软文营销。

1. 故事型软文营销

故事型软文营销即通过讲述一个引人入胜的故事来传递广告信息。故事可以是虚构的，也可以是基于真实事件改编的，例如儿时记忆、职场励志、生活感受、随想思考等，但无论哪种故事，都应与产品或服务紧密相关，这样才能够唤起受众共鸣，在受众心中留下深刻印象。

故事型软文不一定要有很长的篇幅，在确保受众能够读懂、传递品牌价值观且具备记忆点的前提下，软文越精简越好。有一些品牌和原创设计师网店，很喜欢通过与品牌调性相符的故事来传递品牌理念、讲解设计风格等，消费者往往在不知不觉中被说服，对品牌形成印象及好感，最终实现转化。

某香氛品牌的品牌故事
——猜想即宇宙

我们认为每个人身之所及、心之所想的最远边际，构成了个人的可观测宇宙。"宇"是空间，个人探索的边界；"宙"是时间，个人成长的刻度。我们打破形态的壁垒，将猜想化为不断延伸的触角穿越时间和空间的维度，与自我连接。我们遵循细腻、敏感的探索之心与和谐、自由的生活理念，探讨艺术与生活、人与世界的关系。以香气为介质，描摹生命成长的无形刻度。

2. 经验型软文营销

经验型软文营销即通过经验分享来传递广告信息，受众阅读软文内容可以获得一些有用的知识，如健康科普、生活小妙招、软件使用教程等。经验型软文应向受众展现内容的实用性，让受众有所收获，这样内嵌的广告信息才能够更有说服力、更"顺理成章"。

例如，在下面的案例中，通过分析受众在吹头发时的痛点，介绍吹风机的技术革新，从而引出将要将销售的吹风机产品。

都是吹风机，79元的能用十年，凭啥要买3000元的？

这就要说到吹头发的主角——吹风机。

一般来说，大多数家庭使用的吹风机采用"高温式"吹干，采用这种方式吹干头发不仅会使头发变得毛躁、难打理，还会损害发质。

我之前从来没有在意过吹风机对头发的影响，一个几十元钱的吹风机用了十年。先不说老旧吹风机在温控方面的问题，单单说它吹干头发依靠高温这事就已经让我错过了这几年吹风机的技术大革命！

3. 娱乐型软文营销

娱乐型软文的内容主要是搞笑段子、漫画或动画等，同时将产品信息融入到内容中，具有很强的趣味性、视觉冲击力和可阅读性，受众能在轻松愉快的氛围中接受广告内容。图3-1是轻漫画博主@NewGirl张可妮的小红书内容，该博主通过"漫画+动画"的形式、深刻动人的故事、精心设计的画面、紧凑抓人的情节来描绘女性的事业、感情和家庭生活，试图与当代女性产生灵魂共鸣。这种通过"画面+故事"来传达信息的形式，对于传达品牌故事和理念具有得天独厚的优势。

行业观察3-2

漫画+营销：画出一个
内容大风口

图3-1 轻漫画博主@NewGirl张可妮的小红书内容

4. 新闻型软文营销

新闻型软文营销即借助新闻报道的方式，软文广告可以采用更权威、更专业、更客观的口吻来传达信息。这种形式通常需要与当前的热点事件或话题相结合，以提高受众的关注度和信任度。新闻型软文内容可以是人物访谈、权威报道、行业新闻等。

在发布新品时，很多企业会以新闻型软文传达相关信息，从而为新品造势。例如，小米SU7汽车首批交付后，通过新闻报道呈现了小米SU7的销售火爆，促使其在汽车租赁市场的价格水涨船高，为该款新品汽车的热度添薪加火。

5. 访谈型软文营销

访谈型软文营销即以人物访谈形式撰写软文，邀请行业专家、明星或普通消费者参与访谈，分享他们对产品或服务的看法和体验。这种形式可以采用一问一答的方式呈现内容，也可以采用陈述的方式呈现内容，通常以文字引用、图片或视频的形式展现受访者的金句或访谈对话，借助受访者的权威性和可信度来提高广告的说服力。

例如，在某月子中心的街头采访短视频中，采访对象是妈妈和小朋友，提问围绕爸爸的作用和地位。这种关于亲子关系的问答，既能反映个人看法，又能呈现该月子中心的品牌价值观，从而起到宣传推广的作用。

6. 种草型软文营销

种草型软文是从消费者的角度出发撰写的产品推荐和品牌推广软文。这类软文具有人格化特征，通常由用户自创，内容涵盖商品评测、试用心得、购物心得等。这些内容具有真实性和可信度，能够让受众真切地体会到创作者的使用感。这种能够影响粉丝，对其购买决策产生重要影响，促使其产生消费行为的消费者称为关键意见消费者(key opinion consumer，KOC)。新媒体平台可以通过智能算法和用户画像，精准触达目标用户，激发潜在消费者的购买欲望，促使其下单。种草型软文营销的影响力通常比较持久，用户对于通过软文了解到的产品或服务往往会产生深刻的印象和认知。

知识链接3-2

KOC(key opinion consumer)

图3-2是某博主的产品评测种草合辑，该博主推荐了几款功能相同的益生菌，在不知不觉中将每种产品的优势以及这些产品与同类产品的区别植入受众脑海中，同时实现了产品种草。

7. 福利型软文营销

福利型软文营销即通过直接或间接的方式向受众传递福利信息，如优惠、折扣、赠品等。这些福利信息能够迅速吸引受众的注意力，激发受众的兴趣和购买欲望。受众往往会因为想要获得这些福利而主动关注软文内容，从而提高软文的阅读量

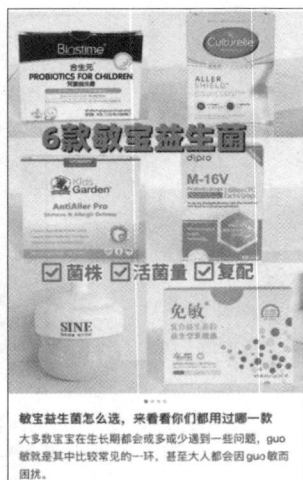

图3-2　某博主的产品评测
种草合辑

和传播效果。福利型软文具有吸引力强、信任度高、互动性强、传播效果好和促进销售等优势，因此成为品牌或产品进行市场推广和品牌建设的重要手段之一。

图3-3是某品牌的小红书福利软文，通过小红书笔记抽奖的形式，既提高了品牌和产品的传播度，又增加了用户互动率，扩大了此次营销活动的声量。

8. 情感型软文营销

情感型软文是一种通过引发受众情感共鸣来传递信息、推广产品或服务的软文。这种软文通常注重情感表达，用真实、细腻的情感故事或描述来打动受众，让受众感受到品牌或产品传达的温暖、关爱或其他积极情感，从而在情感上产生共鸣，进而对推广的内容产生兴趣或认同。

例如，某母婴品牌的母亲节软文营销的主题为"妈妈的头号粉丝"，以孩子的视角来描绘妈妈，向妈妈"真情告白"，既能让受众看到生育观念迭代后的现代妈妈正在成为怎样的妈妈，又能让每个人在当代妈妈身上看见自己妈妈的身影，从而引发共情，如图3-4所示。

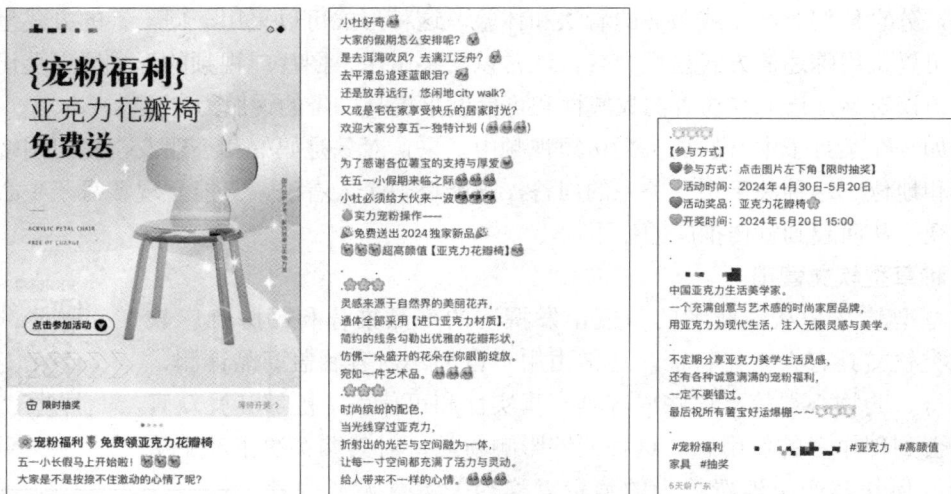

图3-3 某品牌的小红书福利软文

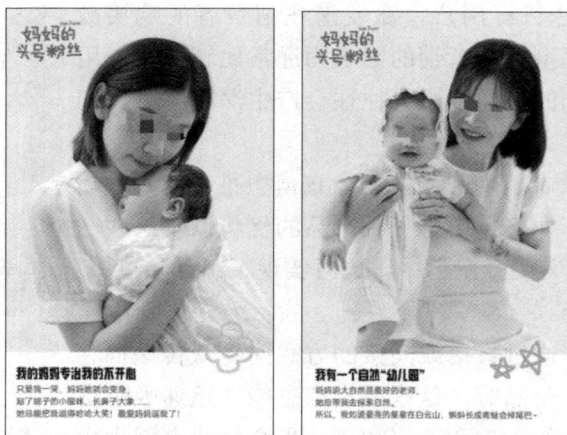

图3-4 某母婴品牌母亲节软文营销文案

四、新媒体软文营销的步骤及技巧

新媒体软文营销的步骤包括市场调研、确立目标、确定选题、拟定标题、创作内容、发布推广。围绕这些步骤并运用一定的营销技巧，有助于达成营销目标。

(一) 市场调研

市场调研有助于企业更好地了解目标市场、消费者需求、竞争对手情况以及市场趋势，从而制定出精准、有效的软文营销策略。

(二) 确立目标

确立软文营销目标是制定有效营销策略的关键，决定了整个营销活动的方向和预期成果。确立软文营销目标的步骤包括明确目标受众、设定具体的营销目标。

(三) 确定选题

确定软文营销的选题需要综合考虑目标受众、产品或服务特点、行业热点、用户需求、创新思维等多个方面。企业应根据品牌或产品的特点，选择一个有话题性、有讨论空间的主题，例如与热门事件、社会热点、科技发展等相关的选题，这样可以确保软文营销的选题具有吸引力和影响力，从而实现更好的营销效果。

(四) 拟定标题

软文营销的标题是吸引受众点击并阅读内容的关键，一个吸引人的标题能够极大地提高软文的曝光度和转化率。

*课堂讨论

以下是拟定软文标题的技巧，请上网搜索相关资料，找出该技巧对应的软文标题。

(1) 简洁明了，传递核心信息：＿＿＿＿＿＿＿＿＿＿＿＿＿＿＿＿＿＿＿＿；
(2) 突出亮点，吸引受众兴趣：＿＿＿＿＿＿＿＿＿＿＿＿＿＿＿＿＿＿＿＿；
(3) 激发好奇，激发受众求知：＿＿＿＿＿＿＿＿＿＿＿＿＿＿＿＿＿＿＿＿；
(4) 利用数字，传达内容条理：＿＿＿＿＿＿＿＿＿＿＿＿＿＿＿＿＿＿＿＿；
(5) 强调价值，促使受众阅读：＿＿＿＿＿＿＿＿＿＿＿＿＿＿＿＿＿＿＿＿；
(6) 借助热点，增加软文曝光：＿＿＿＿＿＿＿＿＿＿＿＿＿＿＿＿＿＿＿＿；
(7) 突出情感，引发受众共鸣：＿＿＿＿＿＿＿＿＿＿＿＿＿＿＿＿＿＿＿＿；
(8) 创新表达，增加受众点击：＿＿＿＿＿＿＿＿＿＿＿＿＿＿＿＿＿＿＿＿。

(五) 创作内容

根据营销目标，确定软文营销的主题和内容，确保软文内容与目标受众的需求和兴趣密切相关，从而引起他们的共鸣。

1. 提供有价值的信息

软文内容不仅能为受众提供有价值的信息，例如行业知识、实用技巧、解决方案、案例分析等，还能解决受众的问题或满足受众的需求。

2. 使用引人入胜的开头

引人入胜的开头可以迅速吸引受众的注意力。在创作软文时，可以使用故事、引文、统计数据或提问来开头。

3. 保持内容的清晰和连贯

软文内容应保证结构清晰、逻辑连贯。在创作软文时，可以使用段落、标题、列表等来提高内容的可读性。软文内容应流畅，避免使用过于复杂的句子或词汇。

4. 融入情感元素

在软文内容中融入情感元素，容易让受众产生共鸣。在创作软文时，可以通过分享真实的案例、讲述感人的故事来传达品牌价值观。

5. 使用视觉元素

在软文中添加图片、图表、视频等视觉元素，可以让内容更具吸引力和易读性。但应确保视觉元素与内容紧密相关，并且保证高质量。

6. 保持客观和真实

在创作软文时，应遵循客观、真实的原则，如实描述产品或服务，切不可夸大其优点。诚实和透明的态度可以建立受众对品牌的信任。

7. 保持一致性

在软文营销活动中，应保持软文内容和品牌形象的一致性。这有助于加强品牌形象，提高受众的信任度。

8. 鼓励互动和分享

在创作软文时，可以加入互动元素，如调查问卷、问答环节或社交媒体分享按钮。这样可以鼓励受众参与软文营销并分享软文内容，从而扩大营销活动的影响力。

(六) 发布推广

根据目标受众的特点和喜好，确定软文的发布渠道、发布时间和发布频率，确保软文能够覆盖目标受众。此外，还可以利用社交媒体、行业论坛、博客等平台进行软文传播，提高软文的曝光度和影响力。

知识链接3-3

品牌SEO的目的
是什么？

任务二　微信软文营销

任务导入

2024年，微信用户数量突破13亿，微信已成为全球应用最为广泛且备受关注的即时通讯服务应用程序之一。依托庞大的用户基数，微信软文营销能够触达更多的人群。

微信软文营销的优势是什么？形式有哪些？如何进行微信软文营销呢？

微信营销是基于熟人关系的营销，如今已经成为热门的网络营销推广渠道之一。微信软文营销是指通过微信公众号、朋友圈或其他微信生态内的渠道(如视频号、小程序等)，发布具有营销性质的软文内容，间接推广品牌、产品或服务的营销方式。本任务将主要介绍微信推文营销和朋友圈软文营销，具体讲解其优势及营销技巧。

一、微信软文营销的优势

微信软文营销具有多种优势，因此成为许多企业和品牌进行市场推广的重要手段。微信软文营销的主要优势包括用户基数庞大、目标定位精准、用户互动频繁、内容形式多样、品牌建设有效、成本相对低廉、数据监测全面、用户黏性较强等。

二、微信推文营销

微信推文营销是企业在微信公众号上发布具有营销性质的推文，以推广品牌、产品或服务的一种营销策略。微信推文营销的步骤如图3-5所示，具体包括建立企业微信公众号账号、完成公众号账号定位、制定内容策略、完成选题计划、撰写推文内容、发布推文和监测营销数据。在微信公众号运营过程中，应注意平台运营规范。

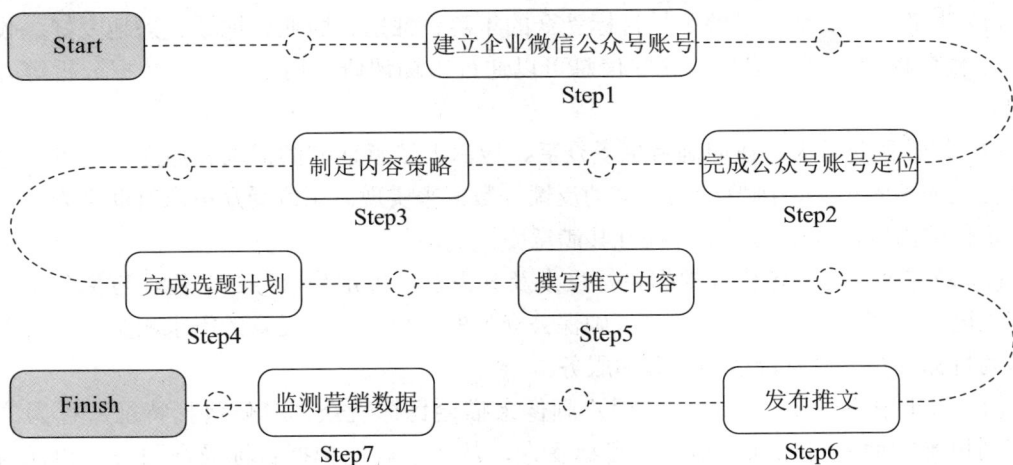

图3-5　微信推文营销的步骤

(一) 建立企业微信公众号账号

建立企业微信公众号账号

(二) 完成公众号账号定位

公众号的定位原则是以用户为中心，通常包括用户定位、形象定位、内容定位，此外还要结合行业属性定位整体风格，如图3-6所示。

微课3-1
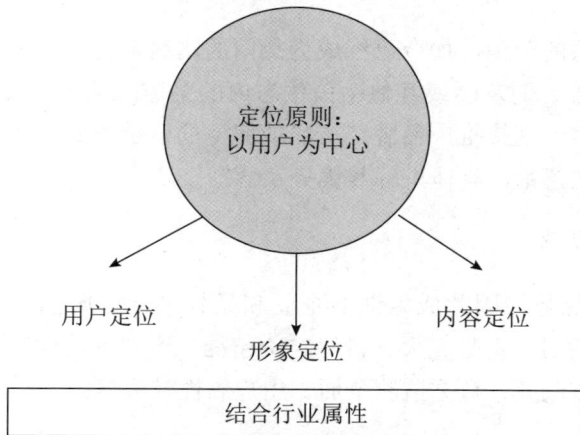
微信公众号
定位——重要性

微课3-2

微信公众号定位——
四个步骤

图3-6 微信公众号的账号定位

1. 用户定位

微信公众号的用户定位是确保公众号内容精准触达目标用户、提升用户体验和公众号价值的关键步骤。微信公众号用户定位的步骤包括明确目标受众、分析受众需求、确定公众号的定位、创建用户画像。

(1) 明确目标受众。了解账号目标受众的年龄、性别、职业、地域、兴趣爱好、收入水平、教育程度等基本信息。这些信息可以通过市场调研、用户访谈、数据分析等方式获取。

(2) 分析受众需求。在明确目标受众后，应深入了解他们的需求和痛点，这可以通过分析受众的搜索记录、浏览行为、互动反馈等数据来实现。了解受众需求有助于为他们提供有价值的内容，满足其需求并提升其满意度。

(3) 确定公众号的定位。根据目标受众及其需求，确定公众号的定位，包括公众号的内容主题、内容风格、服务方向等，确保公众号的定位与目标受众的需求相契合，公众号能够为目标受众提供有价值的信息和服务。

(4) 创建用户画像。通过创建用户画像来描绘目标受众，具体包括特征、行为、需求、动机等方面，可以深入地了解目标受众，从而准确地把握目标受众的心理和行为特点，为公众号的内容创作和营销策略提供有力支持。

2. 形象定位

微信公众号的形象定位有两个关键，一是内容差异化，二是品牌调性鲜明。

(1) 内容差异化。根据目标受众的需求，确定公众号的内容方向，寻求未被满足的产品需求、服务需求等，力求独特、新颖，避免与同类公众号重复。还可以通过公众号竞品分析来辅助确定内容方向，如表3-1所示。在确定内容方向时，应明确公众号的核心价值，如提供资讯、分享经验、解决问题等；在内容创作和互动中，应始终围绕核心价值进行，确保受众能够感受到公众号的价值所在。

表3-1 公众号竞品分析模板

分析项目	账号名称	账号主要内容	优点	缺点
类型定位				
商业目的				
内容方向				
更新数量				
更新频率				
推送时间				
关注引导				
用户互动				
栏目规划				
栏目包装				

(2) 品牌调性鲜明。公众号的品牌调性应鲜明，如幽默风趣、专业严谨、温馨亲切等。在内容创作、视觉设计、互动回复等方面，应保持品牌调性的一致性。可以通过设计独特的公众号头像、封面图、内文排版等，形成统一的视觉识别系统；还可以使用符合品牌调性的配色方案、字体和图片，提高公众号的辨识度。

3. 内容定位

基于对目标受众的了解和对竞争对手的分析，确定公众号的内容方向；再根据内容方向，制定详细的内容策略，应确保公众号的内容符合目标受众的需求和喜好。此外，在以后的创作和更新中，应紧紧围绕内容定位，保持风格的一致性，这样可以提升公众号的影响力和受众黏性。

行业观察3-3

如何打造
品牌IP?

(三) 制定内容策略

制定内容策略的步骤如图3-7所示。

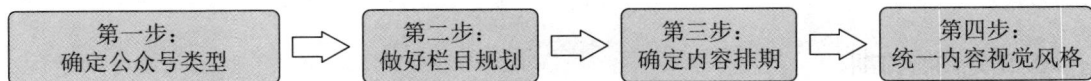

第一步：确定公众号类型	⇨	第二步：做好栏目规划	⇨	第三步：确定内容排期	⇨	第四步：统一内容视觉风格

图3-7 制定内容策略的步骤

1. 确定公众号类型

在制定具体的内容策略前，应先确定公众号类型，这需要结合企业实际情况。处于不同阶段的企业，其需求是不一样的，因此运营公众号的目的也不同。对于不同类型的公众号，应实行内容差异化运营。例如，一个企业同时开通了订阅号和服务号，两个账号应发布不同的内容。可以用订阅号在受众面前刷"存在感"，结合当下热点发布相关信息、观点以获取流量；可以用服务号发布企业重要信息，将其作为企业宣传的窗口。此外，不同类型的公众号还应相互配合，如图3-8所示，可以用订阅号发布企业活动、产品信息，用服务号承担售前、售后等客户服务功能。

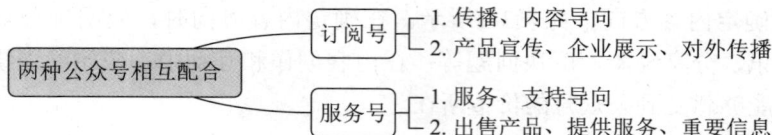

图3-8 两种公众号相互配合

2. 做好栏目规划

栏目规划包括以下两个步骤。

(1) 确定内容类型以及与用户的关系(体现在用户对号主的称呼、公众号行文风格等方面)，打造企业品牌IP，塑造公众号内容专属的人格化属性。品牌是工业化时代的产物，而IP是互联网时代的产物。品牌IP化是指将品牌打造成具有独特个性和价值主张的形象，通过与消费者的情感共鸣，提升品牌知名度和美誉度，从而增加品牌的市场份额和竞争力。通过强化品牌人格化属性，可实现品牌的"去商业化式"传播。

*课堂讨论

1. 请打开你关注的某个公众号，说说该公众号编辑是如何称呼自己的？

2. 观察公众号"小声比比""仙人JUMP"，说说他们的行文风格是什么？品牌应该以何种姿态触达年轻群体？

(2) 固定栏目化运作，形成特定风格的内容集合。在规划内容时，应把与主题类似的内容归为一类，固定栏目化运作，形成特定风格的内容集合，这样能够加深受众对公众号的印象，增加其阅读期待值。固定栏目一旦形成，就会叠加内容的力量，打造出鲜明的内容符号。

*课堂讨论

请搜索公众号"差评""互联派"，说说这些公众号设置了哪些栏目？这些栏目分别以什么内容为主？这些栏目的内容类型(如文章、图文、视频等)有固定特色吗？

3. 确定内容排期

(1) 根据运营目标和受众需求规划内容。内容可以分为"时间型"和"热点型"两种。其中，时间型内容是指围绕固定节日、节气等展开的内容；热点型内容是指结合当下热搜、热评的内容。

(2) 使用Excel等工具或专门的内容管理工具来制定内容排期表。排期表应体现发布日期、发布时间、内容主题、内容形式(图文、视频等)等信息。在制定排期表时，应注意避免与竞争对手的发布时间重叠，尽量选择在读者活跃的时间段发布内容。对于热点型内容，应注意时效性，还应及时跟进热点话题，并尽快发布相关内容。

微课3-3

新媒体排期意识

微课3-4

新媒体文章推送时间

需要注意的是，内容排期表不是一成不变的，应根据实际情况进行调整，因此应预留一定的调整空间，以便在需要时灵活调整发布计划。

公众号内容排期表的模板如图3-9所示。

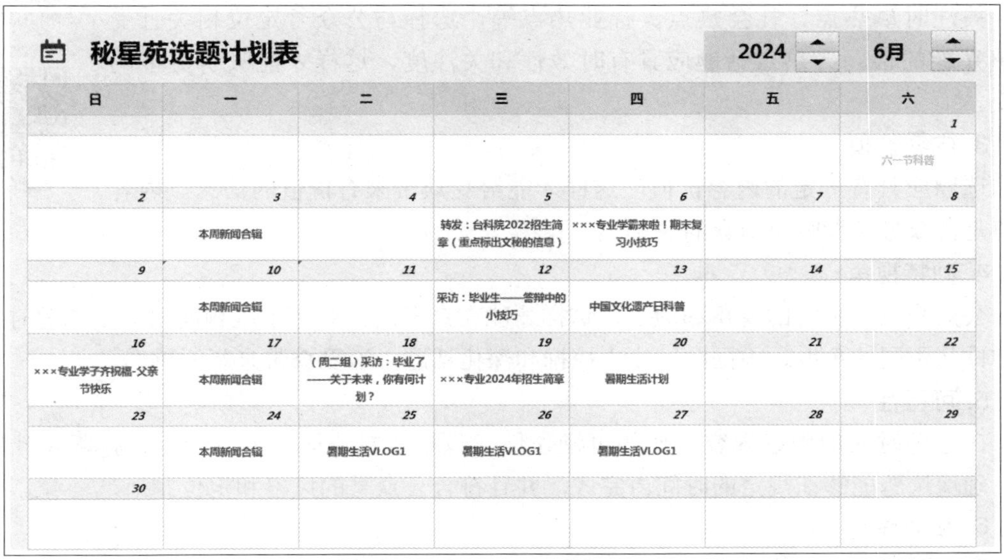
秘星苑选题计划表　2024　6月

日	一	二	三	四	五	六
						1 六一节科普
2	3 本周新闻合辑	4	5 转发：台科院2022招生简章（重点标出文秘的信息）	6 ×××专业学霸来啦！期末复习小技巧	7	8
9	10 本周新闻合辑	11	12 采访：毕业生——答辩中的小技巧	13 中国文化遗产日科普	14	15
16 ×××专业学子齐祝福-父亲节快乐	17 本周新闻合辑	18 （周二组）采访：毕业了——关于未来，你有何计划？	19 ×××专业2024年招生简章	20 暑期生活计划	21	22
23	24 本周新闻合辑	25 暑期生活VLOG1	26 暑期生活VLOG1	27 暑期生活VLOG1	28	29
30						

图3-9　某大学公众号6月排期表

4. 统一内容视觉风格

可以将公众号看作企业的一个产品，或者一个品牌，视觉风格化就相当于企业建立品牌VI①。当用户浏览公众号内容时，文字需要先转化成语言才能进入大脑，而视觉元素既能直接传达信息，又能更快占领用户心智。因此，公众号的头图、内文引导图、尾部布局、内容排版、色彩搭配等每一个方面都应当形成自己特有的风格。

***课堂讨论**

请观察公众号“GQ实验室”“顾爷”，说说它们的视觉风格给你带来什么样的感觉？

(四) 完成选题计划

知识链接3-4

选题与标题的区别

微信公众号选题是指为微信公众号内容创作所选择的主题或话题。选题是公众号内容规划的重要一环，决定了内容的方向、风格以及可能吸引的受众。成功的选题能够引起受众的兴趣，增加公众号内容的阅读量、转发量和互动量，从而提升公众号的知名度和影响力。

微信公众号选题应考虑以下几个方面。

① VI(visual identity)是视觉识别的缩写，品牌VI主要包括企业标志、字体、颜色、图形、平面设计等多种元素的整合和运用。

1. 目标受众

创建目标受众的用户画像，明确其痛点及需求。

2. 热点话题

关注时事热点、社会热点、行业热点等，选择与公众号定位相关且受众感兴趣的话题。热点话题应具有时效性和关注度，这样才能吸引更多的受众。

微课3-5

选题和标题的区别

3. 内容价值

选题应具有一定的内容价值，这样才能给受众带来有价值的信息。内容价值是公众号长期吸引受众的关键。

微课3-6

选题的来源

4. 独特视角

公众号应有独特的视角和观点，这样才能在众多的公众号中脱颖而出。在选题时，可以尝试从不同的角度、不同的维度去挖掘和深化话题，给受众带来新鲜感。

5. 可行性

在选题时，应考虑内容创作的可操作性，包括资料获取、内容规划、排版设计等方面。确保选题能够在规定的时间内完成，并且符合公众号的风格和定位。

6. 互动性

在选题时，应考虑如何增加文章的互动性，可采取设置讨论话题、征集受众意见、开展投票活动等方法。互动不仅能够增加受众的参与感和归属感，还能够提升公众号的活跃度。

7. 迭代性

选题不是一次性工作，需要持续更新和调整。还应根据受众的反馈、数据分析结果等，不断优化选题策略，提高公众号的内容质量和吸引力。

(五) 撰写推文内容

在撰写推文内容时，应关注推文的标题以及正文部分的写作。标题决定了推文的"打开率"，正文决定了推文的"留存率"。此外，还应关注推文转载的价值性，也就是"转发率"。只有兼顾这三者的推文，才能达成企业营销目的。

1. 推文标题的写作

推文标题应言简意赅，在紧贴文章主题的基础上，既能呈现出"题文相符"的基本信息，又能以"有趣、有用、有料"的信息点吸引受众的注意力并激发受众阅读正文的兴趣，从而为营销信息的传播奠定基础。

微课3-7

标题的十种撰写方法

1) 优秀推文标题的特征

优秀推文标题通常具备简洁明了、明确指向、价值供给的特征。

(1) 简洁明了。标题字数不宜太多，语言应通俗易懂，降低受众阅读时的理解成本，把受众更关心、更具吸引力的信息点前置，最好能在标题前半段，给出受众非看这则消息或这篇推文不可的理由。例如，公众号"穷游折扣"推文标题的"【6.30前可用】亚特闪促2大2小仅1644/晚！周末不加价"，结合推文封面图，用一行半的文字内容将优惠时间、旅行地点、适用人群、价格、使用注意事项等折扣信息全部介绍清楚，在表述简洁的同时，传递了很大的信息量。

(2) 明确指向。标题文案应以受众视角写作，同时应传递号主本人的态度与价值观，能够明确地表达观点，或是传达该篇推文的利他性。这就要求标题应体现出明确的指向性，以明确的指向信息来筛选和吸引受众群体，巩固账号粉丝基础。例如，公众号"美的你"的推文标题"7支不挑人的春日口红！早八人想要的素颜松弛感"，明确指向"早八人"群体，作为一篇种草营销文，突出了推荐的口红"不挑人"的利他性，因此能够吸引受众群体的注意力。

(3) 价值供给。推文标题要么能够为受众解决一些问题，要么能够为受众提供一定的情绪价值。前者往往在标题中体现与受众切身利益相关的信息点，例如为受众提供一些有价值的信息，从而引发受众关注；后者则是通过唤起受众普遍存在的情绪(如好奇、愤怒、喜悦等)而引发受众的情感共鸣，代替受众完成"自我表达"和"自我定位"，从而为受众提供情绪价值。例如，公众号"生涯研习社"的推文标题"打工人图鉴：'天天喊辞职，月月都满勤'"，唤起了打工人"无奈、自嘲"的情感共鸣，替打工人表达了职场的艰难与无力破局的无奈，而在推文正文部分推销面向打工人的课程"职场发展加速营"，为打工人解决痛点问题。

微课3-8

标题的类型

2) 推文标题的类型

如表3-2所示，推文标题包括直言式、悬念式、消息式、如何式、提问式、命令式、理由式。

表3-2　推文标题的类型、特征、例子

类型	特征	例子
直言式	在标题中直接将信息交代清楚，不采用隐喻、双关语等表达手法。大部分标题都属于这类	现金奖、消费券，青椒市集连续10天狂欢 实习推荐 | 华为2024年春季招聘 东亚母女，相互争斗又彼此依恋的一生
悬念式	通过间接的方式，延迟满足受众的好奇心与期待值，话说一半，有露有藏，在推文内容中讲清楚具体情况	不是真"老板"？心痛的她现场之吻，收获一串…… 一个人最大的本事，就这1个字 这5种走路姿势，藏着疾病秘密！第2种你可能也有
消息式	在标题中提供一条新信息。大部分新闻标题都属于这类	全球首例猪肾移植患者去世 2人一年卖1个亿，商家在得物低调掘金 OpenAI发布新模型GPT-4o：对所有人免费、更易用、更强
如何式	在标题中加入"如何"两字，让标题更精彩。如何式标题运用范围很广	国潮文创产品如何才能"弄潮"而不"退潮" "分手容易，相爱难"|我们如何才能拥有长久的爱情？ 如何练就"最强大脑"？医生推荐的13种方法
提问式	在标题中提出一个公众号受众想知道的问题，在正文部分深入分析，给出解答	无人驾驶车要大规模上路了吗？ 孩子脸上有白斑，需要吃打虫药吗？ 学生的本分仅止上课，实习、找工作呢？
命令式	在标题中直接告诉受众应该怎么做、怎么想、怎么看待，语句中应有"动词"，语气应坚定	CEO千万不要当网红！ 柳州螺蛳粉统一英文名：文化自信的"真"必须要较 千万别让结婚变成一场女性的冒险
理由式	在标题中给受众一个看这篇推文的理由	这档网红综艺，你不看吃不下饭 10个打工人涨薪小技巧！ 5个方法教你每逢佳节"瘦三斤"

总之，取标题是推文营销中非常重要的一环，决定了受众会不会点开推文，所以在取标题时一定要多花心思琢磨，但也不能只想着获取受众的关注，否则会陷入以下三个误区：一是模式化标题，直接套用模板，降低了标题的识别度；二是庸俗化标题，为了获取关注而强调"火爆"的次要信息(如奇葩、猎奇信息)，弱化主要信息；三是"标题党"，受众点进推文会发现标题与文章内容完全不相符，或者标题存在歧义，与受众的预期不一致。这三类标题会让受众产生极大的抵触和反感情绪，这是只追求单次点击率和营销效果的短视之举，长此以往不仅会丧失受众对企业的信任感，还会给企业品牌价值造成不可估量的损失。

2. 推文正文的写作

推文正文应拓展标题的内容，完成写作目标，满足标题向受众读者许下的"承诺"，并向受众呈现他们想看的内容。正文应以客观的事实、具体的说明来增强受众对企业或产品的认识，起到真正打动受众使其做出消费决策的作用。正文部分一般采用文字、图片、视频、音频等任意一种或几种形式。正文与标题有所不同，标题通常追求言简意赅地传达尽可能多的信息，而正文更看重结构和思路，更关注内容创作者如何有逻辑地组织信息和表达观点、思路和语句是否通顺以及表达的内容是否通俗易懂。

1) 正文的功能

(1) 呈现完整信息，围绕主题展现事实、证据、观点性内容。

(2) 通过列数据、摆事实、讲道理的方式，详细阐释主题文案中提出的某些观点。

(3) 根据营销主题制造氛围体验，使受众通过内容产生"画面感""沉浸感"，为内容赋予情感，使其潜移默化地影响受众。

(4) 引导、说服受众产生行动。微信推文营销的最终目的是推广和销售企业的产品，因此，应结合受众需求，引导、说服其"从心动到行动"，做出购买决策。

2) 正文的写作要点。

正文一般分为开头、主体、结尾三部分。微信推文为了吸引受众的注意力，通常会设置"金句"来方便受众转发，即满足"转载的价值性"。

微课3-9

新媒体推文
写作思路(上)

(1) 开头：关联主题，吸引阅读。开头决定了受众是读完全文，还是直接跳出，因此正文开头部分的内容应关联标题提及的要点和整篇推文的主题，起到亮明主旨、承上启下的作用，并且能够吸引受众继续阅读。开头部分可以通过直接亮明正文核心内容、制造悬念或抛出问题、营造与主题相关的氛围、综合概述(如摘要)等方式展开。

(2) 主体：呈现逻辑，循循善诱。主体是微信推文的核心，应在这个部分展开事实性信息。同时主体也是占全文篇幅最大的部分，如果信息组织不当，就很容易流失受众，无法引导受众到达"成交"的步骤。因此，在创作主体部分内容时，应注重写作的逻辑性，遵循受众的阅读习惯，关照受众的阅读体验，围绕主题条理清晰地展开内容。同时，应呈现足够大的信息量，

微课3-10

新媒体推文
写作思路(下)

展现能够支撑主题和观点的事实性信息、数据等内容。此外，还应注意内容不宜过多，表达简洁明了，摒弃无效内容。

（3）结尾：转化用户，产生行动。在结尾部分应对全文内容进行提炼概括、立意升华，也可以再次亮出观点。如果微信推文有商业目的，那么还应在结尾部分用文案说服、转化受众，促使其产生消费意愿并付诸行动。

（4）金句：制造埋点，促进传播。为了使推文具备"传播埋点"，满足受众的"智力优越感"，使其处于信息阶梯的上层，微信推文的正文部分一般还会设置可供受众复制并转发的"金句"。

*课堂讨论

阅读"行业观察3-4"中的推文《焦虑的年轻人，开始拼团买"知识"了》，回答下列问题。

行业观察3-4

焦虑的年轻人，开始
拼团买"知识"了

（1）推文开头是如何做到"关联主题，吸引阅读"的？

（2）推文主体是如何做到"呈现逻辑，循循善诱"的？

（3）推文结尾是怎么"转化用户，产生行动"的？

（4）你认为该篇推文能够"制造埋点，促进传播"的金句是哪句话？

3. 推文排版及制图工具

要想制作一篇精美的营销推文，需要合理使用推文排版工具，主要有135编辑器、新榜编辑器、秀米编辑器。此外，在制作推文时还会经常用到新媒体制图工具，如创客贴、可画、稿定设计。

微课3-11

新媒体文章的排版——
原则与技巧

1）推文排版工具

下列三款推文排版编辑器的功能相似，创作者可以根据个人习惯进行选择。

（1）135编辑器(https://www.135editor.com/)。135编辑器是一款微信公众号文章排版和内容编辑在线工具，具有样式丰富的特点，提供秒刷、一键排版、全文配色、公众号管理、微信变量回复、48小时群发、定时群发、云端草稿、文本校对等四十多项功能与服务，可以像拼积木一样组合排版推文，帮助创作者轻松编辑微信公众号图文。

微课3-12

新媒体文章的排版——
排版工具

（2）新榜编辑器(https://edit.newrank.cn/)。新榜编辑器界面简洁、功能专业且全面，提供简单的文章编辑功能，有丰富的样式和模板、海量的在线图片供创作者自行选择，同时支持素材管理。此外，新榜编辑器可一键同步多平台，还有大量爆文可供参考。

（3）秀米编辑器(https://xiumi.us/#/)。秀米是一款专用于微信平台公众号的文章编辑工具，拥有很多原创模板素材，排版风格多样化、个性化。秀米编辑器可以设计专属风格文章排版，内置了秀制作及图文排版两种制作模式，页面模板及组件丰富多样。秀米编辑器的三个主要功能是图文排版、H5[①]制作以及图片设计。

---

① H5 是 HTML5 的简称，是用于构建交互式 web 内容的标记语言和应用程序编程接口。它是一个技术合集，包括编程、视频处理、音频处理、图片处理、动画制作等多项技术的融合展示。广义的 H5 是指第五代超文本标记语言，也指用 H5 语言制作的一切数字产品；狭义的 H5 是指互动形式的多媒体广告界面。

2) 新媒体制图工具

创作者可根据使用习惯的不同来选择新媒体制图工具。值得注意的是，以下三款工具均提供网页端和手机端App。

(1) 创客贴(https://www.chuangkit.com/)。创客贴是一款多平台(Web、Mobile、Mac、Windows)极简图形编辑和平面设计工具，包括创客贴网页版、桌面版、小程序等，一站式覆盖创意全场景和全流程。创作者可使用创客贴提供的大量图片、字体、模板等设计元素，通过简单的拖、拉、拽就可以制作出自己所需要的图片或设计。同时，创客贴提供在线印刷定制业务，它是专业的一站式营销物料提供商。现阶段，创客贴涵盖营销海报、新媒体配图、印刷物料、PPT及简历等办公文档、电商设计、定制设计等百余种设计场景。

(2) 可画(https://www.canva.cn/)。可画是一款支持多平台(网页端、iOS端及Android端)的在线平面设计工具。可画提供丰富的版权图片、原创插画以及各类优质设计模板。创作者在选择模板之后，通过简单修改即可在几分钟内完成海报、简历、Banner、名片等各类设计。

(3) 稿定设计(https://www.gaoding.com/)。稿定设计是一个聚焦商业设计的多场景在线设计平台，打破了软硬件间的技术限制，汇集创意内容与设计工具于一体，为不同场景下的设计需求提供优质的解决方案。创作者通过"拖、拉、拽"等操作即可轻松实现创意。稿定设计可以根据不同场景、不同尺寸，创建优质模板素材，满足中小型企业、自媒体、学生、电商运营、个体经营者的图片及视频模板设计需求，在线快速编辑图片和视频，创作者即便不会PS也能搞定设计，让设计更简单。

(六) 发布推文和监测营销数据

微信推文营销的最后一个环节包括发布推文以及监测营销数据。

1. 发布推文

在发布推文时，需要注意以下事项。

(1) 保证内容质量。推文内容应健康向上，不得涉及色情、暴力、政治敏感等内容；应真实可靠，不得散布谣言、虚假信息或捏造事实；应符合相关法律、平台法规及社会道德规范，不得违法违规；配图应清晰，避免图片的版权问题。

知识链接3-5

微信公众号推文
配图使用规范

(2) 提升标题吸引力。一个好的标题能够吸引受众的注意力，因此推文的标题应简洁明了、富有创意，并能够准确地传达推文的主题。与标题相关的写作技巧在前文有所提及，这里不再赘述。

(3) 优化封面设计。封面是吸引眼球的重要因素，应根据推文内容设计相应的封面图，如图3-10所示。为了提升公众号的辨识度和品质，在设计封面图时，应采用具有一致性的排版来保持封面图风格的统一性，以免影响流量和粉丝黏性。

在设计封面图时，应注意受众看到的星标公众号、常读公众号和其他公众号的推文封面图尺寸是不同的。如图3-11所示，星标公众号、常读公众号的封面图范围更大(2.35∶1)，而其他公众号的封面图只能以1∶1的正方形显示。因此，创作者应将重点信息

(尤其是起到提示和吸引注意力作用的一些文字和元素)放在封面图中间。

图3-10　两个不同的公众号封面图

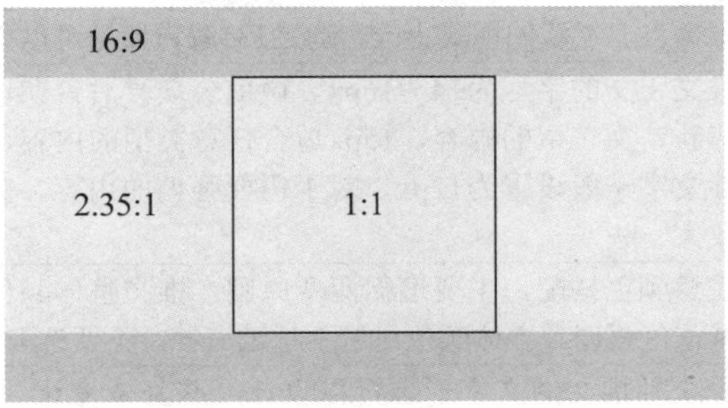

图3-11　不同公众号的封面图尺寸

为了提升封面图效果，应尽量选择优质的高清图片，可以在图片上添加文字来提炼文章主题和内容，还可以在图片上添加公众号名称和LOGO以增加辨识度，如图3-12所示。

图3-12　封面图添加公众号名称或LOGO

图3-12　封面图添加公众号名称或LOGO(续)

(4) 构思摘要撰写。摘要是推文的简介，也可以是整篇文章的中心论点。摘要应简洁明了地概括推文的主要内容，以便受众快速了解推文的主题和重点。

*课堂讨论

请上网搜索"杭州市重磅人才政策'春雨计划'"相关资料，设想如果你将其写成一篇推文，将如何撰写摘要？

(5) 确保排版美观。推文的排版分为两部分，即文字与段落。其中，文字部分的排版涉及字体、字号、文字颜色；段落部分的排版涉及形态、对齐方式、间距。推文的排版应美观大方，字号、字色、行距等要适中，段落之间要分明，以便受众能够轻松地阅读和理解。同时，还可以适当地增加一些留白，这样可以让文章看起来更加舒适。本书推荐的推文排版相关数据如表3-3所示。

表3-3　推文排版相关数据

排版内容		排版技巧和要求
文字	字体	根据自己喜欢的样式更改，通过135编辑器等可以更改字体
	字号	推文正文的字号为14～16px，微信公众号后台默认的字号是16px。14px适合清新、文艺型的内容，15px适合任意类型的内容，16px适合官方内容。批注性文字一般设置为12px，对于需要强调的内容、突出显示的词语，可以适当放大一些
	文字颜色	注意颜色搭配，主要遵循两个原则：推文整体颜色保持统一，重点内容使用特殊色强调。字体颜色尽量不超过三种，不要选取太亮的颜色
段落	形态	公众号推文的文字形态可以设计一些基本变化，例如底色填充、加粗、斜体、加下划线和删除线等，常用的是加粗以及加有趣的删除线。适当改变形态，可以使枯燥单一的排版变得更加丰富
	对齐方式	可以在公众号后台直接调整文字对齐方式为两端对齐、左对齐、居中对齐或右对齐，让文章呈现不同的氛围和调性，通常是在完成全文写作之后再统一调整。两端对齐适合所有阅读性文章；左对齐适合诗歌类推文及辅助性语句标注；居中对齐适合文本信息不多、轻松愉快的内容；右对齐适合批注性语句装饰
	间距	页边距的设置： 页边距是指段与手机屏幕两边的距离，适当留白能够提升阅读的舒适感。可以直接在微信公众号后台编辑器中设置"两端缩进"相应数值。 微信公众号后台的页边距默认比例为0，而在第三方工具中，页边距默认为0~4，一般将其设置为8或16

(续表)

排版内容		排版技巧和要求
段落	间距	字间距的设置： 字间距是指文字之间的距离，可以直接在微信公众号后台编辑器中设置字间距。 微信公众号后台默认的字间距是0，一般设置为0.5~1.5；推文中的标题或者单独文段信息可以设置更大的字间距
		行间距的设置： 行间距是指行与行之间的距离，可以在微信公众号后台编辑器中设置行间距。 行间距为1的文段不宜过长，否则文字之间会过于紧迫。行间距最多可以设置到5，一般设置为1.5～1.75比较适合

(6) 使用关键词和标签。在发布推文时，应注意使用适当的关键词和标签，以便受众更容易地找到推文。同时，应避免使用违规词、敏感词等不当词汇。

(7) 选择发布时间。选择合适的发布时间是非常重要的。根据目标受众的活跃时间和平台特点选择最佳发布时间，以提高推文的曝光率和阅读量。

(8) 关注互动与反馈。发布推文后，应及时关注受众的反馈和评论，与受众进行互动和交流。这样不仅可以提高受众对推文的关注度，还可以提高粉丝黏性和忠诚度。

2. 监测营销数据

监测微信公众号营销数据能帮助运营者更精准地了解受众需求，及时改进运营策略和内容策略等，从而更好地实现营销目标。常用的监测营销数据的方法有使用公众号自带的统计功能、使用第三方数据分析工具、使用网络舆情监测系统、使用多账号数据监测工具。

(1) 使用公众号自带的统计功能。如图3-13所示，微信公众号平台提供了一些基本的统计功能，如用户分析、图文分析、菜单分析等。这些功能可以帮助运营者了解公众号的整体运营情况，如用户增长、图文阅读量、菜单点击量等。

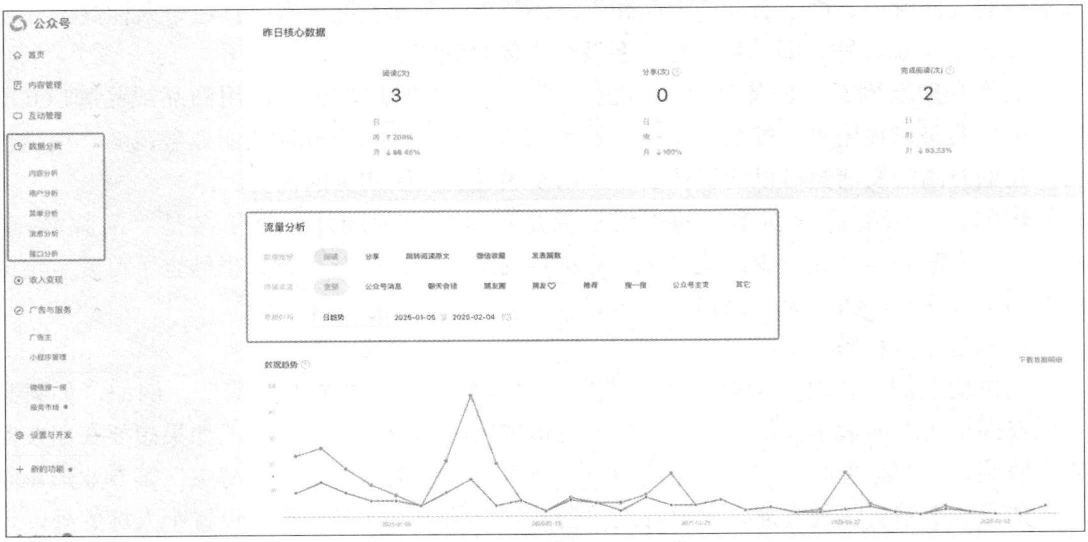

图3-13　公众号后台数据分析界面

(2) 使用第三方数据分析工具。常用的针对微信公众号的数据分析工具有易撰、GrowingIO、数说风云、易赞、西瓜数据等。这些工具可以提供更详细、更全面的数据分析服务，帮助运营者更精准地了解公众号的运营情况。例如，监测自媒体平台各领域的爆文数据、热词爆词，紧跟流量趋势，形成最新的热点趋势；提供用户行为数据、用户画像等，帮助运营者更深入地了解受众需求和行为。

(3) 使用网络舆情监测系统。如果企业需要监测与公众号相关的舆情信息，可以使用网络舆情监测系统，如晓影、八爪鱼等。这些系统可以自定义监测主题，对微信平台的所有公众号进行实时监测，并自动提取与监测主题相关的信息。一旦发现舆情异常，系统会及时提示，便于运营者快速了解舆情发展情况并制定相应的处置方案。

(4) 使用多账号数据监测工具。如果运营者需要同时监测多个公众号的数据，可以使用多账号数据监测工具，如矩阵通等。这些工具可以从多个维度查看账号运营情况，提供丰富的数据维度并支持一键导出，还可以帮助运营者快速了解各个公众号的运营效果。

三、朋友圈软文营销

朋友圈营销是一种典型的"强关系营销"(个人的社会网络同质性趋同)，同一朋友圈中的人所从事的工作、所在的地域、所掌握的信息都有趋同性。因此，在这种"强关系营销"中，受众往往能免去购买过程中"考虑"和"比较"的犹豫环节，直接进入"体验"和"购买"的决策环节，从而降低营销信息传播的损耗率，更好地达到营销目的。朋友圈软文营销的步骤包括营造专业的个人形象、建立真实的生活场景以及视觉化表达产品内容。此外，还应注意提高文案的可阅读性、控制文案的长度以及发布频率。

行业观察3-5

3年估值140亿，完美日记的朋友圈营销

(一) 打造专业的个人形象

打造个人IP形象需要结合企业价值观或产品。例如，可以在个人信息页面设置相应的头像、朋友圈背景、微信名及个人简介等，还可以在发朋友圈动态时打造个人标签。

1. 设置头像、朋友圈背景、微信名及个人简介设置

头像和朋友圈背景应体现个人特色，可以用真人照片，也可以用商品或品牌LOGO等。微信名可以使用真实姓名，这样能够增加信任感。个人简介应说明业务范畴、渠道优势，让朋友圈好友清楚可以购买什么产品以及通过朋友圈购买的优势。

例如，某母婴品牌创始人的微信头像是可爱宝宝的图片，微信名是"品牌名+昵称"，个人简介是"花更少的钱，享受更精致的生活"，朋友圈背景也结合了可爱宝宝的图片和个人简介，精准命中妈妈群体的痛点。

2. 打造个人标签

在发朋友圈动态时，应打造"人设"，并给自己打上"个人标签"。例如，如果想在朋友圈销售纸尿裤等婴幼儿产品，就要打造成功、明智的宝妈人设；如果想要在朋友圈销售服装，就要呈现时尚的个人生活品位，或营造"搭配师""时尚博主"等专业形象氛围；如果想要销售保健食品，就要打造"营养师"的个人标签。除了设置个人标签外，还应根据自己的身份发布一些专业的、利他性的内容。又如，宝妈可以分享常见的婴幼儿养

育分享的问题及建议，搭配师可以分享潮流趋势，营养师可以分享健康养生知识等，同时应将相关产品与自己想要销售的产品相结合。

再如，某保健品的品牌销售通过在朋友圈晒出相关职业资格证书、专业书籍来为自己的品牌和产品背书[①]，以此增强朋友圈文案的说服力。

(二) 建立真实的生活场景

在朋友圈软文营销中，应注重内容发布的节奏，既要有营销内容，也要有与产品、品牌调性相关的个人真实生活分享。接地气的真实生活分享不仅有助于打造人设，加深受众对朋友圈的印象，建立信任感，更有助于品牌宣传及产品销售。

例如，某学习机品牌销售会在软文营销内容中穿插一条自己的生活动态，有些是励志鸡汤，有些是与事业、生活相关的个人动态，打造育儿成功、生活精致的宝妈人设，从而提高所销售的产品的说服力。

(三) 视觉化表达产品内容

在朋友圈发布营销软文时，应注意内容的篇幅，因为超过100字的文案内容会被折叠；被系统判定为经过多次转发的营销信息，以及短时间内在朋友圈"刷屏"的内容也会被折叠，如图3-14所示。因此，朋友圈内容应精简且精致，通过视觉化元素表达产品营销信息，直观地突出产品卖点来打动用户。此外，还应注意利益点前置，文案折叠后，朋友圈仅显示18个字符，所以应把最有吸引力的点安排在朋友圈营销文案的最前面。

图3-14 被折叠原因：(左)字数太长、(中)连锁店多次转发相同信息、(右)消息刷屏

如图3-15所示，左图中的朋友圈内容虽然被折叠了，但该营销人员将营销内容的关键词——"某品牌亲友内购会"前置，再加上吸引人点击的"钩子"——"内购福利"，会让人产生点击欲望。右图上方的软文营销内容是"客户证言"型的，即通过消费者的反馈、收款截图、销售业绩等内容来打消目标客户的疑虑，促使其消费。右图下方的营销内容是通过图片的直观对比和文字的辅助解说来展现产品或服务优点的。

---

① 品牌和产品背书一般是指利用本身的某项优势或者资源为某个品牌或某种产品进行担保或者提供支持。

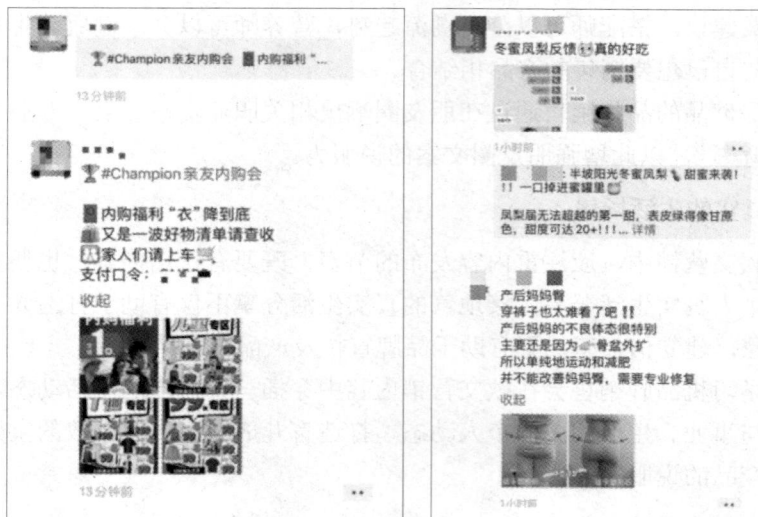

图3-15　(左)利益点前置、(右上)客户证言、(右下)痛点+直观效果对比

　　总之，朋友圈营销在提高品牌曝光度、与受众建立信任关系、实现精准营销、提高受众参与度、降低营销成本以及创造口碑效应等方面都具有重要作用。因此，对于希望提高品牌影响力和销售业绩的企业或个人来说，充分利用朋友圈营销是一种非常有效的手段。

任务三　电商软文营销

任务导入

"让年轻人的厨房重新伟大""自律让我自由""×××(产品品类)中的'爱马仕'"……这些品牌电商文案是否打动了你？电商文案应如何撰写？什么样的电商软文营销能够抢占消费者的心智呢？

如今，电商平台已经成为人们日常购物的重要渠道，而软文营销也已成为电商平台常用的营销方式之一。很多营销人员在创作营销软文时会以企业提供的相关材料为依据，同时还会借鉴一些经典案例或者自己收集的资料，但这样写出来的软文总是很难打动消费者，难以达到营销目的。优秀的电商软文不仅能传递产品信息、营销信息，还能向消费者传达品牌价值观。成功的软文营销不仅能在短期内提升电商宣传效果，还能带来长期的品牌效应和口碑效应。在本任务中，我们将学习电商软文营销的概念、类型、步骤以及软文写作技巧，同时了解电商软文的视觉呈现。

一、电商软文营销概述

(一) 电商软文的概念

随着互联网时代的到来，基于网络平台传播的电商软文已成为主流文案形式。电商软文是指以商业目的为写作基础，通过电商平台、社交媒体平台等渠道进行发布，旨在让消费者信任并引发其购买欲望的文案[①]。电商软文不仅仅是单一的文字信息，软文创作者还可通过图片、视频、超链接等网络元素来丰富软文的内容，提升软文的吸引力。

(二) 电商软文的篇幅和类型

1. 电商软文的篇幅

电商软文的篇幅并没有一个固定的标准，取决于多种因素，如目标受众、内容复杂度、营销策略和发布平台等。一般来说，确定电商软文的篇幅应遵循以下几个原则，即吸引受众注意力、提供有价值的信息、简洁明了、结合发布平台的特点。

在具体实践中，电商软文的篇幅可以根据具体情况进行调整。一般来说，较短的软文(如500字左右)适用于快速传递信息或引起受众兴趣的场景；而较长的软文(如1000字以上)更适合详细介绍产品或服务的特点和优势。

2. 电商软文的类型

电商软文的类型主要有产品文案、销售文案、品牌文案、社群文案与视频文案。

(1) 产品文案。产品文案应嵌入目标人群使用场景，讲述产品故事，围绕产品的特

[①]　"文案"来源于广告行业，是"广告文案"的简称，由 copy writer 翻译而来，多指以语词表现广告信息内容的形式，有广义和狭义之分。广义的广告文案包括标题、正文、口号以及与广告形象的选择搭配；狭义的广告文案包括标题、正文、口号。

点、功能、品质、卖点等进行介绍和宣传，潜移默化地说服消费者购买产品。如图3-16所示，"深睡枕"嵌入了"深度睡眠"的卖点，言简意赅地传达了产品的特点。

图3-16　某品牌枕头产品文案

(2) 销售方案。销售文案应通过各种手段吸引潜在消费者，提高销售转化率，具体包括促销活动、限时优惠、满减等相关文案。

(3) 品牌文案。品牌文案应传递品牌理念、文化、价值观等信息，树立品牌形象和口碑。例如，下面的文案传递了速食品牌"拉面说"的品牌价值观——"新鲜有料""让忙碌的现代人吃好点"。

作为一家提供新一代速食解决方案的品牌，"拉面说"怀着一颗想让忙碌的现代人吃得好一点的初心。从2016年创立至今，每款产品都追求味道与品质的保证。

新鲜有料，是"拉面说"始终坚持做的事。

(4) 社群文案。社群文案主要在社交媒体、社区等平台上发布，以吸引目标受众的关注、互动和传播。如图3-17所示，该社群文案既突出了福利信息，又发送了相关链接，可促使消费者尽快做出购买决策。

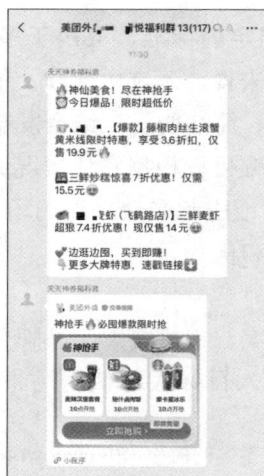

图3-17　"美团"微信社群每日福利活动文案

(5) 视频文案。视频文案应配合视频内容进行宣传和推广，以吸引目标受众的关注和点击。如图3-18所示是某时尚品牌的短视频信息流广告。

(三) 电商软文营销的概念

电商软文是一种通过文字内容推广产品或服务的营销手段，旨在吸引潜在消费者并促成购买。它不同于硬性广告，通常以故事、经验分享、产品测评等形式呈现，内容更具可读性和吸引力，其目的是潜移默化地影响消费者决策。与传统的营销手段相比，电商软文营销具有可控性强、互动性强、个性化定制、效果可评估等特点。如今，越来越多的企业开始关注电商软文的作用，并将电商软文作为重要的营销手段之一。

图3-18　某时尚品牌的视频
内容及文案

(四) 电商软文营销的作用

电商软文营销主要有以下几方面作用。

1. 促进品牌资产积累

高质量的软文能够以形象生动的文字传达品牌信息，消费者可以了解品牌的形成过程、品牌所倡导的文化精神、品牌所代表的意义等，长此以往，品牌就能逐渐积累美誉度，提升消费者对品牌的口碑和印象，消费者在产生购买需求时也会首先考虑具备品牌资产[①]的产品。

2. 提高消费者信任度

电商软文是为了实现商家与消费者的良好沟通、改变消费者的固有观念、促使消费者产生购买行为、树立良好的品牌形象而创作的。因此，电商软文营销通常会以摆事实、讲道理的方式，引导目标受众接受产品信息，从而提升目标受众的信任度，实现二次或多次传播。

3. 提高目标受众转化率

电商软文营销具有针对性强的特点，从标题到内容都可以精准地针对目标受众，特别是网络软文，能够更精准地触达潜在消费者，提升商家和商品的流量。电商软文营销不仅可以提供有价值的信息和观点，还可以潜移默化地影响目标受众的购买决策，激发受众的购买欲望，从而提升转化率。

4. 提高媒体渗透率

电商软文具有自传播效应，相较于硬广告，电商软文的传播时效更为长久。电商软文内容作为"知识"及观点，容易被广泛长期反复传播，从而提高媒体渗透率。

二、电商软文营销的准备步骤

电商软文营销的准备步骤主要包括市场背景分析、商品分析、话题策划、媒体策划。

---

① 品牌资产 (brand equity) 是指与品牌、品牌名称和标志相联系，能够增加或减少企业所销售产品或服务的价值的一系列资产与负债。它主要包括五个方面，即品牌忠诚度、品牌认知度、品牌知名度、品牌联想、其他专有资产 (如商标、专利、渠道关系等)，这些资产通过多种方式向消费者和企业提供价值。

(一) 市场背景分析

1. 市场调研

通过用户调研、市场分析等方式，深入了解目标受众的特点和需求，以及行业趋势和竞争对手的情况，即为市场调研。市场调研有助于企业更准确地把握受众心理，找到他们的痛点和需求点；有助于为电商软文写作提供素材及科学依据，尤其是文案的策划和创意；有助于评测电商软文的营销推广效果，评估其是否能够达到营销推广的目标。

2. 市场环境分析

市场环境是影响商品营销推广和生产销售的重要因素，也是电商商家无法直接控制的部分，需要文案写作者提前进行分析，以便适应市场环境，提升电商商家的营销能力和文案写作效率。市场环境分析的内容是对商品市场的营销环境进行调查和分析，主要包括政治、法律、经济、技术、社会文化等方面，通常可以利用PEST分析法进行分析。

知识链接3-6

PEST分析法

3. 了解市场生命周期

市场生命周期由四个不同的阶段所组成，即导入期(emerge)、成长期(growth)、成熟期(maturity)及衰退期(decline)。当消费者需求开始被满足时，即为该产品市场的兴起。

(1) 导入期。产品刚投放市场，消费者不熟悉，销售量增长缓慢，可能无利润或亏损，竞争风险高。

(2) 成长期。产品被消费者接受，销量迅速增加，竞争加剧，但竞争尚未激烈。

(3) 成熟期。产品供应量增加，销售量和利润达到高峰，竞争最激烈。

(4) 衰退期。销售量和利润下降，新产品出现，原有产品被取代。

(二) 商品分析

电商软文创作者应了解商品的基本信息，包括商品类型、商品属性、商品应用场景和商品文化四个方面的内容。通过商品分析，可以挖掘商品卖点，明确商品的定位和品牌形象。

1. 商品的基本信息

(1) 商品类型。电商商家通常会根据商品的属性或特征，选择合适的分类标志对商品进行划分，划分依据包括大类、中类、小类、品类或品目，以及品种、花色和规格等。

(2) 商品属性。商品本身所具有的特定性质或性质的集合可以看成商品属性。商品属性可用于区分不同的商品，如服装类商品的属性表现为风格、款式、面料、尺寸、品牌等。

(3) 商品应用场景。商品应用场景即商品的使用环境和适用范围，如家居、户外、运动等场景。

(4) 商品文化。商品文化能够影响消费者，从而潜移默化地改变消费者的价值观念、思想意识和行为，并提升商品的价值表现。

2. 商品的卖点挖掘

"卖点"是消费者的"消费理由"之一，商品的卖点挖掘是指将商家准备销售的商品属性转化为消费者能够接受、认同的利益和效用的过程。在这个过程中，既要解决需求，又要体现价值，如表3-4所示。卖点分为"普适性卖点"和"针对性卖点"，普适性卖点是指大众都适用的消费理由，如衣、食、住、行等方面满足生活基本需求的消费理由；针对性卖点是指针对特定人群、特定需求的消费理由，如学生学习工具、情侣戒指等。

表3-4 商品的卖点挖掘

标准一：解决需求		标准二：体现价值	
生理需求	生理需求，指人类的基本需求，如解饥、御寒、睡眠等需求。防寒保暖、充饥止渴等都属于解决生理需求的卖点	独家限量	"独家限量"通常用于限量发行、先到先得类商品的卖点描述，但前提是商品的品牌知名度足够高，公众对此商品价值认知。达人选择此类商品带货时，可多选择品牌商品
心理需求	心理需求，指除生理需求外，安全、归属感、被需要、爱、被尊重、自我实现等都属于心理需求，如"除了家和公司之外的第三空间""贵妇级别"等都属于解决心理需求的卖点	时尚前沿	时尚前沿型商品本身的特点正好符合潮流趋势，包括功能层面、明星或达人同款、最新配色等。此类商品的卖点可与热议话题相结合

完成商品的卖点挖掘后，应提炼卖点。提炼卖点可从不同的角度出发，如表3-5所示。其中，角度一至角度十适用于大多数场景，角度十一和角度十二适用于难以提炼差异化卖点的情况。这十二种角度也可以叠加使用。

表3-5 提炼产品卖点的十二个角度

角度一：价格	角度二：服务	角度三：效率	角度四：质量
优势：体现价格优势，影响用户决策	优势：呈现可量化标准，形成口碑传播	优势：高效满足用户需求，兑现承诺	优势：用户最关注，体现原料或工艺
案例：瓜子二手车——没有中间商赚差价	案例：淘宝——88VIP退换货包运费	案例：美团外卖——美团外卖，送啥都快	案例：养生堂天然维生素 C ——提取自巴西针叶樱桃
角度五：稀缺	角度六：方便	角度七：实力	角度八：附加值
优势：提升价值感，制造紧迫感	优势：提供便利，消除用户顾虑	优势：量化实力，提升用户信任感	优势：提供额外价值，使之脱颖而出
案例：某香氛品牌——618大促，全店限时八五折，一年仅此一次	案例：某商场针对会员——购满288元，全市免费送货上门	案例：Trudon——来自法国百年香氛品牌，专为皇室服务	案例：某母婴品牌——购婴儿车赠送婴儿餐椅
角度九：选择	角度十：重塑认知	角度十一：情感共鸣	角度十二：社交需求
优势：提供更多选择，吸引用户关注	优势：冲击用户固有思维，提升用户认知	优势：引起用户情感共鸣，驱动消费	优势：产生社交谈资，为传播助力
案例：某快餐品牌——只需79元，200种小食任你选	案例：某甜品品牌——减脂期也能吃的蛋糕	案例：某内衣品牌——没有一种身材是微不足道的	案例：某餐馆——某著名演员每次回家乡都要来光顾

在提炼卖点时，应注意以下事项：第一，卖点应符合商品实际，满足受众心理诉求；第二，卖点语句表达应通俗易懂，直击受众痛点；第三，抓住打动受众的卖点，主次分明；第四，卖点信息不宜过于繁杂，否则会使受众感到迷茫，无法抓住商品的核心信息。

提炼卖点后，还需要用"卖点证明"来说服受众，将卖点植入受众的大脑。例如，农夫山泉为了证实广告词——"我们只是大自然的搬运工",有针对性地制作了一则广告,记录了工作人员发现整个水源的过程。常用的"卖点证明"方法有实验、演示、对比、承诺赔付、客户见证、专家代言等。不能被证明的卖点,不是真正的卖点。

3. 明确商品定位

商品定位的目的有两个,一是确定卖什么,也就是明确要为消费者提供具有什么价值的商品。二是解决交换价值的问题。如图3-19所示,交换价值是指一种使用价值同另一种使用价值相交换的量的比例,而价格就是具体交换价值的货币表现形式。也就是说,消费者购买的是商品提供的商品价值,而不是商品功能。

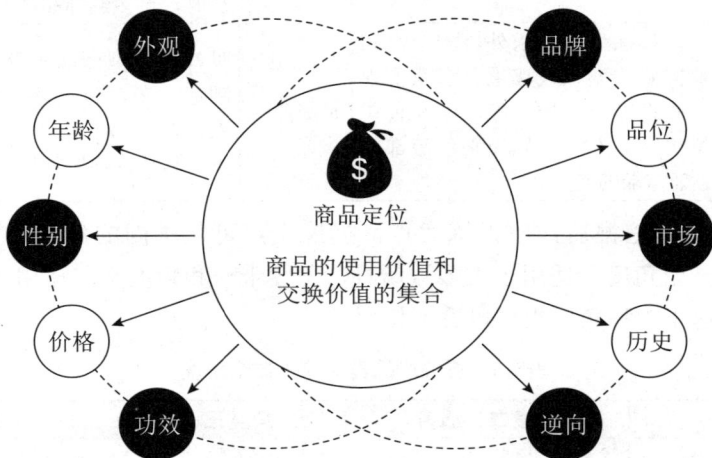

图3-19 交换价值

4. 确立品牌形象

电商时代,很多优质商品凭借独一无二的品牌形象,在市场中牢牢占据主导地位。品牌形象已经成为优质商品的核心特色之一,能够起到吸引消费者关注、增加商品市场竞争力的重要作用。电商软文创作者可以通过商品的使用价值(核心卖点)、特点(功能)、风格形象等提取品牌基因,将其概念化,并转化为一种可以用语言描述的符号。

(三)话题策划

根据市场背景分析和商品分析的结果,结合目标受众的兴趣点和需求点,可以策划具有吸引力的软文话题。话题应具有新颖性、独特性和针对性,能够引起受众的共鸣和兴趣。

1. 话题选择

根据目标受众的特点和需求,选择能够引起受众兴趣的话题。话题应具有相关性、时效性和创新性,能够吸引受众的注意力。

2. 话题定位

确定话题定位,如品牌宣传、产品推广、用户互动等。根据不同的定位,制定不同的话题策略和内容。

3. 话题内容设计

设计具有吸引力和说服力的内容,包括标题、正文、图片等。话题内容应突出产品的特点和优势，同时符合受众的阅读习惯和喜好。

(四) 媒体策划

完成以上步骤后，应选择合适的媒体平台来发布电商软文。选择媒体平台应考虑目标受众的属性、区域、媒体的覆盖范围、影响力以及宣传成本等因素，以确保电商软文能够得到广泛的传播和关注，具体包括两个方面。

1. 评估媒体渠道特性

(1) 社交媒体。社交媒体有微信、微博、抖音、快手、小红书等。这些平台用户基数大，互动性强，企业可以通过发布软文、短视频、直播等多种形式进行营销。例如，抖音和小红书等平台用户年轻化，适用于年轻时尚电商产品的推广。

(2) 新闻网站。这类平台具有较高的权威性和专业性，发布电商软文有助于提升品牌形象。同时，这类平台通常拥有大量的忠实受众，能够为电商产品带来稳定的流量。

(3) 搜索引擎。搜索引擎有百度、谷歌等。企业通过搜索引擎优化(search engine optimization，SEO)和搜索引擎营销(search engine marketing，SEM)等手段，可以提高电商软文在搜索结果中的排名，从而吸引更多的潜在消费者。

(4) 垂直媒体。垂直媒体平台是指针对特定行业或领域的媒体平台，如母婴类、美妆类平台。这类平台的用户定位更加精准，用户具有较高的购买意愿，同时也是电商软文营销的主要受众群体。

2. 考虑预算和预期效果

(1) 预算。不同媒体平台的广告费用差异较大，企业应根据预算选择合适的媒体平台。例如，社交媒体平台的广告费用通常较低，适合预算有限的电商企业。

(2) 预期效果。企业应根据电商软文营销的目标(如提升品牌知名度、增加销量等)，选择合适的媒体平台。例如，如果营销目标是快速提升品牌知名度，可以选择在新闻网站发布电商软文；如果营销目标是增加销量，可以选择在社交媒体平台和垂直媒体平台进行营销。

三、电商软文的写作技巧

在电商平台上，电商软文的创作无外乎文案设计与产品图片设计。一个吸引人的标题以及简洁明了的产品描述可以迅速抓住受众的眼球，吸引他们点击进入产品详情页，了解产品的详细信息，从而增加转化率。

(一) 标题的设计

电商软文的标题应能传递完整的信息，引导受众阅读正文；应能给出利益点、亮点，吸引受众的注意力；应能突出关键词，以此筛选受众。电商软文的标题应简洁明了、引发共鸣、体现创意、突出利益、易于传播，创作者可以使用疑问、对比等手法，增加标题的吸引力。此外，软文标题应与内容紧密相关，避免夸大其词或误导受众。

*课堂讨论
请分别寻找具有以下特点的电商标题。

简洁明了：_____

引发共鸣：_____

体现创意：_____

突出利益：_____

易于传播：_____

(二) 正文的写作

具有吸引力的标题可以引导受众浏览电商软文的正文，如果正文写得符合受众胃口，就更容易让他们接受软文文案所传达的信息，成为潜在消费者并最终促使其下单。因此，电商软文创作者应掌握正文的写作方法，能够巧妙运用正文开头、正文内容和正文结尾的写作技巧。

1. 正文开头的写作技巧

(1) 开门见山型。开门见山型的开头具有直截了当、直奔主题、不拖泥带水的特点。电商软文创作者应在正文开头直接揭示主题或点明产品，或介绍优惠信息，快速切入文案中心，将相关信息直接传达给受众。在图3-20所示的案例中，正文开头直接介绍瓷杯的工艺及造型，接着在下文直接通过小程序销售产品。

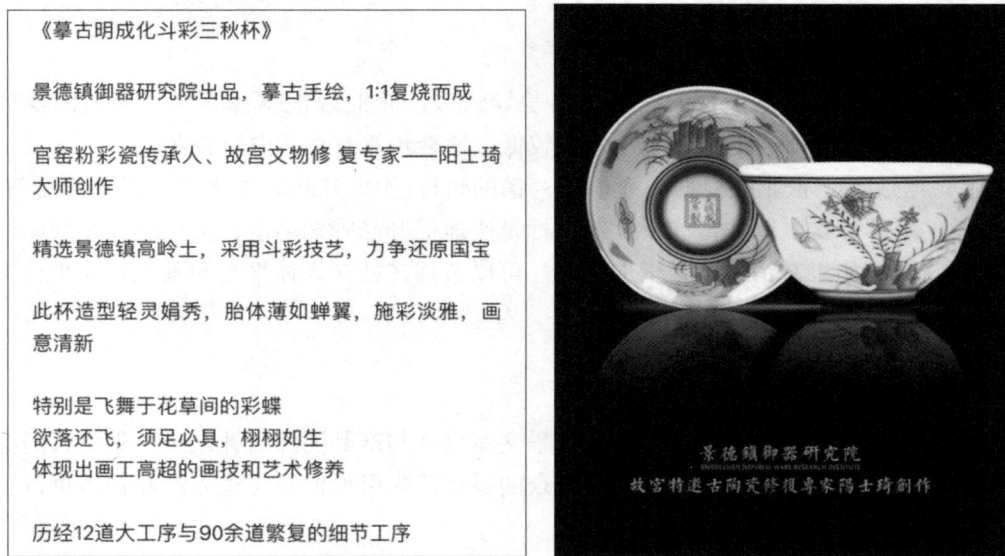

图3-20　开门见山型正文开头

(2) 引入热点型。电商软文创作者可以在正文开头引入热点，吸引受众的注意力。例如，企业想要推荐某化妆品，可以从明星、潮人最近的红毯活动、街拍等场景的妆造入手，再引入该化妆品；企业想要推广品牌，可以结合节日、新闻热点等撰写宣传文案等。在图3-21所示的案例中，自媒体博主先介绍某明星的红毯主题妆容，再通过一步步仿妆，直观地通过视频及动图的形式，呈现一系列化妆品产品的功效，从而达到"种草"的效果。

图3-21　引入热点型正文开头

（3）引用名言型。电商软文创作者可以在正文开头精心构思一个短小、精练、扣题的句子，或引用名人名言、谚语或诗词等来引领正文的内容，凸显正文的主旨及情感。这是一种既能吸引受众又能提高正文可读性的方法。在图3-22所示的案例中，创作者用诗句来描述二十四节气之美，顺势带出本篇软文的营销重点——"二十四节气全年系列阅读活动"，为该活动宣传造势。

（4）塑造场景型。电商软文创作者可以用故事或情景作为正文的开头。其中，故事可以是具有哲理或教育意义的小故事，也可以是与电商软文所要表达的主旨相关的其他真实故事、传说故事、虚拟故事等，以揭示电商软文的主旨或引出电商软文的主题；情景可以是受众身边发生的事或某种日常的场合。总之，电商软文创作者可以通过塑造应用场景为受众创造应用相关产品的需求。在图3-23所示的案例中，正文开头阐述了多数人在平时都会遇到的困扰——牙刷不干净，每次刷完牙后，总是会在牙缝里"找到一些小零食"，以此来引出想要推广宣传的产品。

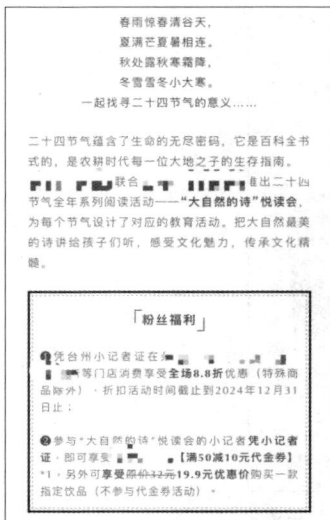

图3-22　引用名言型正文开头

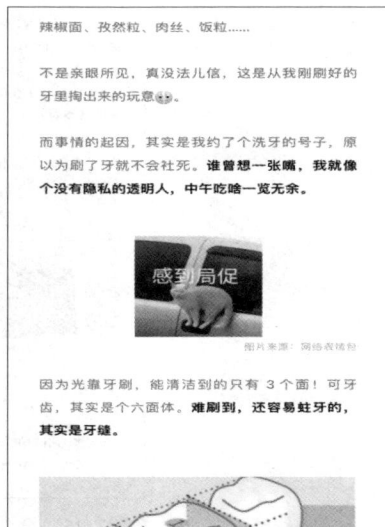

图3-23　塑造场景型正文开头

（5）情感表达型。电商软文创作者可以通过表达内心真情实感来唤起受众共鸣。在移动互联网时代，人与人之间的交流是隔着整个网络的有距离的交流，有时候网络上那些温暖的文字可能比现实中的交流更能打动人心。电商软文创作者在运用这种技巧时，可以采用戏剧性对白或陈述的方式来创作电商软文，向受众道出内心想法。在图3-24所示的案例中，创作者通过简单、口语化、情绪化的表达引出电商软文想要营销的主题——七支夏日口红。这种风格的软文会让受众感觉是身边人向自己推荐产品，更有亲切感。

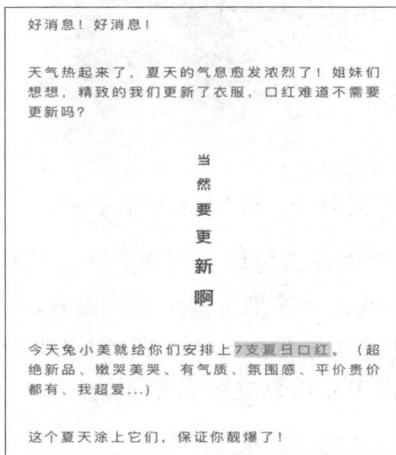

好消息！好消息！

天气热起来了，夏天的气息愈发浓烈了！姐妹们想想，精致的我们更新了衣服，口红难道不需要更新吗？

当
然
要
更
新
啊

今天兔小美就给你们安排上7支夏日口红。（超绝新品、嫩哭美哭、有气质、氛围感、平价贵价都有、我超爱...）

这个夏天涂上它们，保证你靓爆了！

图3-24　情感表达型正文开头

(6) 金句文艺型。电商软文创作者可以打造有传播力的金句，或运用修辞手法(包括排比、比喻、夸张、比拟、反问、设问等)来传递产品信息。这种写法可以让电商软文开头更加文艺和生动，有助于塑造产品调性。在图3-25所示的案例中，创作者通过金句"去爱、去生活、去受伤"促进了电视剧《我的阿泰勒》迅速传播。

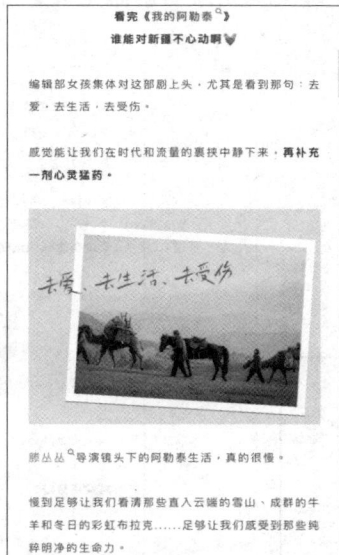

看完《我的阿勒泰》
谁能对新疆不心动啊

编辑部女孩集体对这部剧上头，尤其是看到那句：去爱·去生活，去受伤。

感觉能让我们在时代和流量的裹挟中静下来，再补充一剂心灵猛药。

去爱、去生活、去受伤

那丛丛：导演镜头下的阿勒泰生活，真的很慢。

慢到足够让我们看清那些直入云端的雪山、成群的牛羊和冬日的彩虹布拉克……足够让我们感受到那些纯粹明净的生命力。

图3-25　金句文艺型正文开头

2. 正文内容的写作技巧

正文内容包括产品介绍、用户评价及案例、购买指南及优惠信息等。正文内容应具备一定的逻辑性，结构安排应清晰，语言风格应有一定的特色。正文的写作技巧有直接式、递进式、并列式和三段式。

1) 正文的内容

(1) 产品介绍。电商软文创作者应清晰、简洁地介绍产品的核心特点和优势，通过提供多角度的高清产品图片或视频来展示产品的外观、细节和功能，并使用生动的语言和具体的例子来描绘产品的使用场景和效果。此外，还可以强调产品的独特之处，以便与竞争对手区分开来。

(2) 用户评价及案例。电商软文创作者可以引用真实的用户评价和案例来提高产品的可信度，并展示用户使用产品后的积极变化和满意度来强化推广效果。还应具体阐述产品是如何解决用户痛点的或如何满足需求的，强调产品带来的具体益处，如节省时间、提高效率、改善生活质量等。

(3) 购买指南及优惠信息。正文应提供详细的购买指南，包括购买渠道、价格、配送方式等。如果有优惠活动或限时折扣，务必在正文中突出显示。

2) 正文的写作技巧

(1) 直接式。直接式就是直接叙述的方式，不拐弯抹角，不故弄玄虚。一般情况下，可直接展示产品特点或产品能给受众带来何种好处。

(2) 递进式。递进式即正文中各材料间的关系是层层推进、纵深发展的，后面材料需要建立在前面材料的基础上才有意义。通常，故事体、对话体软文采用的就是这种结构形式。采用递进式写法时，内容中心应安排在电商软文后半段。

(3) 并列式。并列式即材料与材料间的逻辑关系是并行的，前一段材料与后一段材料无论以何种顺序呈现，都不会影响主题表现。并列式软文的正文结构是"特点一+特点二+特点三……"，分不同段落写不同特点。采用这种写法，能够比较清晰、准确地呈现商品的特点。

(4) 三段式。三段式写法比较适合软文营销，即将软文分为三段：第一段概括全文的营销信息(如商品信息、商品卖点等)；第二段解释营销信息中的卖点或者将营销信息进一步延伸，展开描述；第三段强化商品的某些独特优势，明确商品的功能，促进受众做出购买决策。

3. 正文结尾的写作技巧

(1) 引导行动式结尾。引导行动式结尾旨在引导受众做出某种行动，如传播文案、购买商品、参与话题讨论、留言互动等，旨在通过情感表达和利益输送等打动受众。例如，评论转发赠送好礼等。

(2) 点题式结尾。点题式结尾就是在文末总结全文，点明主题的结尾方式。有的电商软文在开头和正文仅对有关问题进行阐述和分析，简单叙述过程，到结尾时才将意图摆到明面上来。

(3) 自然式结尾。自然式结尾是指根据电商软文的描述自然而然地结束，即不在文末设计含义深刻的哲理语句，也不刻意引导或号召受众行动起来，而是在内容表达完毕之后，写出想要对受众说的话，并自然而然地结束全文的结尾方式。

(4) "神转折"式结尾。"神转折"式结尾是指用出其不意的逻辑思维在展示的内容与结局之间建立一个令人意想不到的逻辑关系，从而营造出令人出乎意料的效果的结尾方式。

四、电商软文的视觉呈现

在竞争激烈的电商市场中，有效的电商软文营销视觉的呈现能够吸引受众的注意力，全面且准确地传递产品信息，提高产品的曝光率，增强受众购买欲望，从而提高转化率和销售额。此外，电商软文的视觉呈现也是展示品牌形象的重要手段。通过统一的视觉风格、高质量的图片和专业的软文，可以塑造出专业、可靠、有品质的品牌形象，从而提升受众对品牌的信任度和忠诚度，进而促进销售。下面我们将从整体规划、格式要求、图文设计三个方面来分析如何呈现电商软文的营销信息。

*课堂讨论

请上网搜索相关资料并与同学讨论，说说辣条品牌"卫龙"的系列海报——"显眼包"的视觉呈现有何特点？

(一) 整体规划

1. 空间布局

空间布局方式包括中心分布、对角线分布、上下或左右分布、"井"字分布四种。

(1) 中心分布。采用中心分布的布局方式时，电商软文创作者应在画面中心位置放置文案内容，如图3-26所示。这种布局方式可以给受众带来对称稳定、大气端庄的感觉，同时还能产生中心透视感，有助于聚焦受众的注意力。

图3-26　中心分布

(2) 对角线分布。采用对角线分布的布局方式时，电商软文创作者应将文案和商品图片安排在画面的斜对角位置，如图3-27所示。这种布局方式可以使画面更具动感，从而吸引受众的视线。

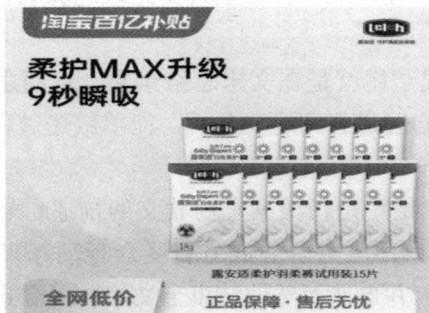

图3-27　对角线分布

(3) 上下或左右分布。采用上下或左右分布的布局方式时，电商软文创作者应将文案与商品图片分列于画面的上下部分或左右部分，如图3-28所示。这种布局方式较为常用，其优势在于容易平衡版式，不同内容区别明显，一目了然，便于受众获取信息。

图3-28　上下或左右分布

(4) "井"字分布。采用"井"字分布的布局方式时，电商软文创作者可以在文案图片中绘制两横两纵四条直线，组成一个"井"字，在"井"字的四个交叉点处选择一个点或者两个点作为放置文案的位置，如图3-29所示。这种布局方式具有一定的美学价值，同时具有很强的艺术性与和谐性。

图3-29　"井"字分布

2. 文字对比设计

文字对比设计包括大小粗细、疏密、方向、字体四个方面的对比。

(1) 文字大小粗细对比。文字的大小粗细是体现信息重要性的主要依据，通常传达重要信息的文字会加大和加粗，传达次要信息的文字则小而细。在电商软文中，由于空间有限，电商软文创作者应放大和加粗传达重要信息的文字，减少其他不必要信息的干扰，这样有助于受众快速将视线锁定到重要信息上，有效接收商品信息，如图3-30所示。

图3-30　文字大小粗细对比

(2) 文字疏密对比。文字疏密是指文字之间的距离以及段落与段落之间的距离。电商软文中的文字通常以区块的形式呈现在画面中，为了更好地区分文字所表达的含义，电商软文创作者可以通过调整文字的疏密程度将不同字体、字号和颜色的文字分类隔开，这样可以让信息呈现得更加清晰、层次更加分明，如图3-31所示。

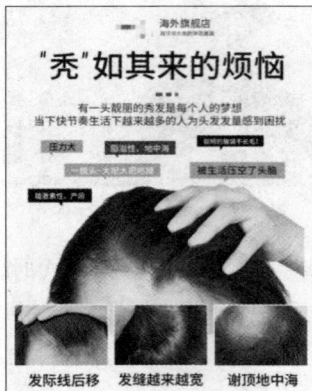

图3-31　文字疏密对比

(3) 文字方向对比。文字的排版方向可以直接影响受众的视觉感受。将不同的文字经过设计后进行不同方向的呈现，可以有效增加版面的动感和空间感，还可以向受众展示文字信息的不同层次和重要性，如图3-32所示。

图3-32　文字方向对比

(4) 文字字体对比。不同字体能够传递不同的产品调性。例如，宋体是比较传统的字体，其字形较方正、纤细，结构严谨，能够带给受众一种秀气端庄、舒适醒目的感受；艺术体是海报和电商软文常用的字体，可以达到提升文案艺术品位、美化文案版式、聚焦受众目光的效果；书法体具有深厚的文化底蕴，字形自由多变、顿挫有力，在力量中隐藏着文化气息，适用于传统、古典风格的品牌和商品的营销软文创作。如图3-33所示，某母婴品牌采用活泼可爱、充满童趣的字体，能够有效传达产品信息，吸引受众的注意力。

天猫年中狂欢节
升级
爽身皮
60支汗布
舒适趣玩
苹果熊爬服
67
299-25
599-50

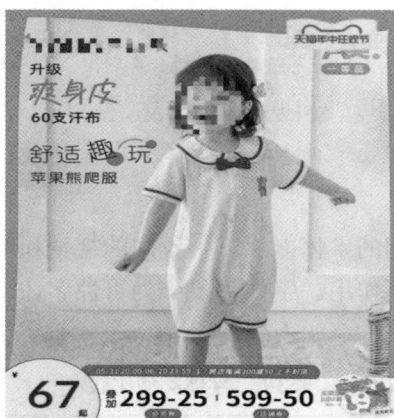

图3-33　文字字体对比

3. 画面修饰元素设计

(1) 加法设计。加法设计是指在基础文案上添加一些图形元素，用以修饰文案内容、突出重点信息、平衡空间布局。加法设计中常用的图形元素包括点、线和面三个类型，如图3-34所示。

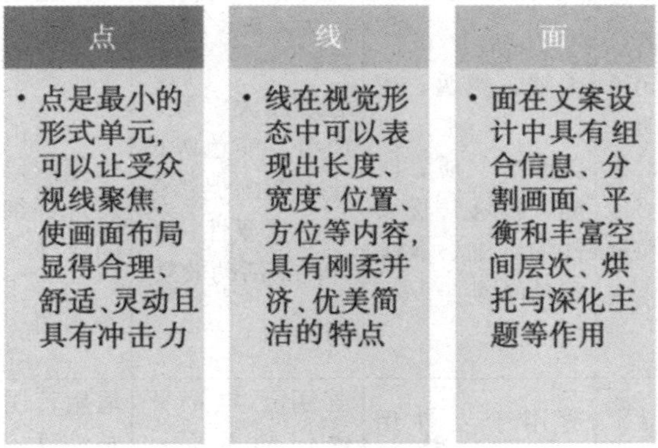

点
• 点是最小的形式单元，可以让受众视线聚焦，使画面布局显得合理、舒适、灵动且具有冲击力
线
• 线在视觉形态中可以表现出长度、宽度、位置、方位等内容，具有刚柔并济、优美简洁的特点
面
• 面在文案设计中具有组合信息、分割画面、平衡和丰富空间层次、烘托与深化主题等作用

图3-34　加法设计的三个类型

(2) 减法设计。电商软文创作者可以通过边缘裁剪、口袋式镂空或者隐藏来呈现减法设计的效果。

(3) 乘法设计。乘法设计是指使文案内容和其他元素产生交集，从而产生特殊的视觉效果，包括与主体或背景交错(图片与文字交错)、文字叠加或错落，以及将文案内容与营销主题合二为一。

***课堂讨论**

请你上网搜索相关案例，举例说明“画面修饰元素设计”的三个方面。

(二) 格式要求

格式设计的步骤如图3-35所示。

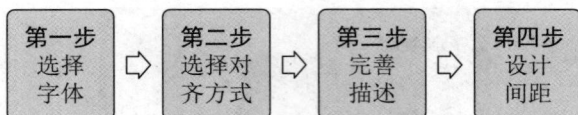

图3-35　格式设计步骤

1. 选择字体

在电商软文营销中，不同的字体能够产生不同的视觉和情感效果，对于提升产品的吸引力和传达品牌信息具有重要作用。字体主要分为男性字体、女性字体、促销型字体、无衬线字体、行业特定字体五大类，如表3-6所示。

表3-6　字体类型比较

比较项目	字体类型				
含义	具有粗犷、硬朗、棱角分明、笔直、力量感等特征的字体	具有柔和、优雅、纤细等特征的字体	专门用于促销活动中的文字设计，通常具有鲜明的视觉效果和吸引力，能够快速传达促销信息	没有衬线、方正、笔画醒目、粗细一致的字体	符合行业特点的字体
特点	大小、粗细搭配，有主有次，硬朗、粗犷、有力量、稳重、大气，能够传递产品的坚韧和品质感	柔软、飘逸、俊俏、纤细、秀美、有气质、时尚，能够传递女性的纤细、柔美和时尚感	通过加大字号、加粗、变色等设计，突出促销信息的重要性，提升促销活动效果	营造激情、动感的氛围，也可以表现纤细、柔美的特点	行业不同，字体特点不同。在母婴儿童类目中，常使用字形圆润、没有棱角的字体；在家电数码类目中，常使用粗犷、有棱角的字体
适用行业	适用于男性用品、户外运动、家电数码等类目	适用于女性用品、母婴儿童、美妆护肤等类目	适用于电商平台促销页面、banner广告、商品标题等位置	适用范围广，可塑性强，可以根据不同的需求和场景灵活运用	适用于特定行业，可突出产品的特点和品质感
使用目的	迅速吸引目标消费群体的注意力	营造温馨、优雅的购物氛围，增加女性消费者的购买欲望	通过大胆、突出的设计，快速吸引消费者的注意力	突出现代感和科技感，体现产品特色	突出各行业和产品特色。例如，母婴类目的字体应突出儿童可爱、天真的气质；数码类目的字体应突出产品的科技感

综上所述，不同的字体类型在电商营销中具有不同的作用。商家应根据产品属性、目标受众群体和品牌形象等因素进行综合考虑，选择合适的字体类型，以提升产品吸引力、传达品牌信息。同时，商家还应注重字体的可读性和美观性，确保受众能够轻松获取商品信息并享受愉悦的购物体验。

2. 选择对齐方式

电商软文的文字对齐方式主要有左对齐、右对齐、上对齐、下对齐和居中对齐五种。

(1) 左对齐。在电商软文中，左对齐是比较常见的文字对齐方式。左对齐易于阅读，适应性强，可用于各种篇幅的软文；可使软文呈现自然流动的视觉效果，符合大多数用户的阅读习惯；能够清晰展示信息层次，提高阅读效率，有助于受众快速扫描和识别关键信息。

(2) 右对齐。在电商软文中，右对齐相对少见，通常用于某些特定的设计场景，例如突出某些重要的数字、价格或关键词。右对齐打破了常规的阅读习惯，能够引起受众的注意；赋予了页面一种独特的视觉效果，形式比较新颖；可以强调某些元素。

(3) 上对齐。上对齐通常是指电商软文在垂直方向上相对于其他元素(如图片、按钮等)的顶部对齐，通常适用于多行文本或标题与正文之间的对齐。上对齐的结构清晰，易于浏览；有助于保持页面的整洁和有序，便于受众快速定位相关信息。

(4) 下对齐。下对齐在电商软文中相对少见，主要用于满足某些特殊的设计需求，常用于需要突出底部信息或与其他元素形成对比的场景。下对齐可以打破常规的布局方式，为页面增添新颖感；在某些设计场景下能够增强页面的视觉效果。

(5) 居中对齐。居中对齐常用于标题、标语或突出重要的数字信息等。居中对齐能够突出电商软文的中心地位，使其在页面上更为醒目；能够吸引受众的注意力；能够传递出正式、稳重或高端的品牌形象。

需要注意的是，不同的对齐方式会产生不同的视觉效果和阅读体验，电商软文创作者应根据页面的整体布局、设计风格和软文内容以及其他实际情况来综合考虑、灵活选择。同时，保持软文的可读性和易读性始终是最重要的原则之一。

3. 完善描述

在淘宝网、京东商城等主流的电商平台中，电商软文的标题、副标题和描述都有一些固定的设计模式。例如，淘宝网的电商软文是由品牌名、标题、副标题和描述组成的，区别在于字体的大小和笔画的粗细不同，这样能够使电商软文内容形成一定的视觉层次，引导受众按照自己习惯的观看顺序浏览电商软文内容。

4. 设计间距

行间距是指电商软文上下两行文字之间的疏密程度，行间距太小或者太大都会影响受众的阅读体验，行间距太小会混淆两行文字之间的层次，让阅读变得困难；行间距太大则会延长受众阅读的时间，降低受众的阅读兴趣。

(三) 图文设计

1. 左文右图或右文左图

这是一种较为常见的图文设计方式，产品主体可以由一个或者多个组成，电商软文由大标题、小标题、辅助性文字、优惠券、价格标签等组成，可以根据需求采用居中或左右对齐。这种图文设计方式的优点在于适用范围广，简洁明了，产品(模特)与文案一目了然，便于受众快速获取信息。

2. 图文图或文图文

这种图文设计方式适用于需要将重点放在文案上的场景。采用这种图文设计方式时，可以将文案安排在居中位置，两侧放产品图，也可以一侧放产品图、一侧放文案。采用这种图文设计方式需要注意两侧文案的排版应整洁，以免受众产生视觉疲劳。

3. 上文下图或上图下文

通常情况下，人们习惯于自上而下浏览页面，而这种图文设计方式恰好符合人的视觉浏览习惯。采用这种图文设计方式时，可以将产品图与文案都放在海报的中间位置，这样可以提高海报内容的饱满度。在上文下图的设计中，文案部分应设计得吸引人，产品图部分应突出爆款产品，让产品与画面更加丰富，适用于推广爆款系列产品；在上图下文的设计中，产品图与文案之间需要保持适当的关联和衔接，不要让产品图与文案完全分割成两部分，否则会导致产品图部分失重、凌空。

4. 产品包围文案

这种图文设计方式适用于展示产品较多的海报排版，可以增加受众的浏览兴趣。在具体设计时，可以将文案放在中间突出位置，周围的产品图应整齐有序，可以直线摆放，也可以斜线摆放，这样可使画面更富有节奏感和动态感，形成有效的视觉引导。

总之，不同的图文设计方式能够产生不同的视觉效果和用户体验，电商软文创作者应根据产品特点、设计需求以及实际情况灵活选择电商软文的图文设计方式，既要保证清晰传达信息，又要注重视觉上的美观和吸引力。

任务四　小红书软文营销

任务导入

从多巴胺到美拉德，从老钱风到静奢风……有多少时尚风向是小红书引领的？各种新趋势背后的各类单品及品牌，不断地在消费者心间种草。小红书软文营销是如何做到"万物皆可种草"的？现如今，企业又该如何迎风而上，做好小红书软文营销呢？

2013年6月，小红书在上海成立。截至2024年，小红书的月活跃用户数量超过3亿，同比增长30%。用户群体以女性为主，男女比例约为3:7，女性用户占比超过70%。"90后""95后"和"00后"用户合计占比超过70%，其中"95后"占比为50%，"00后"占比为35%。用户主要分布在一二线城市，占比超过50%。小红书凭借其"种草"属性出圈，逐渐成为品牌、商家与用户关注的流量阵地。

小红书作为一个生活方式分享社区，有着丰富的内容生态，涵盖美妆、护肤、穿搭、旅行、美食等多个领域，用户可以根据自己的兴趣爱好，轻松找到感兴趣的内容。小红书的用户热爱生活、追求品质，不仅愿意分享自己的购物心得、生活感悟，还乐于尝试新鲜事物，具有极高的消费潜力和购买意愿。"凡事先问小红书"也已成为当代年轻用户的习惯。因此，企业在小红书上进行营销，能够更好地触达目标客户，吸引更多潜在客户的关注，提高品牌曝光度，实现精准营销。在本任务中，我们将了解小红书软文营销的重要性、类型和软文写作技巧，以及企业进行小红书软文营销推广的方式。

*课堂讨论

请分享一个你平时使用小红书的"场景"，即在何种场景下，你会打开小红书App？同时请你和你的同学一起打开小红书，看看小红书向你推送了哪些软文营销信息？

一、小红书软文营销的重要性

小红书作为一个内容分享平台，拥有庞大的用户群体。在小红书平台，企业可以通过精心撰写的软文，有效地传达企业价值观、产品特点和品牌故事等，从而增强用户对品牌的认知度，引导用户的消费决策。用户会在小红书平台通过阅读爆款笔记初步种草，对产品产生兴趣后，会在小红书或电商平台进一步搜索产品信息，在这个过程中逐渐产生购买意愿并进店浏览，最终做出消费决策。小红书种草对用户影响较大，因此，小红书软文营销对提高企业产品的转化率至关重要。

总体来看，企业需要重视小红书软文营销的原因主要包括用户广泛且活跃、内容营销效果显著、能够精准定位目标用户、有助于建立品牌形象和口碑、能够驱动流量转化和增长、有助于了解市场趋势和竞品动态。

二、小红书软文营销的类型

根据营销目的，可以将小红书软文营销分为产品推荐型、品牌推广型、科普指南型、用户评测型和活动宣传型。

(一) 产品推荐型

这类软文主要介绍某种产品的功能、特点、使用方法和使用心得，并推荐给用户。软文内容通常包含主题清晰的标题、吸引人的图片和真实的个人体验，如图3-36所示。这类软文的目的是通过分享使用心得和体验来吸引用户，提升用户对产品的认知度和购买意愿。

图3-36　产品推荐型软文

(二) 品牌推广型

这类软文主要介绍某个品牌的背景、历史、理念和产品系列，引导用户了解并建立对该品牌的好感和认同。其内容通常包括品牌标志性元素和故事情节，强调品牌与用户的共鸣点，如图3-37所示。这类软文的目的是提升品牌的形象和知名度，提升用户对品牌的认知度和忠诚度。

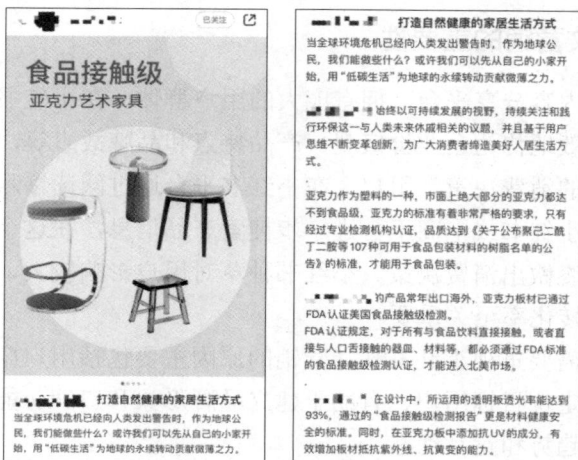

图3-37　品牌推广型软文

(三) 科普指南型

这类软文主要通过科普某领域的知识，或者为用户提供与其生活场景相关的建议来吸引点击，通常会在软文中介绍品牌或产品，如图3-38所示。这类软文的目的是通过提供专业的知识，吸引用户的注意力和信任，引导用户产生购买行为，提升品牌的号召力和影响力。

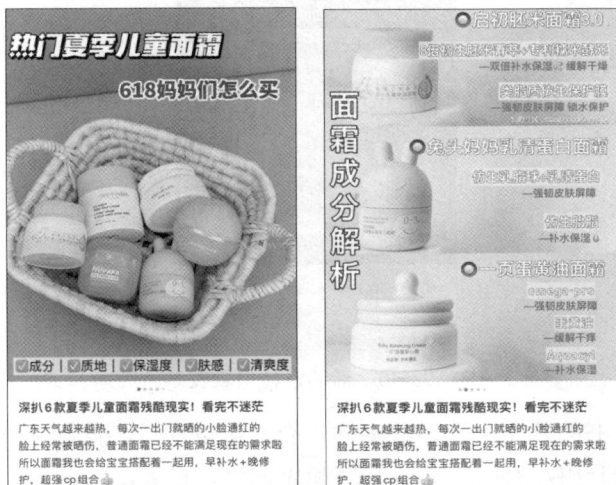

图3-38　科普指南型软文

(四) 用户评测型

这类软文主要分享用户对产品的使用体验和评测结果，通常通过对用户的痛点捕捉、主题合辑或同款产品的对比分析来展现，强调个人感受，如图3-39所示。这类软文的目的是通过真实的用户反馈，提升产品的可信度和吸引力，增强用户的消费欲望，帮助用户做出明智的购买政策。

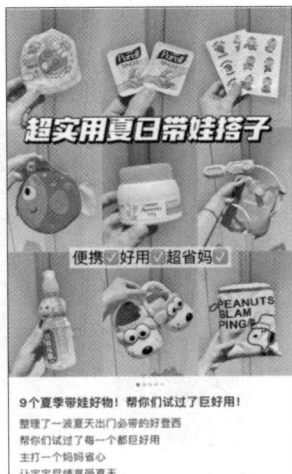

图3-39　用户测评型软文

行业观察3-6

小红书"惊喜盒子"：
用户对软广和暗广的
"造梗式反抗"

(五) 活动宣传型

这类软文主要传播活动信息、优惠及福利的参与方式等，如图3-40所示。这类软文的目的是吸引用户参与活动，通过活动的方式增强用户与品牌的互动和连接，促进品牌与用户建立联系并进行深入互动，从而提高品牌的曝光度、知名度和影响力。

图3-40　活动宣传型软文

总体来说，小红书的软文类型多种多样，企业可以通过不同的方式和角度与用户建立联系与互动，从而提升用户对品牌的认知度和忠诚度，扩大品牌的影响力。

三、小红书软文的写作技巧

小红书软文写作主要包括三大要素，即配图、标题、正文，有时评论区也会成为软文营销阵地。根据一篇笔记的创作流程，可将小红书软文写作分为三个阶段：一是笔记创作前，包括账号定位、内容定位、内容选题；二是笔记创作中，包括封面设计、内容写作及排版；三是笔记发布后，包括评论互动、数据分析。

(一) 笔记创作前

1. 账号定位

账号定位涉及头像、名称、简介设置、背景图等，如图3-41所示。

图3-41　账号定位示例

(1) 账号头像。可以使用真人头像，这样可以增强粉丝对账号的印象，有助于展现博主特色，打造账号人设。

(2) 账号名称。账号名称要简单好记，尽量和博主所从事的领域挂钩，或能展现某个群体的特殊属性，如大学生、打工人、美少女、小能手、××专家等，这样的名称可以增加粉丝对账号的归属感和信任感。

(3) 简介设置。账号简介包括博主的学历、岗位、职业、职称、星座、性格等方面的信息，还可以简单说明账号的内容方向，给用户一个关注的理由。

(4) 背景图。背景图可为账号提供氛围感，进一步说明账号的"人设"，起到说明"谁的账号""能为粉丝提供何种价值"的辅助作用。背景图设计尽量简约清新，不要太过花哨，避免喧宾夺主。

2. 内容定位

美妆、时尚、健身、护肤、读书、旅行……是这个时代的年轻人生活方式的缩影，而这些内容每天都被博主分享和标记在小红书上。对于一部分有相关需求的用户而言，小红书笔记是他们在做出消费决策前必须参考的资料。

小红书的内容定位是一个系统性的过程，旨在帮助创作者或品牌明确自己在平台上的独特性和核心价值，从而吸引并留住用户。因此，在做好账号定位的基础上，还要结合小红书平台特点、用户需求，以及自己的营销目标来确定内容载体的类型，做好内容定位。

(1) 小红书内容定位的步骤。小红书内容定位的步骤如图3-42所示。

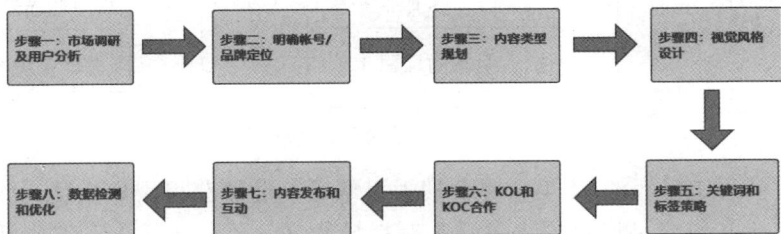

图3-42　小红书内容定位的步骤

(2) 小红书笔记内容载体。小红书笔记内容载体主要有两种形式，即图文和视频，如图3-43所示。

(a) 图文笔记　　　　　　(b) 视频笔记

图3-43　小红书笔记内容载体

图文笔记、视频笔记的特点及优势如表3-7所示。

表3-7　图文笔记、视频笔记的特点及优势

项目	图文笔记	视频笔记
特点	图片+文字 最多可以放18个素材 可挂靠文内推荐商品 可增添商品标签及话题	视频+文字 可增加标签、贴纸、文字、滤镜、美颜效果 可增加商品标签及话题
优势	方便阅读 信息丰富 方便撰写和修改	阅览体验好 用户吸引力强 展示产品信息更生动

3. 内容选题

优质的笔记能够取得更好的营销效果，如图3-44所示。要写出一篇优质的笔记，应做好小红书内容选题规划。

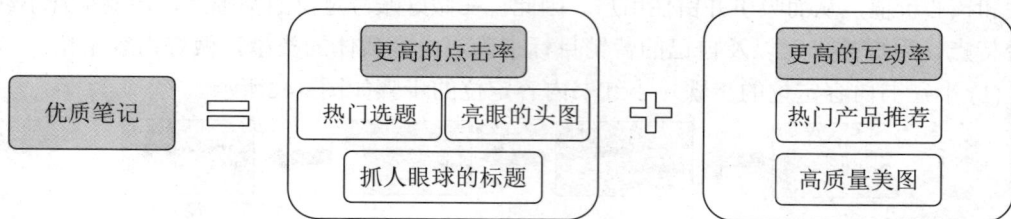

图3-44　优质笔记的标准

小红书是精致年轻人的"美妆美食搜索引擎"，能够获得用户点赞、收藏的大多是有价值的内容，其内容不仅对用户生活具有指导意义，还与年轻人潮流生活方式紧密相关。小红书比较热门的内容选题如图3-45所示。

图3-45　小红书热门选题类目

内容选题需要有一个切入点，切忌大而全，选择切入点可以围绕着"展示产品—促进交易"或"粉丝互动—吸引用户"来进行。"展示产品—促进交易"需要突出产品特色，激发用户的购物欲，因此可通过产品推荐类、攻略教程类、节令促销类笔记来呈现内容选题；"粉丝互动—吸引用户"需要拉动活跃用户，促进用户积极参与话题，因此可通过知识分享、活动福利来展现内容选题。

选题是小红书内容创作的起点，它决定了内容的方向和主题。小红书笔记的内容选题方法包括以下几种。

（1）了解用户需求。通过分析目标用户的年龄、性别、职业、兴趣等信息，可以明确用户所关注的话题和内容类型。

（2）关注热点话题。热点话题是小红书用户较为关注的内容之一。通过观察当前热点话题或趋势，可以快速吸引目标用户的关注和互动。用户可以直接搜索关键词，并按照热度排序；也可以单击创作中心的"笔记灵感"，点击相关词条查看热门笔记，如图3-46所示。

(a) 直接搜索关键词　　　(b) 创作中心"笔记灵感"

图3-46　通过"热点话题"进行选题的方式

*课堂讨论

你今天想在小红书平台写一篇关于"大学生春夏穿搭"的笔记，如何找到相关优质笔记作为参考？

（3）选择独特的视角。尽量选择独特的视角作为切入点，避免与大量其他内容雷同。

（4）结合自身经验。结合自身经验可以让笔记内容更加真实可信。在分享自己的经历时，可以从不同角度进行阐述和分析，让粉丝感受到你的情感和思考。

（5）定期更新内容。为了不断吸引用户关注，可根据季节、节日、热点事件等因素不断调整选题策略，以保持用户的关注及活跃。

（6）运用数据工具。这样可以高效地了解用户需求和行为习惯，从而精准确定选题。例如，可以使用"千瓜数据""新红"等数据分析平台查看爆款笔记及实时热点，还可以使用"后羿采集器"(https://www.houyicaiji.com)快速生成爆款选题。

*课堂讨论

请你打开千瓜数据(https://app.qian-gua.com/)，回答以下问题。

（1）查看实时笔记榜中排名前三的笔记，说说这些笔记的选题是什么？

（2）查看你关注的行业的热搜词，说说这些词为什么会出现在榜单上？

(7) 与其他平台联动。例如，可以在微博、抖音等平台上寻找热门话题或趋势，然后将其引入小红书平台进行分享和讨论。这样可以扩大笔记受众范围，提高品牌影响力。

(二) 笔记创作中

小红书笔记主要包括作者信息、标签信息、图片、标题、正文、话题、点赞按钮、评论按钮、收藏按钮，如图3-47所示。要创作一篇优质的笔记，让其成为"爆文"，除了要注意小红书推荐机制，还要特别注意小红书笔记的封面设计、内容写作及排版。

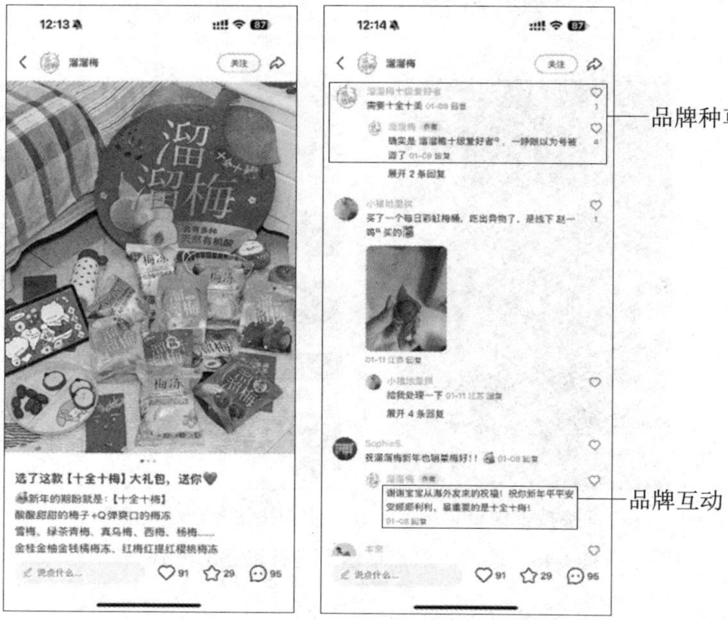

图3-47　小红书笔记的组成部分

1. 封面设计

封面图具有吸引用户注意力的作用，它是用户在浏览小红书笔记时最先关注到的内容，也是在首页内容中占比最大的部分。小红书官方封面图的推荐比例通常为竖屏3∶4、正方形1∶1、横屏4∶3。横屏比例相对来说占据空间小，展现信息少，容易被划走；而竖屏比例占据空间大，清晰度高，可展现更多的信息。所以，在制作封面图时，建议选用竖屏比例，也就是竖屏3∶4比例，不仅可以展示更多的信息，还可以提升用户体验感。

在设计封面图时，应根据小红书笔记内容选择合适的封面图类型。

(1) 合辑类、测评类、生活类——多图拼贴。这类封面图通常将两张以上相同主题的不同图片进行拼贴，能够给人一种集中展示但又整齐划一的感觉，通常适用于好物合辑、好物分享、好物测评、生活Plog①等笔记中，如图3-48所示。

---

① 　Plog，网络热词，以 vlog 派生的词汇 (photo-log)，意为以图片以及照片的形式记录生活以及日常。

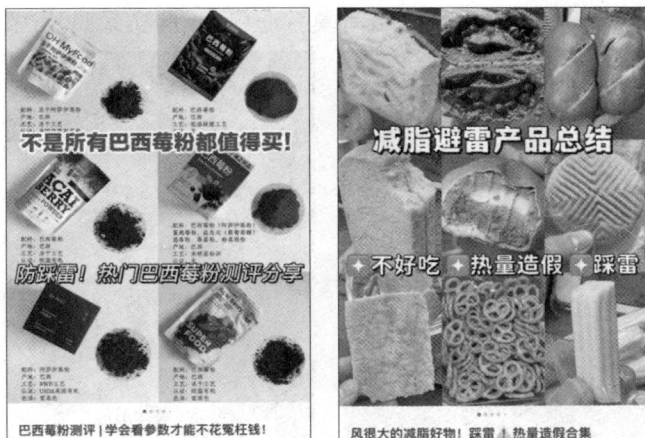

图3-48　多图拼贴型封面图

设计技巧：在选择图片时，应确保每张图片的色调和风格一致；标题应放在画面正中央位置，突出醒目，以免由于图片太多而显得杂乱。

(2) 对比类——双图拼贴。为了体现效果对比、改造前后差异或者正确与错误对比的笔记，可选择这类封面图，其核心在于左右或者上下两张图的效果差异够鲜明，文字无须太多。这类封面图主要用来制造前后反差和冲突感，以此来吸引用户点击，通常适用于健身、美妆、测评等博主的笔记，如图3-49所示。

设计技巧：前后对比的反差感越明显越好。为了体现内容的真实性，可以统一前后对比图的拍摄场地和角度。

图3-49　双图拼贴型封面图

(3) 实景氛围类——简约单图。当图片够美或自带故事感时，标题、配文和装饰都不再重要。但这类封面图对拍摄水平和后期处理技巧的要求较高，同时还要求有强烈的个人风格、浓厚的氛围感。这类封面图通常适用于展示自拍、萌宠、风景以及漂亮和有创意的物件的笔记，如图3-50所示。

设计技巧：可选取一些偏INS风格①或者莫兰迪色系②的实景照片。

图3-50　简约单图型封面图

（4）抠图展示类、纯色文字类——设计感单图。抠图展示类封面图往往适用于背景比较杂乱、需要突出被摄主体的笔记，此时需要对主体进行抠像和后期背景处理；纯色文字类封面图往往采用"单色背景+文字"的组合，必要时可设置一些小装饰。用户通过这类封面图，可以迅速看到笔记的重点。这类封面图通常适用于单品测评、干货分享、科普教程等笔记，如图5-51所示。

设计技巧：在背景上拼贴图片时，可以为主体人物或物品设置边框等特效，确保主次分明、错落有致、整体色调和谐。还应注重文字排列，可以使用线条、小贴纸等元素让文字主次更清晰，必要时可以添加一些比较夸张的修饰词来吸引用户点击。

图3-51　设计感单图型封面图

---

① INS 风格，也称为 instagram 风格，是一种以低饱和度色调和简约设计为特点的视觉风格，主要在 Instagram 平台上流行。这种风格偏向复古冷调，常用于照片和视频的滤镜效果中，给人一种简约而不失优雅的感觉。

② 莫兰迪色系是指饱和度不高的灰系颜色。莫兰迪色不是指某一种固定的颜色，而是一种色彩关系。来自意大利艺术家乔治·莫兰迪的一系列静物作品命名的色调。是基于莫兰迪画中，总结出的一套颜色法则。

2. 内容写作及排版

1) 标题写作

(1) 突出低价格、高性价比。例如，"一折买大牌香水""99元在市中心吃米其林午餐"。

(2) 步骤吸引。例如，"四种方法教大学生如何省钱""五个步骤拯救'废片'"。

(3) 限定时间。例如，"2024年最好喝的奶茶被我找到了"。

(4) 反问或设问。例如，"这三个外卖点单省钱技巧，全国人民都会用了你还不会用吗"。

总之，标题一般不超过20个字，应包含关键词、话题tag等关键元素，还要懂得用年轻人说话的方式来感染用户的情绪，可以适当用emoji表情来打造场景感，吸引用户点击，核心逻辑为"标题=笔记话题+调动人的'情绪'"。

2) 正文写作

小红书正文内容主要分为种草类、测评类、教程类三种，行文结构如表3-8所示。

表3-8　小红书正文内容类型

序号	种草类文案		测评类文案		教程类文案	
	结构名称	所写内容	结构名称	所写内容	结构名称	所写内容
1	概念解析	一句话概括标题或封面中出现的"新词汇"的含义	痛点描述	描述某类人群在某些场景遇到的问题	痛点描述	描述某类人群在某些场景遇到的问题
2	title或名号	如业界首创、明星产品、王牌产品等，呈现产品最大亮点	建立联系	分享自己相同的遭遇以及走过的弯路等真实心路历程	title或名号	如业界首创、明星产品、王牌产品等，呈现产品最大亮点
3	使用感受	讲述自己使用本产品的感受、效果	使用感受	讲述自己使用本产品的感受、效果	使用方法	操作顺序、使用技巧、注意事项等
4	功能介绍	介绍产品的功能、成分、价值等	title或名号	如业界首创、明星产品、王牌产品等，呈现产品最大亮点	使用感受	讲述自己使用本产品的感受、效果
5	人群痛点	描述使用人群和适用场景	产品介绍	产品特点、颜色、气味、质地、重量等	适用人群	适用人群以及使用方法
6	产品设计	包装等外观设计、使用过程的特殊设计等	解决策略	针对某类人群遇到的问题提出解决方案		
7	产品属性	颜色、气味、质地、重量等				
8	价格特点	单价以及优惠信息等				
9	使用方法	顺序、技巧、注意事项等				

(1) 种草类文案。种草类文案即博主分享个人对某个产品的使用心得，并把产品推荐给粉丝。种草类文案应采用简明易懂的语言，快速、精准地击中人群痛点，不需要有太多创新、创意、有文采的写法，这是因为种草类文案面向的是打工人、学生党、宝妈等人群，需要做到让用户迅速理解文案含义。

(2) 测评类文案。测评类文案即博主使用产品后，对产品的属性、效果、价格、优缺点进行多维度的客观评价，通常会评测多个产品，博主不会倾向于选择哪个产品，更倾向于中立性，最终由用户自己来选择。相较于种草类文案，测评类文案不仅展示产品的优点，也要对产品的缺点进行描述，体现真实感。测评类文案常用于美妆、美食、护肤、穿搭、家电、电子产品等领域。博主应对产品有清晰、专业的认识，还应将专业数据进行可视化处理，并以极具冲击力的方式呈现，这对博主的专业度要求较高。

(3) 教程类文案。教程类文案即博主分享自己使用某产品或采取某行动的方法和成果，例如健身教程、摄影教程、美食教程、化妆教程等。教程类文案可以用文字内容做步骤拆解，也可以用图片做步骤说明，根据实际情况选择合适的方法即可。

在正文的结尾往往会安排四种内容：第一种是博主对用户的建议或忠告；第二种是引导用户关注账号；第三种是征集用户对账号内容的意见，以便为接下来的创作寻找选题；第四种是免责声明，即承认文案存在不完善、不严谨之处，以免带来争议。

3) 排版

常用的小红书笔记排版软件有以下几种。

(1) 美图秀秀。具有修图、拼图、贴纸文字、抠图、视频剪辑等基本功能，系统提供很多现成的高颜值模板，可以直接套用。

(2) 黄油相机。制作干货攻略类图片必备软件，花字、贴纸种类非常多且很多可免费使用，模板颜值也很高，非常适合小红书制图。

(3) 美易Picsart。拼图、抠图功能强大，贴纸选择很多，尤其适合美妆、穿搭博主。

(4) VSCO。调色软件，质感、滤镜选择多样，涵盖风景、室内、人物等。

(5) Snapseed。修图功能齐全，尤其适用于需要局部后期处理的图片。

(6) Remove.bg。手机和电脑都可使用，3秒AI抠图功能超级强大，处理小图完全能满足要求，高清图需要付费。

(7) Canva。手机和电脑都可使用，模板具有高级感，还可以设计Logo(需要付费下载)。

(8) 创客贴。提供海报图、Banner图、PPT、简历、公众号封面图等各类模板，部分免费，部分需付费。

(9) PPT。传统的排版制图软件，功能强大，适用于多种场景。

(三) 笔记发布后

1. 评论互动

除了笔记内容，评论区互动的设计也非常重要。在评论区互动高的笔记通常有助于提高曝光度，进而增加流量。引导用户评论互动，对于企业营销来说，可以取得事半功倍的效果。评论区互动的重要性有以下几点。

(1) 激活互动，提升笔记参与度。通过人为维护，可以引导用户之间的互动和讨论，提高笔记的互动性和热度。当评论区充满积极的讨论和意见交流时，会吸引更多的用户参与其中，形成良好的社交氛围，从而推动笔记的曝光和传播，进而提高笔记在平台上的可见性和影响力。

(2) 提升笔记的转化率。维护评论区可以为笔记带来更多曝光和关注。当用户看到评论区有积极的讨论和反馈时，更有可能被吸引并转化为关注或购买行为，从而提高转化率。

(3) 加强与粉丝的互动，提升用户黏性。积极互动可以帮助博主与粉丝建立更紧密的联系，通过回复用户的问题，展示对用户的关心和关注，可以提高用户的满意度和忠诚度。

(4) 收集用户的反馈意见。通过仔细阅读和回复用户的评论，博主可以了解用户对产品或内容的看法、建议和意见，从而不断改进和优化产品或内容，提升用户体验，满足用户需求。

评论互动的四大有效方式如表3-9所示。

表3-9　评论互动的四大有效方式

方式	具体做法	案例
小号引导	使用小号引导用户之间的互动。例如，提出竞品的缺点和自己的产品的优势进行对比	相比竞品A，我们的产品解决了××问题，提供了更好的解决方案，用户可以享受更顺畅的体验
	在小号中@好友，营造让好友围观的氛围	嘿，@好友名字，你看这个！我刚刚发现了一个超棒的产品，想和你分享一下。它解决了我们之前经常讨论的问题，使用起来真的很方便。你试过吗
自评置顶	在评论区称赞自己，增强信任	这个博主分享的经验太有用了吧！进主页出不来了呢
	引导用户评论笔记内容	关于这个问题，大家有什么样的想法呢？欢迎多多提出哦
	根据笔记内容中的卖点或痛点，进行补充或总结性发言	课代表总结，讲述自己的体验
	赠送礼物或提供福利	点赞+评论，在评论区揪3位小可爱送出同款×××产品
提供话题	发布问答帖或故事，提出话题或引导性问题	有没有人尝试过这个品牌的产品？大家觉得好吃吗？推荐购买吗
	询问用户需求，提供优化建议或赠送礼物	在购买某个产品或选择某种服务时，你们更注重哪些方面？是价格、质量还是其他因素
	鼓励用户提出问题或分享经验	对于这个领域的知识，你们有什么想了解的吗？有什么关于××的疑问，我可以帮你解答
积极回评	见好就赞，与优质、有趣或有独特观点的留言、"神评论"进行互动	这是一个非常棒的观点！我完全同意你的看法。谢谢你的分享

2. 数据分析

通过分析评论、点赞、收藏、关注等指标数据，可以深入了解用户的行为模式、兴趣偏好、消费习惯等，从而根据用户的需求优化账号，及时转变运营策略，评估运营策略的效果。此外，通过分析相关数据还能摸索新的选题方向，预测发展潮流，从而把握先机。

账号粉丝达到50个以后，小红书的数据分析中心才能解锁，单篇笔记的数据会在发布次日更新。进入数据中心后，需要关注三大板块的数据，即账号概览、笔记分析、粉丝数据。

1) 账号概览

如图3-52所示，在"账号概览"中，可以看到近7日和30日的观看量、互动数和转化率，还可以查看账号诊断情况。处于起号阶段的或者需要检测选题、封面、标题等的账号，可以多关注这个板块的数据变化情况。

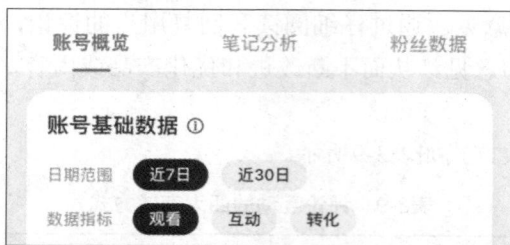

图3-52　数据中心——账号概览界面

利用观看、互动、转化这三个指标，创作者可以通过简单计算(如表3-10所示)得到两个指标，即赞粉比和互动率。

表3-10　赞粉比、互动率的计算方式、含义、数值判断

计算方式	含义	数值判断
互动率=点赞+收藏+评论/观看量	互动率代表大家对笔记内容的认可度	互动率小于5%，内容需要优化；互动率大于5%，内容合格； 互动率大于10%，内容较优质
赞粉比=点赞+收藏/涨粉量 (也可以直接通过个人主页的赞藏数和粉丝数直接计算)	涨粉效果	赞粉比在2至10之间是正常的，数值越小，说明涨粉效果越好。但如果赞粉比超过10，说明偶有爆文，但是转粉差

在该板块中，还可以通过"观众来源分析"来判断账号是否被限流。正常的观众来源一般由四部分组成，即首页推荐、个人主页、搜索和其他来源。

(1) 首页推荐。从小红书推荐页进来的用户占比较高，说明内容被平台推荐。如果没有首页推荐，说明账号可能被限流。

(2) 个人主页。通过个人主页进来的用户一般不会超过50%，如果这个数据过高，说明用户大部分是粉丝，系统推荐的流量很少或者没有。

(3) 搜索。用户通过搜索关键词进入笔记或主页的数据较高，说明账号所处的赛道热度较高，或者标题关键词选得较好，能够被搜索到。

(4) 其他来源。其他来源的用户是指通过转发分享，从其他渠道进来的用户。

创作者一定要关注首页推荐的比例，在正常的观众来源数据中，首页推荐的占比一定是最高的。

2) 笔记分析

如图3-53所示，在这个模块中能够看到单篇笔记的数据表现，具体包含八项基础数据，即观看、人均观看时长、点赞、互动、收藏、评论、笔记涨粉和笔记分享。

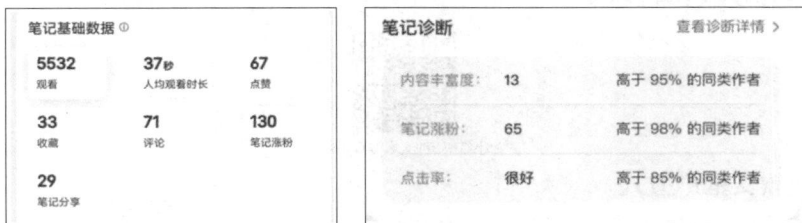

图3-53 数据中心——笔记分析界面

在笔记诊断板块有一个很重要的指标，就是笔记的点击率，点击率=阅读量/曝光量，但是笔记的曝光量我们是看不到的，数据中心也不显示具体的点击率数值，而只给出三种提示，即"有待提升""一般""很好"。点击率受选题、封面和标题三个因素共同影响，所以如果点击率提示是"有待提升"和"一般"，就说明需要优化选题、封面和标题。

3) 粉丝数据

如图3-54所示，在粉丝数据界面可以明确看到近7日和近30日的粉丝新增、流失和总体粉丝情况。如果粉丝流失过于严重，就要及时审视是什么行为造成这种情况，是否存在人设走偏、广告太多、输出观点不符合主流等情况。这个板块还有一个非常重要的部分就是"粉丝画像"，通过粉丝画像，能够清晰地看到粉丝的性别、年龄、城市、兴趣分布，通过这几项指标，能够明确账号吸引到的粉丝属于哪个群体。不同的账号对标的目标用户都有所不同，但是如果目标用户群体与预期的不一样，就要考虑是否存在定位和内容的偏差。

图3-54 数据中心——粉丝数据界面

四、企业小红书软文营销的推广方式

小红书不仅是内容分享平台，还是社交电商平台。企业可以在软文中嵌入商品链接或优惠活动信息，引导用户购买。同时，小红书的社交属性使得用户更容易受到他人推荐的影响，从而增加销售转化的可能性。

企业在小红书上持续发布优质内容，可以建立起稳定的用户群体和粉丝基础。这些用户将成为企业长期的营销资源，为企业带来持续的流量和收益。企业还可以与小红书上的其他合作伙伴进行联动，共同打造营销生态圈。在了解企业小红书软文营销的推广方式前，应先了解小红书的流量推荐机制。

(一) 小红书的流量推荐机制

小红书3种流量推荐机制

(二) 企业软文推广方式

企业软文推广方式主要有以下几种。

1. 知名KOL推广

知识链接3-7

小红书营销
专业术语一览

小红书达人推广一般分为知名KOL推广和素人推广两种。知名KOL和素人博主的粉丝数量不同，影响力也不同，因此推广价格自然也天差地别。知名KOL影响力较大，粉丝黏性比较高，小红书软文推广价格也比素人推广高，主要借助博主本身的粉丝量来达到宣传的目的。

2. 素人推广

素人推广并不依靠粉丝量，其推广目的并非是让更多用户了解产品，而是通过铺量来提高产品宣传的热度，进而让用户相信素人博主的产品使用体验和产品效果。

3. 明星推广

采用明星推广时，一些用户会因为明星本身的知名度和对明星本人的信任感购买产品，也有一些用户是因为产品是明星同款而选择购买。明星推广的价格比较高，适合本身就有一定知名度的大品牌。

4. 关键词排名推广

关键词排名推广性价比较高，关键词不同，排名不同，小红书软文推广价格也不同。做好关键词排名推广，可以获得更多的关注度，吸引更多的流量。

5. 信息流推广

信息流推广是利用大数据，在小红书用户首页针对目标用户定向投放的推广。采用这种推广方式时，品牌应先做好用户画像，再让笔记内容出现在目标用户首页相应位置。

思想领航

这部青年节大片《重逢》，让我重新思考五四精神①

什么是青年？不是消费文化勾画出的各种标签下的"年轻人"形象，而是现实中一个个活生生的、不同形象的个体。

什么是五四精神？1919年5月，一群中国热血青年，作为一支新生的社会力量，站上历史舞台，掀起了一场救亡觉醒运动。五四精神作为热血青年自发凝结的一股以爱国主义为核心的精神力量，不断激励着广大青年在此后的不同时期里，发光发热，寻求真理，关切家国命运。

在如今这样一个和平年代，"丧文化"似乎盛行，因各种困惑，我们发出了"这一代年轻人，还有不计生死的血性吗"等疑问。发问除了能解惑，满足好奇心，还承载着"批判""挑衅""期待"等情绪或情感诉求。

作为青年，我们应该理智思考，如何将精神遗产带入新世纪；而作为过来人，我们应该建设性地发表观点，提供有效指引和帮助。

在建党百年暨五四青年节来临之际，由共青团中央与知乎联合出品，中国商务广告协会、中国4A策划的特别献映微电影《重逢》，将对青年的观察以及对五四精神的思考融入电影情节之中。

一、改编自真实事件，和平时代的牺牲不该被忽略

2020年6月15日，当你我沐浴在阳光下，呼吸着新鲜空气时，有一批年轻战士牺牲在中印边境加勒万河谷地区所发生的一起冲突中。

"边疆保卫行动牺牲的4个年轻人，年龄最大的陈红军，33岁，还有4个多月就要当爸爸了；年龄最小的陈祥榕，生于2001年，还是父母眼里的宝贝；而肖思远与王焯冉是同乡，更是同年，都是24岁的青春少年。"——共青团中央

《重逢》中小远的原型，就是肖思远，他在牺牲前一直梦想着退役后和心爱的女孩结婚。

小远牺牲后，家人怕奶奶承受不住，一直隐瞒着。然而奶奶早就知道了，她压抑着悲痛，陪着家人"演戏"，直到完成安抚孙子未婚妻的夙愿后，才悲痛哭泣。

该微电影仅有15分钟，但演员生动有层次的表演、大家庭的情境设定、克制而有悬念的情节以及生活化而又不乏内涵的风格，时刻吸引观众观看下去。

奶奶隐忍的情感，体现了中国传统老一辈人的朴实、善良，更体现了中华传统家庭伦理层面的人与人之间的情义。影片中有这样一个桥段，奶奶回忆自己和孙子打电话时，强装镇定地鼓励他不要退缩。我个人认为，没有必要用科学视角去探究这个桥段的虚实，它表现的是一种非常真实的，亲人之间在生死关头产生的心灵感应，也体现了从个人利益到家国责任的一种群体性认知默契。

---

① 数英. 这部青年节大片《重逢》，让我重新思考五四精神 [EB/OL]. (2021-05-04)[2024-12-01]. https://www.digitaling.com/projects/161923.html. 有删改

正如电视剧《觉醒年代》里辜鸿铭所言："中国人是完完全全、彻彻底底生活在一种心灵的生活里的民族。这是一种来自人性深处的情感，是心灵的激情，是人类之爱的情感，也是人类智慧的力量。"

二、新旧跨时空重逢、互惠、交融

影片中，本来要去红桥的奶奶，阴差阳错来到了上海虹桥，她只带了一包花30元钱买的点心。然而奶奶一路畅通，得到了许多人以及各种基础设施、制度的帮助。

奶奶绕错路又回到目的地的经历，呈现了一种"新旧相融"的风貌，且"新旧"互相保持其主体性，没有打扰或试图改造对方。最后，奶奶在许多人的护送下抵达红桥，带着对烈士孙儿的思念及信念，完成了凤愿。

新生代城市工作者、生活者，用实际行动回答了针对他们的质疑。

普通城市工作者、生活者之间的日常互惠，是一种在社会集体意识下，群体构建的平凡而又不平凡的奉献和成全。城市基础建设越发完善，年轻人的素质越来越高，勾画了新时代下"主体更高度自觉"的先进国人群像。

无论是边防战士保家卫国，还是城市建设者日常奉献，各圈层、各年龄段的生活者都用实际行动诉说着"对于这代人的问题，这代人会找到答案"。

就像影片主题曲唱的那样："每缕风都是你的亲吻，每条路上都和你重逢。你的远方是我的序章，请相信我会继续奔跑；每阵雨都是你的青春，每条路上都和你重逢，你的梦想握在我手掌，请相信我会做得更好。"

三、扩大广告虚实边界，严肃题材搭载流行文化视角及逻辑

不得不说，《重逢》是一部集故事性、历史性、现代性于一体的品牌大片。它具有鼓励意义，客观呈现了历史代际融汇图景；它具有探索精神，为广告传播语言的创新提供参考。同时，它结合品牌特性及产品优势，以将重大议题流行化的讲述方式，参与和组织时代议题的探讨，为答案的探寻提供有效的参考。

《重逢》在知乎平台累计曝光达 2 亿，知乎评分高达 8.4，远高于同类型微电影，在知乎用户中收获极好口碑和大量正向讨论。

在当今时代背景下，大范围的品牌传播需要结合时代议题文本，找到合适的切入点及沟通角度，以洞察做锚，以创意做桥梁，疏通各圈层理解管道，激发讨论及表达，再从这些讨论和表达中摸索机理，将问题一层层地展开、对照、联系、解决。

营销、广告不再只是单纯的商业行为。在互联网时代，当一些品牌及产品浸入大众生活时，我们应该思考，它们在提供便利的同时，是否应该承担起正向引导大众的社会责任。在这种需求下，广告作为品牌的传播手段之一，需要进行内容边界探索及表达创新突破。这部《重逢》将对时代议题的思考、对舆论语境的洞察以及对剧本创作语言与艺术表达语言的专业把握融入其中，以可供回味的品质及喜闻乐见的方式，创造与传播当代流行文化。

四、写在最后

从"这一代年轻人，还有不计生死的血性吗""在和平年代下，当代年轻人还需要英雄主义情怀吗"，到"哪一刻你发现，这届年轻人比你想象中更勇敢""哪一刻你发现，年轻人正在悄悄改变社会""哪些事情让你觉得，这届'90后'成长起来了""你身边有哪些平凡的年轻人做着伟大的事情""生活中哪些问题可能随着这届年轻人的成长而得到改善"……我们发现，果然，有问题，就会有答案，有时问题本身的变化和发展就彰显了答案。

"世界上每一个问题，终究都会找到它的答案。因为答案并不在未知的未来，它藏在每一个人的大脑里、每一个人的生活里、每一个人走过的脚印里，只要举起手来，向无数人分享我们的知识、经验和见解，曾经一个人走过的路，就会变成无数人可以走的路。"

五四精神在新的历史时期，应该体现出理性的思维、开放的心态和发展的眼光。我们往回望，从未忘史；我们环顾四周，也不敢妄自菲薄。

"愿中国青年都摆脱冷气，只是向上走，不必听自暴自弃者流的话。能做事的做事，能发声的发声。有一分热，发一分光。"

鲁迅是五四新文化运动的参与者，将他的这段话放到现在，仍具有强大的鼓舞作用。但在新时代下，"冷气"难免会被误解，我们不该把"冷气"理解为"质疑"，也不该把"向上走"理解为"世俗的成功"。"冷气"可能源于我们自身的消沉，以及"过来人"的标签化、片面化误读。

如今，打工人、社畜、996……这些词语似乎充斥着我们的社交语境，进步叙事似乎被我们自己瓦解，宏大命题似乎让位于买房、买车、百万年薪……无论这些表述是"自暴者流"的观点，还是"自弃者流"的借口，我们都应该再多思考一步：我们是否忽视了个体的能动性？我们是否束缚了自己的想象力？

在这些表述之外，有多少个沉默者用行动撕破一个个突破口，打破一个个定义？影片中一个个平凡且自信的普通人，不正是在践行"能做事的做事，能发声的发声"吗？他们做着自己喜欢的事、相信的事，也必定会影响身边一个个"他者"，他们在沉默中促成改变、进行传承。

我们有必要选择相信，五四精神在百年之后的青年手中，还将薪火相传。一个肖思远背后，必定潜伏着千千万万个肖思远；一个沉默的行动叙事者，必定会影响一群"摆脱冷气，向上一步"的青年。

项目检测

⚙ 基础训练

一、扫码自测

二、思考题

1. 企业进行"软文营销"有何必要性？

2. 假设你来到一家仅有15人的初创企业，你会如何建议公司相关领导搭建企业公众号矩阵？

3. 推文的排版要素有哪些？

4. 造成朋友圈营销信息被"折叠"的原因有哪些？

5. 小红书笔记选题的具体方法有哪些？

三、知识强化题

请你结合书本内容，分别用"10W+阅读量思维"与"标题党思维"改编表3-11中的原标题。

表3-11　原标题 VS 10W+标题 VS "标题党"标题

原标题	10W+标题	"标题党"的标题
案例：7页PPT教你秒懂互联网文案	月薪3千与月薪3万的文案，差别究竟在哪里？	惊人！年轻美女月入3万的秘密是……老板娘知道吗？
伤害眼睛的坏习惯一览		
19款大学生必备零食		

◉ 综合应用

实训一

请你注册一个属于自己的微信公众平台"订阅号"，并使用创客贴完成公众号头像设计。

实训二

微信公众号定位及选题规划。

1. 打开"新榜"(https://www.newrank.cn/)中的"公众号——指数榜单"，找到同领域的竞品公众号。

2. 使用下列模板，完成至少三个竞品公众号的竞品分析。

3. 根据竞品分析结果，结合公众号账号定位要点，完成自己的公众号的账号定位分析报告，不少于500字。

4. 根据公众号定位以及本书相关知识，完成一个周期(一个月或一个季度)的"选题计划表"。

5. 根据"选题计划表"，写一篇微信推文，使用推文排版工具进行排版，并使用新媒体制图工具制作配图。

实训三

举例说明表3-12列出的"提炼卖点的十二个角度"。

表3-12　提炼卖点的十二个角度

角度一：价格	角度二：服务	角度三：效率	角度四：质量
优势：体现价格优势，影响用户决策	优势：呈现可量化标准，形成口碑传播	优势：呈现可量化标准，形成口碑传播	优势：用户最关注，体现原料或工艺
案例：	案例：	案例：	案例：
角度五：稀缺	角度六：方便	角度七：实力	角度八：附加值
优势：提升价值感，制造紧迫感	优势：提供便利，消除消费者顾虑	优势：量化实力，提升用户信任感	优势：提供额外价值，使之脱颖而出
案例：	案例：	案例：	案例：
角度九：选择	角度十：重塑认知	角度十一：情感共鸣	角度十二：社交需求
优势：提供更多选择，吸引用户关注	优势：冲击用户固有思维，提升用户认知	优势：引起用户情感共鸣，驱动消费	优势：产生社交谈资，为传播助力
案例：	案例：	案例：	案例：

实训四

结合书本相关知识，为图3-55所示的产品"风铃"撰写电商平台软文，并为其设计具有"传播力"的商品海报。

图3-55　产品示例

实训五

创建小红书账号，完成"账号定位"设置，结合相关知识点，发布一篇与账号定位相关的笔记。

项目四　社群营销

📖 **教学目标**

【知识目标】

- 了解社群、社群营销的概念、特征和优势；
- 理解社群在不同领域的不同概念；
- 了解社群的五大要素；
- 理解社群营销和传统营销的区别；
- 了解社群营销的四个环节；
- 了解社群营销的类型和特征；
- 了解我国营销发展的四个阶段；
- 了解社群营销的三个发展阶段；
- 了解社群的商业模式特点；
- 了解社群营销的步骤；
- 理解社群成员六大驱动力、用户的"意识阶段"；
- 理解社群文化建设的重要性；
- 了解社群营销的方法。

【能力目标】

- 能够举例说明"同好"的类型；
- 掌握社群的组成结构；
- 能够举例说明社群运营的"四感"；
- 能够明确社群的范畴；
- 掌握不同类型社群的特点；
- 掌握营销型、内容型和服务型社群的运营重点；
- 能够设立群规并完成社群基础建设；
- 能够完善社群架构设计和内容规划；
- 掌握社群成员招募方法；
- 掌握用户分类方法；
- 掌握社群日常运营和成员互动的方法；
- 能够分析社群数据。

【素质目标】

- 树立创业、创新精神，强化职业责任意识；
- 构建在中国共产党领导下科技与政策双轮驱动农业经济增长、化解宏观经济危机与城乡矛盾的基本认知框架；

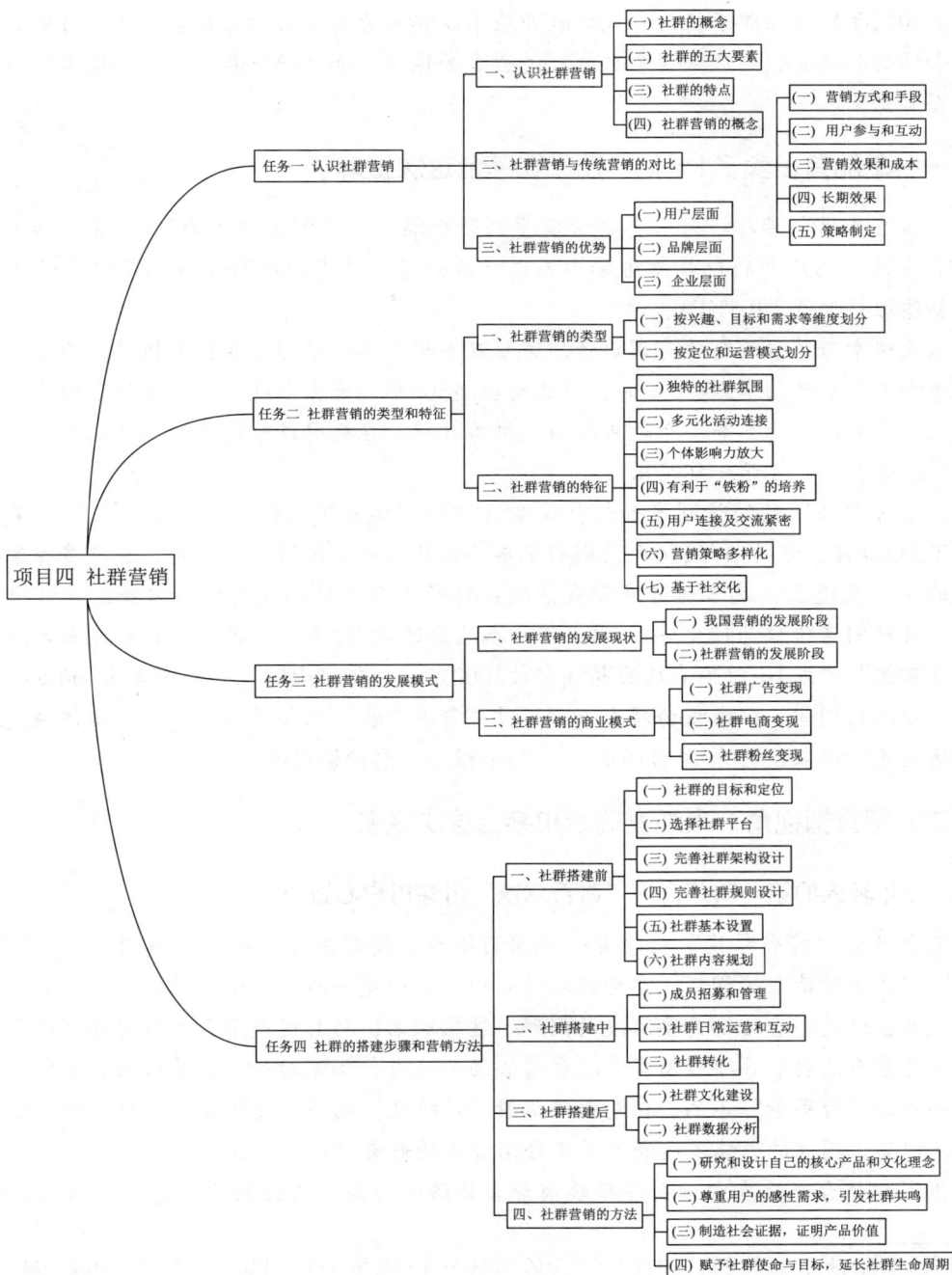

● 培育对实施乡村振兴战略、实现共同富裕的"中国道路"与"中国方案"的自信和认同；
● 树立合作精神与数据思维。

思维导引

```
项目四 社群营销
│
├─ 任务一 认识社群营销
│   ├─ 一、认识社群营销
│   │   ├─ (一) 社群的概念
│   │   ├─ (二) 社群的五大要素
│   │   ├─ (三) 社群的特点
│   │   └─ (四) 社群营销的概念
│   ├─ 二、社群营销与传统营销的对比
│   │   ├─ (一) 营销方式和手段
│   │   ├─ (二) 用户参与和互动
│   │   ├─ (三) 营销效果和成本
│   │   ├─ (四) 长期效果
│   │   └─ (五) 策略制定
│   └─ 三、社群营销的优势
│       ├─ (一) 用户层面
│       ├─ (二) 品牌层面
│       └─ (三) 企业层面
│
├─ 任务二 社群营销的类型和特征
│   ├─ 一、社群营销的类型
│   │   ├─ (一) 按兴趣、目标和需求等维度划分
│   │   └─ (二) 按定位和运营模式划分
│   └─ 二、社群营销的特征
│       ├─ (一) 独特的社群氛围
│       ├─ (二) 多元化活动连接
│       ├─ (三) 个体影响力放大
│       ├─ (四) 有利于"铁粉"的培养
│       ├─ (五) 用户连接及交流紧密
│       ├─ (六) 营销策略多样化
│       └─ (七) 基于社交化
│
├─ 任务三 社群营销的发展模式
│   ├─ 一、社群营销的发展现状
│   │   ├─ (一) 我国营销的发展阶段
│   │   └─ (二) 社群营销的发展阶段
│   └─ 二、社群营销的商业模式
│       ├─ (一) 社群广告变现
│       ├─ (二) 社群电商变现
│       └─ (三) 社群粉丝变现
│
└─ 任务四 社群的搭建步骤和营销方法
    ├─ 一、社群搭建前
    │   ├─ (一) 社群的目标和定位
    │   ├─ (二) 选择社群平台
    │   ├─ (三) 完善社群架构设计
    │   ├─ (四) 完善社群规则设计
    │   ├─ (五) 社群基本设置
    │   └─ (六) 社群内容规划
    ├─ 二、社群搭建中
    │   ├─ (一) 成员招募和管理
    │   ├─ (二) 社群日常运营和互动
    │   └─ (三) 社群转化
    ├─ 三、社群搭建后
    │   ├─ (一) 社群文化建设
    │   └─ (二) 社群数据分析
    └─ 四、社群营销的方法
        ├─ (一) 研究和设计自己的核心产品和文化理念
        ├─ (二) 尊重用户的感性需求，引发社群共鸣
        ├─ (三) 制造社会证据，证明产品价值
        └─ (四) 赋予社群使命与目标，延长社群生命周期
```

项目四 知识框架

📓 项目导读

"酱香拿铁"单日卖了1个亿，社群营销如何发力？[①]

2023年9月4日，瑞幸和茅台联名推出全新饮品"酱香拿铁"，相关话题登顶微博、抖音双热搜第一。抖音上#酱香拿铁的相关话题浏览量近4亿人次，可谓热度拉满。

从2020年陷入品牌危机后，瑞幸就开展了以私域为基础的新营销策略进行自救。那么瑞幸咖啡的私域营销到底做得怎么样？是否真如传闻中那么神乎其技？当前瑞幸的运营策略是否有变化？

一、单品首日卖了1个亿，瑞幸和茅台这次赢麻了

"酱香拿铁"号称"每一杯都含有贵州茅台酒"，正常零售价为38元/杯。据了解，"酱香拿铁"的原材料包括咖啡和白酒风味厚奶等，其中白酒风味厚奶是酒味的主要来源，整体酒精度低于0.5%vol。

这次瑞幸与茅台的合作可谓销量、声量双丰收。据《中国证券报》报道，北京西单一家瑞幸咖啡门店开售不到4个小时，便已卖出超500杯"酱香拿铁"，还有很多门店直接售罄。上海、武汉、青岛等多个城市的网友纷纷吐槽，在公司或家附近的瑞幸门店，"酱香拿铁"全部卖光，可谓一杯难求。

"酱香拿铁"的销量到底如何？瑞幸官方微博发布了战报。"酱香拿铁"上架第一天卖了542万杯，销售额超1亿元，刷新了单品销售记录。值得注意的是，在"酱香拿铁"上架的前一天晚上，瑞幸通过官方直播间在抖音平台预热和发售酱香拿铁，并做出适当让利，直播间售价仅为17元/杯，比小程序券后价还便宜2元。根据品牌官方发布的消息，"酱香拿铁"首发4小时内直播交易额突破1000万元；前15小时，直播间卖出100万杯；预热和首发活动期间，瑞幸吸粉超百万。不过"酱香拿铁"上架第二天后，瑞幸便悄悄将抖音直播间的价格从17元/杯调回19元/杯，与小程序优惠价格对齐。

二、用营销视角，来观察瑞幸和茅台这次联名

(一) 年轻人的第一口茅台，"酱香拿铁"击穿用户心智

先来说说"酱香科技"引领者——国酒茅台。提起茅台，人们会想到"高端""国字辈""商务宴请"等词语。在年轻人的心中，茅台是一种"高奢"的象征。但年轻人不爱喝白酒，这是茅台迫切需要解决的问题。这次联名，与其说是茅台在讨好年轻消费者，不如说是茅台想要引导年轻消费者品尝酱香酒的味道，加深对第一口茅台酒的印象。虽然这杯咖啡的"含茅量"不高，但对白酒那股"冲味儿"的还原度还是相当可以的。仅需19元，就能品尝国酒的滋味，这激发了年轻消费者的好奇心和购买欲。

其实，茅台一直在尝试引导年轻消费者体验酱香酒，曾经推出过茅台冰激凌，但受

---

① 小易. 案例分析 |"酱香拿铁"单日卖了1个亿，深扒瑞幸社群私域运营 [EB/OL]. (2023-09-13)[2024-12-01]. https://mp.weixin.qq.com/s/CZ1OpRKzdoeLvMjC-GMxuw. 有删改

限于品类、价格和渠道，茅台冰激凌一直不温不火。吸取这次经验后，茅台选择与中国咖啡界的价格"屠夫"和零售之王——瑞幸合作，再次冲击让年轻消费者体验第一口茅台酒的小目标。截至2024年6月30日，瑞幸总门店数达10 836家，成为国内首个门店数量破万的连锁咖啡品牌；第二季度总营收8.55亿美元，超过星巴克中国的8.22亿美元。可以说，无论是在门店规模还是在市场份额方面，瑞幸都是国内咖啡零售市场的第一品牌，加之经营目标对象是年轻消费者，因此可以作为精准触达年轻消费者的渠道。对于茅台来说，与其说这是一次联名，不如说这是一次成功的、出圈的、精准的公域场投放。这次"投放"的引流效果非常好，引爆咖啡和白酒圈、互联网圈、营销圈、金融圈等圈层。此外，在口味方面，"酱香拿铁""复刻"和"保留"了茅台酒的酱香味；在视觉设计方面，咖啡包装袋采用茅台经典的蓝白红配色，强调"品牌符合"。这些因素都促成了该产品的成功。

(二) 一场有"预谋"的营销，瑞幸稳坐"中国咖啡第一"的宝座

本次联名，到底是对瑞幸更有利还是对茅台更有利？关于这个问题，答案见仁见智。笔者认为，经过此番联动，在未来的很长一段时间里，瑞幸品牌都将稳坐"中国咖啡第一"的宝座。

首先，从产品品类来看，没有瑞幸做不了的联名，只有待开发的新品。回顾瑞幸的发展，其制定的"爆品策略"让业界惊叹：2021年4月12日，瑞幸推出"生椰拿铁"，创造了"1秒内售罄""全网催货"的现象；2022年4月，瑞幸和椰树牌椰汁联名，推出"椰云拿铁"，单周销量495万杯，再次创造了现象级的销售景象；这次与茅台合作，单日首发销量542万杯，1天单品卖出1个亿，相当于1个单品1天内卖出了上一个最强王者"椰云拿铁"一周多的量。"我破我自己的纪录，让别人无处可破。"在联名单品上，超越瑞幸的只有瑞幸自己。

其次，从营销效果来看，瑞幸和茅台的这次联名实现了各自的人群破圈目标，在各平台的大力推广下，"酱香咖啡"已成为一种潮流。潮流就是流量，在这次营销中，有很多原本不喝咖啡或者不喝瑞幸咖啡的人尝试了"酱香咖啡"。正如网友调侃的那样："年轻人的第1杯茅台，中年人的第1杯瑞幸。"瑞幸借着国酒茅台的势能，拉高了品牌形象，构筑了品牌护城河。即使瑞幸以后仍然主打9.9元/杯的亲民咖啡，但广大消费者仍会认为它的格调不错。毕竟"酱香拿铁"已成为社交货币，瑞幸也不再只是"打工人"喜欢的品牌。

三、瑞幸私域社群贡献了多少订单？

私域到底带来多少订单？截至2022年4月，瑞幸社群用户数达到1600万，且每个月以60万的增幅持续增加。结合2023年第一季度的财报数据，可推算出社群每日贡献40万～100万杯的销量，日均总杯量为350万杯。社群已成为App和小程序之外的重要订单渠道。那么，瑞幸的社群到底是如何运营的？为什么可以带来如此显著的转化效果？

四、最有效的社群运营可能是最朴实无华的

(一) 流量从哪里来

社群里的人从哪里来? 瑞幸社群用户来源如图4-1所示。

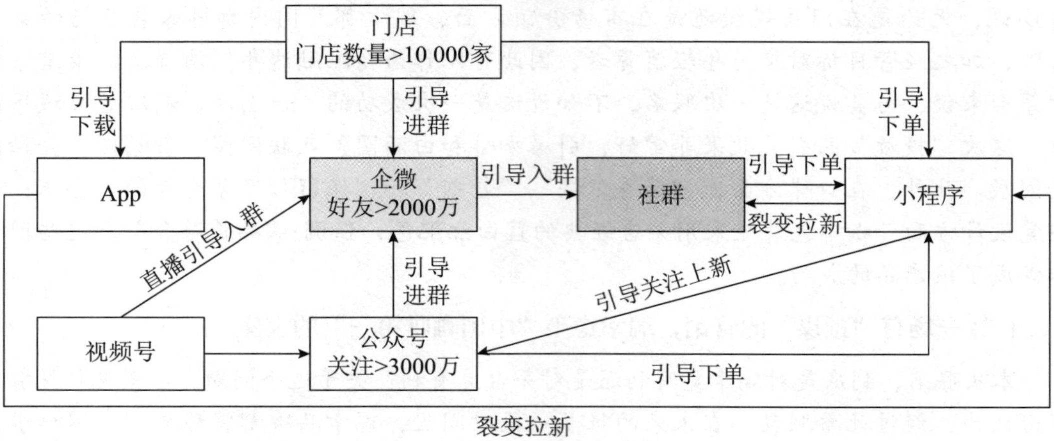

图4-1 瑞幸社群用户来源

(1) 自有渠道的二次导流。瑞幸在2024年5月成功加入万店连锁俱乐部,成为继正新鸡排、华莱士、绝味鸭脖和蜜雪冰城后中国第5个万店餐饮品牌。瑞幸每个门店都放置加入社群领券的指示牌。另外,瑞幸公众号粉丝超过3000万,其中活跃粉丝在百万量级,除了菜单栏上固定的入群按钮外,每周都会在推文中邀请读者加入社群。

(2) 裂变拉新。瑞幸社群、公众号、App都设计了裂变引流机制,吸引了大量用户。

(3) 广告投放,基于LBS定位的引流。瑞幸的营销费用占比从2018年的88%降到2022年第四季度的4.68%且联名合作不断,推测投入在广告引流方面的金额占比不大,主要还是依靠线下门店引流和裂变拉新。

(二) 社群运营

瑞幸社群的主要功能是发券提醒。提醒的时间紧跟上班族的作息规律。例如,周一早上通常只有公众号的推文和活动提示;周五13:30以后不再推送信息;周末上午时段不推送信息。对比瑞幸官方2021年发布的社群时间表,可以看出瑞幸是在不断优化推送时间的。例如,早餐提醒的时间提前了半小时,但估计是因为群数太多,每个社群实际的推送时间是在8:00—8:30。此前还会安排不定期的直播等其他社群活跃类活动,如今都已取消,以发券为主。

(三) 降低自动化运营的精细度

与要打造自己的企微IP不同,瑞幸首席福利官lucky就是纯粹的拉人工具。当用户试图和它互动时,它不会回答用户的问题,只会甩出客服电话。在社群内,除了每日固定时段推送内容外,没有人聊天,看起来用户在瑞幸的培育下也只是把社群当作领券工具。现阶段,各个社群的内容都是统一群发的,并没有根据不同门店的库存情况或天气特点推送不同的内容。瑞幸没有提高自动化运营的精细度,也许是因为精细化推送的效果并不比简单

粗暴的统一推送好。

五、社群在瑞幸私域运营中的定位

社群只是我们能看见的瑞幸私域运营的"最后一公里"。从整体来看，瑞幸的私域可以分为三个层面的布局，如图4-2所示。第一层是用户沉淀和复购层，主要针对企业微信和社群。这两个触点最大的优势是能最大限度地与用户直接接触。瑞幸用户进群的路径都是先添加企业微信好友，再点击链接。为了避免社群打开率低的问题，同时增加了朋友圈再次触达的渠道。第二层是公众号、小程序、企业号等微信生态内形成的组合打法。基于不同触点的特点，承担不同的功能，同时形成不同的组合，丰富触达用户的形式。第三层是基于App和用户数据管理平台的用户数据，实现洞察和制定人货场的规则，这个层面属于数字化运营体系，不再限于私域。

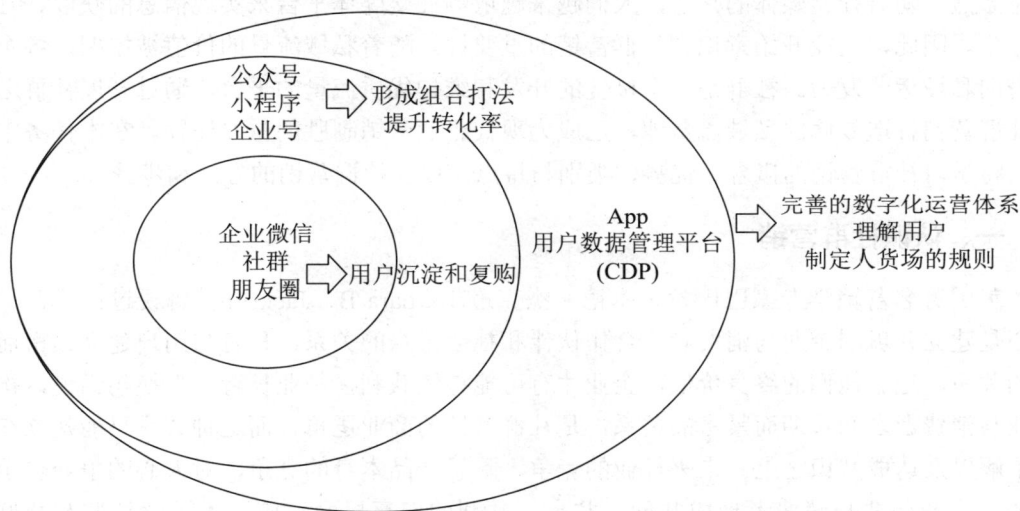

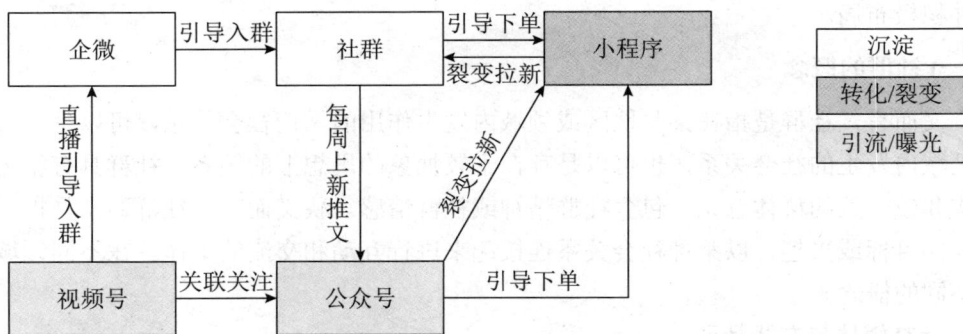

图4-2　瑞幸私域运营的三个层面

【思考与讨论】

1. 在瑞幸和茅台的这次联名中，涉及哪些营销类型？

2. 什么是社群营销？

3. 社群营销在本案例中的优势是什么？

任务一　认识社群营销

任务导入

如今，私域流量、社群营销、场景营销等词汇可谓家喻户晓，很多企业、品牌都在做私域、做社群、找场景。你加入过哪些品牌的社群？你是否感受到社群打造的归属感？你有过被社群驱动消费决策的经历吗？

"增量时代比拼流量，存量竞争赢在人心。"当前，很多企业在营销中面临流量红利减少、获客成本居高不下、转化率越来越低的局面，与此同时，品牌同质化竞争也变得越来越激烈。随着社交媒体的兴起，人们越来越依赖社交媒体平台来实现信息的获取、互动和分享。因此，企业开始意识到社群营销的重要性。随着私域流量的价值被挖掘，各企业纷纷向私域运营发力。社群是一个极佳的开发和维护优质流量的平台，通过开展社群运营和社群营销打造专属的私域流量池，已成为现代企业营销制胜的重要途径。在本任务中，我们将学习社群营销的概念、优势、类别与特点，以及社群营销的方法和步骤。

一、认识社群营销

美国著名营销学专家巴巴拉·本德·杰克逊(Barbara B. Jackson)[①]曾说过："营销的核心是建立并巩固企业与消费者、合作伙伴和社会公众的关系，只有与用户建立紧密而长期的关系，挖掘他们的终身价值，企业才有可能持续获利，基业长青。"换句话说，构建企业与消费者之间长期而紧密的关系，是社群营销的商业逻辑，而这种关系只能建立在彼此了解以及达成共识之上。未来行业的竞争，除了产品本身的竞争，对人心的争夺也至关重要。企业想要与消费者形成共创、共享、共利的双赢局面，应深入了解社群及社群营销，并积极布局。

(一) 社群的概念

广义而言，社群是指在某些地区或领域内发生作用的一切社会关系，可以是在实际的地理区域内发生的社会关系，也可以是存在于较抽象的思想上的关系。社群具有稳定的群体结构和较一致的群体意识，包含社群精神或社群情感。狭义而言，社群通常是指一个有着共同的目标或兴趣，以某种社会关系连接起来进行互动和交流的集体。在不同领域，社群有不同的概念。

1. 社交媒体与在线社群

在互联网上，社群通常是指通过社交媒体平台(如微信群、QQ群、豆瓣群、百度论坛等)聚集起来的一群人。这些人可能因为共同的兴趣、爱好、职业、信仰等聚集在一起，进行在线交流、分享信息、协作活动等。社交媒体与在线社群的特点是成员之间可以通过

---

① 巴巴拉·本德·杰克逊 (Barbara B. Jackson)，美国著名学者，营销学专家，关系营销培训师。他对经济和文化都有深入的研究。他是"关系营销"的积极倡导者，强调营销活动中人的关系，即营销的人文性。

互联网进行实时或非实时交流，社群活动通常不受地理位置的限制，社群规模可以很大，社群文化和规则由成员共同制定和维护。

2. 社区与邻里社群

在现实生活中，社群是指一个社区或邻里范围内的居民群体。这些居民可能因为居住在相近的地理位置而自然形成社群，也可能因为共同关心社区事务、参与社区活动而建立联系。社区与邻里社群的特点是成员之间通常具有相似的文化背景和生活环境，社群活动以面对面交流和互动为主，社群文化和规则受当地文化和传统的影响。

3. 兴趣与职业社群

有些人因为共同的兴趣爱好(如摄影、音乐、运动等)或职业背景(如医生、教师、程序员等)而聚集在一起，从而形成社群。这些社群成员之间会分享经验、交流技巧、合作完成某些项目或活动。兴趣与职业社群的特点是成员之间具有共同的专业知识或技能，社群活动通常与成员的兴趣或职业密切相关，社群内部可能存在一定的等级和角色划分。

4. 品牌与用户社群

在商业领域，品牌可能会建立自己的用户社群，其目的是与消费者建立更紧密的联系。这些社群通常由品牌的忠实用户组成，他们会分享使用产品的经验、提供反馈意见、参与品牌活动等。品牌与用户社群的特点是成员对品牌具有较高的认同感和忠诚度，社群活动通常与品牌的产品或服务相关，社群内部可能存在一些激励机制(如积分、优惠券等)，以此鼓励成员参与和贡献。

总而言之，社群的核心是人。在营销层面可以这样理解社群——社群为营销提供了全新的"解题思路"，即基于人的方程式，经营人心的生意。

(二) 社群的五大要素

一个优质的社群通常包括五大要素，分别是"同好(interst)、结构(structure)、输出(output)、运营(operate)、复制(copy)"，即"ISOOC原则"[①]。五大要素共同构成了社群的核心竞争力，也是确保社群健康、稳定、持续发展的关键所在。

1. 同好

同好是社群成立的前提，是指对某种事物的共同认可或行为，大家可能基于某种行为、标签、空间、情感、三观以及某一品牌或产品等聚合在群内。"同好"具有黏性，能够为社群成员带来极大的情感慰藉、互动快乐或现实利益。"同好"的类型如表4-1所示。

表4-1　"同好"的类型

品牌或产品	行为	标签	空间	情感	三观
苹果手机、小米手环、蔚来汽车	爱钓鱼的鱼友、爱旅游的驴友、爱古典乐的乐友	MBTI人格、星座、宝妈、学生党、打工人	小区业主群、社区团购群、单位团购群	同乡会、校友会、班级群	笑话群、梗图群、某一生活方式的分享群(如断舍离的生活方式)

2. 结构

结构决定了一个社群的存活方式。在组建社群前，应先规划社群的结构，具体包括以下几个方面。

---

① 秋叶. 社群营销实战手册[M]. 北京：人民邮电出版社，2018.

(1) 组成成员。组成成员是有共同爱好的人群，包括灵魂人物(如大咖、牛人)以及不同势能、个性和标签的成员。其中，社群最初的"种子成员"会对社群的发展产生巨大影响。

(2) 交流平台。交流平台有QQ、微信等，作为社群成员日常交流的大本营。

(3) 加入原则。有了种子成员，且建好了平台，慢慢会有更多的人慕名而来，此时应设置一定的门槛，如内部推荐、写自荐信、为社群做有价值的事或付费加入。这样做不仅可以保证成员质量，还可以让成员珍惜这个社群。

(4) 管理规范。随着成员越来越多，社群必须实施管理，否则社群中可能会充斥大量的广告，这会让很多成员选择屏蔽社群，所以应设定管理员，完善群规，确保社群有序运行。

3. 输出

输出决定了社群的价值，持续输出有价值的内容是考验社群生命力的重要指标之一。社群对外输出的形式包括社群形象、社群打卡、社群自媒体、社群微课、社群直播、社群图书、社群培训、社群咨询、社群训练营、社群活动、社群代言、社群理财等，可以满足社群成员的需求和兴趣。

4. 运营

运营决定了社群的寿命，涉及社群活动的策划、执行和评估。运营人员应始终做到"四感"，即社群仪式感、社群参与感、社群组织感、社群归属感。

(1) 社群仪式感，如群规、入群欢迎仪式、自我介绍、训练营开营仪式等形式。

(2) 社群参与感，如晒单、抽奖、活动、心得及知识分享等形式。

(3) 社群组织感，如通过分工、协作、执行等，保持社群战斗力。此外，社群群友统一称呼也可以增强其组织感，如某面包店的社群将群友称为"精神股东"。

(4) 社群归属感，如通过线上线下的互动、活动等，保持社群凝聚力。

5. 复制

复制决定了社群的可持续发展和扩张能力，即能够成功复制和扩展到其他领域或群体。到了复制这一层，就意味着社群要开始裂变了，社群在数量上会越来越庞大。

(三) 社群的特点

1. 互动性强

在社群营销中，群内成员采用多向互动式交流模式。在这种营销方式下，社群成员既可以发布信息，也可以传播、分享信息。

2. 弱化中心

社群营销采用网状结构，社群中的每个人都有话语权，每个人都是传播的主体。社群营销是一个弱化中心的过程，但并不代表没有中心，社群的建立者和组织者是社群的中心。

3. 赋予情感

赋予情感是指社群能够向成员传递有价值、有趣味的情感，可促使社群成员因为受到感染而不断地拉来新成员，从而达到社群营销的目的。

4. 自行运转

社群成员可以自主创造、分享信息，从而实现社群营销的自行运转，进而大幅降低企业的成本。

5. 利益替换

社群营销要想长期发展，就需要每一个社群成员都产生价值，为社群做贡献。具体方法是将不能产生价值的成员替换掉，这样既能增强社群活力，也能保证社群的完整性。

6. 范围较小

社群营销是一种小范围内的活动，它通过小众化的社群自生长、自消化、自复制能力来实现运转，并以每个社群成员的思想、话语权作为永动机，牵引整个社群的发展方向，保证社群营销的效果。

*课堂讨论

请判断下列描述中，哪些属于社群，根据结果标注"√"或"×"。

1. 同一辆公交车上的乘客。（　　）
2. 在菜市场买菜的大妈们。（　　）
3. 我的全部微信好友。（　　）
4. 华为手机的用户们。（　　）
5. 某位艺人的粉丝。（　　）
6. 浙江人。（　　）
7. 大学同学微信群。（　　）
8. 学生党薅羊毛群。（　　）
9. 某平台主播的粉丝群。（　　）

(四) 社群营销的概念

社群营销是在网络社区营销及社会化媒体营销基础上发展起来的用户连接及交流更为紧密的网络营销方式。它起源于Web2.0的发展和社交网络的广泛应用，随着社交网络的兴起而逐渐流行。社群营销以用户需求为导向，通过与用户的深度互动，打造良好的用户关系和品牌形象。社群营销主要通过连接、沟通等方式实现用户价值，具备人性化的优点，社群营销开展的条件包括人力和资金、内容和服务、时间和耐心、产品及营销模式等。

行业观察4-1

八种私域运营
转化策略

美国互联网营销专家查克·布莱默(Chuck Brymer)在《点亮社群》[①]中指出："互联网营销的本质就是用最小的投入，准确链接目标顾客，用完美的创意，实现强大的口碑以影响目标顾客。"有些用户彼此之间有相同或相似的兴趣爱好或者一定的利益关系，他们通过某个平台聚集在一起，企业通过销售产品或者提供服务，满足不同群体的需求，这就是社群营销。社群运营可以提升社群用户的归属感，加深品牌在社群用户心中的印象，提

---

① 《点亮社群》是 2010 年 5 月由东方出版社出版的图书，作者是查克·布莱默。该书主要讲述了社群的力量，剖析了社群的本质以及吸引社群的方法等。

升品牌凝聚力。社群经济的发展是移动互联网与新媒体进化的结果。社群营销的本质就是找到品牌的关键消费人群，品牌通过持续运营与消费者逐步建立信任关系，从而让消费者因为信任而购买社群营销推荐的产品，进而利用KOL、KOC的影响力带动更多的人购买产品。在这个过程中，社群是桥梁，也是工具，营销才是重点。简而言之，社群营销的本质就是"转化和裂变"，是一个把消费者变成粉丝、把粉丝变成朋友的过程。网络社群营销的方式比较人性化，不仅更受用户欢迎，还能促使用户成为品牌的传播者。

总体来说，社群营销是基于社交媒体平台，通过构建、运营和管理社群，吸引潜在用户并将其转化为忠诚用户，从而实现品牌传播和销售转化的营销方式。社群营销的用户路径如图4-3所示。

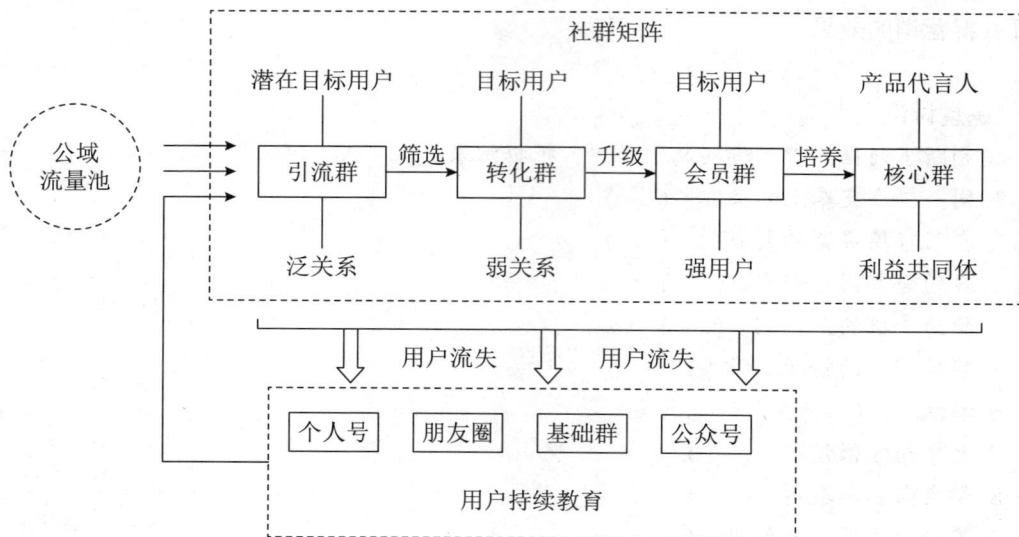

图4-3 社群营销的用户路径(示例)[①]

二、社群营销与传统营销的对比

传统媒体生态与社群媒体生态的对比如图4-4所示。

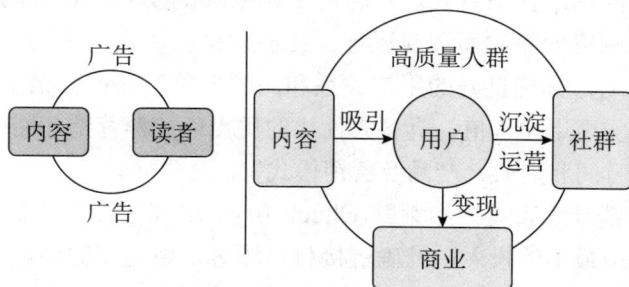

传统媒体生态，主要是写和看　社群媒体生态，除了写和看，还有互动

图4-4 传统媒体生态与社群媒体生态的对比[②]

① 人人都是产品经理社区. 根据用户关系变化和关键动作，来搭建社群矩阵 [EB/OL]. (2021-08-19)[2024-12-01]. https://www.163.com/dy/article/GHPA7KV60511805E.html.
② 投资博弈论. 社群为何而存在 [EB/OL]. (2016-08-17)[2024-12-01]. http://www.360doc.com/content/16/0817/11/17045591_583819390.shtml.

(一) 营销方式和手段

传统营销主要依赖传统媒体，如电视、广播、报纸和杂志等发布广告进行推广，强调将尽可能多的产品和服务提供给尽可能多的用户，通过广告、促销、公关和直销等手段进行营销。

社群营销基于互联网等移动终端，通过社交媒体平台、在线社区等渠道进行营销传播，注重建立与用户之间的关系，维护与用户的互动和沟通，从而通过用户生成内容(UGC)和实时反馈，更精准地定制产品和服务。

(二) 用户参与和互动

传统营销主要是单向的广告宣传，缺乏用户参与和实时反馈。

社群营销强调用户参与和互动，通过社交媒体平台、在线社区等渠道，与用户进行实时互动，以了解他们的需求和反馈。同时，社群营销更注重用户生成内容(UGC)，即让用户参与到营销活动中来，通过用户之间的分享和传播，扩大品牌的影响力。

(三) 营销效果和成本

传统营销覆盖面相对有限，成本较高，且广告效果可能因为用户对广告的接受度和认可度下降而不如预期。

社群营销能够更准确地定位目标用户群体，实时监测和分析用户的行为数据，从而进行精准的营销活动。同时，社群营销的成本相对较低，可以通过社交媒体等平台直接与用户进行互动和沟通，以提高营销效果。

(四) 长期效果

传统营销注重短期内的销售提升和品牌宣传，缺乏对长远发展的规划。

社群营销注重建立品牌的社交资本，通过社交媒体等渠道积累品牌的社交影响力和社交资产，从而实现品牌的长期发展。

(五) 策略制定

传统营销基于市场和产品制定策略，主要通过广告和促销活动来推动销售。

社群营销基于用户需求和反馈制定策略，通过社交媒体等平台与用户实时互动，以了解他们的需求和问题，并提供相应的解决方案。

行业观察4-2

社群媒体运营的
四个环节

三、社群营销的优势

社群营销的本质是通过建立和维护与特定用户群体的互动关系，以共同的兴趣、价值观或目标为纽带，促进品牌传播、用户参与和商业价值的实现。因此，社群营销在用户、品牌和企业层面都有不同的优势。

(一) 用户层面

1. 提供价值

社群营销能够为用户提供有价值的信息，同时能与用户保持互动关系，满足用户的需求和兴趣。

2. 提高参与度、忠诚度

社群营销能够有效提高用户的参与度和忠诚度。用户通过积极参与社区讨论、经验和知识分享等方式，会对企业品牌产生强烈的认同感和归属感，从而愿意主动传播品牌信息，并将品牌推荐给身边的朋友和家人，进而扩大品牌的影响力。

3. 增强用户黏性

社群营销可以为用户提供一个交流和分享信息的平台，用户在线上和线下频繁互动，可以将与企业原本先毫无关联的用户转变为弱关系用户，再进一步将原本处于弱关系中的用户培养成具备强联系和紧密关系的超级用户，以此增强用户黏性。

(二) 品牌层面

1. 精准定位目标市场和用户

社群营销有助于品牌更准确地把握目标市场、定位目标用户，从而为用户提供个性化的产品和服务。通过共同的兴趣爱好或利益关系聚集在一起的用户，他们之间存在一种相互理解和认同的情感纽带，因此企业在销售产品或提供服务过程中，更容易与他们达成共识并满足其需求。

2. 提升品牌忠诚度和口碑

社群营销有助于建立品牌与用户之间的紧密联系，通过持续的互动和沟通，提升用户对品牌的认知、信任和忠诚度，而这种忠诚度可以转化为更高的回购率和更广泛的口碑传播。

3. 高效扩大品牌影响力

社群营销能通过低成本完成高效率的传播，迅速扩大品牌影响力。相较于传统营销方式，社群营销的成本较低。品牌可以利用社交媒体平台免费发布内容，与用户进行互动，还可以突破地域限制，吸引来自全国各地的用户。同时，社群成员之间的口碑传播有助于企业树立良好的品牌形象，提高品牌知名度和美誉度。

(三) 企业层面

1. 了解市场及改进产品

社群营销能够帮助企业进行市场调研和产品改进。通过收集社群成员的反馈意见，企业可以及时获取用户需求、意见等信息，据此可以优化产品设计、改进服务质量，更好地满足用户需求。同时，社群成员也会因为自己的意见被采纳而感到被重视，进而提升对企业的忠诚度和参与度。

2. 提升营销效果

社群营销提供多种营销手段，如内容营销、活动营销、情感营销等。企业可以根据自身特点和目标用户选择合适的营销方式，提高营销效果。

3. 数据驱动决策

社群营销可以为企业提供丰富的用户数据，如用户行为、兴趣偏好、消费习惯等。这些数据有助于企业准确地了解用户需求和市场趋势，为决策提供有力支持。

微课4-1

IP时代——人设

微课4-2

IP时代——人格化IP

任务二 社群营销的类型和特征

现如今，当你购买某品牌的产品后，你对品牌而言不仅是用户，更是"粉丝"或"朋友"，各品牌用户以社群为基地"圈地自萌"①。你加入过哪些类型的社群？这些社群之间有哪些区别？

社群营销是一种通过社交媒体建立和维护品牌与用户之间长期关系的营销方式。它主要通过社交媒体平台实现对品牌的打造、宣传和推广，拉近品牌与用户之间的距离，融入用户的日常生活，从而实现并巩固品牌在用户心中的定位。与传统营销模式相比，社群营销的独特性体现在它采用一种以用户为核心的互联网思维模式，在用户和品牌之间发挥桥梁的作用，帮助用户与品牌无障碍沟通，使其自身的需求得到企业的关注与重视。在本任务中，我们将学习社群营销的类型、特征，以及社群营销在我国的发展现状、商业模式。

一、社群营销的类型

社群是承载并运营用户关系的一种载体。一般来说，先有社群，之后才会有基于社群的各种"关系"，才能基于关系成交和变现。为了深入地了解社群营销的功能，可以对社群营销进行如下分类。

(一) 按兴趣、目标和需求等维度划分

根据兴趣、目标和需求等维度，可将常见的社群营销划分为产品型社群、消费型社群、成长型社群、品牌型社群、组织型社群、兴趣型社群，如图4-5所示。

---

① 圈地自萌，网络流行语，指的是在小圈子内自娱自乐，沉迷于自己的兴趣爱好。

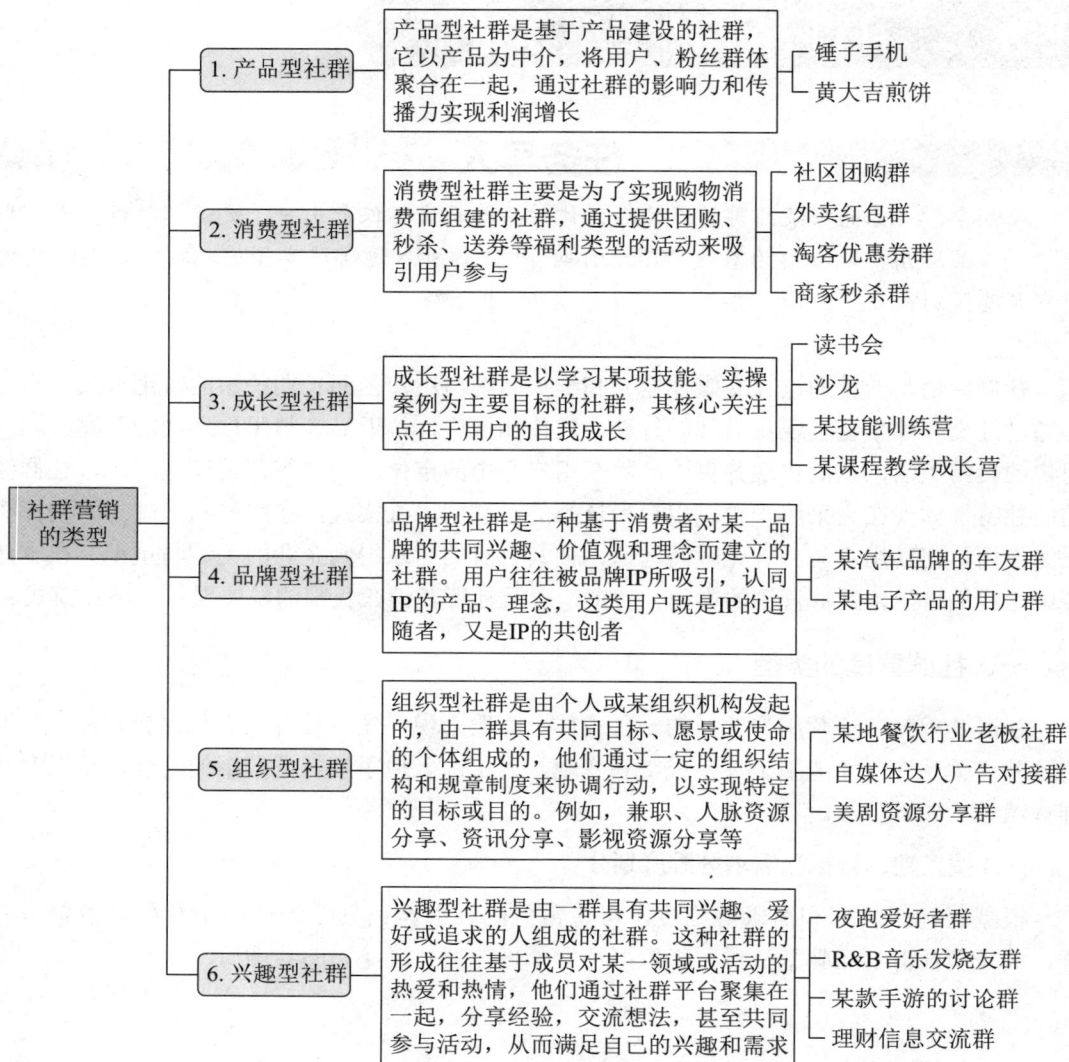

图4-5 社群营销的类型——按兴趣、目标和需求等维度划分

(二) 按定位和运营模式划分

腾讯官方推出的《超级连接》[①]一书中，按照社群的定位和运营模式，归纳出三种较为常见的社群类型，即营销型、内容型和服务型，如表4-2所示。

表4-2 社群的类型——按定位和运营模式划分

比较项目	营销型			内容型			服务型	
	折扣型	裂变型	通知型	教程型	话题型	视频型	售前服务	售后服务
模式描述	以营销活动和优惠分享、销售转化为直接目标的社群类型			打造品牌内容运营主阵地的社群模式			以咨询为导向，提供售前、售后服务的社群模式	

① 腾讯智慧零售. 超级连接[M]. 北京：中信出版社，2020.

（续表）

比较项目	营销型			内容型			服务型	
	折扣型	裂变型	通知型	教程型	话题型	视频型	售前服务	售后服务
群管家职能	折扣型以抢折扣、抢购、秒杀等活动为主；裂变型以拼团、砍价、助力等活动为主；通知型以活动通知、品牌宣传为主			发布教程、话题、视频等，触达用户并持续解决用户疑问、满足用户需求，维持群内成员活跃度和互动性，进一步寻求销售转化			完成售前咨询，促进成交，订单完成后提供售后服务和复购拉动	
典型适用品类	普遍适用			母婴、运动、服饰、美妆等			家电、3C等	

1. 营销型社群

营销型社群是指营销频率高，以营销活动和优惠分享、销售转化为直接目标的社群类型。它可以分为折扣型、裂变型和通知型。其中，折扣型社群是以抢折扣、抢购、秒杀等活动为主要特征的社群；裂变型社群主要承载拼团、砍价、助力等作用；通知型社群以活动通知、品牌宣传为主要内容。

2. 内容型社群

内容型社群是打造品牌内容运营主阵地的社群模式，可分为教程型、话题型和视频型。社群管理者通过在群内有计划地发布科普性信息、教程、话题、视频等方式，触达用户并持续解决用户疑问、满足用户需求，维持群内成员活跃度和互动性，进一步寻求销售转化。

内容型社群主要适用于母婴、食品、美妆、运动等行业。母婴行业作为"知识密集型"行业，其用户对孕前、孕中、产后育儿等全链路的知识有着强烈需求；美妆行业的用户希望紧跟时下流行的妆容趋势，学习各类妆容的化妆技巧并了解产品使用效果。此外，还有和行业相关的知识付费类社群，通过提供部分行业资讯、职业技能等方面的干货类知识，引导用户购买会员会籍、相关资料或后续课程。

3. 服务型社群

服务型社群以提供售前和售后服务为主。即便产品消费频次再低，品牌也可以通过服务型社群提供可靠的售前咨询服务，从而积累意向用户，然后在促销节点进行销售转化。

二、社群营销的特征

社群营销具有独特的社群氛围、多元化活动连接、个体影响力放大、有利于"铁粉"的培养、用户连接及交流紧密、营销策略多样化以及基于社交化等特征。这些特征使得社群营销成为企业实现提升品牌知名度、扩展用户群体、提升用户忠诚度等目标的重要工具。

(一) 独特的社群氛围

社群营销建立在具有独特氛围的社群之上，这种氛围与社群成员画像、规章制度等紧密相关。社群作为一个开放的小型社会，拥有自己的文化和气息，从而形成一种独特的社群环境。

(二) 多元化活动连接

社群营销重视通过多元化活动来连接成员,并产生优质的内容。这些活动不仅围绕特定主题或产品展开,而且涵盖日常生活、爱好、时事热点等更广泛的领域。这些活动不仅增强了社群的活力,还扩大了社群内部的连接,增强了成员的凝聚力,并为商业合作带来了新的机会。

(三) 个体影响力放大

在社群中,由于成员规模有限,任何特别的发声和行为都会迅速被群体所关注,这使得个体的影响力在社群中被放大。因此,社群营销应更加严格地把控成员质量,建立一定的入群门槛,以确保社群的健康发展和正面影响力。

(四) 有利于"铁粉"的培养

社群营销搭建了一个能够主动吸引用户和有利于口碑传播的平台。其成员通过将社群海报分享到朋友圈、小红书等平台,可以吸引有共同爱好或需求的用户主动加入社群。这些主动加入的用户对品牌的认同度较高,更有可能成为品牌的铁杆粉丝,为品牌的长远发展奠定基础。

(五) 用户连接及交流紧密

社群营销是在网络社区营销以及社会化媒体营销的基础上发展起来的,用户连接及交流更为紧密。它通过连接、沟通等方式实现用户价值,营销方式人性化,更容易受用户欢迎,可能促使用户成为品牌的传播者。

(六) 营销策略多样化

社群营销涵盖多种营销策略,如建立专属社群、提供有价值的内容、发布社交广告、兴趣分群推广、社群合作营销以及社群管理与维护等。这些策略旨在通过不同的方式提升品牌知名度、扩大用户群体、提升用户忠诚度等。

(七) 基于社交化

社群营销是以社交化为基础的网络营销方式。随着Web2.0的发展和社交网络的普及,社群的概念逐渐流行起来。社群经济、分享经济等概念也在同样的背景下被人们所熟知,进一步证明了社群营销的社会化基础。

任务三　社群营销的发展模式

任务导入

随着互联网的发展，社群经济逐渐形成，影响了企业的经营模式和消费者的消费模式。在现实生活中，你体验过哪些社群营销模式？未来社群营销的发展趋势如何？

一、社群营销的发展现状

(一) 我国营销的发展阶段

为了深刻地理解社群营销，首先应了解营销的发展历程，如图4-6所示。现代营销学之父菲利普·科特勒(Philip Kotler)认为，新时代的营销应重视企业和消费者的关系，这意味着营销传播不能再像以往一样单纯对消费者进行信息灌输，而应更关注消费者的内心世界，通过内容创新、传播方式创新，与消费者沟通并建立情感联系，使品牌成为消费者表达自我、展示自我的载体。

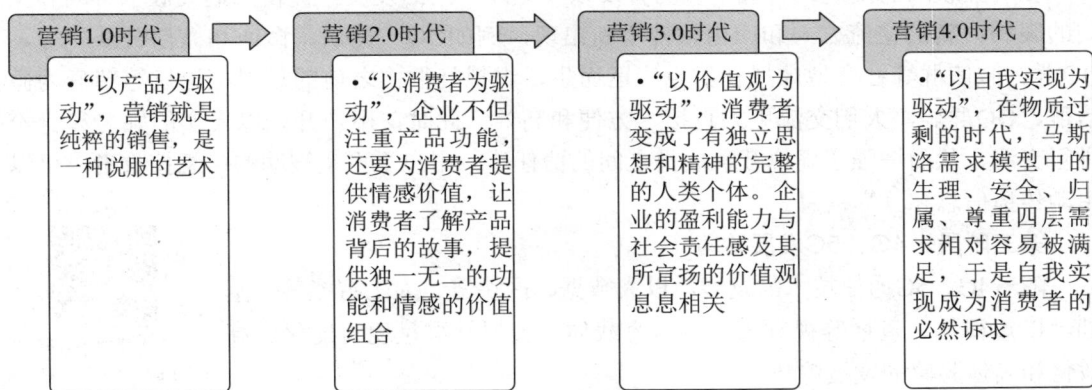

营销1.0时代
- "以产品为驱动"，营销就是纯粹的销售，是一种说服的艺术

营销2.0时代
- "以消费者为驱动"，企业不但注重产品功能，还要为消费者提供情感价值，让消费者了解产品背后的故事，提供独一无二的功能和情感的价值组合

营销3.0时代
- "以价值观为驱动"，消费者变成了有独立思想和精神的完整的人类个体。企业的盈利能力与社会责任感及其所宣扬的价值观息息相关

营销4.0时代
- "以自我实现为驱动"，在物质过剩的时代，马斯洛需求模型中的生理、安全、归属、尊重四层需求相对容易被满足，于是自我实现成为消费者的必然诉求

图4-6　营销的发展历程

如图4-7所示，从工业时代到营销时代，再到今天的移动时代，随着时代的发展，营销受众从用户变成粉丝，再由粉丝聚合成社群。

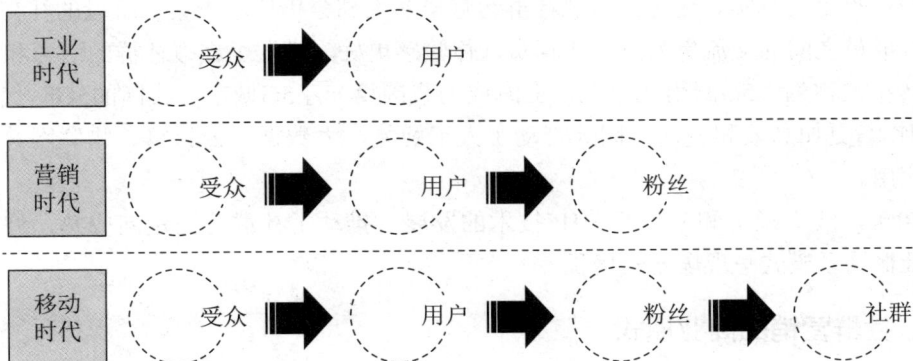

工业时代　受众 ➡ 用户

营销时代　受众 ➡ 用户 ➡ 粉丝

移动时代　受众 ➡ 用户 ➡ 粉丝 ➡ 社群

图4-7　社群的产生过程

（二）社群营销的发展阶段

互联网在我国发展以来，我国社群营销也随之不断演变，大体分为以下三个发展阶段。

第一阶段：互联网发展初期

在该阶段，互联网开始在我国出现并得以广泛运用。随着互联网基础设施的完善以及互联网产品的出现，部分企业开始通过一些社区类产品来建构早期的虚拟社群，如百度贴吧、天涯社区、豆瓣、QQ聊天室、各种门户论坛等。此时的用户在虚拟空间往往隐匿自己的真实身份，在与他人的互动中构建自己的虚拟形象，并通过信息传播获得认同感，进而改变自己的交互方式。由于网络社区与现实生活联系较弱，在网络社会中，虚拟性占据主导地位，用户受电脑和有线网络的限制，不能随时随地在虚拟社群内交流，此时的虚拟社群结构偏向松散化和无序化，其实际应用和外延功能也相对受限，大部分仅限于互换信息和交流感情，整体呈现从网站到用户的单向传播，人际线上交流以传播文字和图片信息为主。

第二阶段：移动互联网发展阶段

移动互联网的发展、智能手机的普及以及无限网络的发展，促使人们突破了时间和空间的限制。新的交流方式和应用软件不断出现，例如QQ、微信、微博和微信公众号等，QQ群、微信群等社交型虚拟社群也应运而生，虚拟社群由之前的贴吧、论坛等转变为微信群、QQ群等，人们交流更为直接、方便和高效。此时，用户开始以真实的姓名和身份进行交流，从而增强了虚拟社群成员之间的信任感。用户不再是被动的信息接收者，可以主动传播信息和分享信息。

第三阶段：4G、5G发展阶段

随着4G、5G通信技术的发展，以大数据、区块链、人工智能等为基础，以短视频、直播等视频为主要内容载体，虚拟社群呈现智能化、高效化和高体验感的发展趋势。

行业观察4-3

小米的社群营销是
如何"飞起来"的？

2015年被称为"社群元年"，社群在科技、文化多个行业爆发，以小米为代表的手机社群营销取得了很好的效果，并引起其他行业、领域纷纷效仿。

2016年被称为"VR元年"，VR、AR、MR等新技术的出现，实现了高效的人机交互，用户体验更为真实。这时的虚拟社群运营虽然大部分仍依附于第二阶段的社交软件，但是社群成员之间的交流更为方便和真实，体验感更好，激发了虚拟社群的活力和潜能。

2019年被称为"5G商用元年"，上海成为我国第一座5G城市，我国的5G时代已经到来。5G比4G更加高效和便捷，因此带动了人工智能、大数据、云计算、物联网等新技术的充分应用。

2020年，线上经济和社群相关H5技术的发展，推动了社群营销走向成熟，许多社群团购、社群展示模式呈现爆发式增长。

二、社群营销的商业模式

社群经济的出现，对整个商业的各个环节都产生了革命性的影响，并形成了全新的商业模式。常见的社群商业模式有社群广告变现、社群电商变现、社群粉丝变现。

(一) 社群广告变现

社群广告变现是利用社群中的用户流量为品牌或商家提供广告投放服务，从而获得广告费用的商业模式，主要有发布广告信息和线下活动引流两种方式。

1. 发布广告信息

在社群中发布广告信息，根据广告点击量、曝光量等指标计算广告费用。这种方式本质上是把社群当作一个广告投放渠道。

2. 线下活动引流

策划线下活动吸引社群成员参与，通过线下体验提升用户黏性和购买意愿。例如，通过门店活动、新品体验、主题沙龙等带动线上销售。

社群是重运营、重互动的，其用户又是相对精准的，因此广告只有基于良好的社群运营和精准的用户匹配才会有效果，即将广告融入社群内容和活动之中，提高广告的"软"性，用户才会不抵触。

(二) 社群电商变现

社群电商变现是通过社群中的用户群体和社交关系来推广和销售产品或服务，从而获取佣金或提成的商业模式，主要有社群电商销售和社群内容付费两种方式。

1. 社群电商销售

在社群内直接销售产品或服务，通过限时抢购、预售、发放优惠券等方式吸引用户购买。例如，在微信群或公众号内开展销售活动，利用社群成员的互动和信任关系促进销售；结合社交媒体和直播形式进行社群电商变现，通过社交化购物和直播互动提升用户购买意愿和信任感。

2. 社群内容付费

在社群内提供付费的内容服务，如课程、教程、咨询等，根据内容的价值和实用性设定收费标准。内容付费有助于提升社群的专业性和价值感，为用户提供高质量的内容服务。

社群电商的本质就是将产品通过社群这个渠道销售给用户。对一个发展成熟的社群而言，社群电商所占的优势与社群广告类似，主要在于社群成员的精准性和高互动率。对社群管理者而言，在进行商品挑选和销售时应以群成员(用户)的画像为中心。社群电商变现的优势是直接面向目标用户，转化率高，社群成员间的口碑传播有助于提升品牌知名度。

(三) 社群粉丝变现

社群粉丝变现是利用社群中的粉丝进行变现，通过提供有价值的内容或服务吸引粉丝，然后将粉丝转化为用户或合作伙伴的商业模式，主要有付费会员服务、会员合作及知识付费两种方式。

1. 付费会员服务

为社群用户提供付费会员服务，如专属内容、优惠折扣、优先购买权等；设立不同等级的会员，根据会员等级和服务内容设定不同的会员费用。通过这种方式，为社群提供稳定的收入来源，同时提升用户的忠诚度和参与度。

2. 会员合作及知识付费

通过创业分享、知识卖课、人脉合作等方式吸引粉丝关注，将粉丝进一步转化为购买课程、产品或服务的用户。

在进行社群粉丝变现时，需要注意以下几点：一是保持与粉丝的良好沟通和互动，确保变现活动不会影响粉丝的体验和忠诚度；二是根据社群的特点和粉丝的需求，选择合适的变现方式，避免过度商业化或强制推销；三是定期评估变现活动的效果，以便及时调整策略并优化变现效果。

任务四　社群的搭建步骤和营销方法

任务导入

如今，私域营销已成为企业营销的标配甚至刚需，而社群作为私域营销的主要承载形式之一，也是企业运营私域的重点方向。在这个过程中，企业往往面临以下问题：社群如何搭建？怎么做内容？怎么规划？

在全媒体时代的大背景下，社群如雨后春笋般蓬勃涌现，几乎无人不晓其存在。社群是由相同兴趣、认知和价值观的用户自发形成的紧密网络，犹如群蜂般聚集成团，通过频繁的互动、深度交流与合作，相互影响，从而形成一种积极的价值循环，进而滋养产品品牌的生命力。但在构建私域社群流量池的过程中，有些企业即使建立了很多私域社群，也很难将其盘活，经常会出现留不住用户、成交转化率低、复购及拉新难等问题。在本任务中，我们将站在社群建设的全流程视角——社群搭建前、社群搭建中、社群搭建后，从社群基础建设、内容精细化运营等方面，来学习搭建高质量社群的步骤以及社群的营销方法。

一、社群搭建前

在社群搭建前，需要思考社群的目标和定位，据此选择社群平台，完善社群架构和规则设计，完成社群基本设置，最后做好社群内容规划，如表4-3所示。

表4-3　社群搭建之前的事项清单

社群基础建设	内容精细化运营
1. 选择社群平台	1. 社群的目标和定位
2. 完善社群规则设计	2. 完善社群架构设计
3. 社群基本设置	3. 社群内容规划

(一) 社群的目标和定位

搭建社群的第一步是明确目标和定位，应考虑到社群的主题和核心内容，以及目标群体的需求和兴趣。明确的目标和定位可以帮助社群更好地吸引和留住目标群体，定位是社群的生命线。

在实践中，可以按照以下步骤进行社群定位：第一步，明确社群针对的人群；第二步，明确社群存在的问题；第三步，明确要达成的效果并制定方案，方案结构为"人群画像(包括年龄、地区、职业等)+需求痛点(包括赚钱、求职、消遣等)+解决方案(包括信息发布、资源对接、训练营等)"，每一项内容越具体越好，这样才能明确社群的服务人群、提供服务的方式以及预期效果，从而提升社群的活跃度。

(二) 选择社群平台

选择和搭建社群平台是建立社群的重要环节，可以根据目标群体的特点和偏好，选择适合的社交媒体平台或专业社区平台；还可以根据表4-4所示的自检清单，来匹配合适的社群平台。

表4-4　社群搭建前的自检清单

序号	自检内容
1	我的产品是什么？有什么特点？有哪些优势
2	我的营销目标是什么？(提高转化率、提高口碑、提高认知等)
3	我的社群服务用户具有哪些特征？(用户画像)用户规模如何
4	这些用户的需求和痛点是什么
5	我的社群能解决哪些需求和痛点？能给用户提供何种解决方案
6	用户是否愿意在社群中花费时间和金钱
7	我运营的社群类别是什么？商业模式是什么
8	我的社群是否能够进行规模化复制

(三) 完善社群架构设计

在社群架构中设计不同的角色，如图4-8所示，不同角色需要承担不同的职责。

创建者

创建者是社群的灵魂人物。创建者的特质包括人格魅力强、在某领域能让人信服、能号召一定的人群

管理者

社群管理者需要具备良好的自我管理能力，要做到赏罚分明，能够对成员的行为进行评价并运用平台工具实施不同的奖惩

参与者

参与者负责寻找用户加入，或许拉人加入社群并不难，但这样的用户对维持社群的活跃度并不是非常有效，真正有效的用户是活跃的目标消费人群

开拓者

开拓者应能深挖社群的潜能，在不同的平台对社群进行宣传，能促进各种合作的达成，因此应具备懂连接、能谈判、善交流的特质

分化者

分化者学习能力强，能够深刻理解社群文化，参与过社群的构建，熟悉所有的细节。分化者是未来大规模社群复制时的超级种子用户，是复制社群规模的基础

合作者

合作者负责拓展一定的合伙人，用于资源互换，与其他社群相互分享，共同提升影响力，或者通过跨界进行合作，实现互利

付费者

社群的运营和维护是需要成本的，所以社群的运作离不开付费者的支持。付费的原因包括购买相关产品、社群协作产出、基于某种原因的赞助等

图4-8　社群中的不同角色

(四) 完善社群规则设计

在社群初创时期就要设定明确的群内规则，这样既能告诉用户社群的价值，又能约

束社群成员的行为，从而提高管理效率。如果规则太多，可以考虑使用图示的形式。社群规则一般包括欢迎语、社群的用途(定位)、行为规定(如禁止发广告、语言攻击、扰乱秩序等)及惩罚措施。

(五) 社群基本设置

社会基本设置包括群名、欢迎语、自动回复和群公告等。

群名——对企业社群来说，群名一般是"品牌+门店名称"。对其他类型的社群来说，群名应能突出社群的功能或价值、社群用户的特征等，例如，好货海淘群、每日薅羊毛群、自媒体人资源对接群、×××粉丝聊天群等。

欢迎语——昵称+入群福利。简洁明了的欢迎语能够给成员带来好印象，有助于新成员理解社群的价值。

自动回复——针对普遍性问题给予清晰回答，可以采用文字、图片甚至微信公众号文章等形式，例如，打卡群可以告诉成员打卡的规则和方法。

群公告——发布通知、群规等，所有成员都可以第一时间查看，了解群内的最新活动和规则。

(六) 社群内容规划

完善社群基本设置后，应制定相应的社群运营策略，以确保社群的有效运营和发展，其中，内容是社群运营的核心。如果一个社群没有系统的内容规划，可能会沦为广告群。可以通过发布文章、制作视频、组织活动等方式，提供有价值和有趣的内容，以吸引和留住目标群体。同时，还应定期进行内容更新和优化，以保持社群的活跃度和吸引力。

社群内容规划应包含两部分内容：一是日常活跃群氛围的内容；二是活动运营内容。表4-5为某行业学习训练营的社群内容规划表(以1天为例)。

表4-5 社群内容规划表(示例)

时间		day1
预想		列举今天要做的事情
内容	了解	今天学习的内容中需要学员了解的知识点
	掌握	今天学习的内容中需要学员掌握的知识点
	重点	重点学习的知识点内容
	难点	学员学习过程中可能遇到的难点
运营事项		群运营或群助教需要做什么？例如，建群、加好友、发布开课链接
教学事项		需要向学员分享的内容有什么？是否有课程知识点补充
群内容安排		具体运营安排 【早公告】××××× 【午公告】××××× 【晚公告】××××× 【分享公告】××××× 【私聊安排】×××××

二、社群搭建中

完成社群搭建之后，应进行成员招募和管理、社群日常运营和互动、社群转化三个方面的工作。

(一) 成员招募和管理

成员招募非常关键，也是最考验运营者工作能力的环节，主要涉及招募渠道的选择、路径的设置等方面。没有精准、成功的引流或拉新，后面的社群营销，以及用户的留存、转化和裂变都将无从谈起。关于成员的招募及管理方式请扫码查看。

成员的招募及管理方式

(二) 社群日常运营和互动

社群日常运营和互动是建立社群的关键环节，应定期进行社群的推广和宣传，以吸引更多的目标群体加入。

1. 社群日常运营

常规的社群运营工作包括内容规划、社群激励实施和价值体系构建、产品转化、基础工作四大部分，如表4-6所示。

表4-6 常规的社群运营工作

日常运营工作	具体事项
内容规划	内容分类：根据运营目的，可将内容规划分为促活、转化以及品牌宣传三个基本方向。 素材库建立：确定内容分类后，建立素材库，包括知识分享、图片分享等。 内容生产：建好素材库后，可以着手内容生产，其方式有原创、转载、征集等。 内容优化：对已发送的内容进行分析优化，选取用户打开率最高、评论率最高、互动率最高的内容，提升此类内容发布频率
社群激励实施和价值体系构建	群积分：通过设置社群积分体系，用虚拟奖励引导用户行为，比如签到、发言及邀请好友入群等。 产品激励：通过秒杀、限定产品刺激成员参与社群互动，达成社交信任。 物质激励：包含互动抽奖、节日红包等。 精神激励：对社群内活跃用户进行公开表扬和肯定，营造成员归属感
产品转化	选品：私域社群内的商品一般为流量品、福利品、利润品以及专属品。日常销售时，可以借助"节日+定制渠道"的专属组合，激发用户消费欲望，完成付费转化；还可以结合高话题性、高质量的内容进行种草。 组货：组货有以下四种方式，一是做公域内没有的组合(产品仅提供给私域进行销售)；二是"爆品+滞销品"的组合；三是低价产品的组合(如99元任选3件)；四是"低价滞销品+热门小样"的组合
基础工作	秒杀、抽奖、满赠、限量优惠券等

一个完整的营销类社群SOP[①]如表4-7所示，需要注意的是，应结合社群用户画像的作息时间来确定相应的内容环节以及发送的频率。

表4-7 母婴类社群SOP案例

时间	内容	详情
8:00	早安问候	正能量文案+海报
10:00	签到活动	小程序扫码签到抽奖
11:30	限时秒杀	母婴日用品低价秒杀
15:30	限时秒杀	宝宝衣物低价秒杀
16:00	游戏互动	小程序种花，领奖品
17:00	母婴知识	母婴知识科普
19:00	限时秒杀	贴身衣物秒杀
22:00	限时秒杀	宝宝衣物低价秒杀

2. 社群互动

营销人员应积极与社群成员互动，互动方式有打卡签到、日常聊天、回复评论、解答问题、组织线上线下活动等，以提升社群的凝聚力和活跃度。其中，打卡签到可以在企业微信中绑定"打卡签到"小程序，设置签到积分，成员签到即可领取积分，积分满50可兑换一次抽奖机会，奖品通常为一些小礼品和体验产品等。

(三) 社群转化

常见的社群转化方式有产品转化、周期内自然转化、单聊群发辅助转化、客户朋友圈辅助转化、群发转化、产品图册及对外收款辅助转化。

社群转化方式

三、社群搭建后

完成社群搭建并经过运营之后，还应关注社群文化建设、社群数据分析。

(一) 社群文化建设

应营造积极、支持、包容的社群文化，鼓励成员之间的互助与合作，尊重多样性和不同意见。建设社群文化，能够增强社群成员的凝聚力，塑造共同的价值观和行为准则，使成员形成强烈的认同感和归属感；能够促进社群成员之间的合作与协作，共同推动社群的发展；能够塑造独特的社群品牌形象，使社群在同类社群中脱颖而出；能够满足成员的精神需求，提升成员的满意度和忠诚度，使成员更加愿意为社群的发展付出努力。

(二) 社群数据分析

社群建立后，需要进行数据分析和优化，从而进一步提升社群的运营效果和用户体验。

---

① SOP(standard operating procedure，标准作业程序)是指将某一事件的标准操作步骤和要求以统一的格式描述出来，用于指导和规范日常工作。SOP的精髓是将细节进行量化。

可以通过数据分析工具对社群的成员数据、互动数据等进行分析，以了解用户行为和需求，从而有针对性地进行优化和改进。根据社群运营生命周期的五大阶段，有九个重要数据指标需要重点关注，如表4-8所示。

表4-8 社群不同生命周期阶段需关注的数据指标

生命周期	关键指标
初建期	1. 进群率=入群人数÷入群渠道曝光数 2. 退群率=退群人数÷社群人数
激活期	3. 互动率=当日有效发言人数÷社群人数 4. 人均消息量=消息总数÷社群人数
留存期	5. 留存率=周期内社群人数÷社群总人数
变现期	6. 转化率=订单人数÷社群总人数 7. 客单价=订单总额÷订单人数 8. ROI=销售额÷成本
传播期	9. 用户分类：区分不同类型用户的比例，从而设计不同的营销活动

社群数据分析的重要性不容忽视，它在揭示消费者行为、优化营销策略、提升社群活跃度及用户满意度等方面扮演着关键角色。

四、社群营销方法

(一) 研究和设计自己的核心产品和文化理念

行业观察4-4

社群团购王牌
——快团团

为了保证社群营销的效果，应研究和设计自己的核心产品和理念，从而提升对用户的吸引力。好的产品和理念会让成员更认同自己所在的社群和营销方式。

(二) 尊重用户的感性需求，引发社群共鸣

产品不仅要满足用户对外观、功效和性能的需求，还要能满足用户的感性需求。例如，购买茶叶的用户可能是喜欢饮茶的群体，可能是享受高端社交的群体，也可能是投资群体，不同群体的感性认知度不同。理解用户的感性需求，能够传递更多的信任、尊重、快乐和自我价值，从而实现与用户的有效沟通。

(三) 制造社会证据，证明产品价值

当用户购买产品时，通常会考虑产品的价值是否高于价格，在社群营销中，如果能营造产品价值高于价格、价格高于成本的氛围，那么就能获得较好的销量。例如，在直播营销中，经常采用买产品赠送杯子、赠送雨伞等活动，用户会将产品与赠品的价值简单相加，从而在心理上产生一种价值高于价格的优惠感。通过此方法锚定产品价值，有助于实现双方共赢。

(四) 赋予社群使命与目标，延长社群生命周期

社群是有生命周期的，大多数社群随着活动的结束也就销声匿迹了，因此做好社群维系至关重要，赋予社群使命与目标是一种比较有效的方法。例如，鼓励成员在社群内比省钱、比晒单、比抽奖等，以有趣的方式提高社群活跃度。

思想领航

农产品营销3.0时代：社群营销①

"农产品+社群"是指将生产者与消费者联系起来，让消费者为农产品的种植与生产提供资金和智慧，并参与农产品种植过程，在互动中生产出优质农产品的一种农产品营销模式。这种模式在打通农产品流通环节、提升农产品附加值方面能够发挥独特的作用。

一、农产品流通的核心问题

当前，农产品流通的痛点是信任缺失。农产品流通的问题主要表现在以下几个方面：一是上游分散，分散在非常多的农户包括散户手里；二是中间环节多，产品缺乏标准化，需要进入市场后再判断供需关系并确定价格；三是下游消费环节复杂。

一方面，在现代城市发展进程中，城市居民与农民的关系愈发疏远，城市消费者很难见到真正的农民生产者，也不了解农产品的生产和加工过程，加上近年来食品问题频发，消费者对食品安全顾虑重重；另一方面，农产品生产者不了解销售对象，不知道产品在哪卖、卖给谁。生产者与消费者的关系慢慢疏远并最终瓦解，其本质原因就是信任的缺失，这也是困扰我国农产品流通的核心问题。

二、农产品营销的发展历程

农产品营销将迎来移动社群电商3.0时代，模式的升级将促使产业转型升级。互联网与传统产业的结合曾被认为是解决流通领域问题的灵丹妙药，农产品电商经历了如下发展历程。

首先是1.0时代。在这一阶段，人们直接把农产品搬到网上售卖，把网络当作一个供求渠道，但最终由于市场交易混乱、消费品品质参差不齐而没落。

接下来进入2.0时代。在这一阶段，人们利用传统电商做营销推广，以贸易公司和中间采购商为主，但由于渠道价格过高，大众难以接受。

如今，农产品电商迎来以移动社群为特征的3.0时代。在这一阶段，人们利用社群打通移动营销渠道入口，通过圈层之间的互动和分享，形成圈层快速裂变，从而加速产品推广和营销驱动。社群体现为两两相交的网状关系，基于"用户满足"与"服务用户"两个核心，以满足用户对情感、信任、产品、利益的需求。社群营销要求打通粉丝连接，形成有组织、文化、气质、利益分配机制的自生长体系，从而使商业价值在信任体系中无噪声实现。

---

① 李伟民.漫谈 | 营销新方式："农产品＋社群"了解一下 [EB/OL]. (2018-10-11)[2024-12-01]. https://mp.weixin.qq.com/s?__biz=MzA5ODQxMzI4OA==&mid=2650016690&idx=3&sn=692f23437611d01a2ab1368dfa1db688&chksm=88915435bfe6dd23ffc2d565fadc375c47c17177ea1d3505a33537f73d1a7b071007a30722b2&scene=27.有删改

三、农产品社群营销的模式

农产品社群营销的模式有社群农场、农业众筹等。

社群农场的运作模式类似共享农场，农民生产出令消费者满意的健康优质产品，而消费者作为"股东"可以亲自参与农田的管理与运作，在享受优质成果的同时为农民分担生产耕作的风险，以达到产销共赢。在这个过程中，城市社区居民可以亲自去农场体验耕作，农场也可以通过现代移动互联网平台向社区居民发布生产日报、配送日报和总结等，及时对农场的生产经营进行计划，根据计划有序开展活动，让社区居民会员能够快速准确地了解农场种植生产的最新动态。

农业众筹是指由消费者众筹资金，农户根据订单决定生产，等农作物成熟后，将农产品直接送到消费者手中的模式。这种"从田间到舌尖"的模式，当前发展较为迅速。

国内一些成功的社群也为农产品运营提供了思路。以某食用油企业为例，企业运营分为线上运营和线下运营。在线上运营方面，企业围绕社群开设了商学院、私厨、油茶菜谱等交互板块，在满足消费者共享信息需求的同时，又沉淀了消费数据，为精准化产品服务打下了基础。在线下运营方面，主要通过组织一些活动来加强社群成员之间的交流。除了定期组织喝茶读书活动、吃货试饮等，还组织社群成员与当地农民结成"命运共同体"，共同负责种植和生产环节。

如今，传统电商逐渐步入低迷，社群营销已经成为后起之秀。以"情感、信任、产品、利益"为核心的社群营销能够有效解决困扰中国农产品流通的"信任"痛点，未来或将成为助推农产品生产流通模式革新的利器。

项目检测

基础训练

一、扫码自测

二、思考题

1. 社群营销的本质是什么？
2. 你能用一句话概括"社群营销"吗？
3. 传统营销和社群营销有哪些区别？
4. 社群营销分为哪些类型？
5. 在社群搭建前，运营人员需要做哪些工作？

三、简答题

小帅和小美在大学毕业后一起创立了一家公司，专注于健康食品领域。他们精心研发了一系列无添加、高营养的自然零食，迅速在健康食品市场中占据一席之地。凭借着对品质的坚持和对消费者需求的精准把握，他们的产品销量节节攀升。几年后，公司在国内建立了完善的销售网络，通过传统电商销售和社群运营，成为健康食品行业的佼佼者，两人也因此实现了创业梦想。

下面这组数据来自公司某个社群，请你对其中的关键数据进行分析。

2024年1月至6月，某区域共建立食品吃货群10个；各渠道曝光数量为432万；其中9个群的群成员数量分别为500人，1个群的群成员数量为389人；进群总人数为4956人，退群总人数为67人；7月新建群1个，该区域社群总数升至11个，该新群总人数为143人，退群人数为5人；7月，11个群的下单总人数为4059人，复购人数为2711人，订单总额为1016 640元，总成本约为36万元，净利润为656 640元。

综合应用

实训一

请模拟建立一个销售型微信社群。

1. 建社群前对照自检清单进行检查，如表4-9所示。
2. 设立群规，将其添加到"群公告"中。
3. 完成社群基本设置。

表4-9　社群搭建前的自检清单

序号	自检内容
1	我的产品是什么？特点是什么？优势有哪些
2	我的营销目标是什么(提高转化率、提高口碑、提高认知等)
3	我的社群服务于具有哪些特征的用户？(用户画像)用户规模如何
4	这些用户的需求和痛点是什么
5	我的社群能解决用户的哪些需求和痛点？能为用户提供何种解决方案
6	用户是否愿意在社群中花费时间和金钱
7	我所运营的社群类别是什么？商业模式是什么
8	我的社群是否能够进行规模化复制

实训二

请为自己的社群制定"社群内容规划表"。

实训三

打开微信小程序"快团团"，模拟创建一个团购。

1. 添加完商品后，将该团购分享到班级群。

2. 为该商品设计社群销售文案，如图4-9所示。

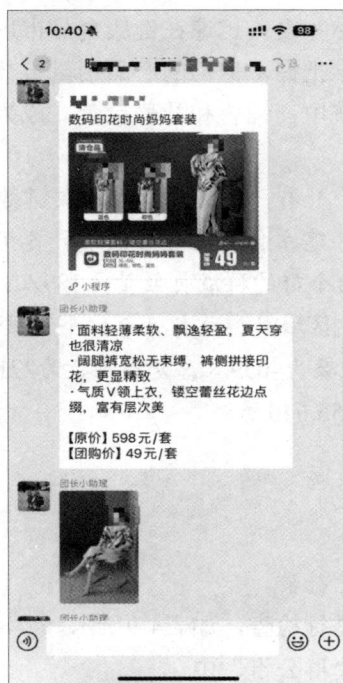

图4-9　社群销售文案(示例)

项目五　短视频与直播营销

教学目标

【知识目标】

- 了解短视频的概念及特征；
- 理解短视频、中视频、长视频的区别；
- 了解微短剧在短视频行业的地位；
- 理解短视频内容创作的特征；
- 了解短视频内容的类型；
- 了解短视频营销的优势；
- 理解短视频文案的写作要点；
- 了解短视频文案创作过程中的具体要素；
- 了解短视频"钩子"的类型；
- 了解短视频脚本的撰写步骤；
- 了解短视频拍摄的要点；
- 了解短视频摄像构图的相关概念；
- 了解短视频的剪辑流程；
- 理解直播营销的内涵、优势；
- 了解直播电商与传统电商的区别；
- 了解直播营销场景设计、设备准备、选品排品、预热宣传等前期工作；
- 了解直播营销策划的三个不同角度；
- 了解直播团队分工及时间节点安排、工作跟进、活动策划等环节；
- 理解不同阶段的直播数据分析重点；
- 了解直播话术的设计原则、类型；
- 了解产品的核心卖点及其话术设计技巧；
- 了解直播间话术及行为规范。

【能力目标】

- 掌握短视频的发展趋势；
- 掌握短视频不同内容展现形式的特点；
- 能够辨别短视频内容主题的类别；
- 掌握短视频文案的撰写思路；
- 掌握短视频脚本的元素和类型；
- 能够说出脚本和剧本的区别；
- 掌握不同景别的拍摄方式；

- 能够写作提纲脚本、分镜头脚本、文学脚本；
- 掌握短视频脚本的撰写方法；
- 能够使用短视频"钩子"；
- 掌握短视频拍摄的常见设备的用法；
- 掌握短视频封面设计、字幕设计、镜头拼贴、画幅选定、音乐音效的技巧；
- 掌握直播营销的策划流程；
- 掌握直播营销方案的内容；
- 掌握过款式直播流程和循环式直播流程；
- 能够利用工具分析直播间数据；
- 掌握直播话术的设计技巧；
- 能够挖掘直播产品的卖点；
- 掌握不同类型直播脚本的内容和流程。

【素质目标】

- 做好新形势下的宣传思想工作，培育承担举旗帜、聚民心、育新人、兴文化、展形象的使命的意识；
- 恪守短视频营销的行业规范、职业底线；
- 通过短视频媒体技术，促进思想政治工作传统优势与信息技术高度融合，增强社会主义的时代感和吸引力；
- 树立富国强农意识、责任担当意识。

思维导引

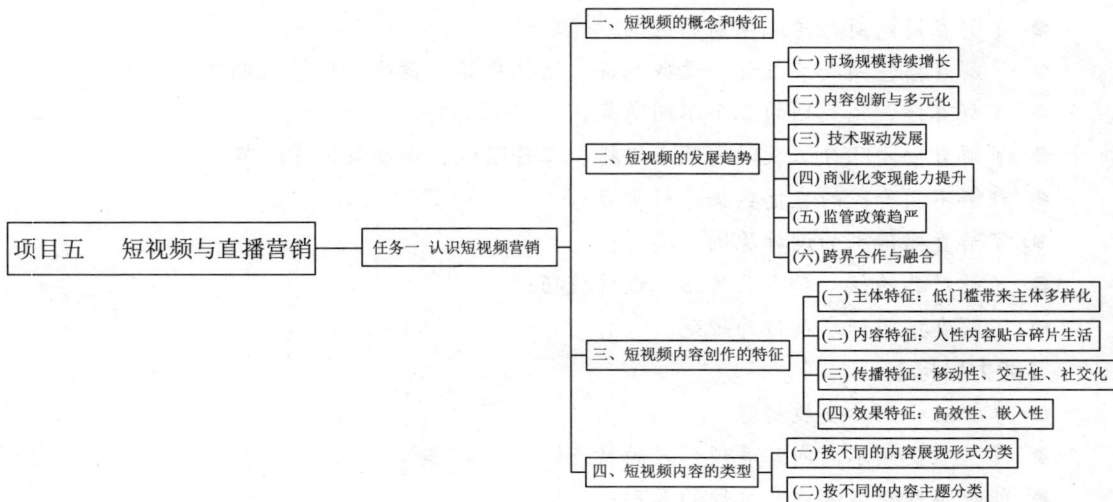

项目五　知识框架

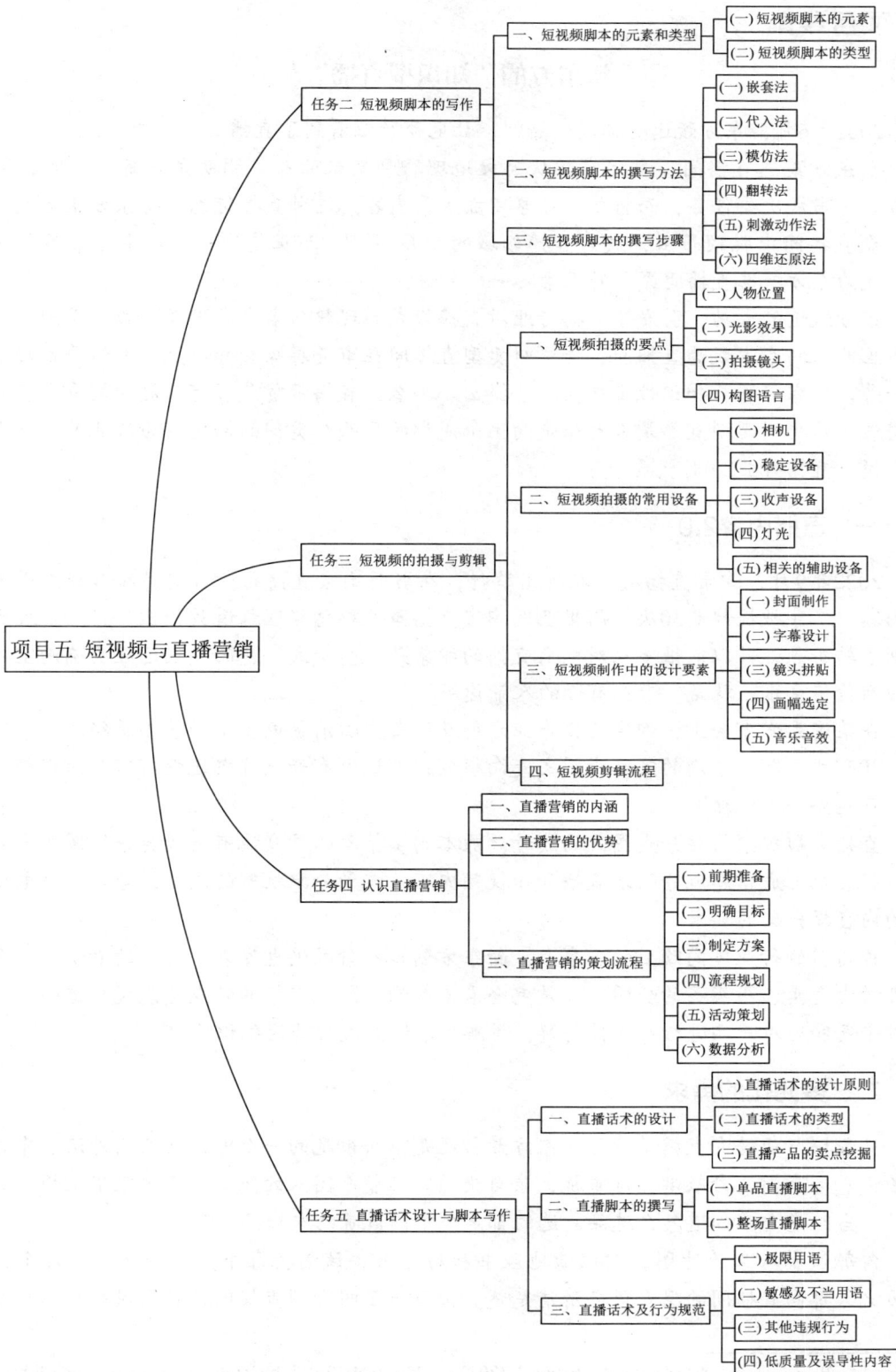

项目五　短视频与直播营销
- 任务二　短视频脚本的写作
  - 一、短视频脚本的元素和类型
    - (一) 短视频脚本的元素
    - (二) 短视频脚本的类型
  - 二、短视频脚本的撰写方法
    - (一) 嵌套法
    - (二) 代入法
    - (三) 模仿法
    - (四) 翻转法
    - (五) 刺激动作法
    - (六) 四维还原法
  - 三、短视频脚本的撰写步骤
- 任务三　短视频的拍摄与剪辑
  - 一、短视频拍摄的要点
    - (一) 人物位置
    - (二) 光影效果
    - (三) 拍摄镜头
    - (四) 构图语言
  - 二、短视频拍摄的常用设备
    - (一) 相机
    - (二) 稳定设备
    - (三) 收声设备
    - (四) 灯光
    - (五) 相关的辅助设备
  - 三、短视频制作中的设计要素
    - (一) 封面制作
    - (二) 字幕设计
    - (三) 镜头拼贴
    - (四) 画幅选定
    - (五) 音乐音效
  - 四、短视频剪辑流程
- 任务四　认识直播营销
  - 一、直播营销的内涵
  - 二、直播营销的优势
  - 三、直播营销的策划流程
    - (一) 前期准备
    - (二) 明确目标
    - (三) 制定方案
    - (四) 流程规划
    - (五) 活动策划
    - (六) 数据分析
- 任务五　直播话术设计与脚本写作
  - 一、直播话术的设计
    - (一) 直播话术的设计原则
    - (二) 直播话术的类型
    - (三) 直播产品的卖点挖掘
  - 二、直播脚本的撰写
    - (一) 单品直播脚本
    - (二) 整场直播脚本
  - 三、直播话术及行为规范
    - (一) 极限用语
    - (二) 敏感及不当用语
    - (三) 其他违规行为
    - (四) 低质量及误导性内容

项目五　知识框架(续)

📦 项目导读

新东方的"知识型直播"[①]

2022年6月，东方甄选直播间的爆红，让电商行业看到了直播的新可能。

在东方甄选直播间，主播常常从天文地理聊到柴米油盐，明明是带货直播间，却把"带货"当成次要任务，而将知识分享变成主要内容。这种直播特色使得东方甄选直播间在一众直播间中脱颖而出，成为直播领域的"异类"，而正是这种"不走寻常路"的模式，成为东方甄选直播间爆火的因素之一。

东方甄选的成功，引发了直播行业对直播模式的现状与未来的思考。相较于阳春三月又下里巴人的东方甄选直播间，传统叫卖型直播间在审美层级和知识性方面似乎都弱了不止一筹，内容直播、知识性直播被顺势提出。那么，直播带货是否有必要向侧重内容的方向发展？传统叫卖型直播是否开始走向生命周期的尽头？类似的问题成为行业关注焦点，有人说，直播行业2.0时代要来了。

一、直播内容2.0

2022年9月，淘宝直播盛典在杭州举行，在当天淘宝直播的核心演讲和后续沟通中，"内容"二字被提起超30次。阿里巴巴淘宝直播事业群总经理程道放指出，行业发展已经走到了转折点，"以前很多人对电商直播的印象是'叫卖式'，而我们已经明确淘宝内容化的新价值主张，就是'专业有趣的人带你买'"。

在某淘系发布会上，淘宝天猫产业发展及运营中心消费电子市场营销总经理彭艳萍透露，2023年，阿里手淘的策略由图文走向视频，"还没有开直播或还没有布局短视频的品牌，可能要加快速度"。

直播和短视频将要分走图文的流量。原本淘宝推荐的信息流有七成会分给图文内容，今后将会把七成信息流分配给直播和短视频内容。流量分配机制的改变，势必会对电商直播的内容提出新的要求。

作为引领行业风向改变的当事人，新东方创始人俞敏洪也发表了自己的看法："网络上那种卖卖卖、买买买的嚎叫，我是完全看不起的。""直播的特点是能说会道……应该是心平气和地对产品进行知识性讲解，讲解之余还能进行其他知识传播。"

二、多元化的需求

从教培行业转向直播带货，新东方最初还是彻头彻尾的一个电商行业门外汉。东方甄选的第一场直播，俞敏洪高度重视，亲自坐镇。但整个团队的能力，远远跟不上规划的目标。"当时完全不知道怎么选品，选的都是全中国最贵的农产品。"

俞敏洪本人拿着地图，对照着地理书和历史书，试图把每个产品的产地、每个产地的历史，都向直播间的观众讲得清清楚楚。但习惯了叫卖型直播间的观众对此并不买账，

---

① 吴昕 . 知识型直播，还只是个开始 [EB/OL]. (2023-03-22)[2024-12-01]. https://baijiahao.baidu.com/s?id=17610 28828806717844&wfr=spider&for=pc. 有删改

纷纷调侃"我们不是来买东西的，我们是来听课的"。这场直播的成交额最后只有五百多万元，相比同期的各个明星、红人直播间，实在不值一提。而失去了俞敏洪本人坐镇的噱头，东方甄选直播间的流量也一落千丈。

这场出师不利的直播，给外界留下了这样一个印象——新东方的直播间，贵且无聊。这导致东方甄选直播间在长达半年的时间里都默默无闻。这也意味着当时的受众群体对于知识性带货模式并不受用，短平快、充满情绪刺激的直播间才是促进成交的舞台。这样的局面，在东方甄选爆红大半年后，依然没有改变的迹象。

2022年末，教培巨头学而思宣布正式推出全品类抖音电商直播间"学家优品"，同期入局的还有猿辅导、作业帮等教培企业。但现在看来，曾经的教培巨头都没有在直播赛道上跑出多少成果，同样具备高素质人才和教培基因的竞争对手没能复制东方甄选的成功。

如今，放眼整个直播行业，也没有对标东方甄选的新人冒头。直播行业的头部主播的直播间延续着往日的成功，但没有脱离叫卖式直播间的藩篱。

这意味着，直播带货的受众群体整体没有改变，传统的带货风格依然存在广大市场。直播行业需要在可看性上做文章，但群体的审美取向和消费心理没有发生重大偏转。

相较于部分乐意在东方甄选直播间收获知识的观众，更多的直播间观众有着不同的喜好和目的。例如，获得更有价格优势的产品，轻松做出消费决策；观看主播与助播的闲聊和互动，在沉浸式陪伴中放松紧绷的情绪……还有相当数量的消费者对类似电视购物的小剧场欲罢不能。

艾媒咨询数据显示，超一半用户选择直播电商的原因首先是价格优惠，这一比例为58.8%；其次是采购便捷和商品展示直观。在2021年，中国直播电商行业的总规模就已经达到12 012亿元，行业主播的从业人数已经超过123万人，用户规模更是达到6.6亿人。综合这样的人口基数来看，俞敏洪所倡导的知识性、内容型直播虽然获得了广泛的支持，但在一定程度上还处于曲高和寡的阶段。

由于内容足够出色、用户黏性强，东方甄选直播间才能维持住较高的流量，并转化成喜人的GMV数据。而模仿者的普遍失败则表明，这条直播内容升级的路径并没有完全走通。内容型直播难以在直播领域内大规模复制，娱乐化的叫卖型直播仍是行业主流。

三、"人货场"的电商逻辑

头部电商主播虽然没有深入探索直播内容和形式上的创新，但也在电商逻辑下，持续探索着行业的新可能。他们更关注品牌和供应链，通过持续向产业上下游拓展，打造自己的供应链体系和MCN模式，甚至赋能商家，形成自己的品牌生态。

拨开内容形式变化的纷繁，直播电商的"人货场"逻辑并没有改变。无独有偶，重视直播内容的东方甄选直播间也在朝着同一个方向努力。2023年1月31日，东方甄选宣布投资1752万元，用于东方甄选自营烤肠工厂的扩建。

直播电商针对的客户群体的增长已经基本到顶，结构基本固定，如何服务好现有用户群体，成为更重要的事情。

抖音、快手纷纷开始积极布局货架电商。2021年8月，抖音商城上线，这被视为内容平台发展货架电商的第一步棋。2022年5月，抖音将"兴趣电商"升级为"全域兴趣电商"，在短视频和直播带货之外，还重点布局商城、搜索、橱窗等货架场景，抖音商城也逐渐在App内占据更醒目的位置。有消息透露，快手2023年重点运营的新货架电商场景"新商城"项目已进入提报阶段，预计3月将大规模上线。

种种迹象表明，行业机会正在从直播内容的单一升级转向更复合的挑战。"内容电商+货架电商"的平台策略迭代，对直播间的运营者们提出了更高的要求。

【思考与讨论】

1. 什么是"知识型"直播？
2. 东方甄选的短视频内容和直播内容分别有什么特点？
3. 短视频和直播行业现阶段呈现出哪些发展趋势？

任务一　认识短视频营销

任务导入

　　一家位于沿海地区的饮料企业希望在稳固原有市场的基础上获得年轻人的青睐。在邀请名人代言、借助名人光环打响品牌声誉之余，企业品牌负责人王女士发现，与个人捆绑的营销方式会受到名人粉丝群体年龄层变化、名人个人行为等因素的制约。因此，她开始尝试年轻用户画像特征明显、依靠专业团队进行内容输出且不与代言人个人行为捆绑的短视频营销。然而她发现，如何选择合适的语态和年轻人对话，如何选取合适的主题进行短视频网络营销，乃至如何转变传统电视广告投放思维都是企业面临的挑战。那么短视频究竟有何特质？它的发展前景如何？

*课堂讨论

　　谈到以短视频、直播等方式获得流量的营销主体，你能举出哪些实例？这些主体在采用短视频营销时，有哪些区别于传统营销的特质和优势？

　　随着偶遇式传播、微注意力成为时代传播主色调，短视频以及后视频时代的直播逐渐成为流量新宠。依托内容、社交两大核心变量，短视频与直播以及软文营销贯穿品牌运营全程，改变着传统品牌建设的时间成本，也改变了品牌营销传播的预算结构和投放模式，甚至改变了品牌方的上游供应链源头。了解短视频的特质和营销优势，能帮助我们更好地借助收集到的信息，服务于品牌生产、销售、服务等各个环节，也能使品牌形象更加深入人心。在本任务中，我们将学习短视频的概念和特征、发展趋势、内容创作特征和内容类型。

一、短视频的概念和特征

　　短视频又称短片视频，是一种互联网视频内容的传播方式，具有鲜明的特点和广泛的传播渠道，具体是指在各种新媒体平台上播放的、适合在移动状态和短时休闲状态下观看的、高频推送的视频内容。短视频时长从几秒到几分钟不等，一般控制在三分钟以内。

知识链接5-1

短视频、中视频、长视频的区别

　　短视频的特征如表5-1所示。

表5-1　短视频的特征

特征	说明
短	内容时长短，创作者需要在较短的时间内完成内容营销
小	话题切入小，能聚焦某个问题并引起用户共鸣
轻	内容密度轻量，应开门见山、简洁明了、观点鲜明、通俗易懂，适合用户碎片化的观看场景
快	信息更新、传播速度快，创作者应紧跟热点，借势传播
新	内容形式新、奇、特，创作者应创作新鲜、新颖、新奇且具有新意的内容

（续表）

特征	说明
准	内容受众精准，短视频的标签化特征使其内容具有指向性优势，可以精准找到目标用户，实现精准营销
低	内容创作门槛低，短视频创作流程简单，使用一部手机就可以完成短视频的拍摄、剪辑、发布和分享，每个人都可以成为创作者

相较于其他新媒体形式，短视频的可利用素材更为丰富，表达方式更为多样，内容生产也更好控制。短视频具有"普适性"，每个用户既可以是短视频内容的产消者，也可以是短视频内容的传译者。在媒介化生活的大背景下，分布化的生产模式和生活的高度贴合性为短视频带来了碎片化和伴随性的特质。短视频以其较低的创作门槛以及分享型的内容和传播方式，成为一种内容文本呈现形式，以及基于用户新型社交方式的社交货币。

二、短视频的发展趋势

短视频的发展主要呈现市场规模持续增长、内容创新与多元化、技术驱动发展、商业化变现能力提升、监管政策趋严、跨界合作与融合六大趋势。

(一) 市场规模持续增长

随着5G技术的普及和网络环境的优化，短视频行业的市场规模将继续保持增长态势，用户规模也将稳步上升，尤其是年轻用户群体的参与度将进一步提高。截至2024年6月，我国短视频用户占网民整体的95.5%，用户规模达10.5亿人。

(二) 内容创新与多元化

1. 垂直化内容

为了满足用户不同的需求和兴趣，短视频平台将更加注重垂直化内容的推广和开发。这将有助于提升用户黏性和平台竞争力。

2. 内容创新

短视频平台将积极寻求与各类内容创作者的合作，推动优质内容的产生和传播。内容将涵盖更多领域，如教育、知识分享、生活技能等，以满足用户多样化的需求。

3. 微短剧崛起

微短剧作为短视频领域的新内容形态，其市场规模和用户关注度均呈现快速增长态势。未来，微短剧将成为短视频行业的重要组成部分。

行业观察5-1

一年干部，短剧营销抢尽风头

(三) 技术驱动发展

1. AI技术应用

随着AI技术的不断发展，短视频平台将更加注重AI技术的应用。例如，自动化编辑、内容推荐、智能搜索等功能将进一步提升用户体验和平台效率。

2. 创作工具智能化

短视频创作工具将更加智能化，从而降低创作门槛，提高创作效率。这将有助于吸引更多用户参与短视频创作，进一步丰富平台内容生态。

(四) 商业化变现能力提升

1. 广告合作与电商带货

短视频平台将通过广告合作、电商带货等多种形式实现盈利。品牌方将更加重视短视频营销的价值，推动短视频与品牌营销的深度融合。

2. 付费会员制度

为了获得更稳定的收入来源，短视频平台将逐渐推出付费会员制度。通过提供更多优质内容和服务，吸引用户付费订阅。

(五) 监管政策趋严

随着市场规模的扩大和用户基数的增加，短视频行业将面临更加严格的监管要求。因此短视频平台需要加强对内容的审核和管理，确保内容的合规性和健康性。同时，短视频平台也需要积极响应政策要求，推动行业的合规发展。

(六) 跨界合作与融合

1. 娱乐产业融合

短视频将与影视、音乐、游戏等娱乐产业深度融合，共同打造更加丰富多元的内容生态。

2. 其他领域合作

短视频还可以与电商、教育、社交等领域进行合作，拓展其应用场景和商业模式。例如，通过短视频直播带货等方式，将短视频变成一个新的销售渠道；或者与教育机构合作，推出在线教育课程等。

三、短视频内容创作的特征

从浸润生活的草根自发创作，到具有一定规模的MCN机构专业输出，短视频逐渐走进了主流视野，不仅为企业营销赋能，还成为政府发布信息的重要渠道和方式。短视频在主体、内容、传播、效果层面有着不同的特征。

(一) 主体特征：低门槛带来主体多样化

短视频简化了信息制作方式，通过一部手机就可以完成拍摄、制作、发布和传播，每个人都可以即拍即传，并且可以快速分享至社交媒体，真正做到随手记录生活和身边事。短视频创作门槛低的特质，促使其拥有更多元的内容生产主体——UGC、PGC、PUGC等多元主体配合下的内容生产模式，既保证了内容的专业性与真实性，又扩大了新闻报道的范围。

(二) 内容特征：人性内容贴合碎片生活

短视频诉诸视觉语言，在内容表达门槛降低后，个体拥有了丰富的表达方式和素材，这也促成了短视频影像从专业主义的宏观视角，回归日常生活的琐碎。民间短视频的生活化表达意味着一种以"我"为主的社会观察视野，因而，短视频的内容生态呈现出一种"以人为本、以我为主"的人性化特质。

与此同时，由于短视频具有短、小、轻的特质，且生产周期短，可以较为快速地满足新闻类内容即时性的生产需求，但也决定了短视频的叙事结构不一定完整，主要以碎片化方式呈现。

(三) 传播特征：移动性、交互性、社交化

由于短视频具有轻量化的特质，适合于当前以手机为主的媒介终端，而媒介终端的移动性也赋予了短视频移动化的传播特质。这种移动化的特质，更提升了短视频和用户个人生活之间的贴合度，从而增强其交互性、社交性。在社会化媒体中，人际交往基于彼此尊重、认同，短视频作为一种高度贴合用户的内容形式，不仅有利于用户表达自我，更有利于形成围绕人际关系的差序格局，从而促进分享、互动，实现圈层化传播。

(四) 效果特征：高效性、嵌入性

短视频内容精简、重点突出、形式活泼，以秒计数的内容时长便于用户利用碎片时间更直观、便捷地获取信息，提高信息获取效率，而轻量化的视频又能提升信息的传播强度。当前，快节奏的生活和高压力的工作促使人们逐渐满足于轻量化、快餐化的信息消费，人们能以轻松的心情从短视频中摄取信息，从而使短视频内容形成易被受众观看、理解和接受的高嵌入性。

四、短视频内容的类型

(一) 按不同的内容展现形式分类

短视频按不同的内容展现形式可以分为口播类、剧情类、Vlog类、剪辑类，如表5-2所示。

表5-2　按不同的内容展现形式分类

类别	口播类	剧情类	Vlog类	剪辑类
具体内容	以真人出镜讲述的形式，以单一固定机位镜头为主，根据讲述的内容加入视频或图片辅助观众理解	以展现故事剧情为主的短视频形式，设置情节，以故事内容为主要架构，打造账号人设	以第一视角为主的个人生活记录，可以是MV形式，也可以是自述形式	以影视剧、明星采访、动画等内容剪辑为主，主题不限，以混剪、解说、二创为主
适用主题	干货分享、知识付费、书籍推荐、好物开箱等	搞笑类、反转类、带货类	旅游类、生活类、探店类	影视剧、明星、盘点
内容要点	前期大量的知识积累、素材准备，出镜人员应有亲切感，表达能力强，话术有感染力	对脚本的要求较高，需要强有力的情节支撑，对演员的演技和拍摄水平有一定的要求	对画面的要求较高，博主需要有丰富的生活阅历，采用有特色的语言表述或镜头呈现方式，多为室外拍摄	具有强烈的个人色彩，需要大量内容素材的积累，对剪辑的要求虽然不高，但工作量较大

(二) 按不同的内容主题分类

短视频按不同的内容主题可以分为母婴类、美妆类、家电数码类、旅游类、日用百货类、宠物生活类、新闻资讯类、商务服务类、教育类、交通类、金融类、手机电脑类、应

用软件类、家居家装类、服饰类、游戏类、生活服务类、餐饮美食类、运动户外类、小说动漫类，如表5-3所示。

表5-3　按不同的内容主题分类

类别	母婴类	美妆类	家电数码类	旅游类
相关主题	营养辅食、童车童床、奶粉、尿裤湿巾、婴童寝居、童鞋、儿童玩具、妈妈专区、安全座椅、喂养用品、童装、洗护用品	护肤护理、美妆、口腔护理、洗发护发、美发造型、整形、减肥瘦身	个护电器、厨卫家电、商用电器、大家电、客厅家电、生活家电	华东、华南、西南
类别	日用百货类	宠物生活类	新闻资讯类	商务服务类
相关主题	生活日用、水具酒具、茶具、咖啡具、厨具、清洁用具、纸品、湿巾、衣物清洁、皮具护理、文具、乐器、图书、鲜花、绿植、礼品、音像制品、医疗保健、棋牌麻将、火机	宠物主粮、医疗保健、宠物家具、洗护美容、宠物零食、猫狗玩具、出行装备	军事、政治、商业经济、慈善、法律、环保、公益、娱乐名人、文化艺术、房产	办公文教、求职招聘、建筑工程、电子电工、化工材料、机械器材、招商加盟、农林牧渔、节能环保、安全安保、物流运输、营销广告、专业咨询、展会服务、服务外包、IT服务、法律服务、拍卖服务、项目投资、个体创业
类别	教育类	交通类	金融类	手机电脑类
相关主题	早教学前、中小教育、职业教育、学历教育、语言培训、出国留学、技能培训	交通其他、汽车、摩托车、自行车、电动车、二手汽车、汽车租赁、汽车用品、汽车服务	银行、证券、保险、信托、海外资产、互联网金融、支付设备	手机、游戏设备、电脑维修、电脑安装、电脑配件、办公设备、电脑整机、网络产品、外设产品
类别	应用软件类	家居家装类	服饰类	游戏类
相关主题	社交、影音播放、资讯阅读、摄影图像、考试学习、网购平台、生活休闲、旅游出行、健康运动、办公商务、育儿亲子	装修设计、家具、建材灯饰、五金电工、家居用品	鞋靴、珠宝首饰、时尚饰品、内衣、服饰、箱包、文玩古董	三国、传奇、侦探推理、僵尸、儿童游戏、军事战争、生存逃杀、城市建设、宫廷、捕鱼、仙侠武侠、科幻魔幻、美少女、美食、西游、赛车、体育、日式
类别	生活服务类	餐饮美食类	运动户外类	小说动漫类
相关主题	婚恋交友、婚庆、婚纱摄影、摄影写真、鲜花速递、农资绿植、家政、生活缴费、购物平台、便民服务、医疗服务、心理健康	烹饪菜谱、美食、食品生鲜、酒水、粮油调味、地方特产、饮料冲调、茗茶、休闲食品、进口食品	健身训练、冰上运动、骑行运动、户外装备、体育用品、垂钓用品、运动鞋包、运动服饰、运动护具、游泳用品、瑜伽舞蹈、户外鞋服	奇幻玄幻、武侠仙侠、历史军事、都市社会、科幻灵异、游戏竞技、言情小说、文学小说、教育

任务二　短视频剧本的写作

任务导入

　　某饮料企业品牌负责人王女士经过与专业短视频生产团队初步接洽，逐步了解了这个新的内容生态，而她也逐渐习惯了在业余时间刷短视频的消遣方式，并希望自己有一天也可以成为一名短视频达人。在和专业短视频生产团队的合作接洽中，王女士努力积累经验和技巧，以便为自己的内容创业计划添砖加瓦。王女士逐渐发现，一条好的短视频，往往在文案诞生之际就已经基本敲定其内容的价值及社会影响力。但如何发现这样的内容选题并有效进行表达呢？在形成了基本的文案内容以后，如何进行下一步写作，从而为拍摄、剪辑、人物调度等任务做好安排和计划呢？

　　新媒体时代，用户成为内容的产消者。用户和用户之间，以及不同社群之间，无时无刻不在进行着信息的交换、观点的碰撞、情感的交流，而在围绕社交互动的短视频平台内，这种多元主体多维度互动的模式更为常见。至此，用户已然成为数字社会的资源主体、行动者主体、转译者主体，而只有置身其中，找到用户群体之间的共性，才能使短视频文案触达更多用户共鸣层，从而实现内容传播。完成本任务的学习，你将获知短视频脚本的元素和类型，以及短视频脚本撰写的方法和步骤。

*课堂讨论

　　请观察表5-4中的内容类目，谈谈近期有哪些你认为有爆火潜质的"内容标签"或"标题/关键词"并填入对应的位置。

表5-4　内容类目及标题/关键词

内容类目	标题/关键词
时政新闻	
美妆时尚	
教育培训	
娱乐八卦	
汽车房市	
音乐潮流	
科技酷玩	
ACGN[①]	

一、短视频脚本的元素和类型

　　短视频脚本是指在制作短视频时编写的文本稿件，用于指导拍摄和剪辑过程。

知识链接5-2

脚本和剧本的区别

---

　　① ACGN为英文animation(动画)、comic(漫画)、game(游戏)、novel(小说)的合并缩写，是从ACG扩展而来的新词汇，主要流行于华语文化圈。传统的ACG划定的范围早已不足以覆盖现代青少年文化娱乐相关领域，因此衍生出添加了轻小说等文学作品的ACGN这个词汇。

短视频脚本主要包括场景描述、对话内容、动作指示等元素。这些元素共同构成了短视频的内容和框架，能够为拍摄制作集思广益，寻找最佳创意点，实现用户互动和转化率最大化。另外，短视频脚本所提供的大纲框架能够对后期剪辑做出指导，并对前期拍摄准备做出提示，从而有效提升拍摄流程的标准化程度，实现资源集中调度，避免摄制过程中的浪费。

(一) 短视频脚本的元素

短视频脚本通常包括以下核心要素和具体要素，以确保短视频制作过程有条不紊，内容清晰连贯。

1. 核心要素

(1) 选题定位。在制作短视频前，应明确短视频创作的主题和动机，具体涉及短视频内容方向、表达形式、创作目标等。选题定位是短视频创作的基础，决定了短视频的整体走向和风格。

(2) 剧情框架。剧情框架即剧情发展脉络，通常包括故事线索、情节刺激点、剧情人物冲突等。剧情框架能够为短视频提供一个清晰的叙事结构，促使观众跟随剧情发展，产生共鸣。

(3) 人物设定。人物设定涉及短视频场景预计设定人物数量、承担角色、人物关系等方面。人物设定是短视频中情感表达和故事叙述的重要载体，丰富的人物形象和关系可以增强短视频的吸引力和感染力。

2. 具体要素

(1) 镜头。短视频中的每一个画面都可以视为一个镜头。每个镜头都应进行细致设计，包括镜头的类型(如远景、全景、中景、近景、特写等)、镜头的运动方式(如推、拉、摇、移、跟等)以及镜头的时长等。

(2) 景别。景别即被拍摄主体在镜头中所呈现的范围大小的区别，主要包括远景、全景、中景、近景、特写等，如图5-1所示。不同的景别可以产生不同的视觉效果，满足不同观众的心理和视觉需求。

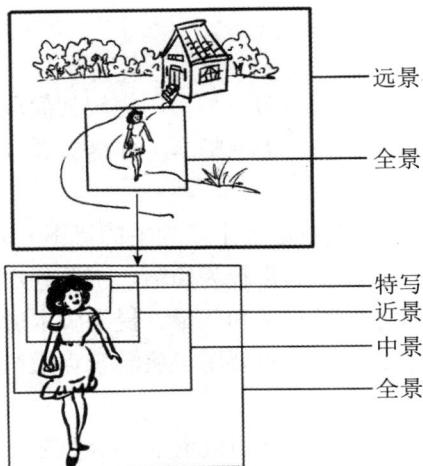

图5-1 不同景别的观感(示例)

*课堂讨论

请和同学分享你在某短视频作品中找到的以下画面。

1. 不同景别(远景、全景、中景、近景、特写)的画面。
2. 不同镜头运动方式(推、拉、摇、移、跟)的画面。

(3) 内容。内容即把想要表达的事物通过各种场景方式进行呈现，具体来讲就是拆分剧本，把内容拆分在每一个镜头里，涉及时间、地点、画面内容等。

(4) 台词。台词是演员所说的话语，也是创作者展示剧情、刻画人物、体现主题的主要手段。台词在镜头表达中起到画龙点睛的作用，能够增强视频的感染力和吸引力。

(5) 时长。时长分为单个镜头的时长以及整个视频的时长。提前标注清楚每个镜头的时长，有助于后期剪辑时快速找到重点，提高剪辑效率。

(6) 运镜。运镜即镜头的运动方式，包括推镜头、拉镜头、摇镜头、跟镜头、移镜头、升镜头、降镜头、环绕镜头、旋转镜头、甩动镜头等。通过不同的运镜方式，可以拍摄出满足不同需求的画面，增强视频的动感和视觉效果。

(7) 道具。道具是在短视频中出现的用于辅助表达主题或情节的物品。道具在短视频中起到画龙点睛的作用，能够丰富短视频内容，增强观众的代入感和沉浸感。但需要注意的是，使用道具要适度，避免过于烦琐或抢戏。

(8) 音效和音乐。在适当的位置使用音效和音乐，可以增强短视频的动力、情感或戏剧效果。

(9) 效果和动画描述。如果需要增加效果或动画，应明确何时何地使用这些效果或动画，以及相关的具体要求。

(10) 文本。如果短视频中包含字幕、标语或其他文本元素，应明确显示文本的时间和方式。

(11) 时间轴。在脚本的备注侧或底部添加一个时间轴，用以注明镜头或事件发生的时间，有助于控制短视频时长。

(二) 短视频脚本的类型

相较于长视频，短视频虽然时长较短，拍摄内容较为简单，但也离不开大纲底本，即短视频脚本。短视频脚本大致可以分为提纲脚本、分镜头脚本以及文学脚本。

1. 提纲脚本

提纲脚本主要应用在纪实拍摄(以记录生活为主的摄影方式)当中，是拍摄Vlog或纪录片时制定的拍摄内容要点。提纲脚本通常较为简洁，主要列出拍摄要点、拍摄过程和现场可能发生的事件，以保证短视频的逻辑性和质量。提纲脚本适用于摄影师对拍摄现场不太熟悉，需要在拍摄前进行踩点的情况，主要用于旅游景点采访、街头采访、美食探店等纪实性强的拍摄场景。

提纲脚本的写作要素通常有时间线、拍摄场景、话术三个部分，具体如表5-5所示。

表5-5　提纲脚本(示例)

时间线	拍摄场景	话术
到达紫阳街	拍摄紫阳街入口或闪现短视频重点内容	介绍紫阳街历史和景点，以及紫阳街火爆的原因
逛街时间	拍摄紫阳街人山人海的场景	描述紫阳街的人流量，随机采访几位游客
寻找美食	拍摄紫阳街海苔饼、荣记小吃等店铺	介绍店铺及热门美食
找景点	剪纸博物馆等	介绍各种景点
找故居	朱自清故居等	介绍故居
返程	拍摄紫阳街出口	总结游玩经验和体验

2. 分镜头脚本

分镜头脚本相当于一本说明书，通过文字来描述短视频场景的一连串镜头，详细说明每个镜头的画面内容、时长、拍摄方法和技巧、背景音乐等元素。分镜头脚本比提纲脚本详细得多，它把短视频情节翻译成每个镜头的拍摄过程，体现拍摄和制作方面的细节。分镜头脚本对拍摄者要求较高，适用于文艺范或故事性强的短视频创作，主要用于剧情类短视频、形象展示类短视频等需要精细规划和呈现的短视频类型。

分镜头脚本的写作要素通常有镜号、场景、景别、拍摄手法、时长、画面、旁白、音乐等，具体如表5-6所示。

表5-6　分镜头脚本(示例)

镜号	场景	景别	拍摄手法	时长	画面	旁白	音乐
1	学校	大全景	俯拍、环绕运镜	3秒	展现整个学校的环境	男声：这是发生在××校园的一起乌龙事件	搞怪配乐
2	教室	中景	推	3秒	整个空教室	甜美女声：是谁在那里	
3	教学楼	全景	固定镜头	3秒	整幢教学楼	甜美女声：尖叫声——"啊"	
4	教室	近景	拉	3秒	教室的角落，有一个晕倒的男生	男声：我怎么在这里	
5	学校	大全景	固定镜头	3秒	展现学校所在的环境	—	
6	教室	中景	移	5秒	男生和女生面对面	男生：你是谁？女生：你看起来不像这里的人	
7	教室	特写	推	3秒	男生装扮特写	男生：我是谁	
……	……	……	……	……	……	……	……

3. 文学脚本

虽然文学脚本与分镜头脚本一样细致，但文学脚本更侧重于文字表达，它是改编各种小说或故事后以镜头语言来完成的一种脚本。文学脚本需要规定拍摄人物的任务、台词、镜头和短视频时长等，但不必像分镜头脚本那样详细到每个镜头的拍摄手法和技巧，它更侧重于内容的表达和情节的推进。文学脚本适用于知识输出类短视频、测评类短视频等不需要复杂拍摄技巧，但注重内容呈现的短视频类型。

文学脚本的写作要素通常有任务名称、具体任务、话术框架等，具体如表5-7所示。

表5-7 文学脚本(示例)

任务名称	具体任务	话术框架
任务1 开箱	拆封新手机	这是刚到的华为P30，今天为大家测试下这款手机的性能，到底值不值得入手呢
任务2 展示	描述手机外观	手机重量适中，屏幕为穿孔屏，机身非常轻薄
任务3 对比	手机跑分对比	用测试软件给手机跑分，与苹果7进行对比
……	……	……

二、短视频脚本的撰写方法

短视频脚本的撰写方法主要有嵌套法、代入法、模仿法、翻转法、刺激动作法、四维还原法。

(一) 嵌套法

嵌套法主要用于解决短视频信息量单薄、用户缺乏吐槽点以及视频缺乏耐看性的问题，具体实现步骤如下所述。

(1) 制作第一个故事脚本。创作一个基本的故事框架和情节。

(2) 制作第二个故事脚本。再创作一个与第一个故事脚本相关或能够与之结合的新故事脚本。

(3) 嵌入点设计。寻找一个合适的嵌入点，将第二个故事脚本巧妙地融入第一个故事脚本中。

(4) 循环嵌套。根据需要，可以继续制作第三个、第四个等故事脚本，并依次嵌套，直至达到所需的效果。

通过嵌套法，短视频可以拥有更丰富的内容层次和更多的互动点，从而吸引观众的注意力并提升视频的耐看性。

(二) 代入法

代入法旨在通过构建一个与主题相关的场景或框架，让创作者和观众能够更容易地代入各种元素和情感，从而实现创意复制和深度共鸣，具体实现步骤如下所述。

(1) 确定主题。明确短视频的主题或核心信息，主题可以是产品介绍、情感故事分享、知识分享等。

(2) 构建场景。围绕主题，构建一个具有代入感的场景，这个场景可以是真实的，也可以是虚构的，但一定要能够引起观众的共鸣。场景中可以包含人物、环境、情节等元素，通过这些元素的组合，营造出一种特定的氛围和情感。

(3) 代入元素。在构建好的场景中，不断代入各种与主题相关的元素，这些元素可以是具体的物品、行为、语言等，也可以是抽象的情感、观念等。通过代入这些元素，可以让短视频内容更加丰富和生动，同时也让观众更容易产生代入感。

(4) 情感共鸣。在代入元素的过程中，要注重情感的表达和传递。通过细腻的情感描绘和真实的情感流露，可以让观众在观看短视频的过程中产生共鸣和共情，这种情感共鸣是代入法成功的关键所在。

(三) 模仿法

模仿法是一种有效的创作策略,尤其适合于初学者或希望快速掌握短视频创作技巧的人群。通过模仿热门短视频或成功作品的脚本,创作者可以学习到其中的精华,并在此基础上加入自己的创新元素,逐步提升自己的创作能力,具体实现步骤如下所述。

1. 寻找热门短视频

(1) 平台选择。首先,确定想要模仿的短视频类型和目标平台(如抖音、快手、B站等),不同平台的用户群体和热门内容有所差异,因此选择合适的平台至关重要。

(2) 热门筛选。在目标平台上,通过搜索、热门榜单、推荐算法等方式,找到与自己创作方向相关且受欢迎的短视频。这些短视频通常具有较高的观看量、点赞量、评论量等互动指标。

2. 分析短视频脚本

(1) 结构分析。仔细分析热门短视频的脚本结构,包括开头、中间、结尾等部分,注意该短视频是如何吸引观众注意力、如何保持观众观看兴趣以及如何引导观众进行互动的。

(2) 内容分析。深入理解短视频的主题、情节、人物设定等要素,思考这些要素是如何与观众产生共鸣的,以及它们是如何通过短视频画面、音效、字幕等表现形式呈现出来的。

(3) 风格分析。观察短视频的整体风格,包括语言风格、画面风格、音乐风格等。这些风格元素共同构成了短视频的特色和魅力,也是吸引观众的重要因素。

3. 模仿与创新

(1) 模仿阶段。在初步了解热门短视频的脚本结构和内容后,尝试模仿其创作方式。可以从简单的模仿开始,逐步深入学习和掌握其中的技巧和方法。

(2) 创新阶段。在模仿的基础上,加入自己的创意和想法。通过对原视频的改编、扩展或重新诠释,创作出具有个人风格和特色的短视频。

(3) 测试与反馈。将创作好的短视频发布到目标平台上,观察观众的反馈和互动情况。根据反馈结果不断调整和优化自己的创作策略,提高短视频的质量和效果。

(四) 翻转法

翻转法,简单来说,就是通过设置对比、制造反差和构建冲突来引导观众的情绪和注意力,使短视频内容更加引人入胜。这种方法能够产生强烈的情绪能量,从而引发观众的动作冲突,如点赞、评论、分享等。具体实现步骤如下所述。

(1) 找到参照点。确定一个明确的参照点或情境,这是翻转的基础。参照点包括某种社会现象、普遍观念、人物行为等。

(2) 设置对比。在参照点的基础上,引入一个与之形成鲜明对比的元素或情境。对比可以是正面的,也可以是负面的,关键在于要能够引起观众的注意和思考。

(3) 制造反差。通过对比进一步制造反差,使短视频内容在情感、逻辑或视觉上产生强烈的冲击。反差体现为人物性格的突然转变、出乎意料的情节发展等。

(4) 构建冲突。在反差的基础上构建冲突,使短视频内容充满紧张感和戏剧性。冲突包括人物之间的矛盾、观念的碰撞、目标的冲突等。

(五) 刺激动作法

刺激动作法是一种通过特定技巧刺激用户产生积极互动行为(如看完整个短视频、重复播放、点赞、评论、关注等)的创作方法。这种方法旨在提高短视频的吸引力和传播力,从而有利于短视频的二次推荐,扩大其影响力。刺激动作法的核心在于通过精心设计的短视频内容和表现形式,激发用户的兴趣和情感共鸣,从而引导他们产生积极的互动行为。这些行为不仅有助于提升短视频的观看量和互动率,还能为创作者带来更多的曝光和粉丝。具体实现步骤如下所述。

(1) 悬念设置。在短视频开头或关键节点设置悬念,吸引用户继续观看,以寻找答案或满足好奇心。例如,可以提出一个问题或展示一个不完整的场景,然后在后续内容中逐步揭示答案或补充细节。

(2) 情感共鸣。通过讲述感人至深的故事、展现真实的生活场景或表达强烈的情感共鸣来打动用户的心。情感共鸣能够激发用户的情感反应,促使他们产生点赞、评论等互动行为。

(3) 反转剧情。在短视频中加入出人意料的反转剧情,打破用户的常规思维,从而激发他们的惊讶感和兴趣。反转剧情能够增加短视频的趣味性和吸引力,提高用户的观看体验。

(4) 引导互动。在短视频中明确引导用户进行互动,如提出问题、设置选择题或邀请用户分享自己的看法。通过引导互动,可以激发用户的参与感和表达欲,从而增加短视频的互动率。

(5) 结尾点睛。在短视频结尾处设置精彩瞬间或高潮部分,给用户留下深刻印象。同时,可以在结尾处提出与短视频内容相关的问题或引导用户关注创作者的其他作品。这样的结尾有助于提升用户的满意度和忠诚度。

(6) 刺激宣泄。通过刺激用户的情感阈值,让他们产生强烈的情感反应(如笑、哭、感动等),从而引发他们的宣泄欲望。例如,可以在短视频中加入幽默段子、感人故事或激烈冲突等元素来刺激用户的情感。

(7) 设置"钩子"。在短视频开头或关键处,故意留下小bug、不显眼的提示或悬念点等"钩子",吸引用户主动寻找答案或关注后续内容。这样的"钩子"有助于增加用户的黏性和留存率,提升5秒完播率。常见的"钩子"类型如表5-8所示。

表5-8　短视频常见的"钩子"类型

类型	好奇类钩子	挑战类钩子	揭秘类钩子	避坑类钩子
原理	通过新鲜事物,利用观众得不到、没试过的心理,激发观众好奇心,刺激观众的感官,满足观众猎奇心理,提升5秒完播率	通过挑战形式,可以让一件不可能发生的事情,变得合理有趣	在短视频开头激发观众好奇心,观众期望了解背后的真相或知识,从而让短视频获得更多的曝光量、点击量	趋利避害是人的本能,这类钩子能激发观众的恐惧心理,劝告式的语气能触发观众情感,表达关心与体现价值,观众为寻求建议或指导更容易点击观看,从而提升短视频的曝光量、点击量

（续表）

类型	好奇类钩子	挑战类钩子	揭秘类钩子	避坑类钩子
公式	1．……是一种什么样的体验？ 2．如果你……会怎么样？ 3．……的人现在都怎么样了？ 4．为什么越……越……	1．奇葩挑战。 2．盲盒挑战。 3．打卡挑战。 4．互动挑战	1．……才知道的秘密。 2．……不愿告诉你的…… 3．……行业的大公开。 4．揭秘……，可能会得罪很多同行	1．做……一定要避开……的坑。 2．千万不要……，不然就会……。 3．新手……都会踩的坑。 4．一定要……不然就会……
类型	盘点类钩子	借势类钩子	痛点类钩子	恐惧类钩子
原理	在短视频开头创造更多的获得感，盘点类钩子与其他类钩子共用，可产生1+1＞2的效果，适合各种赛道的内容	名人、热点事件等消息自带流量和热点，蹭热点可获得更多关注，其内核是让热点为短视频内容中的观点或商品背书	找到目标人群痛点，解释该痛点以获取观众的共鸣感、认同感，或是给出解决该痛点的承诺、展示直观效果等	点明人群的恐惧点，强调潜在危险造成的严重后果，引发观众危机感，起到警示作用
公式	1．普通盘点。 2．盘点+利益。 3．盘点+避坑。 4．盘点+恐惧	1．借势权威机构。 2．借势先贤古籍。 3．借势名人明星。 4．借势大众选择。 5．借势社会热点	1．为什么……，却……？ 2．还不知道？一定要……！ 3．最新……，你不会还不知道吧？ 4．……不敢……，该怎么办	1．……揭秘，千万不要……！ 2．如果再不……，你会…… 3．错过了……，就晚了。 4．都……了，你还没……
类型	利益输送类钩子	简单速成类钩子	极限式类钩子	数字类钩子
原理	人们喜欢花更小的代价获得更多的东西，因此这种价值铺垫和间接利益输送的内容很受欢迎	在快节奏生活的当下，这类短视频能让观众产生快速学成、高效掌握信息的感觉	使用极限数字，更容易吸引观众注意力，但要遵守广告法和平台规则	使用数字能让表达精简准确，更有说服力，让信息更具干货价值
公式	1．没想到……就可以……。 2．分享一个月入……的小项目。 3．我花了……才学到的技巧，分享给大家。 4．价值……的东西，到底值不值	1．一部……就可以……。 2．只要……就可以轻松……。 3．简单3招，就可以……。 4．问题+时间/条件+观众获得的知识/技能	1．……必看/必备/必学。 2．一定不能/不要……。 3．99%的人都不知道……。 4．只有1%的人能掌握……	1．只需3步教你…… 2．5种……的方法。 3．……%的人都…… 4．做好……只需……步
类型	反差类钩子	对比类钩子	互动类钩子	同理心类钩子
原理	打破观众固有认知，制造稀缺效应，和大众认知唱反调或制造争议、讨论，但要注意以分享个人真实观点为出发点，要符合社会主义核心价值观和平台规则	使用对比式开头，迅速凸显差异，激发观众好奇心，引导观众进一步了解两者之间的区别，使其继续观看	与观众建立联系，拉近彼此之间的关系，提升互动率	激发观众的同理心和共鸣情绪

(续表)

类型	反差类钩子	对比类钩子	互动类钩子	同理心类钩子
公式	1.……根本就不是……。 2. 我们经常做的……根本就没有用。 3. ……一直都被误解了,其实……。 4. 千万不要买……,因为我怕你停不下来	1.从……到……,他用了……的方法。 2. 性别/地域/年龄/身份带来的思维/生活/审美/饮食等方面的差异	1. 听劝类:……,主打的就是一个听劝。 2. 共情类: 给我留言,想看看有多少IP不在浙江的浙江人。 3. @类:@你列表第一个朋友给你买	1. 人生第一次当……的,都有共鸣吧? 2. 这是我第一次在……做……,好想家啊! 3. 这是奶奶/爷爷第一次来……,看他开心的表情! 4. 我今天……,大家可以给一个鼓励吗

(六) 四维还原法

四维还原法是一种深度分析和模仿爆款短视频的方法,旨在帮助创作者抓住短视频的核心元素并融入自己的创意。具体实现步骤如下所述。

(1) 内容还原。将热门短视频的内容用文字详细描述一遍,在展开过程中,无数细节会被记录并展示,从而信息量得到完整呈现。通过详细的内容描述,有助于创作者理解短视频中的每一个元素、场景、动作以及它们之间的逻辑关系,从而理解短视频的整体结构和叙事方式。

(2) 评论还原。创作者通过分析观众对短视频的评论,可以了解他们的反应和兴趣点,从而了解观众对短视频的喜好、不满和建议,进而调整自己的创作方向和风格。

(3) 身份还原。创作者通过对观众身份进行反查,可以了解他们的背景、需求和兴趣,从而概括其群体特征,进而更精准地定位自己的短视频内容和风格。此外,这样做也有助于创作者从观众的需求和兴趣出发,创作出更符合他们口味的短视频。

(4) 策略逻辑还原。策略逻辑还原即分析短视频的制作策略、逻辑结构和目标受众,也就是思考这个短视频是给谁看的、主流用户是谁、发什么给他们看。通过策略逻辑还原,创作者可以深入理解短视频背后的创作思路和目的,从而制定有效的创作策略,更好地满足观众的需求。

三、短视频脚本的撰写步骤

撰写短视频脚本是短视频制作中至关重要的一环,它决定了短视频的内容、节奏、情感和传达的信息。短视频脚本的撰写步骤如图5-2所示

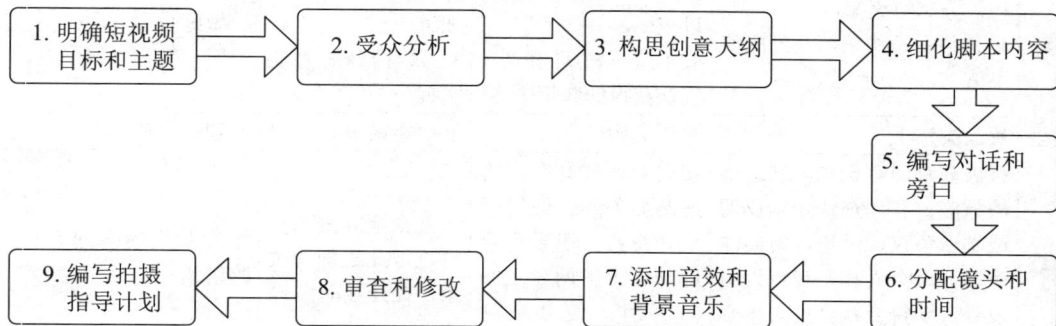

图5-2 短视频脚本的撰写步骤

任务三　短视频的拍摄与剪辑

任务导入

经过初步尝试，某饮料企业品牌负责人王女士逐渐掌握了短视频脚本和文案写作的操作方法和基本套路，随后便要进入拍摄和剪辑环节。对于没有面对过镜头且没有演讲经验的王女士来说，克服社恐心理需要一定的时间。她开始尝试面对身边的朋友做即兴演讲，但短期内收效甚微。主要问题在于她不知道说什么、从何谈起。除此之外，她对拍摄细节也感到迷茫。为什么镜头里的自己脸偏大？怎样才能让自己显得好看些呢？如何打光？穿什么样的衣服适合出镜？选取什么样的背景音乐效果更好？一段视频需要多少素材？这些问题困扰着她，导致她的拍摄计划无法实施。

*课堂讨论

今年各位诺贝尔奖获得者将参加邮轮晚宴，你的领导将唯一的采访机会给了你，并要求你当晚发回一条短视频。事发突然，你没有任何准备，括号中所列设备中，哪些可以在本次任务中派上用场？(手机；带麦克风的耳机、充电宝、网速和流量有保障的联网卡、手机剪辑软件)

短视频对新媒体人的综合能力提出了更高的要求，在当前的求职市场上，短视频编剧、摄影、剪辑、后期等岗位统称为编导。编导作为短视频的独立运作负责人，不仅需要对内容的把控和选题的关键点做出基本判断，还需要在具体拍摄和剪辑中独立完成一条要素完整、画面流畅、拥有网感的短视频。完成本任务的学习，你将获知短视频拍摄的要点和常用设备、短视频制作中的设计要素以及短视频的剪辑流程。

一、短视频拍摄的要点

(一) 人物位置

在短视频拍摄中，人物位置的选择是一种调度主体与用户关系的手段，在摄制中有一定的讲究，能够影响短视频的视觉效果和叙事能力。例如，当人物凑近镜头时，不仅能与镜头发生互动，还能给用户带来接近感，再配合主播的激情解说，往往能够较好地带动用户情绪；当人物与镜头、背景均保持一定距离时，能够营造一种正式的感觉，如采用中景拍摄，再配合主播稳重的语态，通常可用于部分正式发言场合……除此之外，应使人物核心部分位于画幅中央，人物核心过高会显得画面过满，人物核心过低又会显得人物过重。

(二) 光影效果

口播类短视频大部分是在室内搭棚拍摄的，因此需要一定的补光，常用的补光方法为"三灯布光法"，如图5-3[①]所示。当前，市面上有大量的补光灯可以用于补足光线，甚至

---

① 深圳市科创学校.短视频画面拍摄，三灯布光法，学会光的运用 [EB/OL]. (2022-12-29)[2024-12-01]. https://it.sohu.com/a/622343816_121409550.

能在一定程度上美化人物主体的皮肤状况。传统摄影环境下使用的打光板、柔光布等设备也可以使用，也能够达到提升光影的效果。在拥有自然光线的环境下拍摄时，应尽量避开中午太阳直射造成的人物面部光线不足等问题。

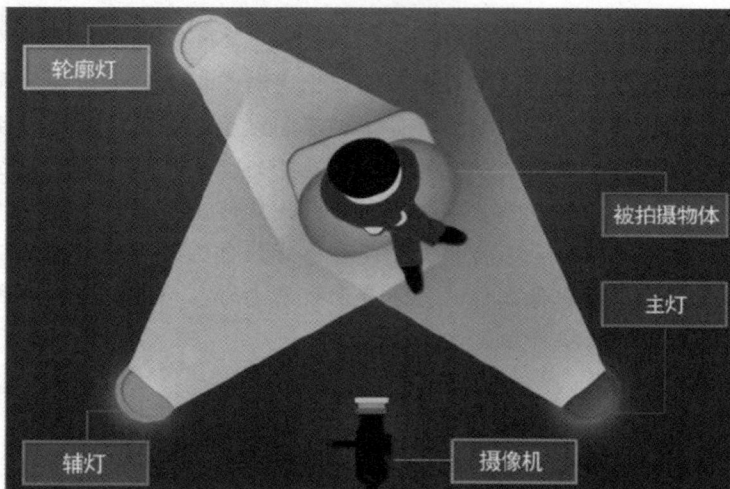

图5-3　三灯布光法示意图

(三) 拍摄镜头

有些短视频比较注重视觉语言，这就对镜头素材提出了更高的要求，拍摄时可以采用更炫的摄影方式，营造出直观的视觉冲击，从而吸引并留住用户。在快节奏的叙述环境下，部分专业影视公司或者广告公司要求在镜头转接时，一分钟不能低于300个镜头，在具体拍摄时，应尽可能多地拍摄不同的主体或者同一主体的不同角度，并且使用不同的景别乃至镜头动作等，以丰富画面效果。

近年来，部分专业影视公司在子弹摄影、高速摄影和摇臂摄影等领域进行全新探索，未来这些技术将广泛运用在短视频拍摄中，给用户带来全新的感受和体验。

(四) 构图语言

构图语言是指在短视频拍摄过程中，通过精心安排画面中的元素(如人物、景物、道具等)来传达特定的视觉效果和表达情感的一种艺术手法。构图语言需要遵循平衡感、简洁性、层次感三个原则。

常见的构图规则有中心点构图、三分线构图、对称性构图、线条构图、框架式构图等。

知识链接5-3

短视频摄像构图的
相关概念

二、短视频拍摄的常用设备

常用的拍摄设备主要有相机、稳定设备、收声设备、灯光、相关的辅助设备等。

(一) 相机

可用于拍摄短视频的相机有很多种，如表5-9所示。

表5-9 短视频拍摄常用相机

设备名称	智能手机	单反相机或微单相机	摄像机	运动相机
优点	1. 轻巧便携。智能手机轻便小巧，便于随身携带，适合随时随地进行拍摄。 2. 操作简单。智能手机拍摄功能强大，操作界面直观易懂，新手也能快速上手。 3. 拍摄与分享便捷。拍摄完成后可直接在手机上进行编辑和分享，形成互动	1. 画质高。单反相机和微单相机都具备出色的画质表现，能够拍摄出更加清晰、细腻的画面。 2. 功能丰富。支持多种拍摄模式和参数调整，满足不同场景和创作需求。 3. 可更换镜头。通过更换不同的镜头，可以实现不同的拍摄效果，提升创作的灵活性	1. 专业性强。摄像机在视频效果方面表现出色，适合拍摄制作精良的短视频。 2. 稳定性好。摄像机通常配备稳定的拍摄系统，能够减少拍摄过程中的抖动和模糊。 3. 配件丰富。可搭配多种配件，如三脚架、灯光设备、麦克风等，提升拍摄质量	1. 便携性高。运动相机小巧轻便，便于携带至各种户外环境进行拍摄。 2. 防抖性能强。内置先进的防抖技术，即使在运动状态下也能拍摄出稳定的画面。 3. 防水防尘。部分运动相机具备防水防尘功能，适合在恶劣环境下进行拍摄

(二) 稳定设备

为了保证拍摄的短视频画面足够稳定，通常需要使用三脚架、稳定器、无人机等稳定设备，其中三脚架是应用较为广泛的一种稳定设备。在选择稳定设备时，应结合相机的重量去考虑稳定设备的承载能力。

1. 三脚架

虽然三脚架本身并不能直接实现动态稳定效果，但它是静态拍摄和延时摄影中不可或缺的辅助设备。通过三脚架固定拍摄设备，可以有效减少因地面不平或人为触碰导致的画面晃动。

(1) 传统三脚架。传统三脚架适合在固定位置进行拍摄，如风景摄影、静物摄影等。

(2) 便携三脚架。便携三脚架可以根据环境、地形灵活改变用法，如八爪鱼三脚架，如图5-4所示。

图5-4 八爪鱼三脚架

2. 稳定器

稳定器主要包括手持稳定器和肩扛式稳定器，如图5-5所示。

(1) 手持稳定器。手持稳定器是短视频拍摄中较为常见的稳定设备之一，它通过内置的电机和陀螺仪等传感器对拍摄设备进行实时稳定，可有效减少因手持抖动带来的画面晃动。常用的手持稳定器有大疆DJI Osmo Mobile 6、大疆DJI Osmo Mobile SE等。

(2) 肩扛式稳定器。肩扛式稳定器主要适用于专业摄像机和单反相机的拍摄。它通过人体工学设计，将拍摄设备的重量分散到拍摄者的肩部和背部，同时提供稳定的拍摄平台。肩扛式稳定器通常具备更强大的电机和更复杂的控制系统，可以应对更加复杂和动态的拍摄场景。

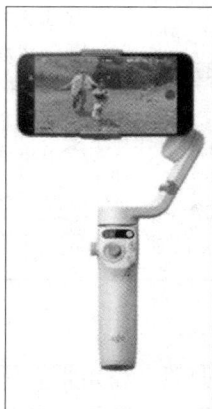

(a) 手持稳定器   (b) 肩扛式稳定器

图5-5 稳定器常见种类

3. 无人机

无人机在短视频拍摄中扮演着重要的角色。通过无人机进行航拍，可以捕捉到独特的视角和壮观的画面。同时，无人机内置的稳定系统(如大疆的Gimbal稳定器)可以确保拍摄画面的稳定性和流畅性。

4. 其他稳定设备

(1) 运动相机稳定器。例如，GoPro等运动相机品牌推出的稳定器，专为运动场景设计，具备防水、防尘、抗冲击等特性。

(2) 云台相机。例如，大疆的OSMO Pocket等，集相机和稳定器的功能，小巧便携，适合日常记录和创意拍摄。

(三) 收声设备

在短视频拍摄中，常用的收声设备有领夹麦克风、枪型指向麦克风、无线麦克风、机顶麦克风、外录收音设备等，如表5-10所示。

表5-10 短视频拍摄常用的收声设备

设备类型	特点	适用场景
领夹麦克风	领夹麦克风小巧便携，可隐藏于衣领之下；离发声源最近，收声效果较好；灵敏度高，全指向拾音，有的具备智能降噪功能，可确保录制的声音清晰、纯净	领夹麦克风轻便且易于隐藏，不会给拍摄者带来太大的负担，因此适用于需要移动拍摄的场景，如Vlog、采访、户外直播等

（续表）

设备类型	特点	适用场景
枪型指向麦克风	枪型指向麦克风对方向性拾音效果最好，通常具有超心型或心型指向性，能有效减弱两侧不必要的杂音，只拾取特定方向的声音	枪型指向麦克风能够清晰地捕捉到想要的声音，同时排除周围环境的干扰，因此适合户外和远距离拍摄，如户外采访、环境音录制等
无线麦克风	无线麦克风通常由发射器(麦克风本身)和接收器组成，通过无线信号传输声音，具有极高的灵活性和便捷性，可以在拍摄过程中自由移动而不受线缆的限制	无线麦克风可以隐藏于拍摄者衣物中或放置在合适的位置，适用于各种拍摄场景，特别是需要移动拍摄或需要多个声源的场景
机顶麦克风	机顶麦克风通常安装在相机或摄像机的顶部，指向收音，固定位置且保持正向对着声源，能够捕捉到来自相机前方的声音，并减少周围环境的噪声干扰	机顶麦克风适用于拍摄静态场景或需要固定机位的场景，如产品展示、室内访谈等
外录收音设备	外录收音设备是专业级收音设备，通常具备高保真音质、立体双声道录制等功能，能够捕捉到更加细腻、丰富的声音细节，适合对声音质量要求极高的用户	外录收音设备适用于需要高质量音频的场合，如电影制作、音乐会录制等

(四) 灯光

在短视频拍摄中需要使用多种类型的灯光，每种灯光都有其特定的应用场景和效果。

1. 平板灯

平板灯体积小、便携，能耗低，属于面光源，光线柔和且均匀，能够较好地展现产品的质感，常用于个人直播间、短视频拍摄、人像或静物摄影、人物采访等场景布光。

2. 环形补光灯

环形补光灯的光线均匀柔和，可提供无影光质，打造出美丽的眼神光，让被摄主体的眼睛更加灵动有神，并且它的调节性也很强，可根据不同场景调整光源的色温和亮度，常用于直播布光、视频拍摄、美妆造型等场景，特别适合为主播补眼神光。

3. COB影视灯

COB影视灯的照射强度高，搭配柔光箱、柔光伞、束光筒等控光附件可以打出不同效果的光线，显色性和色温可调范围广，能够满足多种拍摄需求，常用于影视剧拍摄、广告拍摄、摄影棚拍摄，也可以用于大型直播间、摄影工作室、产品摄影等场景。

4. 棒灯(补光棒)

棒灯为线光源，小巧轻便，易于携带和移动，光源质量高，能够提供明亮且均匀的光线，为拍摄画面带来清晰自然的效果，常在直播和短视频拍摄中作为辅灯或氛围灯，特别适合在户外直播或需要频繁更换拍摄场景的环境中使用。

5. 口袋补光灯

口袋补光灯小巧便携，是Vlog博主常用的补充面光工具，能够让短视频或直播画面更清晰，同时消除法令纹等面部阴影，常用于个人拍摄或小型直播场景，能够为画面提供足够的补光。

6. 聚光筒

聚光筒高度聚光，能够将光线高度聚集形成明亮且集中的光束，操作性强，可调节光束角度和强度，常用作发丝灯或轮廓灯，以突出主播的轮廓或特定区域的细节。

7. 背景灯

背景灯可根据需要调整为冷色调或暖色调，常用于营造背景氛围、突出主播或拍摄主体，让观众的视线集中在目标上。

8. 氛围灯

氛围灯能够制造出浪漫、温馨或其他特定氛围的灯光，其颜色和亮度可根据需要调节，常用于营造特定的情感氛围或场景效果。

(五) 相关的辅助设备

在短视频拍摄过程中，往往会用到各式各样的辅助设备，比如监视器、提词器、挑杆话筒等。其中，监视器，特别是小型监视器(小监)，在短视频拍摄中具有多种关键作用，例如提供直观的曝光判断、辅助色彩调整、适应不同光线条件等。提词器在短视频拍摄中主要用于辅助演员准确、流畅地表达内容，还能节省准备时间，提升演员的自信，促进与观众的互动。挑杆话筒在短视频拍摄中主要用于拾取现场同期声，还能起到避免穿帮、控制音量的作用。

三、短视频制作中的设计要素

(一) 封面制作

1. 封面设计的作用

短视频封面设计是短视频制作中至关重要的一环，它直接影响观众的观看意愿。为了更好地形成品牌效应，建议使用统一的封面风格，从而提升品牌识别度以及用户的持续关注度。

例如，美妆类博主、知识类博主通常采用统一的封面来彰显自己的专业性，如图5-6所示。

(a) 美妆类博主　　　　(b) 知识类博主

图5-6　彰显专业性的短视频封面

对企业来说，精美统一的封面有助于彰显品牌调性、树立良好的品牌形象，如图5-7所示。

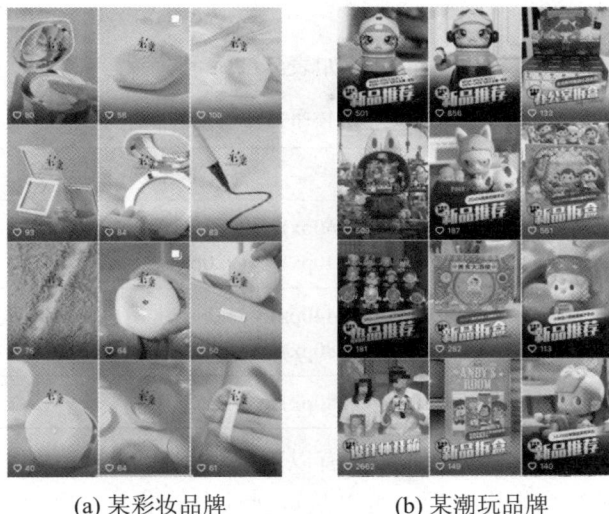

(a) 某彩妆品牌　　　　(b) 某潮玩品牌

图5-7　彰显品牌调性的短视频封面

对其他自媒体账号来说，统一的短视频封面能起到提升账号美感和质感、增加账号辨识度的作用，便于观众快速找到需要和感兴趣的内容，为其节省时间，如图5-8所示。

图5-8　彰显美感的短视频封面

2. 封面设计的原则

(1) 吸引注意力。封面应具备吸引观众注意力的能力，通过色彩、构图、字体等元素迅速抓住观众的眼球。

(2) 明确主题。封面应能清晰传达短视频的主题或核心内容，让观众在第一时间大致了解短视频的内容。

(3) 简洁明了。封面不应堆砌过多元素，应保持简洁明了，让主要信息一目了然。

(4) 一致性。封面应与短视频内容、风格及品牌形象保持一致，以增强整体协调性和提高辨识度。

3. 封面设计的技巧

(1) 封面尺寸。各平台短视频封面尺寸如表5-11所示。

表5-11　主流新媒体平台短视频封面尺寸

封面版式	抖音	小红书	快手	B站	视频号
竖版封面	9∶16(1080×1920px) 3∶4(1242×1660px)	3∶4(1242×1660px) 3∶4(1080×1440px)	9∶16(1080×1920px)		6∶7(1080×1260px)
横版封面	16∶9(1080×608px)	16∶9(2560×1440px) 3∶4(1440×1080px)	—	1146×717px	16∶9(1080×608px)
方版封面	—	1∶1(1080×1080px)	—		—

(2) 封面设计的方法。常见的设计方法有以下几种。

① 直接选取视频截图作为封面。可以从短视频中截取与主题内容契合的某个画面作为短视频的封面。需要注意的是，所选取的画面一定要清晰、视觉效果要好，这样才能向用户传递准确的信息，让用户产生点开短视频观看的欲望。

② 使用模板封面图。可以结合短视频的内容定位，设计一套固定的封面图模板，每次套用即可。模板式封面可以使短视频作品形成统一的风格，有助于打造固定的IP形象，让用户印象深刻。

③ 使用纯文字封面。纯文字封面风格简洁，设计简单，但应注意，需要把主题放在鲜明的位置，以便让用户了解短视频内容。技能类、剧情类短视频都可以采用这种封面。

④ 图文类封面。图文类封面应选择亮点鲜明的图片，图片的清晰度要高，所配文字要清新、简约。图文相得益彰才能传达更丰富的信息，才能为用户带来更舒适的体验，进而激发用户点开视频的欲望。这类封面适用于美食、旅游、摄影、萌宠类账号。

⑤ 给封面添加流行元素。喜欢短视频的用户以年轻人居多，可以根据短视频的内容定位，把封面配色设计得活泼一些，还可以添加一些流行元素，比如流行的表情包、流行语等。但应注意，在封面上使用流行元素要适可而止，不能过度，否则封面会显得过于杂乱，容易引起用户的视觉反感和审美疲劳。

(二) 字幕设计

当前，大多数手机剪辑软件已经初步具备字幕识别功能，用户只需点击文本识别字幕功能，系统就会自动识别并生成对应的字幕。但需要注意的是，当前的语音识别技术还不能做到百分之百准确，因此在机器转换字幕后，建议创作者进行人工审核和校正。

对于字幕样式，可以进行一定的设计，但为了不与画面主体争抢用户视觉注意力，字幕应采用简约风格。选择字幕的放置位置时，应尽可能避开人物，在画面中下方为宜，不仅符合用户观看习惯，还能避免字幕被播放条的黑幕及标题、账号名称等画面元素遮挡。

(三) 镜头拼贴

在影视制作中，特别是在短视频领域，镜头拼贴是一种重要的剪辑手法。它是指将多个镜头片段按照特定的逻辑、节奏或情感需求拼接在一起，以形成连续、流畅且具有表达力的短视频内容。在短视频中，镜头拼贴是实现快速叙事、情感传递和视觉冲击的重要手段。镜头拼贴分为以下几种。

1. 顺序拼贴

按照时间顺序或逻辑顺序将镜头拼接在一起，形成流畅的叙事流程。

2. 跳跃拼贴

打破时间和空间的限制，将不同时间、地点或角度的镜头进行跳跃式拼接，创造出独特的视觉效果和叙事节奏。

3. 对比拼贴

将具有对比关系的镜头拼接在一起，通过对比来强调某种意义或情感。

4. 重复拼贴

将同一镜头或相似镜头重复拼接在一起，以强调某种元素或情感。

(四) 画幅选定

过去，由电视制作团队衍生的专业内容制作团队大多使用横屏拍摄，而草根制作者大多使用竖屏拍摄。在播放终端逐渐多元的当下，横屏拍摄和竖屏拍摄都拥有了一定的社会认可度。2019年，华为终端官方微博发布了蔡成杰编剧、导演，用华为P30 Pro裸机拍摄的竖屏微电影《悟空》，在一定程度上宣告了短视频拍摄画幅竖屏模式的到来。

行业观察5-2

华为发布新竖屏
电影——《悟空》

(五) 音乐音效

短视频的配乐、配音和音效是短视频制作中至关重要的环节，它们能够显著增强短视频的感染力，提升观众的观看体验。

1. 配乐

配乐能够传递短视频的情感和氛围，促使观众产生共鸣；能够通过旋律、节奏等元素，强化短视频的整体氛围，使其更具吸引力；还能够为品牌创造出独特的声音标识，提升品牌的辨识度。在选择配乐时，应确保配乐风格与短视频的主题和风格相符，配乐的情感表达与短视频的情感表达相呼应。例如，内容欢快的短视频应采用风格轻快的配乐，内容悲伤的短视频应采用风格柔和的配乐。配乐的节奏、速度和音调会影响情感的传递效果，因此，配乐的节奏和速度应与短视频画面的节奏和速度相匹配，以保持整体的协调性和流畅性。需要特别注意的是，短视频配乐应是合法的，不可侵犯他人版权，可以在免费的版权音乐库中选择配乐，或购买正版音乐。

2. 配音

在配音方面，可以请专业人士为短视频配旁白，但短视频追求真实、生活化，因此应尽可能多保留访谈文本和口播者的原音，以增强真实感。这也对收音提出了较高的要求，因此应使用专业的配音设备，以便在保留和收录现场音时提升清晰度。在较为紧急的情况下，手机配套的耳机线麦克风也能起到一定的收音作用。

3. 音效

音效能够增强短视频的真实感和代入感，给观众带来身临其境的感觉；能够突出短视频中的关键场景或动作，增强视觉效果；还能够丰富背景信息，营造更加逼真的场景感。如果短视频内容涉及自然环境，如风、雨、鸟鸣等，可以适当加入这些自然音效；如果短视频内容涉及人物动作或物体运动，可以加入脚步声、开关门声等动作音效，以增强短视频的动感和真实感；如果短视频需要突出某种特效或强调某个瞬间，可以加入具有冲击力的音效，如爆炸声、闪电声等。需要注意的是，音效应与短视频的整体风格保持一致，以确保整体的协调性和一致性。

四、短视频剪辑流程

短视频剪辑流程如图5-9所示，剪辑师按照流程进行短视频剪辑，高效地组织素材，提升短视频质量，呈现吸引人的作品。

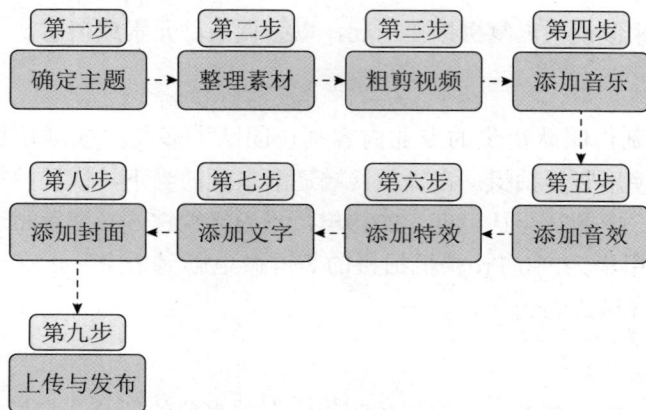

图5-9　短视频剪辑流程

任务四　认识直播营销

任务导入

　　浙江一家服装厂是某网红店的供应商，具备完整的快消服饰生产链路。基于地域优势，该服装厂负责人通过熟人社交圈得知，某大型电商平台即将开展直播电商等一系列内容化的营销尝试。于是，该服装厂决定和自己熟悉的电视节目外包制作商合作，尝试电商直播。服装厂愿意给出最低价位，但负责人发现传统电视节目制作方的脚本与传统综艺类似，很难适应新时代的用户审美。因此，负责人决定寻找年轻人重新策划直播。直播应该选用什么样的演员？人物设定应该是怎样的？是否需要设计剧情和内容细节？直播应以卖货为主还是以内容为主？

*课堂讨论

　　假如你是这位服装厂请来出谋划策的"新鲜血液"，基于2015—2016年的互联网形势和直播行业发展状态，你将给他们提出怎样的建议？提出这些建议的原因是什么？

　　社会加速理论①为我们构建了一个由社会科技加速、社会变迁加速和生活节奏加速三种形式构成的社会加速图景。直播营销的实时在线和时间压力之下的购买决策，形成了技术加持下的加速社会消费现场。

　　2020年，中国直播电商市场规模为9610亿元，是游戏直播市场规模的32倍。直播电商以一种盘活全链路的营销模式，通过强互动性、场景建构、空间融合等方式，实现了高转化率，并以极低成本完成了商品线上发布，从而减少了货品流通费用和信息沟通成本，最终使得产业链各方受益。完成本任务的学习，你将获知直播营销的内涵、直播营销的优势以及直播营销的策划流程。

一、直播营销的内涵

　　直播营销是指在现场随着事件的发生、发展进程同时制作和播出节目的营销方式。直播营销以直播平台为载体，旨在达到企业品牌提升或销量增长的目的，体现了互联网视频特色的重要创新，具有独特的营销优势。

　　作为新型融媒产品，直播营销由渠道场景、用户流量和消费数据构筑"人—货—场"的新型传播场，打破了媒介内容和传播行为之间的界限，在生产内容的同时及时对商品进行了分发。传统电商与直播电商的区别如表5-12所示。

---

① 哈特穆特·罗萨(Hartmut Rosa)，德国社会学家和政治学家，他在著作《加速：现代社会中时间结构的改变》中对社会加速理论进行了完整论述。社会加速理论认为现代社会是一个"加速"的社会，罗萨将社会加速分为三个范畴，即科技加速、社会变迁加速和生活节奏加速。

表5-12　传统电商与直播电商的区别

比较项目	传统电商	直播电商
商品与用户的关系	人找货	货找人
消费路径	用户→商品	用户→主播→商品
用户消费需求	以刚性需求为主	通过内容营销激发潜在需求
用户消费方式	用户主动搜索商品(解决需求)	主播向用户推荐商品(创造需求)
用户消费心理	对商品有刚性需求，购买商品为满足物质需求，用户的消费心理通常是"为需求买单""为品牌买单"	部分用户是为了满足物质需求，部分用户是为了满足情感需求，如满足好奇心、陪伴等情绪价值，用户的消费心理通常是"为热爱买单""为信任买单"
供应链环节	商品流通环节较多，流通成本较高	头部主播及MCN机构与供应链方直接对接，有效缩短中间环节，节省了商品的流通成本。此外，主播及MCN机构有较强的议价能力，能为用户提供较为优惠的商品
影响用户消费决策的因素	商品的价格、质量、品牌等	除商品的质量、价格、品牌之外，还有主播的营销话术、商家的营销场景等因素
消费体验反馈	通过客服链接，缺少情感联系	通过主播链接，实时与消费者进行互动，情感联系较强
商品呈现方式	图、文、短视频等形式，商品外观、功能、卖点等呈现不够直观	通过实时直播全方位展示商品，让用户了解商品的每一面，还可以有针对性地、及时地根据用户需求讲解产品
社交属性	社交属性弱，通过详情页介绍产品，用户与商家、用户之间通过客服或评价进行交流	社交属性强，主播和用户实时互动，当场解答购买疑虑，用户之间也可以通过弹幕进行交流
用户购物体验	根据主观判断，自主选择商品	通过弹幕留言、参与红包雨、抢福利福袋等方式与直播间主播互动，在购物过程中有更强的参与感
交易所花费的时间成本	由于用户和商家信息不对称，用户需要花费更多的时间搜索商品信息并自主判断，最后做出购买决策	主播具有较强的选品能力，用户可以花费更少的时间去筛选品牌和产品，可以直接通过主播讲解决定是否购买

直播营销产业链如图5-10[①]所示。

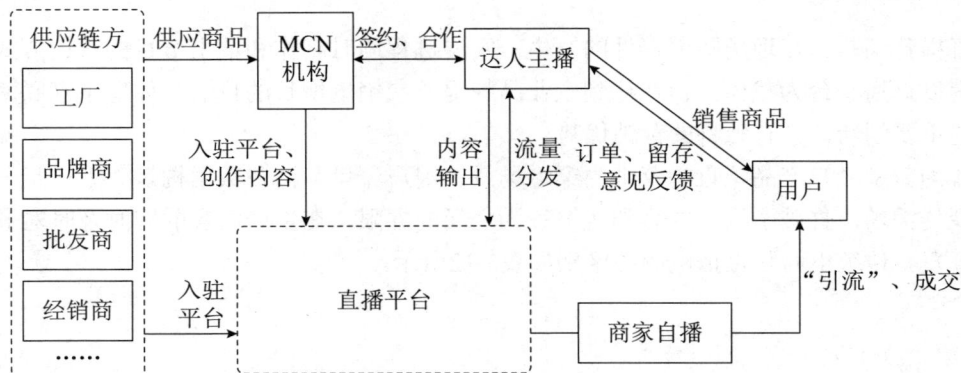

图5-10　直播营销产业链

① 资料来源：Vinking. 全媒体运营怎么做 10- 直播营销怎么做 [EB/OL]. (2023-08-23)[2024-12-01]. https://zhuanlan.zhihu.com/p/651861893.

二、直播营销的优势

(一) 互动性强

直播营销具有实时互动性，观众可以通过弹幕、评论等方式与主播进行实时交流，提出问题、表达意见或分享购买体验。这种即时反馈机制不仅能够增强观众的参与感和归属感，还有助于主播及时了解观众的需求和反馈，从而调整营销策略，提高转化率。

(二) 直观展示

直播营销通过视频直播的形式，能够直观地展示产品的外观、功能、使用方法等，有助于观众深入了解产品。相较于传统的图文或视频广告，直播展示更加生动、真实，有助于消除观众的疑虑，提高其购买意愿。

(三) 成本低廉

相较于传统的广告投放方式，直播营销的成本相对较低。主播可以通过自己的社交媒体平台或直播平台进行直播，无须支付高昂的广告费用。同时，由于直播具有实时互动性和直观展示性，可以提升营销效果，带来更高的转化率和销售额。

(四) 信任度高

主播通过直播与观众建立直接的联系，分享个人经验、产品使用心得等，有助于增强观众对主播的信任感。当主播推荐产品时，观众更容易接受并产生购买行为。此外，一些知名主播或网红拥有大量的忠实粉丝，往往能够带来更高的转化率。

(五) 覆盖较广

随着互联网的普及和直播平台的兴起，直播营销能够覆盖到更广泛的受众群体。无论是在城市还是在农村，只要有网络连接的地方，观众都可以通过手机、电脑等设备观看直播。这种广泛的覆盖范围使得直播营销成为一种有效的市场推广手段。

(六) 数据精准

直播平台通常会提供丰富的数据分析工具，主播可以通过这些工具了解观众的观看行为、购买习惯等，从而更精准地把握观众需求和市场趋势，进而制定出更加有效的营销策略。同时，数据分析还能够为后续的营销活动提供有力的支持。

(七) 品牌传播

行业观察5-3

直播即"公关"

直播营销不仅有助于产品销售，还能够促进品牌传播。主播通过直播展示产品、分享品牌故事等，可以加深观众对品牌的认知和记忆。当观众对品牌产生好感时，他们会更愿意将品牌分享给身边的朋友和家人，从而进一步扩大品牌的影响力。

*课堂讨论

"每一次直播都是一场'公关活动'。"你如何看待这句话？和同学们讨论并举例说明。

三、直播营销的策划流程

直播营销的策划流程主要包括前期准备、明确目标、制定方案、流程规划、活动策划、数据分析六个环节。

(一) 前期准备

前期准备主要包括直播场景设计、直播设备准备、直播选品与排品、预热宣传四个方面。

1. 直播场景设计

个人直播间所需场地面积为8～15m^2；团队直播间所需场地面积为20～40m^2。

直播间背景应以简单、大方、明亮为主，不要使用过于花哨的背景或者纯白色背景。常见的直播间背景类型如表5-13所示。

表5-13　常见的直播间背景类型

直播间背景类型	特点	适用场景	优势
自然风	采用真实的自然景色，如山川、湖泊、花海等，为观众带来身临其境的观看体验	户外探险、旅行分享、自然风光摄影等	能够增强观众的参与感和互动性，同时传递出清新、自然的氛围
虚拟场景	利用特殊的软件或技术，创建动画、图像或3D场景作为直播背景	游戏直播、虚拟现实(VR)展示、教育直播等	成本相对较低，背景可以灵活更换，为观众呈现多样化的视觉效果
实景布置	在真实场景中进行搭建和装饰，创造出个性化的直播环境	商品展示、艺术展示、秀场直播等	能够真实地展示产品或服务，通过背景中的细节吸引观众的注意力
绿幕	使用绿色或蓝色幕布作为背景，通过抠图技术将背景置换成其他图像或视频	广泛应用于各种直播场景，特别是当直播环境受限或需要频繁更换背景时	成本低、搭建简单，后期可随意替换背景素材
磁吸及LED屏	磁吸背景：通过墙纸等材质制作直播背景；LED屏背景：使用LED屏幕播放视频作为背景	各种直播场景，但对设备有一定要求	磁吸背景：成本低、搭建和更换简单；LED屏背景：能够呈现高级感和动态效果
创意软装	根据直播主题和内容进行创意软装搭配	美食制作、手工制作等	能够增强直播间的美感和氛围，提升观众的观看体验

常见的直播形式有站播、坐播、走播，场地布局如图5-11所示。

站播所需要的场地面积为30m^{2}左右，适合服饰、家纺、家居、箱包等类目；坐播所需要的场地面积为10m^{2}左右，适合美食、美妆、珠宝、玩具等类目；走播需要较大的场地面积，适合汽车、家居等实物产品较大的类目。

背景陈列
货架、背景T台、展示板、假模等
货架上布置小功率白光射灯

1.8m

产品陈列

主播展示区

第二直播背景

3.5m

球形灯　摄像头 环形灯　球形灯

电脑桌(运营/助理场控等)

1.5m

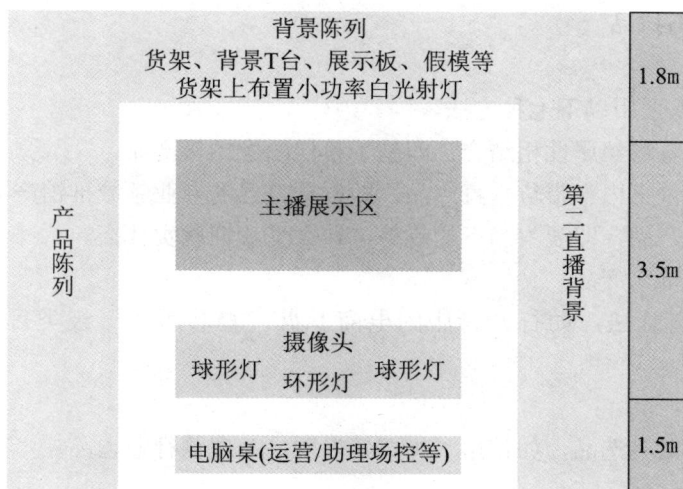

(a) 站播场地布局

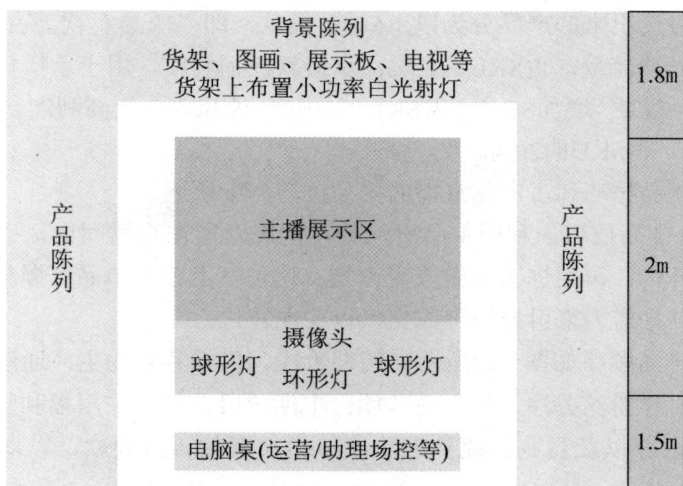

背景陈列
货架、图画、展示板、电视等
货架上布置小功率白光射灯

1.8m

产品陈列

主播展示区

产品陈列

2m

球形灯　摄像头 环形灯　球形灯

电脑桌(运营/助理场控等)

1.5m

(b) 坐播场地布局

图5-11　不同直播形式的场地布局

2. 直播设备准备

直播所需设备如表5-14所示。

表5-14　直播所需设备

设备	摄像设备	支架	收音设备	补光灯	背景图	小音箱	散热器、充电器	小道具
说明	以手机为主，部分使用摄像机或专业直播摄像头	以手机支架为主，同时配备可以调节高度的承载摄像设备的支架	无线领夹麦克风、专业声卡+电容麦	环形补光灯+主灯+柔光灯箱等	在直播间背景基础上，使用喷绘背景图、KT板等	蓝牙小音箱	手机等摄像设备的散热器、充电器	直播间手举牌、提示牌以及产品演示所需道具等

3. 直播选品与排品

1) 直播选品

直播选品可以采用以下七种方法。

(1) 产品属性与粉丝属性相结合，即基于粉丝画像销售产品。

(2) 根据视频垂直内容带货垂直产品，即根据自己的专业领域推销产品。

(3) 紧跟热门产品，即观察当下的趋势，什么受欢迎就卖什么。

(4) 选择高性价比产品。

(5) 紧跟电商玩法，如打开抖店的电商罗盘，查看所在一级类目的爆品榜、带货榜等。

(6) 选择特色产品。

(7) 结合数据工具选品，如使用"蝉妈妈"网站，观测行业爆品。

2) 直播排品

完成选品后，应根据直播目标，将产品在直播间有序排列，以提升观众的观看体验和购买效率。可以将选出来的产品分为以下5种：爆款，即当季热卖款，占SKU[①]的20%；引流款，用于开播时接流量，占SKU的15%；承接款或福利款，用于承接极速流量，占SKU的15%；常规款，过款[②]增加SKU，占SKU的30%；盈利款，拉高利润、拉产投(return on investment，ROI)，占SKU的20%。

单品直播的排品技巧和多产品直播的排品技巧如下所述。

(1) 单品直播排品技巧。利用单品引流款，把观众留在直播间内，引发其好奇心，使其期待直播产品开价；再用爆款去做成交模型。这基本上就是单品打爆款的玩法，其本质是用引流品作为杠杆借力来引导用户成交，以实现转化。

单品直播的排品顺序如图5-12所示。初期阶段，以福利款为主，通过高性价比的商品获取粉丝信任，引导粉丝关注、加入粉丝团；中期阶段，可以采用福利款与盈利款搭配的方式，兼顾粉丝留存以及盈利；成熟期阶段，增加爆款、盈利款，以增加品牌的高价商品，从而拉高GMV(gross merchandise volume，商品交易总额)。

图5-12　单品直播的排品顺序

---

① SKU(stock keeping unit)中文通常翻译为库存单位，是一种用于标识和管理商品的唯一编码。它在电商系统中扮演着至关重要的角色，帮助商家和平台精确追踪每种商品的库存、销售情况以及物流信息。SKU的存在是为了简化复杂的商品管理过程，使系统能够迅速而精准地定位特定的商品，从而提高整个供应链的效率。简单来说，SKU是商品的唯一标识符，每个SKU代表特定属性组合下的某个商品。例如，某一件商品的不同尺寸、颜色、材质等，每种组合都会有独立的SKU码。这种SKU编码系统可以使零售商更容易管理库存，并跟踪各个商品的流动情况。

② 在直播带货的语境中，"过款"指的是在直播过程中逐一介绍产品。通常，一款产品可能在这场直播中只介绍一次，这种做法被称为"过款"。

(2) 多产品直播排品技巧。根据产品外观搭配组合，即根据产品的款式、颜色等因素，选择合适的搭配方案进行直播间组品，以达成销售目的；根据产品属性搭配组合，即根据产品的功能、功效等因素，选择合适的搭配方案进行直播间组品，以达成销售目的。

多产品直播的排品顺序如图5-13所示。

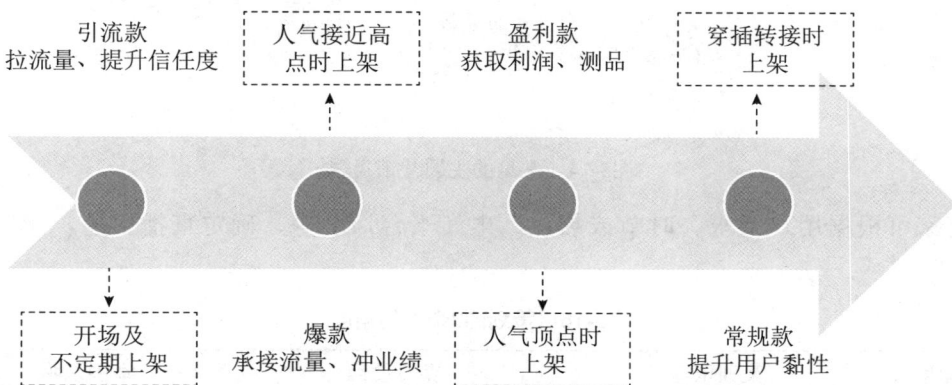

图5-13　多产品直播的排品顺序

3) 产品卖点表

产品卖点是销售的基石，主播熟知产品卖点是顺利推销的必要保障，有助于塑造专业的导购形象，更容易让消费者信服；产品卖点也是全方位塑造产品价值的核心，能够体现产品的价值和优势。此外，在直播过程中，消费者可能会提出一些与产品相关的问题，主播应提前构思并准备好答案，以便及时为消费者解疑答惑，促进消费者做出购买决策。因此，应提前准备好产品卖点表，如表5-15所示。

表5-15　产品卖点表(示例)

序号	品牌	类别	产品名称	图片	卖点提示	自播话术	Q&A
1							
……	……	……	……	……	……	……	……

4. 预热宣传

通过抖音短视频、图文海报等方式进行预热宣传，确保粉丝了解直播的时间、内容和亮点。

(二) 明确目标

从商家的层面来说，应明确直播营销的目标，例如提升品牌知名度、促进产品销售、增加粉丝互动等，从而提升策划的针对性。

从消费者的层面来说，可以借助主题营销[①]来进一步帮助其明确目标，常见的主题营销类型如图5-14所示。

---

① 主题营销是指通过有意识地发掘、利用某种特定主题来实现企业目标的一种营销方式，可以使顾客在购买和试用产品的过程中得到精神享受和欲望满足，产生心理共鸣，从而产生购买欲望。

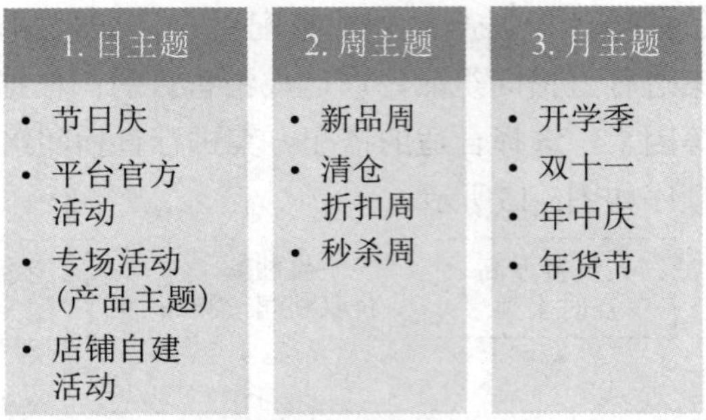

图5-14 常见的主题营销类型

商家可根据用户需求、时节或热点、电商平台活动等，确定直播主题，如表5-16
所示。

表5-16 策划的3个不同角度

策划角度	策划依据	策划要点	举例说明
用户需求	用户标签及消费需求	突出用户的需求热点	"夏季清仓"反季羽绒服三折秒杀
时节或热点	用户在不同节庆点的需求，或对不同热点消费的需求	突出时节或热点的消费亮点	五一度假裙子全场半价，某明星风格的裙子焕新季
电商平台活动	用户在电商平台活动期间的消费心理	突出促销力度	"双十一"全年破价促销

(三) 制定方案

在直播营销开始之前，直播营销团队应制定完整的直播营销方案及执行规划，以准确
传达直播营销的思路，确保直播营销活动的顺利进行。

1. 直播营销方案的内容

直播营销方案的内容如表5-17所示，将重点说明人员分工、时间节点和预算控制的
内容。

表5-17 直播营销方案的内容

直播方案要点	说明
直播目标	明确直播需要实现的目标、期望吸引的用户人数、需要完成的GMV(商品成交总额)等
直播简介	对直播的整体思路进行简要描述，包括直播形式、直播平台、直播特点、直播主题等方面
人员分工	对直播运营团队中的人员进行分组，明确各岗位人员的职责
时间节点	明确直播中的各个时间节点，包括直播前期的筹备时间点、宣传预热的时间点、直播开始的时间点、直播结束的时间点等
预算控制	说明整场直播活动的预算情况，包括直播中各个环节的预算、宣传推广的预算等，以合理控制和协调预算

(1) 人员分工。为了确保直播活动的顺利开展，直播团队应先对与直播相关的工作内
容进行分组，并确定相关人员职责。直播团队人员分工如表5-18所示。

表5-18 直播团队人员分工

团队岗位介绍			考核指标
团队	岗位	职能规划	
直播团队	直播运营负责人	承担中枢协调职能,包括但不限于提高直播产品销量、内容质量和用户体验等,从多维度优化直播内容,统筹直播复盘环节	直播间优化指标数据环比(UV/CTR/GMV)
	直播策划	对直播内容进行策划,输出直播玩法和流程脚本	直播间互动数据
	直播风控	对整场直播进行风险管理和反黑等风险管控	直播间突发事件成功处理概率
	直播场控	实时进行直播间数据追踪,对直播间粉丝活跃负责,把控上品节奏和福利发放等提高直播间互动指数的工作	直播间互动数据和转化率
主播团队	主播	承担直播核心任务,负责直播带货中各流程的把控,负责商品介绍以及对直播互动、粉丝留存和促单等直播间行为的引导	开播时长+GMV
	副播	协助主播进行直播间各环节互动,包括但不限于上品、互动答疑和福利发放等工作	开播时长+GMV(单人主播直播数据对比)
	助播	协助主播完成直播工作,包括样品更替、递拿道具、话术提醒、营造倒数氛围等内容	直播间意外事件次数
	主播经纪人	负责主播经纪事务,主导主播档期安排	主播签约率+主播外接商务合作次数
账号运营团队	账号策划	负责账号整体运营工作,包括但不限于账号内容定位、人设IP打造等	账号增粉数+账号投诉率
	账号风控	账号整体风控,对账号安全负责	账号违规次数
优化团队	广告投手	直播间流量广告投手	广告消耗+广告ROI
活动运营团队	活动策划和运营	对接官方活动,自行策划相关活动方案	活动方案个数+活动效果指标
供应链团队	供应链选品	对直播间选品、商品质量、商品价格进行管控	商品动销率+定价+商品好评率
商务团队	商务合作	负责规划达人明星资源、品牌资源、商品供应链资源和平台活动等,开展商务合作	商务合作目标达成率
设计团队	设计师	店铺直播和短视频等平面视觉设计	设计素材量+点击率
	美工	产品主图、详情页等电商设计	电商设计量+点击率
摄制团队	短视频策划	观察行业内容趋势,策划短视频拍摄	短视频产量+短视频点击率+短视频完播率等
	摄影	直播和短片拍摄	
	后期	制作素材、后期加工	
	直播间布景和器材	直播间布景和器材维护	直播间点击率
客服团队	售前	售前客户咨询服务	售前咨询好评率
	售后	售后客户咨询服务	售后咨询好评率
物流运输团队	物流	合作方物流评估,自有物流配送服务	物流时效+物流投诉率

(2) 时间节点。直播时间节点是直播营销方案中的重要组成部分,在规划时间节点

时，需要迎合用户群体的生活习惯和需求，具体包括前期准备、直播现场、直播进行时、直播结束后四个阶段，如表5-19所示。

表5-19　直播时间节点

阶段	关键内容	时间要求
前期准备	预约直播时间，确定主题、产品及直播流程	提前5～7天
	制作直播宣传海报，预热导流短视频	提前3～5天
	宣传推广，积累用户	提前3天
	准备直播道具、样品	提前1～3天
	准备及检查直播器材	提前1～3天
	确定直播人员	提前1～7天
直播现场	直播人员到达直播现场	提前0.5～1小时
	布置场地，调整灯光，确认最佳拍摄效果	提前3～6小时
	检查网速及直播设备	提前1～2小时
	直播人员就位	提前0.5小时
直播进行时	直播人员各司其职，注意直播现场状况，及时回答用户提问	视情况而定
直播结束后	清点并整理道具、样品和直播间设备等	结束2小时内
	提取后台相关数据，以便分析及二次传播	结束2小时内
	直播复盘	结束4小时内
	剪辑直播高光视频	结束24小时内
	直播后的图文及短视频宣传	结束24小时内

(3) 预算控制。预算控制是确保直播活动顺利进行并有效管理成本的关键环节。直播预算通常涵盖平台费用、设备费用、人员费用、场地费用、营销推广费用、内容制作费用、礼品和奖品费用、运营和管理费用等。

2. 直播营销方案执行规划

直播营销方案执行规划是直播营销方案在执行层面的进一步细化，以明确每个阶段的具体工作、完成时间、负责人等。直播营销方案执行规划的呈现方式是直播工作跟进表，如表5-20所示。撰写直播工作跟进表，有助于直播营销团队按照"一人一事跟进到底"的原则，明确责任归属，跟进各项具体工作的执行过程。

表5-20　直播工作跟进表

阶段	具体工作	责任人	计划时间	完成时间
前期准备	预约直播时间	运营		
	确定直播主题	负责人、主播、运营等		
	确定直播间的排品	选品、运营等		
	确定直播流程	负责人		
	多平台宣传推广	运营		
	准备产品、摆设道具	负责人等		
	准备直播间器材	拍摄		
	确认直播人员	负责人等		

(续表)

阶段	具体工作	责任人	计划时间	完成时间
直播现场	布置场地	助理、场控等		
	安装及调试直播器材	拍摄		
	检查网速	拍摄、场控等		
	安排直播人员工作	负责人等		
直播进行时	直播预热	主播和助播		
	引导用户关注	主播和助播		
	介绍商品	主播		
	上下架产品	助播		
	介绍福利活动	助播和场控		
	引导用户参与福利	助播和场控		
	用户答疑	主播和助播等		
直播结束后	整理道具、样品	主播和助播		
	整理拍摄设备	拍摄		
	提取直播数据	运营		
	直播复盘	全体成员		
	剪辑直播视频	后期		
	制作相关图文	运营、设计		
	各自媒体平台宣传	运营		

(四) 流程规划

直播流程主要分为过款式直播流程和循环式直播流程两类。

1. 过款式直播流程

如表5-21所示，过款式直播基本不重复推荐产品，适用于直播时长短或选品多的直播间。很多头部直播间由于选品种类众多，大多都采用过款式直播，这种直播流程比较考验主播的应变能力和对产品的认知程度。

表5-21 过款式直播流程

时间安排/分钟	直播内容
10	热场互动+引流款
30	第一组：主打产品三款(爆款、常规款、承接款)
10	第一组：福利款产品一款
10	互动环节/发放福利
30	第二组：主打产品三款(利润款、爆款、承接款)
10	第二组：福利款产品一款
20	第一组+第二组产品快速过款

2. 循环式直播流程

如表5-22所示，循环式直播即按照某一标准流程不断循环介绍产品。用户在直播间的平均停留时长大多只有一两分钟，因此，隔一段时间重复推荐产品是直播带货的常规操作。循环式直播可以降低备稿成本，有助于拉长直播时长，主播只要勤加练习就能游刃有余。循环式直播适用于长时间在线的直播间。

表5-22　循环式直播流程

时间安排/分钟	直播内容
10	热场互动+引流款
40	本场三款主推款产品
10	宠粉福利款产品
40	本场三款主推款产品(第一次循环)
10	宠粉福利款产品(第一次循环)
40	本场三款主推款产品(第二次循环)
10	宠粉福利款产品(第二次循环)
……	……
10	宠粉福利款产品(最后一次循环+预报下场直播)

(五) 活动策划

直播间的营销活动多种多样，旨在吸引用户关注，提高用户参与度并促进产品销售。常见的直播间营销活动有限时限量抢购、抽奖与福利赠送、明星或网红助播、互动游戏与挑战、优惠券与满减活动、粉丝专享福利、直播带货挑战赛、跨平台联动营销、直播回放与二次营销、定制化营销活动等。

(六) 数据分析

直播数据分析应重点关注五个维度，即基础数据、互动数据、带货数据、流量来源、观众画像。

1. 基础数据——衡量直播规模与热度

(1) 累计观看人数(unique visitor，UV)。直播间的总观众数，反映直播间的曝光度。

(2) 场观(page view，PV)。观众观看直播的总人次，反映直播间的活跃度。

(3) 直播间点击率。直播间点击人数与曝光人数的比值，反映直播间内容的吸引力。

(4) 人均观看时长。观众在直播间的平均停留时间，反映直播内容的黏性。

2. 互动数据——观察观众活跃度和参与度

(1) 互动次数。评论、点赞、分享等互动行为的次数，反映直播间的活跃度和观众参与度。

(2) 弹幕数量、弹幕热词等。

3. 带货数据——洞察商业价值，驱动增长

(1) GMV(gross merchandise volume，商品销售总额)。销售额是衡量直播带货效果最直观的指标之一。对于商家来说，GMV能够准确反映直播带货的销售情况，也是计算商家收入的重要依据。

(2) ROI(return on investment，投入产出比)。ROI=销售额/单场投入成本费用。直播间的ROI比例越高，盈利空间就越大。

(3) GPM(GMV per mille，千次观看销售额)。GPM=GMV×1000/每场观看量。GPM是衡量直播间转化效率的关键指标，影响平台流量的分配。

(4) PPM(profit per mille，千次观看利润额)。商家更为关注的利润指标，需结合成本来进行计算。

(5) 客单价。客单价即每个客户带来的成交金额，客单价=GMV/成交人。客单价往往与所售卖商品和直播间观众人群有关。定期关注客单价的波动，可以帮助主播了解客户的购买力，从而调整卖货话术、直播选品、带货节奏和商品组合。

(6) UV(unique visitor)价值。UV价值即每个进入直播间的用户所带来的成交金额。UV价值=直播交易额GMV/直播场观。UV价值越高，代表单个用户对直播间的价值贡献越高，平台也会更愿意给这样的直播间推流。

(7) CVR(conversion rate，直播间商品转化率)。直播间商品转化率=直播间的成交量/浏览量。直播的最终意义是促成转化。从某种意义上来说，转化率比点击率更为重要，因为它反映了有多少用户真正有意愿付费购买商品。

4. 流量来源——优化推广策略和渠道选择

直播用户购买路径如图5-15[①]所示。

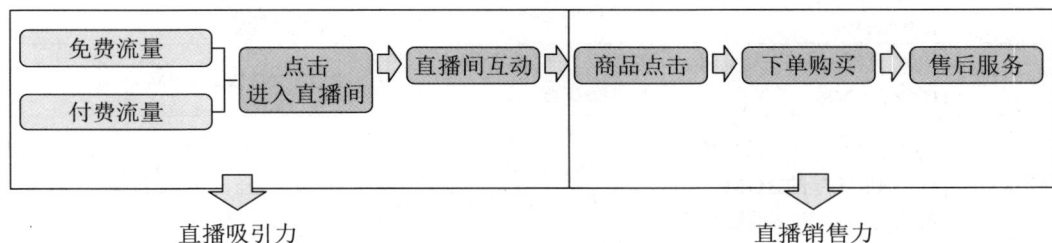

图5-15　直播用户购买路径

(1) 公域流量。这是最重要的流量入口，大多是免费流量，包括推荐页、带货直播榜、同城页面、传送门、搜索栏以及抖音挑战赛等。只要做好内容就能获得推荐，比如直播间引导用户点赞、评论、关注、拉停留以及成单转化就能够撬动流量。

(2) 流量池推荐。以抖音直播间为例，其流量推送机制是通过识别大数据，分析直播内容，通过点赞、停留、电商行为等动作识别用户的兴趣标签，然后分别给内容和用户打上大量的标签，为用户精准匹配相关内容。抖音的推荐机制依赖算法，通过算法获取每个直播间的特征，再根据这些特征把直播间推荐给可能喜欢这些主播的用户，让主播有人看，让用户喜欢看。

(3) 私域流量。它包括站内粉丝关注的短视频和直播信息流量以及站外的私域流量。

(4) 付费流量。大部分商家达人都会使用付费投流工具或平台为其短视频和直播间增加人气和销售额。以巨量千川平台为例，巨量千川与抖音电商深度融合，整合了DOU+、鲁班、电商广告等多种电商广告能力，覆盖字节跳动旗下全线产品流量，可满足直播带货、短视频带货及品牌曝光等多种营销需求。

5. 观众画像——精准定位目标用户群体

观众画像构建是一个基于大量数据的分析过程，旨在深入理解用户的特征、行为偏好

---

① 资料来源：木子李 666. 抖音电商运营：带货直播常见的数据指标 [EB/OL]. (2024-07-07)[2024-12-01].https://mp.weixin.qq.com/s/D0X4Ybm5ASGfpVu1hP6d1w.

和需求，以便为直播间提供更加精准的内容和服务。通过搜集以下用户行为数据，可以进一步了解用户偏好和需求。

(1) 直播平台数据。收集直播平台提供的用户行为数据，包括观看时长、点赞数、评论数、转发数、关注数等。

(2) 社交媒体数据。利用社交媒体平台(如微博、抖音、快手等)的数据分析工具，获取用户在社交媒体上的互动数据和行为轨迹。

(3) 用户调研数据。通过问卷调查、访谈等方式，直接收集用户对直播内容、主播、平台等方面的意见。

直播通常分为塑型期、成长期和成熟期三个阶段，在不同阶段，直播目标不同，数据分析重点也不同，如表5-23所示。

表5-23　直播不同阶段的对比

对比项目	塑型期	成长期	成熟期
阶段特点	用户人群不稳定，没有稳定6+的场观	每场直播成交量不稳定	已有大量粉丝沉淀，粉丝黏性和购买力较强
关注指标	人均看播时长、人流量、CTR、CVR	涨粉率、粉丝看播率、粉丝支付转化率	ROI、GMV、GPM
运营重点	引流款促互动、爆款提转化、快节奏的BGM、用好官方工具和飞瓜智投	直播间留人玩法配合、大额福袋留人、模块视频打爆款、根据不同环节配合不同BGM	粉丝团玩法策略、模块化短视频批量产出、爆款拉新—新款怀旧、上新日/上新场/上新时
运营目标	确立账号标签	带动自然流量	放大全场GMV

任务五　直播话术设计与脚本写作

任务导入

作为一名直播运营者，小王一直在尝试创新直播话术和脚本。当前，市面上很多主播的话术比较相似，比如充满激情地喊"宝宝""请打在公屏上"。但这些都是常规话术吗？内容变现是否也需要使用这些话术？还有没有更好的直播话术？小王观察了近期数据较好的十个直播间，发现即使是同一个主播，针对不同的主题内容也会使用不同的话术，有时甚至会带上家属一起来拉家常。

*课堂讨论

假如你是小王，你会在自己的直播间中采用哪些方式和用户交流呢？哪些直播内容是可以提前准备的呢？

符号互动论[①]揭示了人类依靠意义行动、在共同意义区间中互动、意义和互动互构等特质。称呼作为人类互相认知和互动的符号，无疑构建了主播和用户之间的共同意义区间，也是建立主播和用户关系认知的初始话术。例如，采用"姐妹"这一称呼，能够凸显一定的群体特质，意味着能够更好地站在对方的立场上考虑问题；采用"宝宝"这一称呼，通常有独宠对方的意味，但也带有一种过于亲密的讨好感。在直播间这个微型秀场上，主播需要在较短时间内与用户培养感情，并促成购买行为，还需要采用更多传播技巧来进行传播情境的思考。完成本任务的学习，你将掌握直播话术的设计原则和类型、不同类别直播脚本的撰写技巧以及直播话术及行为规范。

一、直播话术的设计

由于直播要在短时间内完成用户从收到新信息到购买行为的转化，相较于长视频和平时阅读的内容，需要更为密集和激烈的内容铺设。与此相照应，主播的话语应更为直接，语速要适应高节奏的信息流和用户涌入，情绪和情态要尽可能饱满激昂，从而调动用户建立共情。此外，在不同场景之下，还需要准备不同类型的话术。

(一) 直播话术的设计原则

1. 建立联系

主播与用户建立直接联系的最好方式，就是记住他们的ID，并在直播间内和他们打招呼，及时回应他们的需求。这样做一方面是因为人们对自己的名字比较敏感，从而容易产生反馈；另一方面是因为这种私人化的反馈能够让用户觉得你和他的关系是独一无二的，从而使其产生关注倾向。当前主播经常采用一些亲密称呼，如"姐妹""老铁""宝宝

---

① 符号互动论(symbolic interactionism)又称象征互动论，是一种主张通过人们互动着的个体的日常自然环境去研究人类群体生活的社会学和社会心理学理论，由美国社会学家米德(G. H. Mead)创立，并由他的学生布鲁默(H. Blumer)于1937年正式提出。

们", 都是为了借助这些称呼固有的人际关系亲密度和文化接近性, 来拉近和用户之间的关系。

2. 保持活跃

平台经常通过考核直播间的用户互动数据来判断直播是否具有价值, 并决定是否进行下一波推流。因此, 主播在直播间应积极与用户保持互动, 常用话术有"听到请扣1""大家有没有听懂? 听懂的扣1, 没听懂的扣2"。如果通过语言无法直接有效地促成用户反馈, 可以进行一定的福利诱导, 常用话术有"我手里有一份资料, 想要的给我扣一波'想要'""抽中互动的朋友们, 可以去小助理那里领一张优惠券哈"。

3. 促成购买

促成购买的第一步, 是基于公开价格, 为用户提供更大的优惠, 以供用户参考比较, 因此可以强调机会难得和优惠名额的稀缺性, 从而激发用户的饥饿感, 常用话术有"今天直播间只有30个名额, 先到先得, 抢完为止"。由于直播是一种在场域内塑造时间压力从而推进购买行为的行为, 可以借助抢购时间限制来促成购买, 常用话术有"今晚12点之前(或者下播前), 粉丝特享优惠价是298元, 之后就恢复原价999元"。

(二) 直播话术的类型

直播话术技巧按不同的场景需求、不同运营目的, 可分为聚人、留客、锁客、说服、催单、关注下单流程六个类型, 如图5-16所示, 具体内容可扫码查看。

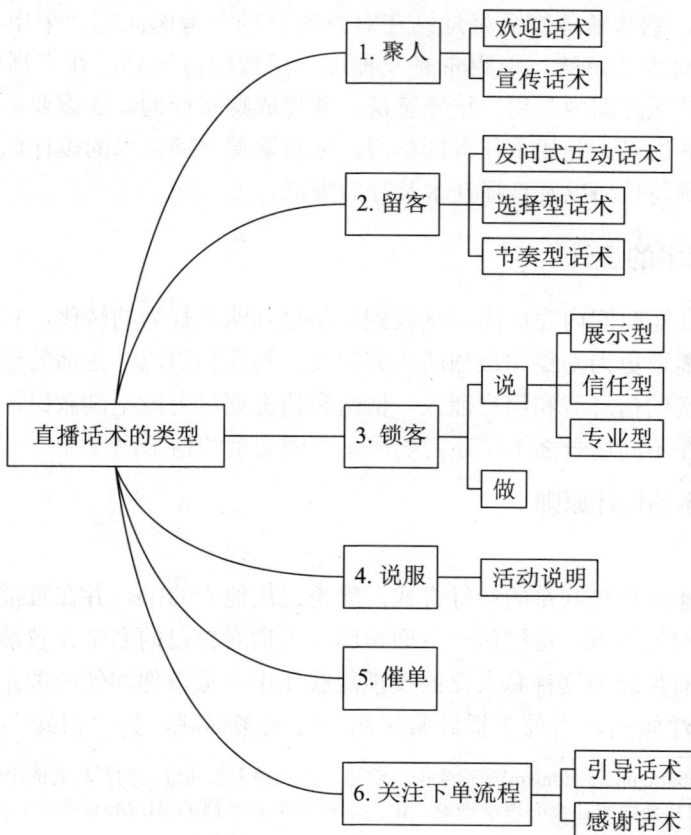

图5-16　直播话术的类型

(三) 直播产品的卖点挖掘

"卖点"是指产品与众不同的特色、特点，有些是产品与生俱来的，有些是通过创造产生的。主播应将卖点落实到营销战略战术中，引导用户接受并认同产品所能带来的利益和效用，从而达到推销产品、扩大品牌影响力的目的。

1. 产品卖点的挖掘维度

产品卖点的挖掘维度如图5-17所示。

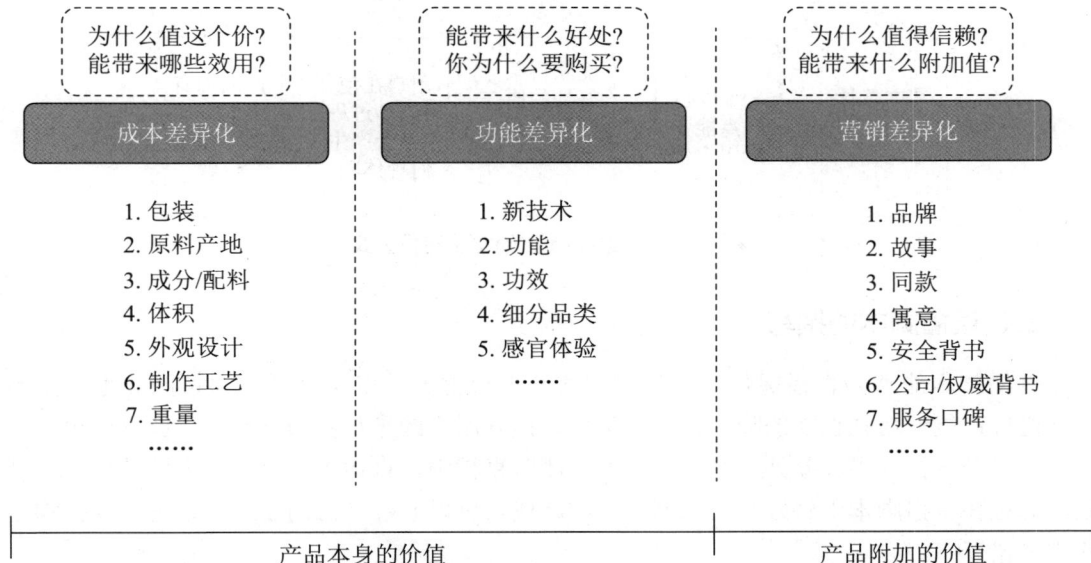

图5-17　产品卖点的挖掘维度

在实际操作中，可以参照表5-24，罗列产品卖点分析结果，这样有助于梳理直播产品的卖点。

表5-24　产品卖点分析表格

成本维度				功能维度			
成分/配料	原料产地	体积	外观设计	细分品类	功能	功效	感官体验
营销维度							
品牌	公司/权威背书	服务口碑	寓意	安全背书	故事		

*课堂讨论

在直播时，主播必须讲解产品的所有卖点吗？哪些卖点应重点讲？哪些卖点可以简单讲呢？

2. 产品的核心卖点

核心卖点，即用户购买产品的理由，也就是产品与竞品相比最有差异化和竞争力的卖点，它不仅能够解决用户痛点，提供消费价值，还能够突出产品独特性。产品核心卖点的文案写作公式如图5-18所示。

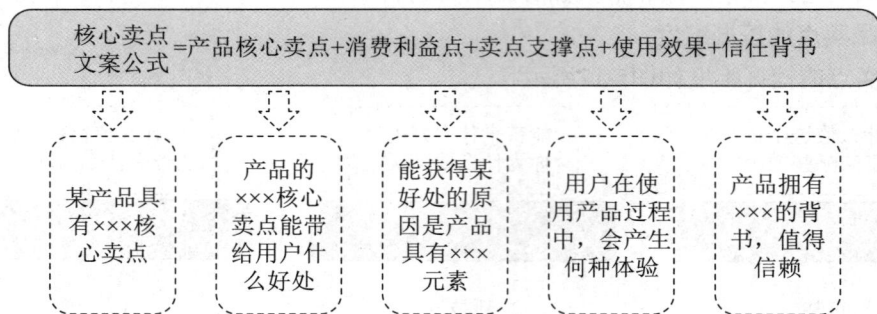

图5-18　产品核心卖点的文案写作公式

二、直播脚本的撰写

直播脚本能够为直播提供清晰的时间线和内容框架，确保直播能够按照计划有条不紊地进行；能够增强直播的吸引力和趣味性，提升用户的参与度和满意度；能够减少突发情况，提升直播效果。此外，在大型直播或团队直播中，直播脚本可以作为团队协作的基础，通过在直播脚本中做好分工和调度，团队成员可以明确自己的职责和任务，降低沟通成本和错误率。

按照功能划分，直播脚本可以分为商品脚本、活动脚本、销售套路脚本、关注话术脚本、评论整理、控评话术脚本等。严格来讲，带货直播脚本分为两大类，即单品直播脚本和整场直播脚本，但整场直播脚本不局限于带货直播使用。

(一) 单品直播脚本

单品直播脚本，顾名思义就是针对单个产品的脚本，以单个商品为单位，规范产品解说，突出产品卖点。单品直播脚本的内容一般包括产品的材质、类型、优缺点、规格参数、权威背书、真假对比、使用小技巧、维护技巧等，并凸显价格优势。另外，脚本还应突出产品和人的关系，对产品的使用场合、搭配给出适当建议。这部分内容最好以表格的形式呈现，如表5-25所示，这样可以将重点直观呈现给直播团队，方便对接工作。

表5-25　单品直播脚本的内容提纲

引出话题	抛出事件
提出卖点	模拟用户，讲解这款产品能解决什么需求，提供对应的产品信息，如所获奖项、使用小技巧、维护技巧等
建立信任	树立专家形象，对产品工艺和实体进行展示
产品卖点	提供材质、类型、优缺点、规格参数、真假对比等相关信息
使用体验	分享自己的使用感受，展示体验实效
引导消费	明确价格，为用户提供优惠额度

详细的单品直播脚本(范例)如表5-26所示。

表5-26 单品直播脚本(范例)

直播板块	时间/分钟	环节	内容
开场	10	预热互动	介绍直播内容主题+暖场活动
单品带货	15	场景话题+痛点+引出产品	介绍产品特性及应用场景,全方位展示产品外观、功能、基本信息等
	5	营销活动解读+直播内容宣贯	
	5	促单话术	重点引导粉丝留资
	5	抽奖或放送福利	公布玩法或口令
	20	详细介绍产品卖点	直播试用,展示产品细节,包括材质、大小、手感等(多用形容词、对比,尽可能详细),将产品卖点和特性渗入到话术中
	5	营销活动解读+直播内容宣贯	
	5	促单话术	重点引导粉丝留资
	15	详细介绍产品卖点	介绍产品保养、清洁的方法
	5	营销活动解读+直播内容宣贯	
	5	促单话术	重点引导粉丝留资
	5	抽奖或放送福利	公布玩法或口令
	20	分享延展知识	介绍与产品或品牌相关的一些小知识
	5	营销活动解读+直播内容宣贯	
	5	促单话术	重点引导粉丝留资
	10	互动答疑	根据粉丝的评论互动,解答疑问,提醒粉丝领取福利
	5	营销活动解读+直播内容宣贯	
	5	促单话术	集中力度促单
	5	大福利或抽大奖	营造氛围,引导粉丝参与
结束	5	结束语+活动预告	

(二) 整场直播脚本

从内容方面来讲,整场直播脚本通常包括直播主题、直播目标、主播和副播介绍、直播时间、注意事项、时间节点、流程安排、人员分工等要素。整场直播脚本(范例)如表5-27所示。

表5-27 整场直播脚本(范例)

时间段	流程安排	人员分工		
		主播	副播	后台/客服
20:00—20:10	开场预热	暖场互动,介绍开场截屏抽奖规则,引导用户关注直播间	演示参与截屏抽奖的方法,回复用户提问	向粉丝群推送开播通知,收集中奖信息

(续表)

时间段	流程安排	人员分工		
		主播	副播	后台/客服
20：10—20：20	活动剧透	剧透今日新款产品、主推款产品，以及直播间优惠力度	补充主播遗漏的内容	向粉丝群推送本场直播活动
20：20—20：40	讲解商品	分享秋季护肤注意事项，讲解、试用第一款产品	配合主播演示产品使用方法和使用效果，引导用户下单	在直播间添加商品链接，回复用户关于订单的问题
20：40—20：50	互动	为用户答疑解惑，与用户进行互动	引导用户参与互动	收集互动信息
20：50—21：10	讲解产品	分享秋季护肤补水技巧，讲解、试用第二款产品	配合主播演示产品使用方法和使用效果，引导用户下单	在直播间添加商品链接，回复用户关于订单的问题
21：10—21：15	福利赠送	向用户介绍抽奖规则，引导用户参与抽奖、下单	演示参与抽奖的方法	收集抽奖信息
21：15—21：40	讲解产品	讲解、试用第三款产品	配合主播演示产品使用方法和使用效果，引导用户下单	在直播间添加商品链接，回复用户关于订单的问题
21：40—22：20	产品返场	对三款产品进行返场讲解	配合主播讲解产品；回复用户提问	回复用户关于订单的问题
22：20—22：30	直播预告	预告下一场直播的时间、福利、产品等	引导用户关注直播间	回复用户关于订单的问题

三、直播话术及行为规范

主播应严格遵守平台的规则和政策，避免违规行为的发生；还应增强法律意识，了解相关法律、法规对直播行为的要求和限制，避免触碰法律红线。如果直播间被误判为违规或受到不公正的处理，可以通过平台提供的申诉渠道进行申诉，维护自己的合法权益。下面介绍常见的违规话术及行为。

(一) 极限用语

在直播过程中，应避免使用极限用语，常见的极限用语请扫码查看。

极限用语

(二) 敏感及不当用语

1. 涉政、涉教、涉黄赌毒、涉迷信等

这些内容都属于敏感话题，各平台严格禁止口播或用文字展示。

2. 辱骂挑衅

辱骂挑衅言行严重破坏直播氛围，会对公众造成不良影响，因此各平台严格禁止此类言行。

3. 封建迷信

封建迷信言行包括在直播中宣传封建迷信思想、直播迷信活动等，各平台严格禁止此类言行。

(三) 其他违规行为

1. 衣着不当

衣着不当包括但不限于裸露上身、穿着暴露上装、大面积裸露纹身等。

2. 色情低俗

色情低俗包括但不限于一切色情、大尺度、带有性暗示的直播内容，以及其他低俗、违反公序良俗的行为。

3. 侵权行为

侵权行为包括但不限于直播没有转播权的现场活动、录屏直播没有版权的视听内容等。

4. 对未成年人有害的行为

对未成年人有害的行为包括但不限于未成年人单独直播、引导未成年人消费或充值等。直播间应主动提醒"未成年观众请不要送礼物"。

5. 诱导非平台交易

诱导非平台交易包括但不限于在直播间展示二维码或口播其他社交软件账号，引导非本平台交流或资金交易等。

(四) 低质量及误导性内容

1. PPT轮播形式

PPT轮播形式是指用简单的图片配文字的形式展示产品，形成非连续帧画面。这种展示方式较为单一枯燥，虽然成本较低，但容易被用户当作营销号。

2. 贩卖焦虑或制造恐慌

一些主播借助成功学言论、情感鸡汤和名人语录等贩卖焦虑，制造恐慌，宣扬功利主义心态，虽然能获取一定的流量，但破坏了平台的生态，因此各平台严格禁止此类言行。

3. 诱导交互

诱导交互是指一些主播利用用户的同情心，通过内容质量较差或没有核心内容的直播求关注或骗取用户互动的言行。例如，主播谎称只要用户关注就能领取红包等。这类虚假或具有恶意导向的直播是各平台严格禁止的。

4. 恶意堆积产品

恶意堆积产品是指主播恶意在画面中堆积产品，增加产品个数，不断往促销包中放入更多产品，旨在刺激用户不理性购买。这也是各平台严格禁止的。

思想领航

"三农"短视频赋能乡村文旅发展①

近年来，乡村振兴战略的实施有力推动了互联网"三农"内容的生产与传播，"互联网+农业"已经成为乡村振兴的新动力之一。根据《中国网络视听发展研究报告(2023)》，短视频用户的人均单日使用时长为168分钟，遥遥领先于其他应用，成为占据人们网络时间最长的领域。短视频这种"短、平、快"的内容制作与传播特点，加之移动互联网和智能终端的普及升级，让更多人有机会、有意愿成为视频内容的生产者和传播者，尤其是"三农"领域短视频爆款频出，话题度和影响力引发社会广泛关注。

在乡村振兴战略引导下，互联网企业积极谋求担当重要角色，一些短视频平台通过运营培训、流量扶持、变现指导等支持"三农"短视频创作。短视频作为"三农"题材内容创作和传播的载体和手段，进一步丰富了互联网在乡村振兴领域的应用和价值。

一、"三农"短视频呈现乡村文化场景

当前，许多"三农"短视频表现微观的乡村生活和自然环境，场景式呈现乡土文化魅力，建构"新农村新形象"。某短视频平台2021年发布的"三农"数据报告显示，最受欢迎的"三农"视频内容中，排名靠前的分别为农村生活、农村美食、"三农"电商、养殖技术等。很多网友在"三农"短视频中观赏乡村自然与人文美景，增加新奇体验，感受向往的诗意田园，放松心灵、舒缓情绪。

近年来，"古村落+短视频""非遗+短视频"作品越来越受关注，以古村落风貌、传统民俗、非遗技艺为主要内容，展示农村文化遗产与乡土文明，与自然生态、农事生产等一同构成独特而又完整的村落文化场景。贵州苗族青年博主"乐天Ryan"于2022年12月开始上传短视频专辑"记录100个中国非遗技艺"，采访非遗传承人，记录叶脉绣、龙头雕等非遗项目。返乡侗族青年、短视频创作者"村姑阿香"用镜头记录侗族美食、民俗与地方美景，带领侗族妇女共同传播侗族文化。

一批批围绕乡村传统技艺、民俗、曲艺等非物质文化遗产题材的短视频，直观展示非遗及其应用场景，成为传统文化"出圈""破圈"的有效方式，为线上线下的"国潮热"注入活力。贵州省西江千户苗寨完整保存苗族原始生态文化，"赶海""接亲""庙会"等习俗颇受短视频用户喜爱。

二、农文旅融合赋能产业创新发展

短视频通过展示和推广农村文化遗产、传统技艺与风貌，活化利用在地文化资源，带动地域宣传推广、文创产品开发，吸引广大用户前往亲身体验，促进乡村旅游消费和农文旅融合，推动现代服务业与农业农村深度融合，实现农村劳动力转移就业，拓宽农民增收致富渠道。

① 张芃."三农"短视频赋能乡村文旅发展 [EB/OL]. (2023-09-09)[2024-12-01]. https://baijiahao.baidu.com/s?id=1776523928888185749&wfr=spider&for=pc.

"政府+短视频平台+本地人才"成为近年来乡村文化遗产、文化旅游数字化记录与推广的主要模式之一。乡村文旅、"村BA""村超"等乡村群众性文体活动的火爆"出圈",离不开短视频平台的助推,也离不开地方政府基于新媒体平台开展的宣传。2021年,贵州省榕江县成立了新媒体助力乡村振兴产业园工作领导小组,通过持续性免费培训,培养万名"村寨代言人",征集本土主播入驻短视频平台。如今榕江县已有1万多个新媒体账号,群众自发拍摄赛事短视频并在互联网平台发布。

贵州"村BA""村超"比赛期间对民族文化、非遗、农特产品的宣传展示,有别于传统体育赛事体验,也是对新时代农民风采、乡村风貌、乡土文化的生动呈现。这些地方特色与亮点通过短视频传播得以扩大知名度,从而吸引各地观众来此旅游体验。截至2023年8月,"贵州村超""村BA""贵州村BA"这三个话题在某短视频平台分别创造了85.3亿次、39.2亿次、19.1亿次播放量。相关数据显示,从2022年7月至今,"村BA"举办地台江县共接待游客200余万人次,实现旅游收入23亿元。榕江县在今年"村超"期间,接待游客250余万人次,旅游收入28亿多元。

短视频深耕内容电商,进一步助推乡村文旅产业发展。短视频创作者前期创作的农村生活、农业科普、非遗技艺等内容,已创建好了贴合农产品、农资农机销售的使用场景和乡村文旅体验场景。在"短视频+电商"领域,外景直播间设置在地方代表性的景观、特色建筑中,有的电商直播还同步展示地方非遗技艺,沉浸式展示商品及其背后的历史文化底蕴。这种方式拉近了消费者与产品、产地的距离,宣传推广地方文化遗产、民俗风貌和生态美景,有助于提升地方文旅品牌的曝光度和吸引力。一些短视频平台还从个人培训出发,逐步拓展到链接地方资源,围绕乡村风貌、美食特产、特色民俗、生产劳作等内容开展定向扶持与合作,推动乡村文旅融合发展。

三、传承乡土文化,助力乡村文化振兴

短视频让互联网上的"三农"能见度越来越高,以影像方式展现乡村风貌、乡土民情,讲好"三农"故事,激发乡村文化活力,增强文化自信,对于新农村、新农民形象的塑造和乡土文化的传承具有重要意义。

中国互联网络信息中心(CNNIC)发布的第51次《中国互联网络发展状况统计报告》显示,截至2022年12月,农村网民群体即时通信使用率与城镇网民差距仅为2.5个百分点,但短视频使用率已超过城镇网民0.3个百分点,农村网民群体的短视频使用偏好更为明显。短视频这种短时长、易传播的互联网产品在农村迅速普及,成为农民休闲娱乐的新形式和"新农具"。农民既是短视频的用户,同时也可以是内容的生产者、传播者,成为信息时代"新农人",让农业、农村、农民进入更多人视野。各个平台通过"乡村守护人""农技人""幸福乡村带头人""乡村英才计划"等扶持活动,进一步加深群体认同。更多用户在"三农"短视频中感知乡土文化、故土情结,从而产生情感共鸣。

下一步,要继续鼓励、扶持乡村文旅达人、商家通过短视频平台开展内容创作推广与线上经营,培育乡村文旅产业新产品、新业态、新模式;宣传休闲观光农业、乡村旅游精品景点、革命老区红色旅游景点、文旅线路,培育乡村研学旅游项目,开发与提升乡村特

色文旅品牌；开展线上宣传，传播地方特色品牌，实现线上流量的线下转化；加强人才支撑，将农民培养成新媒体达人、文旅达人、电商达人，激发乡村振兴内生动力；打造乡村网络文化阵地，加强乡村文化网络宣传，传播农耕文化和重要农业文化遗产；鼓励村干部善用新媒体平台，展示推广乡村群众性文化活动，建设互联网助推乡村文化振兴建设示范基地，助推农村精神文明建设。

"三农"短视频的特别之处，正是其对于乡村风光的展现，让农村生活、非遗技艺具有扎根乡土的美感，是乡村文化旅游场景独特性的体现。为此要促进古村落保护、农村人居环境整治、绿化美化生态环境工作，以实现乡村文旅产业的可持续发展。

项目检测

基础训练

一、扫码自测

二、思考题

1. 请你说说短视频、中视频、长视频的区别具体体现在哪些方面？
2. 短视频脚本有哪些类型？分别有哪些写作要点？
3. 简述短视频脚本的撰写步骤。
4. 抖音竖版的封面像素要求是多少？
5. 为短视频添加音效的重要性是什么？
6. 直播电商与传统电商有什么区别？
7. 一场直播需要准备哪些设备？

三、简答题

请你为下列情境的不同短视频主题分别设计三种常见的"钩子"。

情境一：某一线城市，美食探店博主小张与其助手兼摄影师去一家市中心新开的牛肉火锅店探店，共消费209元。他们点了一个番茄牛腩锅，吃了1份吊龙、1份鲜牛舌、1份牛腱子肉、一份手打鲜肉丸(10颗)、4份蔬菜、1份主食、2份饮品。店铺正在举办开业活动，每桌可买一张"1元抵99元"的代金券。

情境二：某位拥有50万粉丝的抖音美妆博主，接了一个不知名品牌的散粉商务广告，对方支付5万元合作费，同时给了100个粉丝免费试用名额。该散粉日常售价为20元110克，给达人粉丝专属购买价为15.9元110克，并赠送一个5克的试用装和粉扑。该散粉使用效果一般，刚上脸时虽然服帖，且有一定的控油、柔肤、白肤效果，但使用时严重飞粉，时间久了会浮粉、暗沉，且不适合干皮使用，会出现斑驳的问题。

综合应用

实训一

请选择一个建筑物或者一个人物作为目标，为其进行后期剪辑、配音，完成一份"自我介绍"，时长为1分钟以内。全班同学分组完成下列短视频拍摄任务。

1. 拍摄该目标的远景、全景、中景、近景、特写镜头。
2. 使用推、拉、摇、移、跟等形式来拍摄该目标的细节。

3. 使用远景、全景、中景、近景、特写来丰富镜头画面表达。

4. 完成剪辑、配音，制作针对该目标的"自我介绍"视频。

实训二

制作主题为"我在学校的一天"的Vlog视频，可以作为小组或单人作品，以下为具体要求。

1. 完成提纲脚本、分镜头脚本的写作。

2. 根据脚本内容设计，完成视频拍摄。

3. 完成视频后期剪辑，以及配音、配乐、字幕、封面等元素设计。

4. 为视频取一个具有传播力的标题，并发布在目标平台上。

实训三

请你到电商平台搜索实时销量最高的矿泉水，为其设计一份"产品卖点表"。

实训四

与小组同学共同，完成一场直播的策划、筹备与实施，直播的产品与主题自定。

1. 制定直播营销方案。

2. 制作直播团队人员分工表。

3. 按照直播时间节点，编制相关表格。

4. 制作预算表。

5. 制作直播工作跟进表。

6. 确定直播流程类型。

7. 确定直播活动的内容。

8. 撰写直播话术脚本。

9. 完成直播产品的卖点挖掘。

10. 开启直播。

11. 完成直播数据分析。

项目六　新媒体运营与推广

教学目标

【知识目标】

- 了解新媒体运营的概念；
- 了解新媒体运营的多种细分维度；
- 理解用户运营的思路；
- 了解用户生命周期价值、用户价值分层的概念；
- 了解影响宣传推广效果的因素；
- 了解活动复盘的要素；
- 了解渠道运营的工作内容；
- 了解新媒体投放渠道的广告投放形式及成本；
- 理解不同产品阶段的运营重点差异；
- 了解账号冷启动的概念；
- 了解账号养号的技巧；
- 理解新媒体推广的重要性；
- 了解新媒体内容推广的主要方式。

【能力目标】

- 能够辨别内容运营和内容营销；
- 掌握活动的流程及分类；
- 能够划分活动的量级；
- 能够以某个时间段为区间做活动日历排期；
- 掌握自媒体账号的起号步骤；
- 能够为不同的内容选择合适的平台；
- 能够寻找并拆解对标账号；
- 能够搭建账号并进行内容创作；
- 掌握不同平台投流的主要方式及其优缺点。

【素质目标】

- 培育流量时代的职业理想和职业道德；
- 提升审美素养，陶冶情操，温润心灵，激发创新创造活力；
- 树立正确的价值取向和政治信仰。

❖ 思维导引

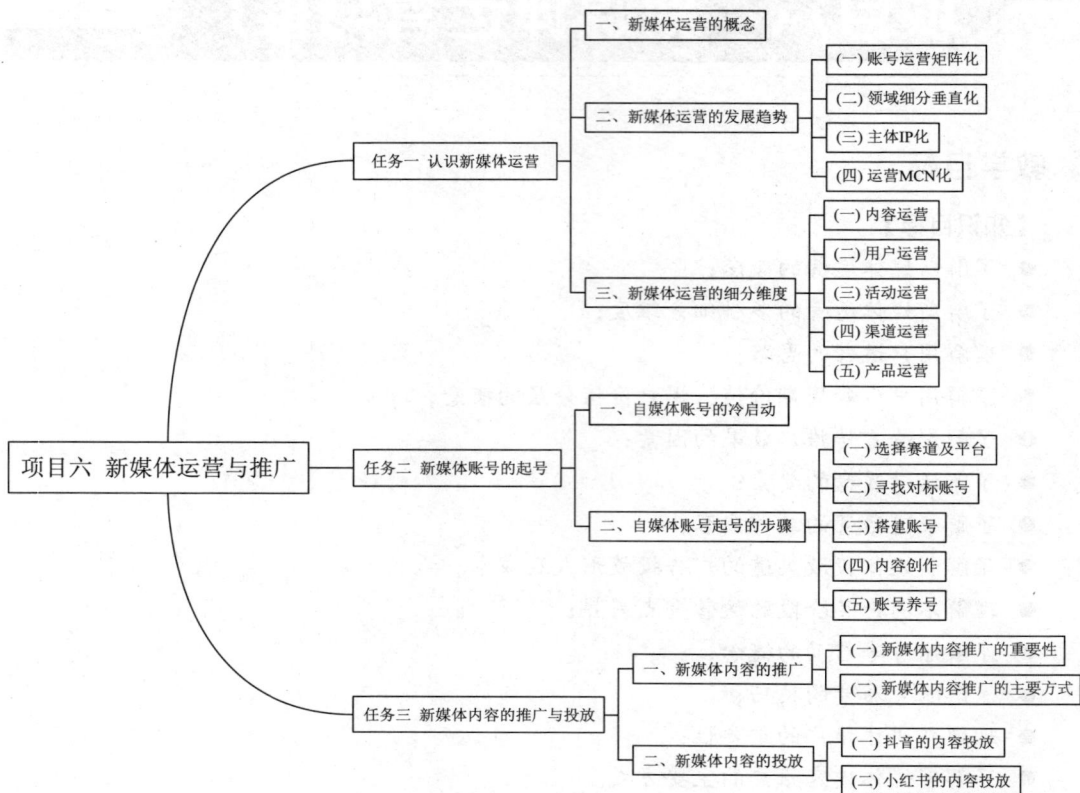

项目六　知识框架

❖ 项目导读

当超头部主播失去C位，流量会去哪儿？①

近期，抖音传出正在调整流量分配方式，降低对达人直播的流量分配比例，并将流量向优质短视频和店播倾斜。不过，抖音官方没有承认此消息的真实性。

达播、店铺、短视频都在一口锅里吃饭，也都向平台贡献收入，只是贡献的方式有所不同。在抖音日活已经大到不能再大的现在，你多吃一口，就意味着别人要少吃一口，同是抖音生态中的参与者，抖音要时刻拿捏好能实现帕累托最优的平衡。但结合达人在2024年618大促的带货成绩，这个消息恐怕并不是空穴来风。

蝉妈妈数据显示，618大促抖音达人带货榜单(5月24日—6月18日)的前三分别为广东夫妇、贾乃亮和与辉同行。大促期间超级头部主播的表现不理想，达播的攻势不再凌厉，扶持店播也符合平台的逻辑。

---

① 晓鹏.当超头部主播失去C位，流量会去哪儿？[EB/OL]. (2024-07-22)[2024-12-01]. https://mp.weixin.qq.com/s/X2emQcJTmVbRmmmhULeljg. 有删改

一、达播的历史任务

达播的作用是什么？对抖音、快手这样的短视频平台来说，在做电商的初期，达播可以聚人气，不仅吸引用户观看，带货强劲的主播还能吸引更多商家和更多优质主播入驻平台，全方面培养用户在平台购物的心智。

2019年，抖音上线抖音小店，开始搭建电商体系。2020年，抖音开始学着淘宝直播，寻找自己的明星主播。这一年，罗永浩在抖音第一次直播，带货1.1亿元；100多位县长、市长走进直播间，为当地产品"代言"；董明珠成为"带货女王"。快手早期的大家族，辛巴、散打哥等变身为直播带货的主力。

2017年"死"去的直播，在2020年又以带货的方式"活"了过来。直播带货的影响越来越大，明星也纷纷加入进来，平时鲜见的公众人物变成直播间里能实时互动的人，看直播的人越来越多。借助这些达人，抖音和快手作为电商的定位立了起来。

对用户来说，达人提供了双重价值，即低价和情绪价值；对商家来说，达人是诠释商品和品牌价值的载体；对有些知名度的品牌来说，达人直播间是打新品、打爆品的利器，再大的品牌也创造不出达人直播间里的泼天流量，给达播破价虽然损失一部分利润，但赢得了用户对产品和品牌好感度之后，可以通过其他商品将损失的利润赚回来；对不知名的新品牌或者白牌来说，卖货是最大的诉求，进达人直播间是最快的路径。

可以说，在特定条件下，达人直播是效率最高的营销方式。这里的"特定条件"包括但不限于平台流量及用户时长仍有较大的增长空间、达人不能过于有话语权。前者影响商家的营销成本，后者影响商品的定价，两者共同决定了商家在某一平台上做生意是否划算、能不能赚到钱。

如今，特定条件已经越来越不成立，头部达播的历史性任务也已基本完成，其重要性正在减弱。先来看达播之于平台。现阶段，像视频号这种直播规模尚不够大的平台，对大主播仍然有一定的渴求。而在抖音和快手这样的平台，商家和用户都已经足够多，且用户看直播买东西已经成为非常成熟的心智，反倒需要尽可能避免被头部大主播绑架。

再来看达播之于用户。直播间拿不到最低价已成为普遍现象。在价格力当道的现在，比价成为平台留住用户的手段，用户比价越来越容易，价格就越来越透明。一些头部大主播均出现过直播间卖价比品牌旗舰店更贵的情况。价格，越简单粗暴地降，就显得越真诚。当真诚这条路不好走之后，很多达播开始人为设置信息壁垒，通过套路减少用户的比价行为。比如，制定眼花缭乱的"买送"政策，尤其是美妆产品，在618大促期间，各达播直播间的赠品与旗舰店的赠品完全不同。再如，通过容量差异"迷惑"用户，让用户很难算明白在哪买更划算。可"套路"本身与达播的信任经济是相悖的。信任经济的瓦解还体现在主播的选品能力会随着主播成为超头部而变差。早期主播刚起来的时候，是有选品能力的，可以将小众好物推荐给适合的人群；而如今，越是头部直播间产品品类越全，这意味着对主播选品能力提出了更高的要求，主播也就更容易翻车。在这样的趋势下，头部达播可能会倾向于卖品牌货，最终变成品牌的渠道，其他方面的价值已经很难凸显，而达播对用户的价值会在很大程度上影响达播对商家的价值。

二、流量去哪儿?

当用户规模和用户时长见顶时,流量的效率就成了首要考虑的因素。

2022年,国海证券的一份研报显示,在品牌自播模式下,平台赚取的主要是品牌投放的广告费用;在达播模式下,平台赚取的是佣金和MCN/达人投放,品牌自播的综合货币化率要高于达人带货。时间过去两年,自播和达播的货币化率很可能发生变化。一方面受政策影响,另一方面流量越来越贵,达播想要达成相同的GMV,所要付出的成本必然更高。不过,两者贡献收入的相对能力应该不会变。

蝉妈妈和蝉魔方发布的《2023年抖音电商年报》显示,2023年抖音电商的整体GMV增长77%,达播的GMV占比为61%,增速为49%;货架商城(包括品牌直播、视频、商品卡业务)的GMV占比为39%,增速为130%,远高于达播。

快手同样将泛货架场景作为增长引擎,在商城主动浏览搜索正在成为用户习惯。不管是从规模增速来说,还是从变现效率来说,减少分配给达播的流量,都符合平台的逻辑。更何况,在推崇价格力的现在,店播比达播更能配合平台的策略。

那么,流量会去哪儿呢?或者说,哪里是效率更高的地方?

第一,能够吸引流量的自然内容和能够持续种草的优质短视频。广告加载率(AD load)是有上限的,到了上限会明显影响用户的留存,自然内容足够好才能延缓用户规模和活跃度的下降,种草视频足够优质才能将泛流量转化为电商流量。在自然内容方面,信息已经从稀缺走向饱和甚至过载,一个题材受到欢迎就会引来很多人跟风拍摄,这将导致公众审美疲劳,使小众赛道不再"小众",从而失去赛道挖掘的空间。为了避免这一问题,配合电商商家营销动作的短视频应注重原生化,确保平台的内容生态持续繁荣,这样商家才能获得更好的转化效果。

第二,品效合一的店播。电商直播发展早期,主播、运营、投流等方面的人才比较稀缺,会更集中在MCN和达播,如今直播电商发展已经非常成熟,相关人才供应充足,为品牌自播的发展打下了基础。品牌以往与用户进行沟通时,通常采用客服或者广告这种单向传递价值的方式,即便商家完整地输出了产品的相关信息,但当信息传递到消费者这里时往往会有损耗,而直播能够有效解决这个问题,它通过实时互动的双向沟通窗口,精准传递品牌和商品的价值,消费者能够接收全面的信息。此外,平台的资源倾斜为店播带来了成长的机会,有助于品牌积攒自己的人群资产,品牌也会因此在平台长期经营,这也是平台乐见其成的。

第三,货架电商。货架电商的推出,不仅是因为平台需要补充从人到货的链路,满足人找货的需求,也是因为商家有稳定复购的需求。达播经常营造"过了这个村就没这个店"的氛围,很容易促进用户下单购买,然而等到用户冷静后可能会退单,还有很多MCN只会钻营,买几个流量账号就带货,利用灰黑产①营造数据的虚假繁荣,对转化结果不负责,这些做法都会对商家造成伤害,甚至导致商家离开平台。对商家来说,短视频种

---

① 灰黑产是指利用互联网和信息技术进行非法或不道德活动的产业链。这些活动通常游走在法律边缘,具有潜在危害,例如数据爬取、账号买卖等;而黑色产业则是明确违法的活动,如网络诈骗、恶意软件传播、数据窃取等。

草、直播间成交、货架复购是相对完美又经济的用户消费链路。商家能够获得稳定增长的可观利润，平台才能健康发展。

三、达播何去何从？

在发展成熟的电商平台上，达人与商家以双赢为目标，达播仍有其不可替代的价值，比如当商家想要推出新品时，仍然需要借助流量更大的达播。然而，对于如今的达播来说，低价已不再是达播最趁手的武器。相较于低价，选品能力以及提供情绪价值的能力成为达播的核心竞争力，也是用户仍然需要的价值。

在选品能力方面，达播团队应提升检测能力，以及从原料、生产、物流到成本核算等全链路、全方位的能力，以提供用户的体验感。

在情绪价值方面，商家应提升商品价值以及品牌价值的诠释能力，而达播应降低用户的挑选成本，减小商家/商品与用户之间的信息差，为用户提供整套解决方案。例如，要装修一栋房子，业主想要节省成本，可以选择自己动手，挑选各种硬装、软装，也可以选择直接请装修公司设计一整套方案，两种方式都有存在的价值，如果装修公司在设计、施工、验收等方面都严格遵守方案，确保服务的价值，一定会有很多消费者愿意花钱买个省心。

未来，达播需要全面提升自己的价值，满足消费者不同层次的需求，才能持续获得发展。

【思考与讨论】

1. 纵观直播发展史，请你用简洁的话语概括"达播"和平台的关系。
2. "达播"对于用户而言，具有什么价值？
3. 一个直播间的流量由哪几个渠道而来？

任务一 认识新媒体运营

任务导入

从新媒体传播专业毕业的小刘打算找一份收入尚可的工作，根据自己的专业技能，她决定将新媒体运营作为目标岗位。然而步入岗位后，她觉得工作非常繁杂，每天都要搜热点、看阅读数据、看粉丝数据，策划各种线下活动，参与各种推广工作。每天忙碌之余，她感到很困惑，到底什么才是运营？如何通过工作成果衡量自己成长的进度？如果有一天互联网行业没落了，自己会被公司"优化"吗？

*课堂讨论

作为新媒体运营人员，你认为小刘的日常工作应该涵盖哪些内容？括号中的哪些工作是不必胜任的？(账号运维管理；数据分析、研判；活动策划执行；媒介购买和渠道投放；和不同商家进行商务谈判)

以2008年经济危机为界，大型媒介购买方逐渐将视线从传统大媒体向物美价廉的网络媒体转移，自2014年开始又从门户网站向自媒体转移。尽管投放回报比高度不稳定，但用户的流向和自媒体在一定程度上超乎预期的流量反馈，也为广告方带来了红利。在未来，这种精细化的投放趋势还将持续强化。广告投放的变化，在一定程度上暗示了媒介市场的走向，也昭示着平台或品牌流量操盘者——运营人员的市场价值。作为互联网高度变化市场的参与者，运营人员需要时刻学习，以保持自身鲜活度。完成本任务的学习，你将掌握新媒体运营的概念、发展趋势以及细分维度。

一、新媒体运营的概念

新媒体运营是指利用数字媒体和网络技术，开展各种形式的营销、宣传和推广活动，以提高品牌知名度、增加销售额和提升用户体验的过程。新媒体运营涵盖社交媒体营销、数字广告、内容营销、用户运营和互动等多个方面。其中，社交媒体营销是较为常见的方式之一，许多企业通过社交媒体平台(如微信公众号、抖音、小红书、微博等)进行品牌宣传、产品推广和客户服务等工作。另外，在部分以产品功能、电商销售为主体的平台，新媒体运营的内容属性被弱化，在一定程度上相当于渠道运营。

二、新媒体运营的发展趋势

"互联网+"时代，各种新媒体平台将内容创业带入高潮，移动社交平台的发展又为新媒体运营带来了全新模式，使其呈现以下发展趋势。

(一)账号运营矩阵化

"矩阵"原本为数学概念，是指一个按照长方形阵列排列的复数和实数集合。在自媒体领域，矩阵是指同一主体进行多账号运营或多渠道运营。运营矩阵化既是一种集约化生产，利用同平台的资源进行优势共享的策略，同时也是精细化运营不同的内容领域，从而进行多元化探索和深耕并规避失败风险的方式。以较早进行矩阵化尝试的《钱江晚报》为例，《钱江晚报》共裂变出41个账号，分别覆盖生活、娱乐、短视频、汽车等细分垂直领域，各自运营相应的内容和活动，共同构成了《钱江晚报》的集团影响力，如图6-1所示。

图6-1　《钱江晚报》矩阵微博榜单

(二) 领域细分垂直化

在互联网环境下，追求一站式服务的内容已经很难获得用户青睐，追求小而垂直化的内容生产反而有利于聚拢优势资源、聚焦自身优势，从而选准赛道。

(三) 主体IP化

互联网使得用户和用户直接连接成为可能，由于机构生产规模化效益递减，人类固有的非理性特质和信赖转化得到了放大。过去依赖专业和机构统一语言的内容生产不再受用户欢迎，而人格化、IP化逐渐成为赢得用户的关键。

行业观察6-1

"浙江宣传"火了，
能被复制吗？

(四) 运营MCN化

账号运营进入成熟期后，通常需要运营主体进行团队化运作，具体体现为前台一人网红化、后台多人进行内容资料梳理、商务对接等系统化运作，从而提高账号内容生产和运营操作的专业性、程序性。

三、新媒体运营的细分维度

新媒体运营工作内容覆盖面很广，日常工作包括选题策划、内容输出、排版美化、音视频剪辑、活动策划、留言回复、数据维护、直播带货、渠道拓展、H5制作等，同时运营人员还要了解广告法和各平台的规则。在中小平台或团队中，全栈新媒体运营可分为内容运营、用户运营、活动运营、渠道运营、产品运营等，几个类目互相贯通，最终为新媒体运营服务。在工作内容划分更为精细的大平台，不同类目可能单独设立相关岗位，主要负责平台信息和商品流量相关事务，而新媒体运营可能单指对平台新媒体宣传窗口建设。

(一) 内容运营

内容运营是指围绕内容的生产和消费，搭建一个良性循环，持续提升各类与运营相关的数据，以达成吸引流量、培养潜在用户、转化目标用户等目的。对于新媒体账号而言，内容运营通常是指以采编等方法生产内容，激发用户对账号内容的兴趣和参与度，从而提升品牌影响力。对于平台而言，内容运营主要是指通过丰富平台内容类目及提升内容质量的方式，延长用户在平台的停留时间并提高其使用频率等，从而促成交易转化。内容运营主要包括三大环节，即内容生产(选题策划、内容策划)、内容呈现和组织(创意形式、素材整理、内容优化)、内容分装与分发(内容分装、内容分发)，具体环节如图6-2所示。

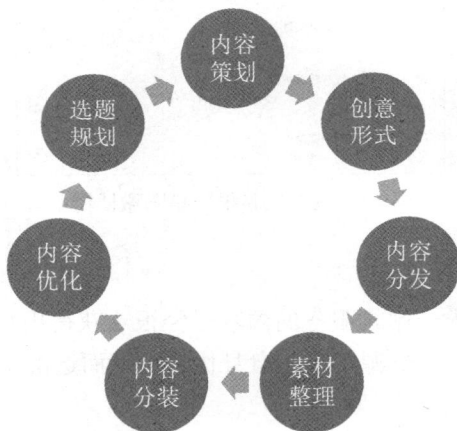

行业观察6-2
品牌内容营销指导

知识链接6-1
概念辨析：内容运营VS内容营销

图6-2　内容运营的环节

相较于新媒体运营仅围绕所在平台的单一渠道，内容运营围绕内容核心，可能铺设多个渠道。

微课6-1
用户运营——概念

(二) 用户运营

用户运营是一种以用户为核心的运营方式，包含一系列策略，包括但不限于用户获取、用户活跃度提升、用户留存以及用户转化等方面。简而言之，用户运营是指通过对用户行为的观察和研究，设计和实施一系列策略，以提升用户的产品使用体验，增加用户的活跃度和黏性，进而提升产品的价值。其中，社群相关的用户运营能促进口碑传播、增强凝聚力，这是用户运营的重点。用户运营的操作思路如图6-3所示。

微课6-2
用户运营——关键词

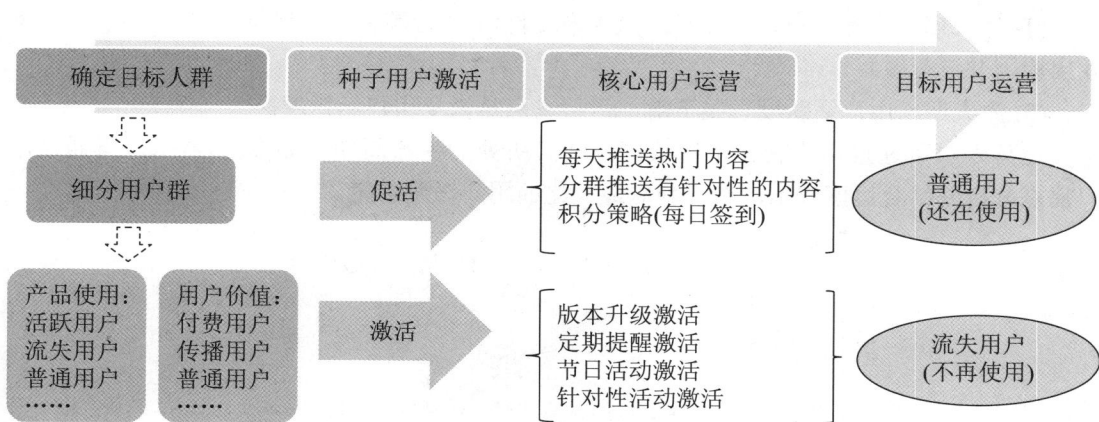

图6-3　用户运营的操作思路

用户运营的三大职责为分析用户行为数据、根据用户生命周期进行管理、用户分级以及精细化运营。

1. 分析用户行为数据

(1) 用户规模与转化指标。该类指标主要包括产品下载量、用户独立访问量(UV)、每日活跃用户数(DAU)、新增注册用户数、消费转化用户数、用户平均收入(ARPU)、各个环节转化率、留存率、活跃率等。

(2) 转化率(针对用户使用某产品或参与某页面活动进行分析)指标。该类指标主要包括产品/活动页启动次数、活动参与用户数、页面停留时长(TP)、A/Btest各自转化率等。

(3) 用户渠道分析(针对不同渠道人数、金额、趋势等变化)指标。该类指标主要包括渠道数量、渠道流量、各渠道转化率、各渠道投资回报率(ROI)等。

(4) 功能分析(针对用户在App使用过程中转化情况)指标。该类指标主要包括各页面按钮点击量(UV)、页面访问量(PV)、页面流失率等。

(5) 用户画像分析(针对用户行为及其基本属性建立用户画像)指标。该类指标主要包括用户性别、用户年龄、用户所在地分布、用户学历、用户信用级别、用户消费行为习惯等。

微课6-3

用户画像

2. 根据用户生命周期进行管理

用户生命周期(customer lifetime，CL)又称为用户留存天数，是指用户从首次购买到最后一次购买的天数。它是衡量用户对产品价值贡献的重要指标，也是运营策略的最终衡量标准。用户生命周期价值(customer lifetime value，CLV)是指用户在生命周期内为企业带来的总经济价值，不仅包括用户直接购买产品或服务带来的收入，还可能包括因用户推荐而带来的新客户增长、品牌忠诚度提升等间接收益。用户生命周期通常分为以下几个阶段。

(1) 导入期。流量进入，运营重点是使用户留存并产生一定的黏性。

(2) 成长期。用户开始了解产品，不一定是付费用户，但已经是关键行为用户，且对产品产生一定兴趣。

(3) 成熟期。大部分用户已转化为付费用户并为企业带来收益，运营重点是促成二次消费，培育用户忠诚度。

(4) 休眠期。成熟用户在一段时间内未产生价值(通过整体数据进行定义),运营重点是找出原因并进行改善。

(5) 流失期。用户活跃度直线下滑,运营重点是恢复用户活跃度。

运营人员可通过用户转化率等数据判断其所处的生命周期,如图6-4所示,再通过用户痛点分析并结合运营成本,选出利益最大化的用户激励方案。

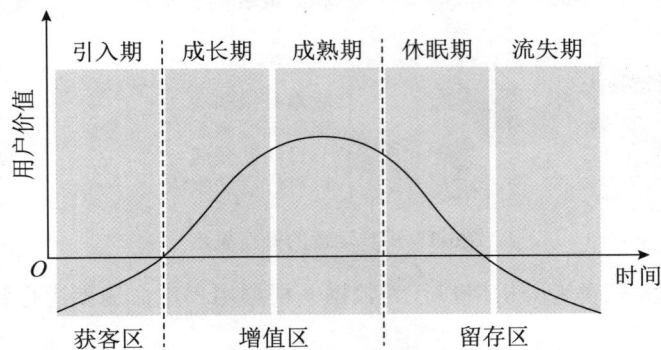

图6-4　用户生命周期[①]

3. 用户分级以及精细化运营

常见的比较宽泛的一种用户分级方法是将用户分为新用户和老用户,或者活跃用户和沉默用户。分类标准可以根据产品特征和实际需求自定义,或者可以再细化。例如,RFM模型根据最近一次消费(recency)、消费频次(frequency)、消费金额(monetary)对用户进行细分,如图6-5所示。

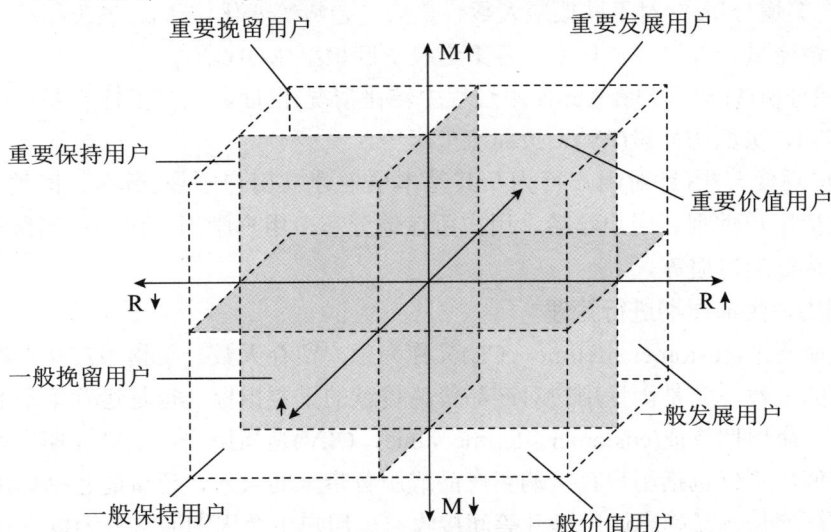

图6-5　RFM模型细分用户[②]

微课6-4

用户群的划分

微课6-5

用户需求分析

---

①　TalkingData·大促不断,信用卡App如何吸引并留住「尾款人」? [EB/OL]. (2020-11-12)[2024-12-01]. https://weibo.com/ttarticle/p/show?id=2309404570503183466501.

②　直隶按察使. MarTech营销数据闭环:数据应用? [EB/OL]. (2021-12-15)[2024-12-01]. https://www.woshipm.com/marketing/5251323.html/comment-page-1.

通过RFM模型，可以更加直观地把用户划分为八个不同层级，如表6-1所示，据此可以有针对性地制定更详尽的运营策略。

表6-1 用户价值分层

八大用户分类	R	F	M	精细化运营	其他
重要价值用户	高	高	高	优质，重点服务	
重要发展用户	高	低	高	重点维持	
重要保持用户	低	高	高	唤醒召回	
重要挽留用户	低	低	高	挽留	
一般价值用户	高	高	低	挖掘	
一般发展用户	高	低	低	新用户，推广	
一般保持用户	低	高	低	一般维持	
一般挽留用户	低	低	低	即将流失	

用户分类的目的是将不同特征的用户进行区分，以针对该特征制定差异化的策略；而用户分级的本质是价值分级，只有将用户划分为低价值与高价值，才能搭建用户的成长路径，才能实现低价值用户向高价值用户的转化。

(三) 活动运营

当前，活动运营是新媒体运营中普遍运用的、最直接、最高效的运营手段，由一系列比较复杂的活动环节构成，包含活动策划、活动实施、活动执行跟踪、分析评估活动效果等步骤，其主要目的是拉新、活跃用户及提高用户留存率和转化率。

区别于新媒体运营的潜移默化，活动运营主要通过开展线上线下活动，对团队、市场和用户进行刺激，从而在短期内达成一定的数据目标。考核活动运营人员的指标主要有活动页面的PV(page view，页面浏览量)、UV(unique visitor，独立访客数)、浏览转化率、引导GMV(gross merchandise volume，商品交易总额)及品牌方声誉的提升等。

1. 活动流程

一份完整的活动流程目录如表6-2所示。

表6-2 活动流程目录

流程	活动内容
准备期	what、who、how、how much 目标导向、用户至上、效率优先、量化指标
策划期	活动形式—策划案—活动文案
执行期	撰写执行方案、内部沟通、外部沟通 执行+创意
传播期	预热—引爆—收尾
复盘期	回顾目标—呈现结果—分析差异—总结经验

2. 活动分类

活动分类决定活动的类型，确定分类也就基本上确定了活动目的和活动形式。

以线上活动为例，可按照用户成长路径和生命周期进行分类，并设计对应的运营行为，线上活动可分为推广获客、成交转化、用户留存、复购增购和分享裂变，如表6-3所示。

表6-3 线上活动的分类

环节	推广获客	成交转化		用户留存	复购增购	分享裂变
运营行为	支付即关注、任务/奖励增粉、朋友圈广告、城市合伙人	优惠券/码、秒杀、定金膨胀	限时折扣、订单返现、赠品、发券宝	签到体系、任务管理、积分商城、店铺笔记、会员体系	社区互动、以消息推送或福利积分来唤醒用户	礼品卡、转发有礼、产品分销

3. 活动日历

根据活动日历发布策划活动主题。活动运营最重要的环节就是确定活动主题，确定了活动主题才能确定活动的其他环节。

(1) 活动量级区分。根据活动投入的资源、活动周期、活动强度，可将活动分为SABC四个等级，重要程度依次递减。不同量级的活动营销时间如表6-4所示。

表6-4 不同量级的活动营销时间表

月份	S级活动	日期	A/B/C级活动		
1—2月	春节	1.21—2.27			
3月	周年庆	3.5—3.21			
4月	春季焕新	3.29—4.11			
5月	劳动节	5.1—5.22			
6月	618	6.7—6.22			
7月	暑期清凉季	7.7—7.22			
8月	七夕	8.6—8.18			
9月	中秋节	9.15—9.24			
10月	国庆节	10.1—10.7			
11月	双十一/感恩节	11.6—11.29			
12月—次年1月	双旦	12.9—1.6			

(2) 活动日历排期。从民俗节日、季节节点和电商节日等角度出发，按照年、月、周、日等维度进行活动排期。每年年终应规划次年的活动日历，活动日历确定后，再规划活动主题、活动形式等一系列工作，将这些工作分配到全年计划中，即可明确活动运营人员的日常工作。需要注意的是，运营最有效的动作是重复，品牌应设计某些特定活动，以便让用户形成习惯、充满期待。

4. 方案策划

方案策划代表了营销策略、创意亮点以及整体规划的输出。一份完整的活动方案通常由活动主题、活动时间、玩法创意、宣传推广策略、选商选品策略、流量策略、会场安排以及项目分工甘特图等因素组成。但是活动目标不同，方案侧重点也不同，因此应根据实际情况突出其中某一项或某几项因素。

5. 资源协调

资源协调是活动方案落地的关键点。活动方案落地需要多方配合，因此对运营人员的沟通能力和推动能力提出了较高的要求。不同职能部门负责不同的事务，例如，设计部门负责内容设计和视觉呈现；产品和技术部门负责产品开发；业务部门负责活动配置、选品及质量把控；宣传部门负责宣传推广；客服负责处理客诉。

6. 宣传推广

如果说活动方案是营销活动的"弹药库"，那么宣传推广就是营销活动的"助推器"，也是企业和用户沟通的桥梁。如表6-5所示，影响宣传推广效果的因素主要包含两个方面，一方面是渠道，即渠道的流量及用户画像的重合度，决定了是否能触达更多的目标用户；另一方面是内容，即内容的展现形式以及利益点，决定了活动是否能吸引用户深入参与活动。

表6-5　影响宣传推广效果的因素

渠道				内容		
线上		线下		线上		线下
付费：应用商城、广告联盟、内容平台、短信、DM、KOL、KOC……	免费：社群、自媒体、异业合作、自有资源位……	公交地铁、楼宇电梯、门店物料、地推快闪……	内容形式包括图文、图片、视频、文案、链接		内容风格	利益点包括产品、服务、活动权益……

7. 活动复盘

在活动结束后，应对活动进行复盘，活动复盘要素如表6-6所示。

表6-6　活动复盘要素

项目	要素
活动流量曲线	造势期、预热期、正式期、尾声
玩法相关数据	参与人数、中奖率、分享、福利发放、使用福利人数
爆款	商品、商家、版面位
关键人	不同关键人的曝光量和转发量

(四) 渠道运营

渠道运营是指通过渠道合作、付费采买等一切可利用的资源和流量促进产品销售的工作，同时也是推广和运营的结合，具体包括免费推广、付费推广、换量、人脉推广、明星推荐、活动推广、内容营销、积累口碑等，具体的渠道运营工作如表6-7所示。

表6-7　渠道运营具体工作

对公司内部		对公司外部	
投放前	投放中(后)	投放前	投放中
1. 了解产品特性； 2. 了解目标用户群基本特征(显性特征和隐性特征)； 3. 结合产品特性，对用户有利特征进行排序； 4. 提炼产品相对竞品的优势特征； 5. 了解现有渠道的转化情况	1. 实时沟通数据反馈； 2. 进行数据分析，根据数据反馈，对渠道进行重新评估	1. 渠道信息收集； 2. 渠道效果评估； 3. 明确所需素材	1. 与渠道沟通，进行投放优化； 2. 暂缓或暂停投放

渠道运营的日常工作就是找渠道、对接渠道、实施各渠道宣发工作、整理数据并复盘等。不管是做方案、做活动还是发文章，都需要有一定的逻辑，形成一套运营体系。此外，还要明确选择某渠道的原因，了解该渠道的优劣势。常见的新媒体渠道如表6-8所示。

表6-8　常见的新媒体渠道

平台类型	平台名称	关键词搜索	图文	短视频	直播	广告投放	广告成本
搜索引擎	百度	√	×	×	×	√	高
	谷歌	√	×	×	×	√	高
	360	√	×	×	×	√	低
	搜狗	√	×	×	×	√	低
内容平台	微博	√	√	√	√	√	高
	小红书	√	√	√	√	√	中
	B站	√	√	√	√	√	中
	知乎	√	√	√	√	√	中
	百家号	×	√	√	√	√	中
	简书	×	√	√	×	√	低
	百度知道	×	√	×	×	√	高
	百度贴吧	×	√	×	×	√	中
	豆瓣	×	√	×	×	×	无
微信渠道	公众号	√	√	√	×	√	高
	视频号	√	×	√	√	√	中
	朋友圈	×	√	√	×	√	高
字节渠道	抖音	√	×	√	√	√	高
	头条号	×	√	√	×	√	高
	西瓜	√	×	√	√	√	高
	火山	√	×	√	√	√	高
电商渠道	淘宝	√	×	×	√	√	高
	拼多多	√	×	×	√	√	高
	美团	√	×	×	√	√	高
	大众点评	√	×	×	√	√	高

总之，渠道运营的职责就是引入流量，并对引入流量的数量和质量负责。不同企业的产品和阶段发展目标都有所差别，可以参考图6-6来理解运营、渠道运营和产品运营三者之间的关系。

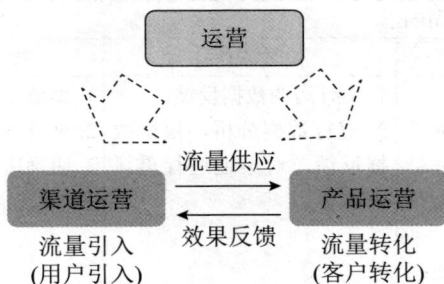

图6-6　运营、渠道运营和产品运营三者之间的关系

(五) 产品运营

产品运营包括产品的规划、设计、推广以及用户体验优化，它是指基于产品，以最低的预算、最优的路径、最高效的执行、最有效的手段吸引大批忠实用户，建立产品在市场上的竞争壁垒并最终取得市场成功的过程。产品运营的工作重心围绕着产品和用户两个方面来反馈用户的问题，然后协助相关部门进行产品更新迭代，包括但不限于内容建设、竞品调研、行业调研、产品推广、用户调研、渠道搭建等工作。此外，产品运营需要协调各个部门的工作，以确保产品的顺利上线和持续改进。

1. 产品生命周期

互联产品生命周期是指互联网产品的市场寿命，即互联网产品从进入市场开始，直到最终退出市场为止所经历的市场生命循环过程。互联网产品生命周期可以划分为五个阶段，即验证、启动、增长、稳定、衰落，在不同阶段有不同的运营重点，如表6-9所示。

表6-9　不同的产品阶段及运营重点

产品阶段	产品运营重点
验证	产品模型，内部验证
启动	产品优化，口碑传播
增长	事件策划，渠道发力
稳定	促进活跃，提高转化
衰落	产品转型，用户引流

2. 产品运营的工作流程

产品运营是一个复杂且系统的流程，具体包括产品整体规划、产品受众群体分析、市场营销手段及策划方案制定、用户管理及维护四个环节，如图6-7所示。

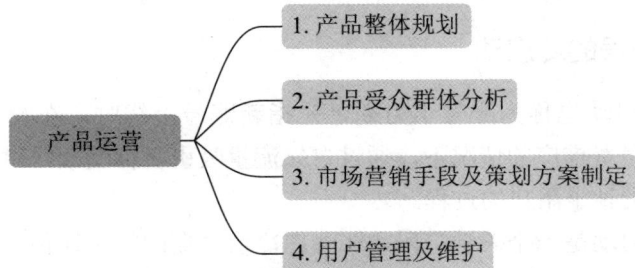

图6-7　产品运营的工作流程

任务二　新媒体账号的起号

任务导入

小刘建立了新媒体账号后，打算在短期内推送一批内容，期望获得平台的推荐和流量支持。她设定了每晚8点的固定推送时间，还邀请亲朋好友关注、互动。但这段冷启动时间似乎有些过长，小刘感觉看不到尽头，因此，她希望找到一套专门的方法论，来帮助自己度过账号的起号阶段。

*课堂讨论

假如你新建了一个自媒体账号，为了能够长久地运营下去并获得人们的关注，你会采用哪些方法？

"场景"原为影视用语，是指在特定时间、空间发生的行动，或者因人物关系构成的具体画面，也是通过人物行动来表现剧情的一个个特定过程。罗伯特·斯考伯(Robert Scoble)和谢尔·伊斯雷尔(Shel Israel)在《即将到来的场景时代》[①]一书中首次提到"场景"(context)，也将"场景"一词引入传播学。他们认为，场景传播的到来依托技术的支撑，场景传播实质上就是特定情境下的个性化传播和精准服务。在用户多中心、离散化的公域内，用户对特定信息的接触需要一定的细分场景营造，从而创造用户和内容之间的链接，而这也是新媒体账号进行冷启动的本质。完成本任务的学习，你将掌握新媒体账号冷启动期间的基本工作。

一、自媒体账号的冷启动

自媒体账号冷启动也称为账号学习期，是指新账号上线时，在没有粉丝、没有影响力、没有任何外部付费推广的情况下，通过自然流量吸引目标受众，建立品牌影响力，从零用户到获取第一批种子用户的过程。

自媒体账号冷启动是一个关键阶段，账号在冷启动期间的表现预示着未来的表现，该阶段的重要性体现在以下三个方面。

(1) 对平台来说，账号冷启动是平台推荐系统面临的重要挑战之一，也是推荐系统需要考虑和解决的重要问题之一，很多社交媒介平台会将内容推荐页放在平台首页的核心位置。

(2) 对内容生产者来说，在冷启动期间推送的内容，决定了用户对账号的第一印象，直接影响用户留存，在此期间推送高质量内容有助于提升用户黏性。

(3) 对账号本身来说，冷启动可以起到一定的缓冲作用，运营人员可以通过真实反馈来调整内容，以免大规模推广不合适的内容而导致用户流失，影响账号的健康发展。

---

① 罗伯特·斯考伯，谢尔·伊斯雷尔. 即将到来的场景时代 [M]. 北京：北京联合出版公司，2014.

二、自媒体账号起号的步骤

(一) 选择赛道及平台

在自媒体领域，赛道的选择至关重要。可以选择一条自己擅长的赛道，例如，你拥有某个领域的专业知识或技能，就可以在这个领域持续输出专业知识、技能或观点；也可以选择自己感兴趣的赛道，这样至少能够确保"不断更"，成为一名在该领域与粉丝共同成长的博主。

在起号阶段，选择适当的平台也很重要。在各类数字媒介竞相发展的时代，用户的注意力和耐心越来越有限，因此选择用户流量相对较大的平台，才有可能被更多的用户所关注。例如，在视觉应用大量占据用户视觉注意力的当下，部分平台开始关注听觉带宽，如喜马拉雅、小宇宙等，这些平台为文化内容属性较高但不诉诸视觉审美冲击的内容主创，提供了一定的获客空间。

此外，平台自身的内容基调与账号主体的调性和特质是否相符，也是值得考量的重要因素。在互联网后工业时代，算法、社交共同主宰了内容分发权乃至影响内容生产，内容供应商的发展存在马太效应，通常只有拥有社会资源和资金较为雄厚的内容方才能赢得算法时代的青睐。选择算法干预较小，且在一定程度上尊重社交推荐的平台，对新账号来说具有更大的发展优势。

主要的新媒体账号赛道及平台如表6-10所示。

表6-10 新媒体账号赛道及平台的选择

赛道	类别	特点	平台	案例
内容类赛道	知识分享	提供专业知识、技能培训、深度解读等内容，通过售卖线上课程、电子书、付费订阅专栏等知识产品变现	知乎、B站、微信公众号等	财经分析、编程教学、心理学讲座等
	娱乐搞笑	以娱乐、搞笑内容为主，吸引用户观看和分享，通过广告、打赏等方式变现	抖音、快手、微博等	搞笑视频、段子手、娱乐八卦等
	生活类	涵盖日常生活中的方方面面，如美食、旅行、家居、育儿等，通过内容吸引粉丝，通过带货或接广告变现	小红书、抖音、微博等	美食博主、旅行达人、家居好物推荐等
电商类赛道	直播带货	通过直播形式展示和销售商品，利用主播的影响力和用户对主播的信任度进行带货，成交后获取佣金	淘宝直播、抖音、快手等	美妆主播、服装主播、家电主播等
	社交电商	通过社交媒体账号分享购物心得、进行种草推荐，利用内容吸引粉丝并将其转化为消费者	小红书、微博、抖音等	好物推荐博主、购物攻略分享等

（续表）

赛道	类别	特点	平台	案例
垂直细分赛道	小家电	市场大、佣金高，适合具备家电知识和对此感兴趣的用户	各平台都适宜	家电品牌盘点、实用好物推荐、新品家电测评、沉浸式家电使用体验等
	数码产品	购买周期短、产品利润高，更贴近年轻人消费习惯		新品测评、品牌盘点、功能解说等
	书籍教辅	知识付费热度高，适合学生和家长群体		书评、结合现象或时事输出观点等
	零食饮料	单价低，需求量旺盛，容易变现		系列测评、场景种草等
	美妆个护	市场巨大，增长迅速，适合美妆爱好者和相关从业者		主题妆容、产品测评等
	中老年经济	随着人口老龄化，中老年经济将逐渐兴起		中老年婚恋、养生、抗衰老医美、兴趣爱好培训等
其他赛道	自律方向	—	B站、抖音等	自律学习、自律运动、读书、学习技能等
	情感方向	—	抖音、快手、视频号等	提供情感共鸣、情绪价值

(二) 寻找对标账号

对标账号是指在相同领域内做得好的账号，以行业大号以及近期快速涨粉的小号为主。选择对标账号时，可先筛选10～20个在相同领域表现出色的博主，特别是那些起号时间较短但粉丝互动率较高的博主，分析他们的起号流程和账号的内容特点，如个人简介、标题、封面、话题、切入点、博主表达方式等。寻找对标账号是自媒体运营中非常关键的一步，有助于博主了解行业趋势、竞争对手的表现以及赛道环境，为内容创作和账号定位提供参考。

1. 寻找对标账号的方法

1) 通过搜索引擎和社交平台

(1) 使用关键词搜索。在搜索引擎(如百度、谷歌)或社交平台(如微博、抖音、小红书等)的搜索框中输入与领域或内容相关的关键词，筛选搜索结果中内容质量较高、风格相似、受众群体匹配的账号。

(2) 利用平台推荐。在某些社交平台上，当用户浏览或关注了一定数量的账号后，平台会自动推荐类似的账号，可以通过这些推荐来发现新的对标账号。

2) 利用数据分析工具

(1) 专业数据分析平台。通过飞瓜数据、新榜、千瓜、抖查查等数据分析平台来查找对标账号。这些平台提供了丰富的数据分析和筛选功能，用户可以根据粉丝量、互动率、内容类型等多个维度来查找和筛选对标账号。

(2) 视频榜和达人榜。在一些短视频平台上搜索"视频榜"或"达人榜"，可以查看热门视频和达人，从中找到对标账号。

3) 通过行业社群和论坛

(1) 加入行业社群。加入相关的社群或论坛，与同行交流学习，从而了解其他同行的优秀账号，并与之建立联系。

(2) 参与讨论和分享。在社群或论坛中积极参与讨论和分享，与其他成员交流心得和经验。通过这种方式，可以发现优秀的对标账号，并了解这些账号的运营策略和成功经验。

4) 关注头部账号和竞争对手

(1) 头部账号。关注所在领域的头部账号，了解其内容创作、运营策略和用户画像。通过学习头部账号的成功经验，可以为自己的账号定位和内容创作找到灵感和方向。

(2) 竞争对手。识别并关注竞争对手，了解其账号定位、内容特点和受众群体。通过分析竞争对手的优劣势，可以找到自己账号的差异化竞争优势，并据此制定更具针对性的运营策略。

2. 拆解对标账号稿件的方法

首先，使用微信"轻抖"小程序提取对标账号的文案内容，如图6-8所示。

其次，对稿件进行分析，分析要点如表6-11所示。 其中，应重点分析以下三方面内容：一是稿件主干内容，即稿件介绍了哪些内容，如何举例；二是账号IP内容，即口头禅、常用表达词句等；三是特色内容，即稿件表达的观点以及预测的内容。将对标账号的以上三部分内容用不同颜色标出来，再结合自己账号的特点进行改编，即可逐渐形成自己的风格。

图6-8 "轻抖"小程序——"文案提取"

表6-11 对标账号稿件分析要点

爆款视频				改编视频			分析数据	
拍摄	构图、灯光、服装、布景、道具等	控制变量	拍摄	构图、灯光、服装、布景、道具等	分析改进	完播	开篇技巧
文案	选题、叙事、观点、金句、案例、时长等		文案	选题、叙事、观点、金句、案例、时长等		播放	内容好坏
表达	风格、动作、神态等		表达	风格、动作、神态等		点赞	粉丝喜爱程度
剪辑	配乐、素材、剪辑手法等		剪辑	配乐、素材、剪辑手法等		评论	粉丝共鸣程度

(三) 搭建账号

首先应明确账号定位，即为自己的账号立人设或贴标签，然后再去完善账号主页"四件套"。

1. 账号定位

明确账号定位有助于细分服务人群、明确创作方向、建立账号IP形象。在进行账号定位时，可对标账号分析结果，此外还要了解账号定位的原则和要素，以进一步明确账号的内容方向。

1) 账号定位的原则

(1) 差异化原则。人无我有、人有我优，洞察社会热点和风潮，建立独特的人设，发布具有差异化的内容。如果某类账号内容流量大，跟风也未尝不可，但应注意输出正确的价值观，切忌"流量至上"，还应加入自己的观点和特色。

(2) 持续性原则。在账号初期阶段切忌"断更"，应寻找能够持续输出内容的领域。

(3) 成长性原则。账号内容应以用户为中心，不断根据用户反馈、数据表现来调整内容方向。

2) 账号定位的要素

(1) 个人账号定位的要素，具体包括身份、性格、粉丝、外形、声音和行动。

(2) 企业账号定位的要素，具体包括品牌传播型、产品推广型、营销转化型。

2. 完善账号主页"四件套"

账号主页"四件套"即昵称、头像、背景图和个人简介。在设计账号主页时，应明确账号信息(让用户了解你是谁)、账号特色(让用户产生兴趣)以及账号能为用户提供的价值(让用户找到关注的原因)。

(四) 内容创作

内容创作包括内容规划、内容选题、内容输出三个环节。

1. 内容规划

内容是活跃用户、留存用户的重要因素，对于新媒体平台而言，内容规划尤为关键，具体包括制定内容策略、确定内容形式、规划内容产量和设定内容日历四个部分。

(1) 制定内容策略。根据目标和用户分析，规划符合品牌形象和目标用户喜好的内容。内容应具有原创性、有趣性和实用性，以吸引用户的关注和留存。

(2) 确定内容形式。选择符合团队优势和新媒体调性的内容形式，如图文、视频、音频等。同时，应确保内容形式的多样性和创新性，以满足不同用户的需求。

(3) 规划内容产量。根据团队能力和资源，合理规划内容产量。不要一味追求数量，而要注重质量，确保每篇内容都能为用户带来价值。

(4) 设定内容日历。制定内容发布时间表，确保内容能够按时、有序地发布。同时，应关注热点话题和节日节点，及时策划相关内容。

2. 内容选题

建立一个选题库，记录对标账号的爆款内容以及领域内的关键词；每天浏览赛道内的爆文，分析爆款选题以及内容的共性和规律。多做选题是为了确保持续更新，以免因没有内容可发而"断更"。

(1) 选题。从热点话题、行业动态、用户需求等角度入手，挖掘有价值的选题。选题应具有话题性、争议性或实用性，能够引发用户的关注和讨论。

(2) 策划。应对选题进行详细策划，包括内容结构、呈现形式(如文字、图片、视频等)、传播渠道等方面；还应确保内容能够吸引用户的注意力并引导他们进行深入阅读或观看。

3. 内容输出

(1) 真实性。内容应真实、客观、准确，避免虚假信息和误导性内容。确保所有信息来源可靠，并经过仔细核实。

(2) 深度与见解。内容应具有一定的深度和见解，能够引发用户的思考和讨论。可以通过提供独特的观点、深入的分析或实用的建议来展现内容的价值。

(3) 趣味性与可读性。在保持内容深度的同时，也要注重其趣味性和可读性。可以使用生动的语言、有趣的案例或引人入胜的故事情节来吸引用户的眼球。

(4) 呈现形式。根据选题和用户的特点，选择合适的呈现形式。例如，对于视觉导向的用户，可以使用高清图片、精美视频等多媒体元素来增强内容的吸引力；对于文字爱好者，则应注重文章的结构、排版和语言表达等方面。

(五) 账号养号

1. 提升互动

对于拥有算法功能的平台而言，人工运营和机器注册的账户在后期将获得不同的流量激励。因此，在注册账户后，运营人员应不定期上线浏览账号的首页，参与首页点赞、为其他用户评论、分享等；还可以邀请其他账号和自己互动、互相关注等；对于个别精彩留言，也可以设置人工置顶，从而为其赋予荣誉。

2. 构建内容标题

提升内容标题的传播有效性，有助于提高内容和用户的关联度，提升自然数据，这也是初期养号的重要环节。概括而言，构建内容标题可以采取4U原则或TOPS原则。

4U即实用性(useful)，即用户通过标题可以知道看完内容能够获得什么；独特性(unique)，即用户通过标题可以知道内容的独特之处；紧迫性(urgent)，即用户通过标题可以知道为什么现在就要消费内容；明确具体(ultra-specific)，即用户通过具体的数字和明确的定义能够产生获得感。

TOPS原则包括三个方面：T(targeted to our audience)，即标题应反映用户的需求点、利益点和关注点；O(overarching)，即标题内容应完整、结构清晰；P(powerful)，即标题应有力度，能够触动用户；S(supportable)，即标题应有依据，能够说服用户。

3. 为账号"打标签"

发布内容应保持垂直，这样有利于平台为账号"打标签"。对于平台而言，标签是另一个流量池入口。例如，抖音的POI[①]是一个类似于关注页的内容聚合页，而且是抖音的一个分发入口。账户设置POI，可以在不减少原有流量的基础上，新增一个流量入口。另外，对于用户而言，标签打得越细致，就越能实现精准推送。

---

① 抖音的 POI(point of interest，兴趣点) 是抖音提供的一种地理定位服务。POI 是用户兴趣内容和线下门店之间的纽带，通过 LBS(基于位置的服务) 定位技术，用户发布的视频能够挂上门店 POI。

4. 参与活动

参与平台的活动，或者参与平台的一些新玩法，有助于进入平台的热门流量池，并借此获得流量倾斜。例如，抖音经常发起不同的挑战，可以综合对比判断不同话题的火爆潜力，做出选择后投稿参与。又如，在B站，为了适应用户碎片化浏览习惯，平台助推竖视频；为了适应用户使用电视端观看的新趋势，平台也在尝试大画幅视频格式。运营人员可以尝试将同样的内容以不同的视频格式分发和投稿，从而增加内容触达用户的概率。

任务三　新媒体内容的推广与投放

任务导入

小刘建立账号以后，发现账号几乎没有数据流量，坚持了一段时间以后，她在考虑应该放弃还是换一个方向。这时，朋友告诉她，可以为账号投资一点推广费用，从而逐渐聚焦客群。但这样的推广能取得预想效果吗？如果采用付费推广，应选择什么方式和渠道？

*课堂讨论

假设你建立了自媒体账号，想要快速获得1000个粉丝，你会怎么做？

"所有亲密的、隐秘的、排他性的共同生活"[①]都是共同体生活，而社会是公共生活。共同体的本质是真实的、有机的生命，而社会是想象的与机械的构造。在互联网时代，这种共同体可能表现为一种网络社区，它是具有特定空间边界、具有一定稳定关系、互动频繁并会对个体产生持续影响的社会集合。这种同质化的同温层，自然构造了互联网不同群体之间的圈与层，因此，想要突破圈层找到属于自己的目标群体，需要一定的偶然性事件或借助外力。市场推广的基本原理就是通过不同的活动策划、技术推广等，打破固有场景，将原本社交距离较远的陌生人聚拢，从而提高群体间选择性接触的频率。完成本任务的学习，你将掌握新媒体内容推广的重要性和方式，以及不同平台的新媒体内容投放方式。

一、新媒体内容的推广

(一) 新媒体内容推广的重要性

新媒体内容推广是现代企业宣传、品牌建设和市场拓展的重要手段，它利用互联网和新媒体平台，通过创意、互动和精准的内容传播，或通过付费流量、技术手段，达到提升品牌知名度、增加用户黏性和促进销售的目的。新媒体内容推广的重要性有以下三点。

1. 快速传播

新媒体平台如微信、微博、抖音等拥有庞大的用户群体，内容传播速度快，能够在短时间内覆盖大量目标用户。

2. 高效互动

新媒体推广强调与用户的互动，通过评论、点赞、分享等机制，增强用户参与感和提升品牌忠诚度。

---

① 费迪南·滕尼斯(Ferdinand Tnnies)，德国社会学家，他在《共同体与社会》一书中，将人类群体分为两种类型，即共同体和社会。

3. 精准定位

利用大数据和算法技术，新媒体推广可以实现精准的用户画像和广告投放，提高营销效果。

(二) 新媒体内容推广的主要方式

1. 社交媒体推广

(1) 微信。通过微信公众号发布有价值的文章、视频等内容，结合H5互动、小程序等工具，提升用户体验和转化率。

(2) 微博。利用微博的话题、热搜等功能，结合KOL(关键意见领袖)合作，扩大品牌影响力。

(3) 抖音、快手等短视频平台。通过制作有趣、有创意的短视频，结合挑战赛、直播等形式，吸引用户关注和参与。

2. 内容营销

(1) 图文营销。通过撰写高质量的文章，提供行业知识、产品介绍等内容，提升品牌形象；还可以结合精美的图片、海报等视觉元素，传递品牌信息和产品特色。

(2) 视频内容。制作精美的视频教程、产品展示等视频内容，以吸引用户观看和分享。

3. 搜索引擎优化

通过优化网站结构和内容，提高网站在搜索引擎中的排名，增加自然流量和曝光度。

4. 电子邮件营销

向目标用户发送定制化的电子邮件，推广产品和服务，提高转化率。

5. 付费广告推广

在新媒体平台上投放付费广告，如信息流广告、搜索广告等，快速增加曝光和流量。

二、新媒体内容的投放

新媒体内容的投放需要基于用户数据和兴趣进行精准定位。通过分析用户的行为和偏好，企业可以更准确地确定目标用户，提高营销效果。此外，在新媒体平台，优质内容是基础，但对于新号来说，仅靠优质内容往往难以打破平台的初期流量壁垒。因此，合理的流量投放(投流)成为增加曝光、加速账号成长的必要手段。投流不仅可以帮助新号快速获得一批粉丝，还能帮助运营人员通过早期的数据反馈来调整和优化内容。

如图6-9所示，在2022年的新媒体投放报告中，品牌越来越喜欢靠抖音直播带货、用小红书打造网红爆款，社交媒体迎来了新格局。下面以抖音、小红书为例，分析新媒体内容的投放方式。

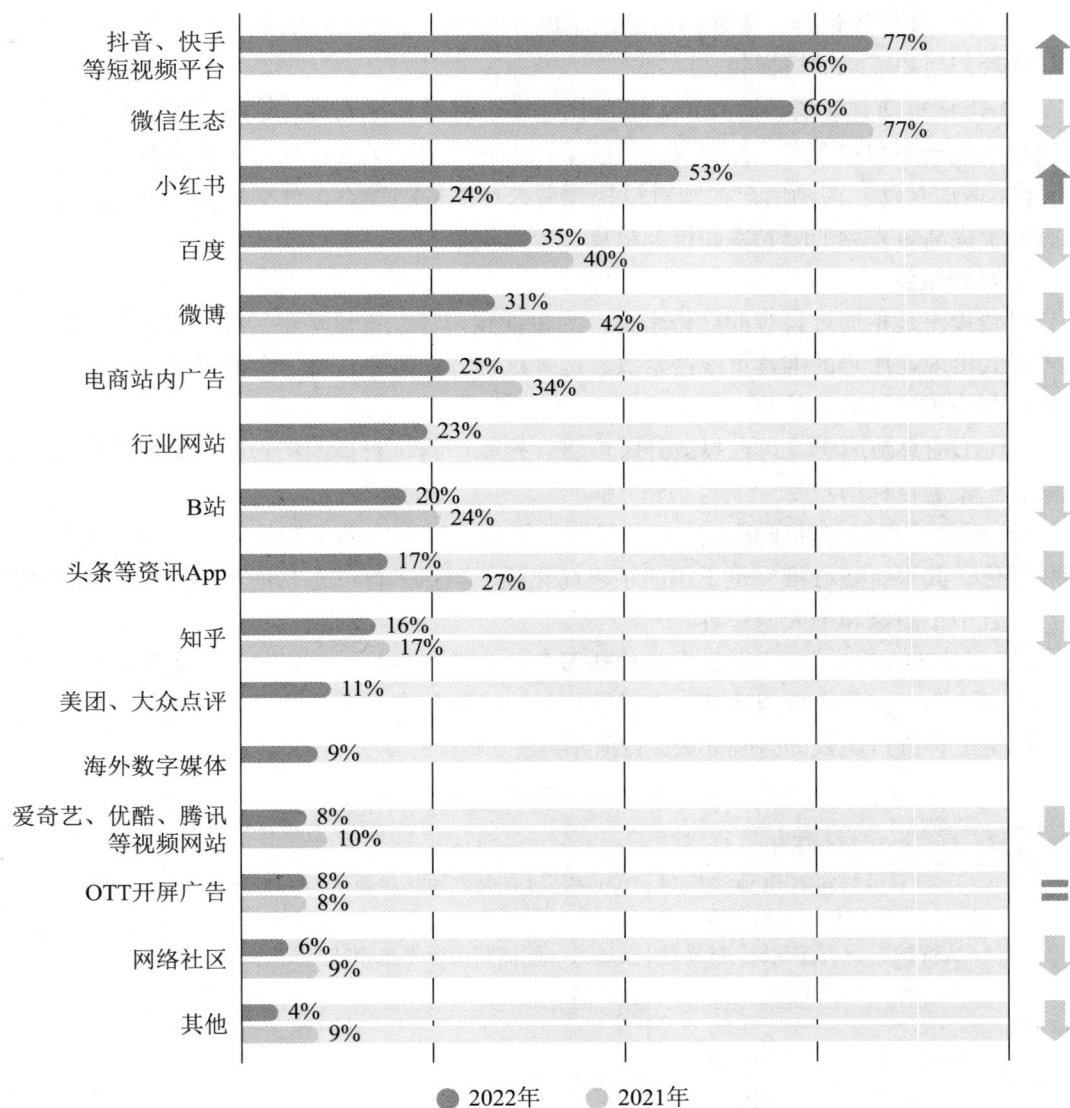

图6-9　2022年新媒体投放报告[①]

(一) 抖音的内容投放

抖音的内容投放主要有自然投流和付费投流两种方式，每种方式都有其特点和策略。

1. 自然投流

自然投流是指通过抖音的算法机制，将短视频内容推荐给感兴趣的用户，无须额外付费。这种方式主要依赖于短视频内容的质量和用户的互动行为。选择自然投流可以采取以下策略。

(1) 创作高质量内容。创作有趣、有创意、符合用户喜好的短视频内容，是吸引用户观看和互动的基础。

---

① 同学聊营销. 干货！小红书、抖音、微信投放攻略！ [EB/OL]. (2023-06-22)[2024-12-01]. https://mp.weixin. qq.com/s/nFgNqmojgm_noRuQbgn43Q.

(2) 选择合适的话题。关注抖音热门话题和趋势，结合账号的风格和创意，制作符合时代潮流和用户需求的短视频。

(3) 优化短视频元素。短视频元素包括标题、封面和标签等，这些元素能够直接影响短视频的点击率和观看率。标题应简洁明了，封面应清晰美观，标签应准确贴切。

(4) 增加互动。鼓励用户在观看短视频后进行点赞、评论、分享等互动行为，这些行为有助于提高短视频的曝光率和推荐权重。

2. 付费投流

付费投流是指通过抖音的广告平台，为短视频内容设置预算、目标、定位等参数，以广告形式出现在用户的推荐页或搜索页。选择这种方式需要支付一定的费用。

1) 抖音推广工具及特点

(1) AD信息流广告。可以投放开屏广告、搜索广告、直播间广告等，适合企业用户，能够广泛覆盖目标用户。

(2) 巨量千川。专注于电商广告的投放，适合电商商家和带货达人，能够实现精准营销和转化。其中"随心推"是千川的手机简化版，虽然人群筛选功能不够详细，但操作简便，适合中小商家和个人创作者。

(3) 抖加(DOU+)。主要提供内容加热服务，企业版抖加还可以投放线索和私信。这种推广方式广为人知，不仅门槛低，而且费用低，操作起来也十分简便。

以上三种推广工具的区别如表6-12所示。

表6-12　抖音三种推广工具的区别

比较项目	巨量千川	DOU+	AD信息流
定义	巨量千川与抖音电商深度融合，为商家和达人们实现"商品管理—流量获取—交易达成"的一体化营销	DOU+是抖音内容加热和营销推广产品，适用于短视频和直播场景，能提升内容曝光和转化效果	AD信息流是巨量引擎广告投放平台，又称AD平台，是官方帮助广告主自主投放广告，高效达成营销推广目标的平台
适用场景	挂有商品的短视频和直播间，以及商城和商品卡的推广	短视频内容及直播间推广	线索引流、表单提交、有效咨询、付费阅读、应用下载/激活/停留、CID跳转(到其他平台)
特点	强营销、弱内容，可作为营销效果的放大镜，适合本身数据就不错的直播间，起到"锦上添花"的作用	强内容、弱营销，采用标签化匹配逻辑，根据内容去撬动自然流量，如果没有带货目的，只想推广发布的短视频或直播间，推荐使用DOU+	品牌需要加白名单申请开通该功能，并且绑定企业抖音号才可以投放，广告ROI相较于巨量千川翻倍提升，但是审批较严格，需要相关资质
转化目标	显示广告字样；短视频/商品卡(含图文)转化目标：商品购买、粉丝提升、点赞评论、支付ROI；直播间转化目标：粉丝提升、评论量、商品点击量、下单成交、支付ROI、直播间结算	短视频(含图文)转化目标：位置点击、主页浏览量、点赞评论量、粉丝量；直播间转化目标：直播间人气、直播间涨粉、观众打赏、观众互动	小风车：获取用户资料，需要企业号，游戏、表单；小雪花：抖音内嵌的小程序，如懂车帝等

（续表）

比较项目	巨量千川	DOU+	AD信息流
适用场景或人群	以转化为目标的商家用户；想要快速起号的新号、新店铺；流量可观但不稳定、不可控的账号；有一定信息流操盘能力，但想放量拓展人群的账号；想要短期快速引爆流量，提升市场声量的商家	有稳定内容生产创作能力，并以涨粉、打造爆款短视频为目标的创作者；拥有一定粉丝量的达人或主播；想要快速建立或调整账号标签的创作者	私域营销、品牌推广、IP推广；拥有二类电商店铺的商家如淘宝、京东等

此外，抖音还提供"本地推"工具，这是针对本地商家门店的推广工具，适合有实体店铺的商家进行本地化营销。

2) 投流策略

(1) 明确目标用户。根据产品或服务的特点，明确目标用户的性别、年龄、地域、兴趣等特征，以便进行精准投放。

(2) 制定广告策略。广告策略包括广告内容、形式、投放时间等方面，应根据目标用户的喜好和行为习惯来制定。

(3) 合理设置预算。根据广告目标和预期效果，合理设置广告预算，确保广告投入能够带来相应的回报。

(4) 持续优化和调整。投放广告后，应密切关注广告效果，根据数据反馈进行持续优化和调整，以提高广告效果和降低广告成本。

(二) 小红书的内容投放

1. 小红书的投放工具

(1) 自然流投放。根据用户的浏览兴趣，后台经过大数据分析进行相关内容推荐，转化方式为私信和表单。信息流广告可以通过用户的性别、年龄、地域等信息定向，出现在小红书发现页的第6位、16位等后续+10位的位置。它是一个放量工具，主要围绕CPC[①]来收费，其广告竞价流程如图6-10所示。

知识链接6-2

小红书的
CPC广告

信息流广告适用于品牌在前期进行种草、加大曝光，能够有效吸引用户，提高品牌知名度，提升品牌影响力。

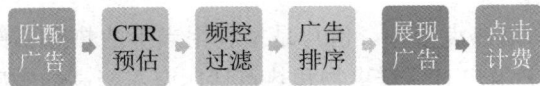

匹配广告 → CTR预估 → 频控过滤 → 广告排序 → 展现广告 → 点击计费

图6-10　CPC广告竞价流程

信息流广告有"赞助"和"广告"两种标识，其区别在于"赞助"只能链接到平台内的网页，而"广告"能够链接到平台外的网站。

(2) "薯条"推广。"薯条"推广可以让博主发布的笔记内容收获更多流量和曝光，快速验证内容受欢迎程度，达到及时调整内容和优化笔记质量的目的，从而提升潜在爆款笔记的引爆概率。这种推广方式常用于优化内容，积累基础人气。

"薯条"支持个人、企业号投放，无粉丝量和笔记发布量要求，主要目的是提高笔记

---

① CPC(cost per click)，即按点击付费，是指广告主需要根据广告被点击的次数支付费用的计费方式。

热度，适用于不同类型的笔记，包括带货笔记、好物体验笔记、商品笔记和晒单笔记等。抽奖笔记暂时不支持投放薯条。薯条推广不仅可以帮助个人博主提升影响力，也为企业提供了内容运营和品牌建设的工具。

(3) 蒲公英。蒲公英集品牌合作、电商带货、新品试用三大业务模块于一体，主要借助博主达人的优质内容进行营销，为品牌提供具有种草特色的营销服务，加速产品的种草转化。通过蒲公英平台，企业可以与博主达人合作，将产品推广给达人的粉丝群体，实现更高效的营销效果。

(4) 聚光。聚光平台是小红书一站式广告投放平台，主要适用于具有一定专业广告投放能力、有更多投放诉求的企业客户。聚光平台整合了信息流广告和搜索广告等多种资源场景，提供精准定向和智能投放的营销能力。它支持多种营销场景，包括产品种草、商品销量提升、客资收集、直播推广和抢占赛道等，可满足广告主在小红书上的多样化营销需求。

相比"薯条"的泛人群投放，聚光的投放目标群体更精准，一方面是因为聚光曝光的是商业化流量池，也就是有电商行为标签的用户；另一方面是因为聚光可以主动设置定向，通过设定地域、性别、阅读偏好、搜索偏好等属性来高效触达精准的目标用户。由于流量精准，其转化效果好于薯条。

2. 小红书内容投放原则

要想通过小红书实现有效的内容投放，应遵循四项基本原则，即抢词、借势、KOC投放模型以及内容质量的持续优化。

(1) 抢词。抢词即精准定位关键词。关键词是用户搜索和发现内容的第一入口。在小红书上，抢词意味着精准定位那些与品牌、产品或服务高度相关的关键词，并确保这些关键词在内容中高频出现。这样做不仅能提高内容曝光率，还能增加被目标用户发现的机会。首先，应进行关键词研究。品牌可以利用小红书的数据分析工具，如搜索指数、热门话题等，来发现潜在的高流量关键词；也可以参考竞争对手的内容，了解他们使用的关键词，从而进行优化和差异化。其次，应进行关键词布局。在标题、开头、正文和结尾都应合理分布关键词，但要避免过度堆砌，以免影响阅读体验。利用长尾关键词可以更精准地吸引目标用户，提高转化率。

(2) 借势。借势即利用热点事件。借势是指利用当下的热点事件或趋势来提升内容的吸引力和传播力。小红书用户对新鲜事物和热点话题有着极高的敏感度，因此，巧妙地结合热点事件进行内容创作，可以迅速吸引用户的注意力。通过建立热点追踪机制，能够及时捕捉可以利用的热点事件，并快速反应，创作相关内容；或通过内容融合，将热点事件与自身的产品或服务巧妙结合，创作出既有热点吸引力又有品牌特色的内容。这样做不仅能提升内容的传播力，还能提高品牌的认知度。

(3) 采用KOC投放模型。采用KOC投放模型即利用关键意见消费者。KOC(key opinion consumer)是指那些在特定领域有影响力和号召力的普通消费者。与KOL(key opinion leader)相比，KOC更贴近普通用户，其推荐更具真实性和可信度。在小红书上，利用KOC进行内容投放，可以有效提升品牌的口碑和用户黏性。首先，品牌需要根据产品的特性和目标用户群体，筛选出那些与品牌形象相符、有较高活跃度和粉丝基础的KOC，还要考虑KOC的内容创作能力和互动能力。其次，选择合作模式，与KOC的合作模式可以多样化，除了直接付费合作，品牌还可以通过产品赠送、活动参与等方式与KOC建立合作关系。在合作过程中，品牌需要提供明确的内容指导和创作支持，确保KOC创作的内容符合品牌定位和营销目标。

(4) 内容质量持续优化。内容质量是决定用户留存和转化的关键因素。在小红书上，持续优化内容质量，不仅能提升用户的阅读体验，还能提升内容的传播力和转化率，内容质量优化包括内容创新、数据分析、用户互动三个方面。

3. 小红书投放数据分析

当一次投放结束后，运营者通常应按种草阶段和拔草阶段去分析复盘，具体内容请扫码查看。

小红书数据分析的两个阶段

思想领航

"审丑"不是网络流量"密钥"①

网红疯狂小杨哥的徒弟"红绿灯的黄"在带货过程中举止低俗、夸张扮丑，让直播间的观众直呼"辣眼睛"。类似审丑派主播不在少数，他们塑造了具有强烈个人色彩的"语言梗"和"行为艺术"，以装疯卖傻、自我丑化、打擦边球等方式"引流"。然而，他们一边引发了全网反感，一边吸附了海量流量。在这一怪诞现象的背后，人们不禁疑惑：向"丑"创新真的是网络直播的正确"打开方式"吗？

一、生于流量，死于流量

编造故事、卖惨、着装暴露、打擦边球……在当前的网络空间中，"审丑"现象层出不穷，一些网络主播为了流量无所不用其极。从"内容为王"到"娱乐至上"，为了博眼球，"审丑"现象迅速蔓延，正在向极端的方向发展。

例如，快手主播"二驴"在青岛户外进行直播时，遭遇多名男子绑架殴打，甚至差点被"活埋"。如此惊悚的"案情"立即引发网友广泛讨论和关注，然而剧情随即反转。据青岛市公安局市北分局通报，这起闹剧纯属"编造剧本进行摆拍直播"，目的是"赚取流量、吸引粉丝"。

又如，主播"铁山靠"直播时语言低俗，充满低级趣味，挑战网友审美底线，最终被永久封禁。

"红绿灯的黄""二驴""铁山靠"都是网络"审丑"文化大行其道的产物。他们用低俗语言、编造剧本等形式来博取眼球，甚至走上违法的道路，始于流量，最终也"死"于流量。但即便如此，仍有一些网红将"卖丑"视为一飞冲天的踏板，严重破坏了直播生态。

二、"审丑时代"的"卖丑"行为

近年来，以网络主播为主的"网红经济"发展迅速。截至2022年12月，我国短视频用户规模达10.12亿，网络直播用户规模达7.51亿。

网络直播架起了销售者和消费者之间的桥梁，消弭了消费者和产品间的信息差，减少了产品触达消费者的中间环节，增强了参与感、互动性，有助于提升品牌影响力和用户忠诚度。

网络直播原本是有效的互动方式，然而在"眼球经济"的驱使下，却变成了造噱头、博眼球的手段。在直播领域，几乎每隔一段时间就会有怪诞不经、献丑出位的"哥""姐"横空出世。他们既没有美丽的外表，也没有过硬的专业技能，更没有渊博的知识，而是借由各种热梗和表情包博名，以忸怩作态的表演迎合部分公众"审丑"心理，时不时还会进行跨圈联动，造出更大的娱乐声势，以便"用丑换钱"。

---

① 郭素娇."审丑"不是网络流量"密钥"[EB/OL]. (2023-12-12)[2024-12-01]. https://mp.weixin.qq.com/s/M5Nc7HRd0GXlnnFmh1FbDg. 有删改

吃播一直是"妖魔鬼怪"横行的重灾区。一些主播通过"10分钟吞下36个粽子""一口一个，直播吃100对鸡翅"等高感官刺激的内容，以及进食青蛙、腐肉等匪夷所思的食物，来吸引眼球、博取流量。

从几年前将三岁小孩喂胖到70斤的父母，到如今抖音上自称结婚三年体重飙升到260斤的"偏瘦"小娇妻，无不是以恶意迎合"审丑"需求来博取关注。为了吸金，这些人毫无底线的行为令人发指。

"审丑"模式通过审美的反差来吸引观众的注意力和好奇心，满足观众的猎奇欲。然而在大众观感底线上反复横跳，把主要精力用在产品质量、服务体验之外的"扮丑"上，短时间内虽可能获得大量关注，带来较高收益，但这并非维持流量"生命力"的长久之计，这种舍本逐末的做法会让消费者越来越抵触和反感。短期来看，这种现象会影响品牌价值、危害消费环境；长期来看，会透支消费者信心，损害电商平台的声誉和形象，影响直播带货行业的持续健康发展，且这些损害是不可逆的。

"双十一"活动期间，中国消费者协会对相关消费维权情况进行了大数据分析，监测到有关"直播带货"的负面信息156万条，其中低俗带货问题尤为突出，充分反映社会各界正在对"带货主播"这个行业提出更高的"专业要求"。违背直播带货的初衷，打着"搞笑"的名号，靠低格调的"卖丑"活跃氛围，必将失去消费者的信任和认可，最终导致流量的下降和转移。

三、倡导审美价值，让网络重返清朗

卖丑"捷径"终归不是正途，依靠猎奇换来的流量终究无法长久。在探寻利益最大化捷径上跑偏的"审丑"该如何刹车？这就需要社会各界积极倡导"审美"价值，从根本上提升"流量土壤"的质量，让直播生态风清气正。

对博主个人而言，要提升思辨能力和媒介素养，时刻保持清醒的头脑、独立的心态，坚决对"审丑"文化说"不"。例如，初代网红papi酱凭借其独特的搞笑风格的短视频而广受关注。作为一个公众人物，papi酱热衷于参加各种公益活动，在万千网友的"监督"之下坚守初心。又如，创下YouTube中文频道订阅量吉尼斯世界纪录的短视频创作者李子柒，其作品以休闲轻快的方式向大家展示中国传统文化和田园生活，传播文化正能量，直击人心。

对平台方而言，要保持高度警惕和重视，积极履行主体责任。平台应加大技术审查力度，通过引入科学算法、完善标签功能、加强人工审核、限制违规行为获利等措施，精准识别"卖丑"内容，把流量补给优质且有深度的内容，切断有害视频的传播链条；还应加大管理力度，对违规用户及时处理，视情况采取警示、暂停发布、关闭账号等措施，明确崇德尚艺的倾向，让主播能清醒认识到营销是手段而非目的，应把目光投注到产品质量和服务品质上，在理性、积极、适度的范围内推广产品，切实为观众营造文明、健康、向上的网络环境。

对网络监管部门而言，应加强对直播平台企业的监管工作，划出清晰红线，守护视频创造价值观的底线，对违规行为加大处置处罚力度，对行为不端、影响恶劣的主播实行不

良行为记录制度，全面清理低俗庸俗、打"擦边球"等不良信息，形成对恶俗炒作、过度围观的有力震慑，压缩卖丑恶搞行为的生存市场，倒逼自媒体运营转入正轨。

整治网络畸形"审丑"，需要多方协力把规矩立起来，把红线划出来，把言行规范起来。网络直播吸引着大流量，同时也呼唤着正能量。流量越大，责任越大，只有从根本上培育健康的审美文化，才能引导更多流量向上向善。

项目检测

基础训练

一、扫码自测

二、思考题

1. 用户分类的目的是什么？
2. 渠道运营的日常工作有哪些？
3. 账号冷启动的重要性是什么？
4. 抖音的内容投放有哪些方式？其特点分别是什么？
5. 小红书的内容投放原则有哪些？

三、简答题

任务要求：请你为下列情景中的品牌规划1—12月份的S级和A级活动，并完成一份不同量级的活动营销时间表。

情景铺设：SLIM品牌于2019年在上海成立，是一个针对一线至四线城市年轻女性的户外运动服饰原创品牌，主营产品包括防晒服、瑜伽服、运动服等。假如你是该品牌的新媒体运营，在去年年底，你提交了一份下一年的活动营销时间表，并标注了你认为的活动量级分级(主要是S级和A级)。

请向全班同学展示该表，并说明分级的主要依据。

综合应用

实训

为你的自媒体账号完成"起号"。

具体要求：

1. 选择合适的赛道及平台。
2. 寻找并拆解对标账号，挑选对标账号的两个作品并进行分析(具体分析方法参照表6-11)；
3. 搭建账号。
4. 完成账号的内容规划，制定内容发布日历。
5. 完成至少五个账号的内容选题。
6. 确定一个选题，完成内容创作。

项目七　新媒体营销数据分析

教学目标

【知识目标】

● 理解数据分析的意义;

● 了解新媒体营销关键数据的类型;

● 了解用户生命周期价值;

● 了解新媒体数据采集的概念及关键要素;

● 了解新媒体数据采集的注意事项;

● 了解不同新媒体平台对应的关键数据及采集工具;

● 了解如何根据不同需求选择数据采集工具;

● 理解新媒体数据处理的内容;

● 了解新媒体数据分析的方法及应用;

● 了解新媒体数据的呈现方式;

● 理解数据可视化的作用;

● 了解新媒体数据分析报告的类型;

● 理解新媒体数据分析报告的撰写思路。

【能力目标】

● 能够举例说明与用户数量与质量相关的数据;

● 能够举例说明与用户行为相关的数据;

● 能够举例说明影响电商转化率的因素;

● 能够举例说明与经营指标相关的数据;

● 掌握数据分析的步骤;

● 掌握数据采集的方法和工具;

● 能够为自己的新媒体账号做数据分析;

● 掌握数据分析的步骤;

● 掌握数据可视化的常用形式;

● 掌握新媒体数据分析报告的撰写要点。

【素质目标】

● 培养创新精神,培育积极探讨、独立思考、创新实践的能力;

● 树立AI时代的职业发展观,明确职业红线;

● 培育大数据思维,认识到大数据在现代社会中的重要性,理解数据作为新时代"石油"的价值。

● 培育大数据思维的同时,注重培养数据伦理意识。

思维导引

```
                              ┌─ 一、新媒体数据分析的意义
                              │
                              │                              ┌─(一)用户数量与质量相关数据
                              │                              │
         ┌─ 任务一　认识新媒体营销数据分析 ─┼─ 二、新媒体营销关键数据的类型 ─┼─(二)用户行为数据
         │                    │                              │
         │                    │                              └─(三)经营指标数据
         │                    │
         │                    │                              ┌─(一)明确分析目的
         │                    │                              │
         │                    │                              ├─(二)数据采集
         │                    │                              │
         │                    └─ 三、新媒体数据分析的步骤 ───┼─(三)数据处理
         │                                                   │
         │                                                   ├─(四)数据分析
         │                                                   │
         │                                                   ├─(五)可视化展现
         │                                                   │
         │                                                   └─(六)数据总结和应用
         │
         │                                                   ┌─(一)新媒体数据采集的概念
         │                    ┌─ 一、新媒体数据采集的内涵 ──┼─(二)新媒体数据采集的关键要素
         │                    │                              └─(三)新媒体数据采集的注意事项
         │                    │
项目七    ┼─ 任务二　新媒体数据的采集 ──┼─ 二、新媒体数据采集的方法
新媒体     │                    │
营销数据   │                    └─ 三、新媒体数据采集的工具 ──┬─(一)不同平台的数据采集工具
分析      │                                                   └─(二)不同需求的数据采集工具
         │
         │                                                   ┌─(一)设定目标
         │                                                   │
         │                                                   ├─(二)数据挖掘
         │                    ┌─ 一、新媒体数据分析的步骤 ──┼─(三)数据处理
         │                    │                              │
         │                    │                              ├─(四)数据分析
         ┼─ 任务三　新媒体数据分析的步骤和方法 ─┤              └─(五)数据总结
         │                    │                              ┌─(一)直接评判法
         │                    │                              │
         │                    │                              ├─(二)对比分析法
         │                    └─ 二、新媒体数据分析的方法 ──┼─(三)用户分析法
         │                                                   │
         │                                                   ├─(四)结构分析法
         │                                                   │
         │                                                   └─(五)漏斗分析法
         │
         │                                                   ┌─(一)数据可视化
         │                                                   │
         │                                                   ├─(二)多媒体融合
         │                    ┌─ 一、新媒体数据的呈现方式 ──┼─(三)交互式呈现
         │                    │                              │
         │                    │                              ├─(四)新兴技术
         └─ 任务四　新媒体数据的呈现方式和分析报告 ─┤          └─(五)新媒体平台直接呈现
                              │
                              │                              ┌─(一)新媒体数据分析报告的类型
                              └─ 二、新媒体数据分析报告 ────┼─(二)新媒体数据分析报告的撰写思路
                                                            └─(三)新媒体数据分析报告的撰写要点
```

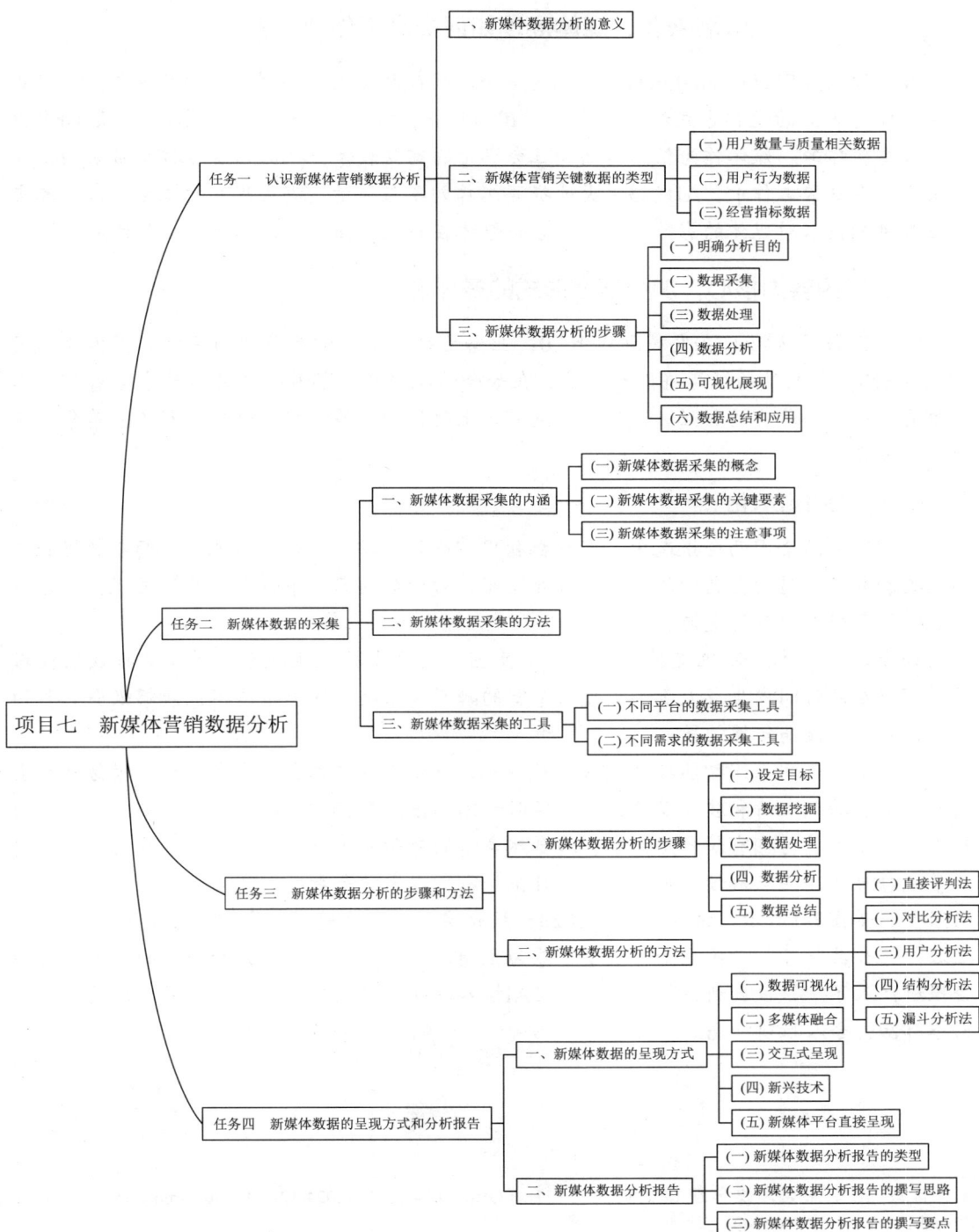

项目七　知识框架

⬡ 项目导读

AI潮来袭，媒体应该如何提高工作效率？[①]

人工智能(artificial intelligence，AI)是当今时代最具影响力和创新性的技术之一，它正在改变各行各业的运作方式和发展方向。2024年初，Sora[②]的出现无疑又在这股浪潮中投下一枚重磅炸弹。媒体作为信息传播和社会舆论的重要载体，也面临着AI技术带来的挑战和机遇。在日常工作中，AI能够大大地提高工作效率与质量，满足用户的多元需求。本文旨在探讨AI技术对媒体的影响和启示，分析媒体在新技术面前如何积极响应和适应变化。

一、以内容为核心，加强报道形式的多样性

随着互联网从Web1.0发展到Web3.0，业态已经发生了翻天覆地的变化。根据摩尔定律[③]，每18个月电脑的性能将提升一倍。在如今的AI时代，芯片性能的提升意味着AI核心竞争力之一——算力的加强。媒体如果没有跟上时代的发展，将在这轮"新工业革命"中被无情抛弃。

(一) 主题报道AI化

在2018年的全国两会报道中，新华社利用"媒体大脑"平台，实现了对两会数据的自动采集和分析、对两会新闻的自动生成和发布、对两会内容的个性化推荐和呈现，为两会报道提供了强大的智能支持。

如今的AI技术，不仅支持文生文和文生图，甚至支持文生视频。媒体掌握该项技术后，可以在短时间内生成大量形式更为丰富的融媒体报道。这类报道不仅能够吸引更多的受众，还可以提高传播效果。

AI主播是利用人工智能技术生成的数字人，可以根据文本自动生成视频，模仿真人主播的声音、面部表情和肢体动作，实现实时新闻播报。在2024年杭州市两会期间，《杭州日报》推出了首对拥有超自然语音、超自然表情的超仿真主播"阿玮"和"欢欢"，为用户带来每日两会要点解读，形成《杭州日报》有史以来首个数字人主播报道栏目《杭州上新了》，如图7-1所示。该栏目以"2023，杭州实现'三大跨越'""加快建设国际赛会之城""公共服务""民生十件实事"等为主题，以灵活的报道方式和独特的视角，为两会报道注入了"科技创新力"，充分彰显AI技术在新闻领域应用的前沿成果，形式新颖、语态鲜活，令人眼前一亮。

---

① 蒋波. AI潮来袭，媒体应该如何应对？[EB/OL]. (2024-06-20)[2024-12-01]. https://mp.weixin.qq.com/s/Z23cO-LawTVyc5jKOXP7sQ. 有删改

② Sora，美国人工智能研究公司OpenAI于2024年2月15日(美国当地时间)正式对外发布的人工智能文生视频大模型(但OpenAI并未单纯将其视为视频模型，而是作为"世界模拟器")。

③ 摩尔定律是由英特尔公司创始人戈登·摩尔在1965年提出的一项预测，其核心内容是：集成电路上可容纳的晶体管数目每隔18到24个月便会增加一倍，同时性能也会提升一倍，而成本则相应降低。

图7-1 《杭州日报》超仿真AI主持"阿玮""欢欢"

除此以外，《杭州日报》利用AI技术，提炼杭州市政府工作报告中的高频用词，用文生图生成相应的图片，美编在此基础上，将其设计成系列海报图。杭州网利用AI将杭州市政府报告提到的一系列数字转换成音符(8为升do，9为升re)，最终形成一段由杭州人共同谱写的旋律。

(二) 视觉呈现AI化

随着5G时代的来临，终端受网速的局限减弱，新闻报道从最开始的纯文字模式演变成"文字+视觉化(图文、音视频)"的呈现模式。在海量信息的时代，视觉化呈现可以将枯燥的文字生动直观地展现在读者面前，不仅可以辅助阅读，还可以在最短的时间内抓住读者的眼球。"设计团队主创+AI辅助"的模式，可以极大程度地提高生产效率，甚至可以规模化、批量化地对内容进行生产。

杭州亚运会开幕前夕，《杭州日报》推出"亚运图击队"专栏，以系列漫画形式介绍亚运项目、普及亚运体育知识。该专栏涵盖亚运会跳水、击剑、马术、藤球、霹雳舞等多个项目，既有中国代表团的传统优势项目，又有较少人涉猎的冷门项目，还有契合赛事节点的项目，为读者提供了全面、多元、有趣的亚运知识。专栏通过漫画形式，将枯燥的数据、规则、历史等信息转化为简约、风趣、富有表现力的画面，增加了读者的阅读兴趣和参与感。文案结合新媒体传播的语境，用通俗易懂的语言，对每个项目的特点、技巧、看点等进行了详细解说。

2024年3月以来，《杭州日报》微信公众号新开了一档名为"AI聊天"的新闻栏目。"AI聊天"以气象信息为内容基础，但又不是单纯地做天气预报，而是将气象与生活相结合，这让新闻报道更接地气、更深入人心。

2024年3月底，团队策划了稿件《又反转！刚刚确认：它还要来！一个月9次！杭州人再坚持一下》，盘点了整个3月份杭州天气的9次大反转，并用AI为每次天气反转讲解配图。这9张图是用网友留言生成的，内容有趣，画面生动。让读者的"评论"成为报道的一部分,不仅能提升用户的获得感和成就感,还可以增强用户黏性,提升用户的参与度。

当前,该栏目以每天一篇的频率进行更新,已经更新20余篇,平均阅读量在7万以上,高于账号内其他头条新闻的平均阅读量。

二、以客户端为核心,完成"新闻+功能+服务"的转型

AI技术可以利用个性化推荐、内容分析、用户画像等方法,通过机器学习和深度学习模型,对用户的行为数据进行分析和挖掘,构建用户的兴趣画像,实现对用户的个性化内容推荐。用户可以根据自己的兴趣、喜好等,获得更符合自己需求和品位的新闻内容;也可以根据自己的意愿和目的,定制适合自己的新闻内容。

然而,利用AI做好内容关联与推荐,仅可以在客户端打开率高的情况下,增加用户的使用时长。如何提升客户端的打开率,这又是一个新的命题。

以微信为例,人们每天打开微信的目的并不是浏览公众号的文章,但微信公众号为什么可以成为一个高流量的传播平台?因为微信切中了用户日常使用的需求,用户大量的工作场景、生活场景都是通过微信来进行关联的。这就保证了每天会有大量的用户打开微信,在保证高日活的同时,微信公众号、视频号自然成了高流量平台。大河有水小河满,大河无水小河干,说的就是这个道理。

所以,在建设客户端时,仅打造内容是无法提升日常打开率的。只有在接入"功能+服务"后,才能让用户产生对打开客户端的需求与依赖。

例如,浙江日报的"潮新闻"客户端上线的智能助手"潮奔奔",能够实现内容智能检索、新闻推荐、热门活动推荐、旅游路线生成等功能,便于用户高效获取信息。笔者通过使用和观察,发现该款智能助手基本能够满足用户人机互动的需求,但是对于垂直领域的大模型训练还略有欠缺。

以客户端为核心,接入人工智能完成"新闻+功能+服务"的转型,这是未来的一个发展方向。但就功能和服务来说,垂直领域的细分也相当重要。杭州日报正在探索将客户端打造成人工智能的"壳",通过预留的接口,不断接入垂直领域训练完成的AI机器人。

以旅游行业为例,用户在输入"花费1500元,在杭州3天深度游"的需求后,AI机器人可以迅速提供高铁航班订票、酒店餐厅预订、线路设计等信息,还可以与用户互动聊天,介绍杭州。不同类型的AI机器人可以满足不同垂直细分领域的24小时咨询需求。在人工时代,24小时咨询意味着大量的人力成本,而AI的出现很好地解决了这一问题。

三、以人为核心,定向培养AI相关人才

有人认为,AI的出现会淘汰人工,这其实是一个误解。AI确实能替代一些基础劳动力,但作为一种工具,它最终还是需要人类来操作,操作者的决策将决定AI的效能。如同一把雕刻刀会被不同的人使用,有的人可以创作出艺术品,而有的人仅能复刻产品。

在媒体融合背景下,不同领域对AI人才的需求是多元化的。我们需要那些具有互联网

思维和全媒体能力的人才，他们能够在全媒体流程构建、平台建设、业态与生态发展中扮演多种角色，在创意、生产、传播、运营和管理等方面发挥作用。

(一) 内容统筹型人才

在内容创作领域，AI可以帮助编辑和记者快速收集信息、整理数据，甚至生成文章草稿。然而，当前大部分比较先进的AI应用多为国外公司推出的，在进行大模型训练的时候，并不会针对中国国情进行训练，导致这些AI生成的内容不符合国情，这就需要专业人才对内容进行方向性把握。简单来说，就是进行主题策划，理解复杂的主题，挖掘更深层次的信息。

比如，对"千万工程""八八战略"这些重大主题，如何以群众喜闻乐见的方式传播？这就需要在宏大叙事背景下的小口切入，那么如何去寻找切入口？这是AI难以完成的。

在杭州亚残运会上，女子短跑冠军刘翠青与领跑员陈圣明以"神同步"的表现夺得400米-T11决赛冠军后，两人手中短短的牵引绳引起网民关注。杭州日报以一条红绳为切入点，以刘翠青和两任领跑员的奋斗故事为主线，精心策划制作H5产品《你是我的眼》。从视障运动员和领跑员两种视角，展现两者如何通过日常训练、磨合，最终实现残健融合、为国争光的动态过程。作品还原现场以及故事线上种种细节，同时以观众视角营造互动氛围，以"靠耳朵就能了解整个故事"为目标，打造残健共享的融媒作品。

(二) 垂类专家型人才

垂类专家型人才在特定领域拥有深厚的专业知识，他们不仅了解该领域的技术和趋势，还能够预见行业发展。AI的一个显著特点是信息含量极大，海量数据的处理能力使其在众多领域发挥着重要作用。然而，AI提供的信息质量在很大程度上取决于使用者提出的问题。专家型用户具有深厚的专业知识，能够提出更具深度和针对性的问题，从而获取更有价值的信息。相比之下，普通用户可能缺乏提出高质量问题的能力，这限制了他们通过AI获取信息的深度和广度。专家型用户还可以有效识别和筛选AI提供的大量信息，结合自己的知识和经验，利用AI分析出的模式和趋势，极大程度地提升报道的整体质量。这也要求媒体从业人员不断学习相关领域的专业技术知识。

(三) 技术跨界型人才

在数字化时代，技术人才对于媒体融合的重要性不言而喻。他们是连接传统媒体与现代科技的桥梁，是推动媒体创新和发展的关键力量。

然而，要让媒体机构像大型科技公司一样培养技术人才进行技术开发并不现实。媒体机构在内容生产和传播方面拥有独特的优势，技术人才在媒体行业中可以发挥其专业技能，将复杂的技术知识转化为大众易于理解的信息。技术人才在扩展自身技术的同时，也应该积极拓展自己的视野，了解媒体行业的特点和需求，以便更好地发挥自己的作用，利用新技术改进新闻报道的方式，提高内容的互动性和观众的参与度。例如，通过技术支撑帮助采编人员掌握数据可视化、交互式故事叙述等方式，可以使新闻内容更加生动和吸引人；筛选市面上成熟的AI应用，并进行技术嫁接。

技术人才可以帮助媒体机构理解和应用最新的技术，同时也能够将媒体的需求传达给科技公司，这种双向沟通有助于推动两个领域的协同发展。

【思考与讨论】

1. 数据对于AI来说的意义是什么？

2. 人工智能时代，AI在哪些方面提升了工作效率？

3. 对于企业来说，在开展新媒体营销过程中，哪些数据可以通过AI进行处理？

任务一　认识新媒体营销数据分析

任务导入

在数字化时代企业可借助第三方数字推广平台开展营销宣传，从而节省系统维护以及各种渠道推广的费用，降低营销成本，同时还能以客户画像为基础，实现精准获客。假设你是某速食食品公司的新媒体运营，你发现自己刚发的带货短视频流量暴涨，那么，你在24小时内需要关注哪些数据？

新媒体营销与传统营销的显著差异在于动态变化的营销手段，新媒体营销可以不断根据市场与用户的反应及时改变营销方式和内容。这就要求运营人员能主动分析用户数据、内容数据和营销转化的相关数据。同时，在企业中，运营人员的运营水平、工作成效往往也是用数据来考核的。可以说，数据是运营的基础，它就像一条绳索，贯穿运营工作全程，既是运营KPI考核的直接呈现方式，也是运营方向的理论支撑点。在本任务中，我们将学习新媒体数据分析的意义，了解在新媒体营销的不同阶段需要关注哪些关键数据，以及新媒体数据分析的步骤。

一、新媒体数据分析的意义

通过周期性的新媒体数据分析，运营人员可以把握用户关切的热点方向、预测运营方向、优化营销内容、了解运营质量、控制运营成本以及评估运营方案，并及时通过一系列运营手段确保用户留存和新增。数据分析的意义可以概括为了解用户需求、评估运营效果、预测市场趋势、优化企业竞争力、辅助运营决策、控制运营成本，如图7-2所示，具体内容可扫码查看。

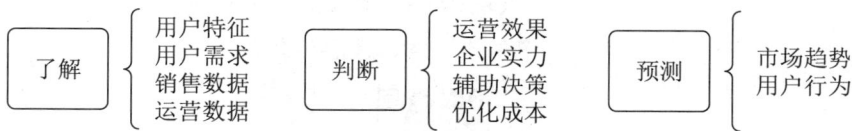

图7-2　数据分析的意义

数据分析的意义

二、新媒体营销关键数据的类型

新媒体营销应关注的数据包括用户数量与质量相关数据、用户行为数据、经营指标数据，如图7-3所示，具体内容可扫码查看。

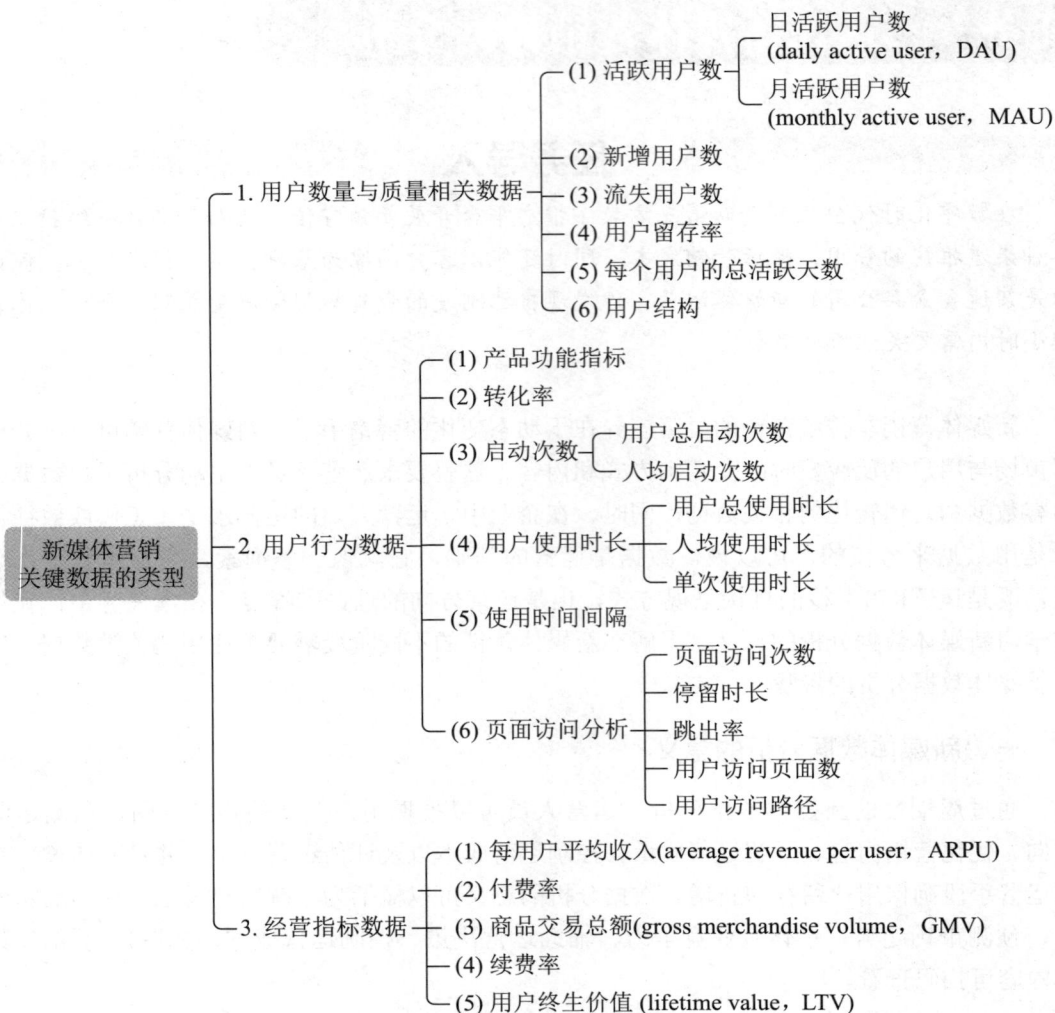

图7-3　新媒体营销关键数据的类型

新媒体营销关键数据的类型

三、新媒体数据分析的步骤

新媒体数据分析是指对新媒体平台上产生的海量数据进行收集、整理、分析、挖掘以及可视化展现，以获取有价值的信息和洞察的过程。新媒体数据分析的基本步骤包括明确分析目的、数据采集、数据处理、数据分析、可视化展现、数据总结与应用。

(一) 明确分析目的

在进行数据分析之前，应明确分析目的是什么，主要有了解用户行为、了解内容受众、评估营销效果以及其他分析。明确分析目的后，应继续细化问题，将分析目的细分为具体的问题。比如，分析目的是了解最近公众号涨粉情况不好的原因，可以将这个目的进一步细分为"近期粉丝增长缓慢的原因是什么""推广策略是否有效"等具体的问题,从而有针对性地采集和分析数据。

(二) 数据采集

数据采集是指通过各种工具和技术,收集来自新媒体平台的各种数据,包括用户行为数据、内容数据、社交数据等。首先,选择数据来源。根据分析目的,确定需要挖掘的数据类型,如用户行为数据、内容数据、销售数据等。这些数据可能来源于社交媒体平台、网站统计系统、CRM系统等。其次,收集数据。利用专业的数据采集工具或平台API接口,收集相关的数据,或者使用社交媒体平台提供的数据分析工具来获取用户互动数据。数据采集的质量和范围对后续的分析结果至关重要。

(三) 数据处理

数据处理包括数据清洗、数据整理、数据计算三个部分。

1. 数据清洗

收集到的数据可能存在重复、缺失、错误等问题,需要进行数据清洗。数据清洗包括去重、填充缺失值、处理异常值等步骤,旨在去除与分析目的无关的数据和异常数据(如由于平台bug产生的数据),以确保数据的准确性、完整性和可靠性。

2. 数据整理

整据整理包括合并性质相近的数据,如合并站内和站外阅读量;通过公式加工原始数据,设计出更适合分析的数据指标,如成交率、转化率等。

3. 数据计算

数据计算是指根据分析需要进行的求和、求平均数、求比例、求标准差等的计算,目的是获取更有价值的数据信息。

(四) 数据分析

完成数据处理之后,可以进行数据分析。数据分析通常包括流量分析、销售分析、内容分析、执行分析等,目的是揭示营销行为和营销效果之间的关系和规律。

1. 流量分析

分析访问量、访问时间、跳出率等指标,了解用户流量来源和流量质量。

2. 销售分析

分析下单量、支付比例、二次购买比例等指标,评估营销活动对销售的促进作用。

3. 内容分析

分析阅读、转发、推荐、点赞等指标,了解用户对内容的喜好和反馈。

4. 执行分析

分析文章撰写速度、客服响应效率、软文发布频率等指标,评估运营团队的执行效率。

(五) 可视化展现

将数据分析结果通过可视化的方式展现出来,可以更直观地呈现数据的分布、关系和趋势。常用的可视化工具有折线图、柱状图、散点图、热力图等。

(六) 数据总结和应用

完成数据分析后，可将分析结果应用到实际工作中。在解释分析结果时，应结合实际情况，不要武断下结论。将数据分析结果应用到实际工作中，可以为决策提供重要参考依据。

1. 内部沟通

与团队成员分享和讨论分析结果，共同寻找优化方案。

2. 应用规律

根据分析结果，调整和优化营销策略、内容创作和运营执行等方面的工作。比如，如果发现某类内容受到用户的热烈欢迎，可以加大这类内容的创作和推广力度。

3. 制订后续计划

基于分析结果和当前市场趋势，制订下一步营销计划和目标。

通过以上基本步骤，可以对新媒体数据进行系统分析，为新媒体营销决策和运营活动的开展提供支持和指导。

任务二　新媒体数据的采集

任务导入

在新媒体工作中，运营者经常会遇到以下问题：真实数据与后台数据差距很大，同一数据在不同的指标内会产生两个完全不同的结果，需要统计的数据与采集获取的数据不是同一类……那么，应该如何做好数据采集工作呢？

随着互联网技术的不断发展和普及，新媒体已经成为人们获取信息、交流思想和观点的主要途径。同时，新媒体所积累和产生的海量数据也成为新时代的重要资源。这些数据包含着人们的想法、兴趣、行为等各方面的信息，而这些信息的准确性和及时性对于企业做出正确的营销决策具有重要的作用。在本任务中，我们将学习新媒体数据采集的内涵、方法和步骤，以及不同新媒体平台采用的数据采集工具。

一、新媒体数据采集的内涵

随着互联网的迅猛发展和新媒体平台的不断涌现，新媒体数据已经成为企业、研究机构和个人进行市场分析、用户画像、内容创作和决策支持的重要资源。

(一) 新媒体数据采集的概念

新媒体数据采集是指利用各种技术手段和工具，从社交媒体、博客、视频平台、新闻网站等新媒体渠道中收集数据的过程。这些数据包括用户行为数据(如点击、浏览、点赞、评论、分享等数据)、内容数据(如文本、图片、视频等数据)、交互数据(如用户之间的互动关系数据)以及元数据(如发布时间、地理位置等数据)。

(二) 新媒体数据采集的关键要素

在做新媒体数据分析时，需要采集的数据种类繁多，如图7-4所示，这些数据有助于后续全面评估新媒体平台的运营状况、内容效果和用户行为，具体内容可扫码查看。

```
                                    ┌─ (1) 用户数量
                                    │
                    ┌─ 1. 用户数据 ──┼─ (2) 用户画像
                    │               │                  ┌─ 访问量
                    │               │                  ├─ 跳出率
                    │               └─ (3) 用户行为 ────┼─ 停留时长
                    │                                  ├─ 页面浏览量
                    │                                  └─ 独立访客数
                    │
                    │                                  ┌─ 内容发布数量
                    │               ┌─ (1) 内容生产数据 ┤
                    │               │                  └─ 内容发布频率
                    │               │                  ┌─ 浏览量
                    │               │                  │
                    ├─ 2. 内容数据 ──┼─ (2) 内容消费数据 ┼─ 点赞数、评论数
                    │               │                  └─ 下载及转发量
                    │               │                  ┌─ 原创度
                    │               │                  ├─ 信息密度
                    │               └─ (3) 内容质量数据 ┼─ 可读性/可看性
                    │                                  └─ 时效性
                    │
                    │                                  ┌─ 粉丝量
新媒体数据采集的        │               ┌─ (1) 粉丝数据 ──┼─ 增粉量
关键要素    ──────────┤               │                  └─ 粉丝互动量
                    │               │                  ┌─ 阅读量/曝光量
                    ├─ 3. 社交媒体数据┼─ (2) 内容数据 ──┤
                    │               │                  └─ 完播率/留存率
                    │               │                  ┌─ 点赞、评论、分享等行为的总和
                    │               └─ (3) 互动数据 ──┤
                    │                                  └─ 品牌回复率
                    │
                    │               ┌─ (1) 广告曝光量
                    │               ├─ (2) 广告点击率
                    ├─ 4. 广告数据 ──┤
                    │               ├─ (3) 广告转化率
                    │               └─ (4) 投放成本相关指标(如CPM、CPC等)
                    │
                    │               ┌─ (1) 注册转化率
                    ├─ 5. 转化数据 ──┼─ (2) 购买转化率
                    │               └─ (3) 互动转化率
                    │
                    │               ┌─ (1) 市场趋势
                    └─ 6. 市场数据 ──┤
                                    └─ (2) 用户增长速度
```

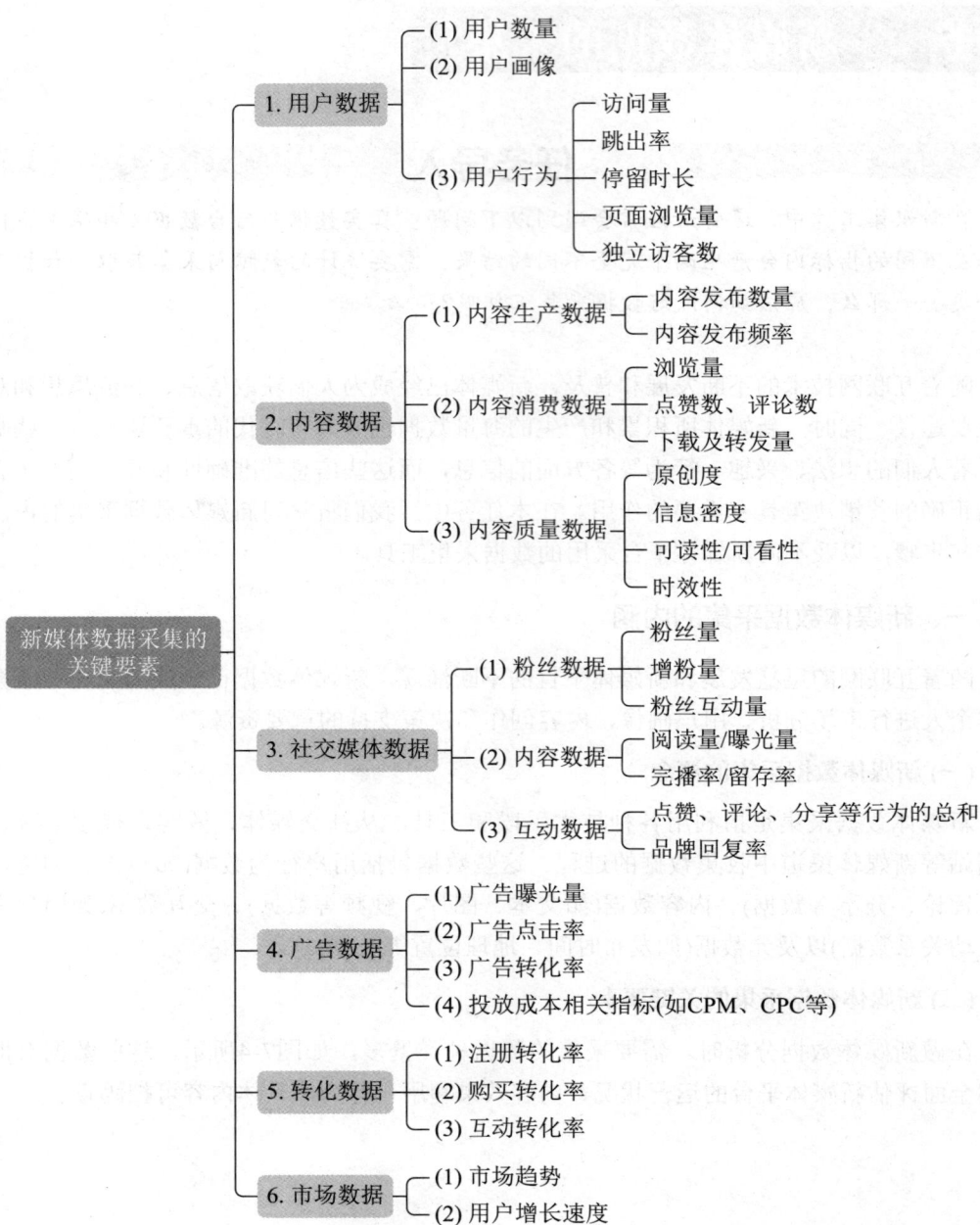

图7-4　新媒体数据采集的关键要素

新媒体数据采集的关键要素

(三) 新媒体数据采集的注意事项

1. 数据来源

新媒体数据的来源非常广泛，包括但不限于社交媒体平台(如微博、微信、抖音、快手等)、新闻网站、视频平台、论坛、在线社区等。这些平台每天都会产生海量的数据，为数据采集提供了丰富的资源。

2. 关键词的选择与筛选

关键词是新媒体数据采集的基础。在采集特定主题或领域的数据时，需要事先明确相关的关键词。不同的关键词会导致不同的结果，因此需要进行筛选。常用的方法是结合用户调研数据，了解用户在描述相关主题或领域时使用的词汇。此外，还可以借助相关工具，如社交媒体监测工具或社交媒体广告平台，来获取与关键词相关的建议和推荐。

3. 采集工具和技术

为了高效、准确地采集新媒体数据，需要使用各种专业的工具和技术。常见的采集工具有网络爬虫、API接口、数据采集软件等。其中，网络爬虫可以自动遍历网页并提取所需数据，API接口允许用户通过编程的方式直接访问平台的数据资源，数据采集软件和服务提供商可以为用户提供更加便捷、高效的数据采集方案。

4. 数据处理和分析

对于采集到的新媒体数据，应进行处理和分析，以揭示数据背后的规律和趋势，从而发挥其价值。数据处理包括去除重复数据、纠正错误数据、处理缺失值等步骤；数据分析涉及数据挖掘、统计分析、机器学习等技术手段。

5. 情感分析和语义分析

社交媒体数据中往往隐含着用户的情感与观点信息。情感分析和语义分析可以更好地理解用户的情绪和态度。常见的分析方法是使用自然语言处理技术，利用机器学习算法识别文本中的情感词汇和语义关系。

6. 合规性和隐私保护

在采集新媒体数据时，必须严格遵守相关法律法规和平台政策，确保数据采集的合规性和对用户隐私的保护。未经用户同意和授权，不得擅自采集用户的个人信息和敏感数据。

二、新媒体数据采集的方法

用户在互联网上的一切行为都会形成相应的数据，这些数据包含海量的信息，对于我们解读用户行为、了解用户需求、把握市场趋势以及舆情分析起到了重要的作用。那么，如何准确采集与合理利用这些数据呢？不同的数据采集方法各有其优势，适用于不同的场景，关于常见的新媒体数据采集方法，请扫码查看。

新媒体数据采集方法

三、新媒体数据采集的工具

不同平台有不同的数据采集工具，运营者还可以根据不同的数据分析需求寻找相应的平台。

(一) 不同平台的数据采集工具

1. 微信公众号

1) 关键数据指标

微信公众号需要采集的数据主要可以分为两大类，即用户数据和文章内容数据。

(1) 用户数据。用户数据是微信公众号运营中的重要组成部分，它有助于运营者了解用户特征、行为模式和需求，从而制定更有效的运营策略。用户数据主要包括属性数据和行为数据。属性数据在长期内相对稳定，如用户的昵称、头像、性别、年龄、所在地区(国家、省份、城市)、语言等，大部分属性数据可以通过微信接口直接获取；行为数据记录了用户在微信公众号内的互动情况，如关注时间、取消关注时间、阅读文章、点赞、评论、分享、菜单点击、模板消息点击等。这些数据对于分析用户活跃度和兴趣偏好至关重要。

(2) 文章内容数据。文章内容数据是评估公众号内容质量和传播效果的重要依据，主要包括基本信息、阅读互动数据、历史数据。基本信息如文章标题、发布时间、作者、发布位置(原创或非原创)、是否包含视频、文章链接等；阅读互动数据是评估文章传播效果的关键指标，包括阅读数、点赞数、评论数以及评论内容等，通过监控这些数据，可以了解文章的受欢迎程度和用户反馈；历史数据是对于公众号过去发布的内容进行采集和分析，有助于运营者了解公众号内容的历史表现趋势和用户偏好变化。

2) 数据采集工具

(1) 公众号后台分析(https://mp.weixin.qq.com/)。在公众号后台左侧导航栏单击"数据"，即可查看内容分析、用户分析、菜单分析、消息分析、接口分析、网页分析等数据，如图7-5所示。在后台右侧可直接查看阅读人次、分享人次、新增关注人次等数据。

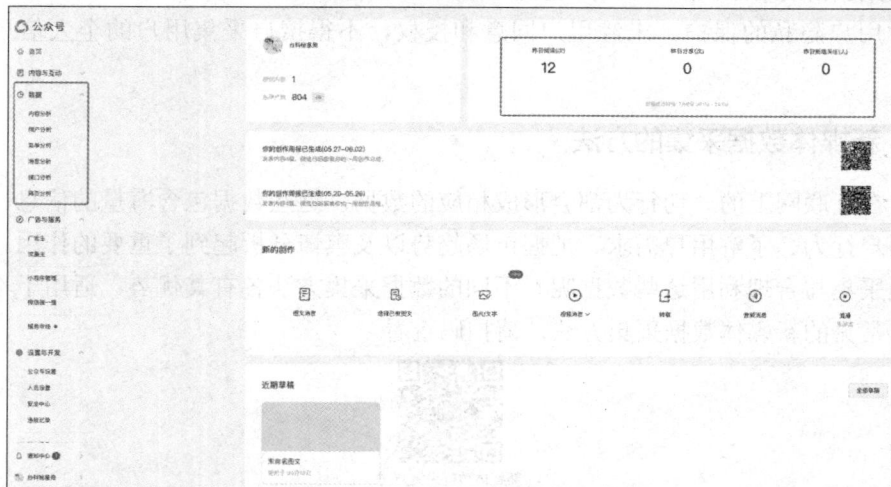

图7-5　公众号后台数据分析

*课堂讨论

在你的公众号后台找到"内容分析"一栏,并回答以下问题。

1. 近一日、近一周、近一个月,你的公众号阅读量分别是多少?

2. 请你描述该公众号近一个月的阅读量趋势。

3. 根据已有数据,请你分析该公众号在未来一周会有什么样的趋势变化?

(2) 新榜(https://www.newrank.cn/)。新榜是一个新媒体大数据平台,提供微信公众号、抖音、小红书、B站、快手等主流内容平台的数据工具和服务,可帮助用户了解和运营自己的内容账号,如图7-6所示。

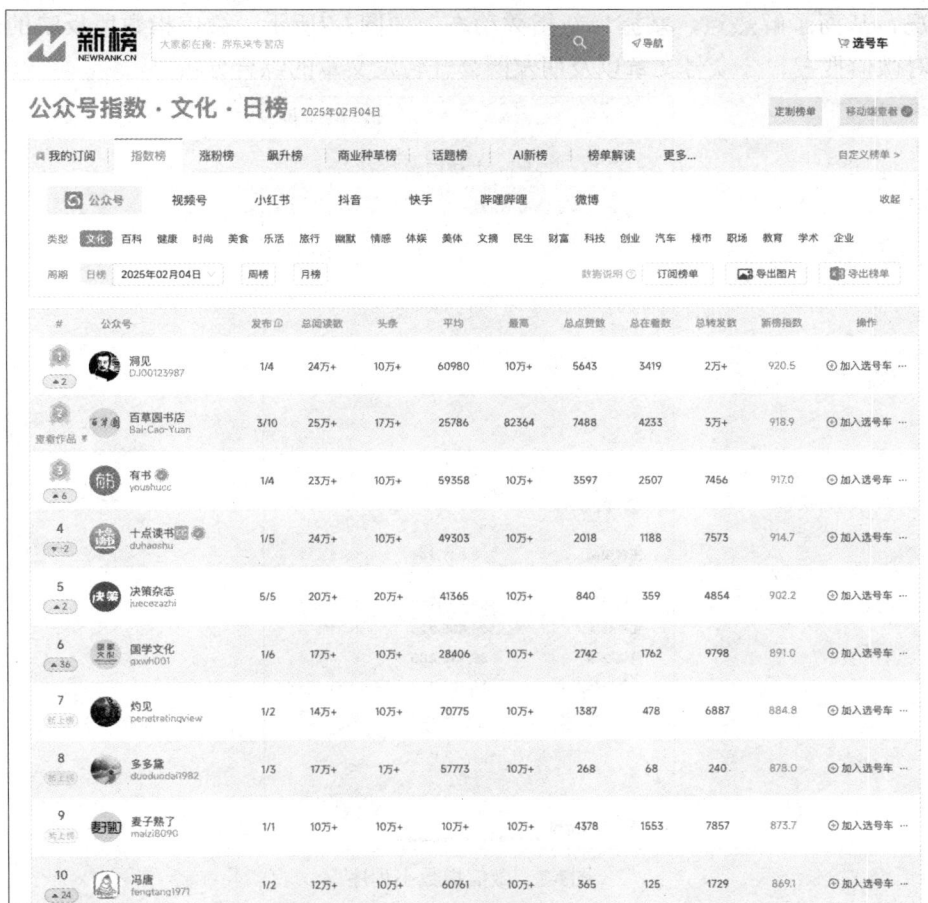

图7-6 新榜公众号指数页面

新榜主要提供公众号粉丝数、阅读数、点赞数、文章分析、公众号文章排行榜、关键词搜索趋势、公众号运营数据、地域分布、设备分布、年龄分布、性别分布等方面的数据分析服务。其中,新榜指数是专门针对公众号的数据分析工具,提供公众号影响力、内容质量、互动效果等方面的数据分析,还提供许多实用的运营建议和案例参考。

(3) 西瓜数据(https://data.xiguaji.com/)。西瓜数据是一款专为电商企业创建和运营而设计的电商工具，于2020年创立并上线投入运营，致力于为电商商家提供公众号数据分析服务，同时也适用于其他平台。针对公众号，西瓜数据主要提供查询公众号相关信息、多维度公众号榜单排行、关键词动态追踪和公众号分析诊断等服务，用户还可以查看公众号每分钟的阅读量数据等。

此外，西瓜数据还提供数据监控、公众号之间的对比分析、行业热门公众号排行、广告删文检测和投放分析、广告价值预估等服务，能够帮助电商商家从多个维度了解公众号的运营情况，从而进行精准营销。

(4) 微信指数。微信指数是微信官方提供的数据小程序，整合了微信上的搜索和浏览行为数据，用户可以通过它搜索当天、一周、一个月甚至半年内的微信关键词动态指数和变化情况，从而了解热点，掌握最新指数动态，如图7-7所示。微信指数所反映的热点变化基于对微信搜索、公众号文章以及朋友圈公开转发文章的综合分析。

图7-7　微信指数小程序

2. 抖音

1) 关键数据指标

抖音运营者需要关注以下几个数据指标，以了解内容表现数据、用户行为数据以及账号运营数据等的整体运营状况。

(1) 内容表现数据，具体包括以下几个。

播放量：衡量短视频的曝光度和受欢迎程度。

点赞数：反映用户对短视频的喜爱程度。

评论数：体现用户对短视频的参与度和话题兴趣。

转发数(分享数)：反映短视频内容的影响力和传播能力。

(2) 用户行为数据，具体包括以下几个。

停留时间：反映短视频内容的吸引力和用户黏性。

互动率：衡量短视频与用户互动的频率和深度，包括点赞、评论、转发等。

完播率：表示短视频被用户完整播放的比例，同时也是评估内容质量的重要指标。

(3) 账号运营数据，具体包括以下几个。

粉丝数：衡量账号的整体运营效果和用户基础。

粉丝增长数：反映账号吸引新用户的能力。

粉丝活跃度：通过粉丝的互动行为(如点赞、评论)来衡量粉丝的活跃程度。

(4) 转化率相关数据。如果运营目标包括带货或引导用户进行某种行为(如点击链接、关注其他账号等)，需要关注转化率，即实际进行目标行为的用户数占总用户数的百分比。

(5) 竞品分析数据。关注竞争对手的账号数据，如粉丝数、点赞数、评论数等，以便进行竞品分析和制定更有效的运营策略。

(6) 平台趋势数据。了解抖音平台上的热门话题、流行元素和趋势，以便及时调整内容策略，紧跟平台节奏。

(7) 广告投放数据。如果运营过程中涉及广告投放，需要关注广告的相关数据，如曝光量、点击率、转化率等，以评估广告效果并优化投放策略。

2) 数据采集工具

(1) 抖音创作者中心数据。在抖音创作者中心，可以直接查看近7日的账号数据，包括播放量、粉丝净增量、完播率、电商收入、成交金额、成交订单数等数据，如图7-8所示。

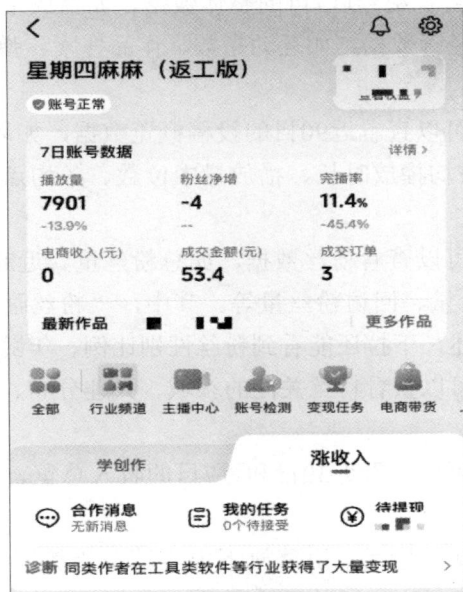

图7-8　抖音创作者中心首页数据看板

单击"详情"可以查看更多账号数据，如图7-9所示。

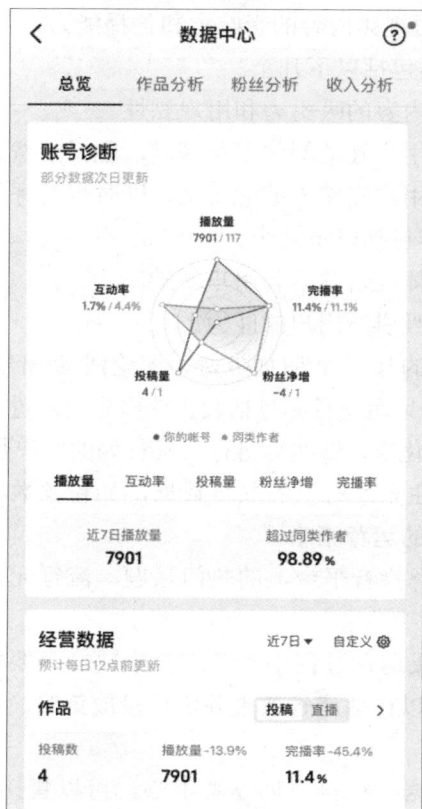

图7-9 抖音数据中心看板

在"总览"页面可以查看账号近7日的整体数据，如播放量、完播率、粉丝净增量、投稿量、互动率等，以及经营数据，如互动指数、作品搜索、弹幕量、封面点击、封面设置等。

在"作品分析"中，可以查看近90日的投稿概览数据，如周期内投稿量、条均5秒完播率、条均2秒跳出率、条均播放时长、播放量中位数、条均点赞数、条均评论量、条均分享量等数据。

在"粉丝分析"中，可以查看粉丝数据，如总粉丝量、近30日粉丝净增量、近1日和近7日的粉丝净增量、脱粉量、回访粉丝量等。其中，"粉丝画像"提供针对全部粉丝的核心结论，即粉丝画像描述，下拉还能看到粉丝性别比例、年龄、城市、设备、活跃度等数据；在"粉丝兴趣"中可以查看粉丝关注的领域、兴趣分布、常搜的词、爱看的视频等数据。

在"收入分析"中，可以查看近30日和近7日的收入总览、近30日的变现渠道、变现行业等。

(2) 巨量算数。巨量算数是巨量引擎旗下内容消费趋势洞察品牌，以今日头条、抖音、西瓜视频等内容消费场景为依托并承接巨量引擎的数据与技术优势，输出内容趋势、产业研究、广告策略等洞察与观点。同时，开放算数指数、算数榜单、抖音垂类等数据分析工具，可满足品牌主、营销从业者、创作者等数据洞察需求。

(3) 飞瓜数据(抖音版)(https://dy.feigua.cn/)。飞瓜数据是一款用于短视频及直播数据查询、运营及广告投放效果监控的专业工具，旨在为用户提供高效、准确的数据统计与分析服务。该平台具有数据挖掘、数据分析、数据可视化、推荐算法等多项核心功能，可帮助用户快速完成数据挖掘和分析工作。

(4) 蝉妈妈(https://www.chanmama.com/)。蝉妈妈是内容营销与电商增长的数智决策平台，助力企业或达人提升抖音营销效率，高效触达亿万客户，赋能生意成功。蝉妈妈可以为抖音平台合作方提供抖音达人、商品、直播、短视频、小店等数据分析服务；还可以为品牌主、商家匹配达人以及提供一站式抖音营销服务。

3. 小红书

1) 关键数据指标

(1) 用户数量与用户活跃度，具体包括以下数据。

日活跃用户数(DAU)：每日登录小红书的活跃用户数量，反映用户日常使用频率。

月活跃用户数(MAU)：每月登录小红书的活跃用户数量，反映用户的月度使用频率。

用户增长率：包括新用户增长率和留存用户增长率等，反映平台用户数量的增长趋势。

(2) 用户行为数据，具体包括以下数据。

浏览量：用户在小红书上浏览内容的次数，反映用户对内容的关注点和兴趣。

点赞量、评论数、转发数：反映用户对内容的认可程度、互动程度和传播力，也是衡量内容质量和用户参与度的重要指标。

收藏量：反映用户对内容的喜爱程度和长期关注意愿，对于评估内容的长期价值和用户黏性具有重要意义。

(3) 内容质量与数量，具体包括以下数据。

发布帖子数、视频数量：分别指平台上发布的帖子和视频的数量，反映平台的内容生产能力和活跃度，对于评估平台的内容生态和用户贡献度具有重要意义。

内容质量指标：包括点赞数、评论数、分享数等，反映用户对内容的认可程度和互动程度。

(4) 社区互动与参与度，具体包括以下数据。

用户互动比例：用户参与互动(如点赞、评论、转发等)的比例。

社区氛围：包括社区活跃度、用户黏性等，反映平台的整体社区氛围和用户归属感。

(5) 商业效果指标，具体包括以下数据。

广告转化率：包括广告曝光量、点击率、转化率等，反映广告的商业效果和用户接受度。

商品交易总额(gross merchandise volume，GMV)：反映平台的交易规模和商业价值。

订单量、平均订单价值：分别指完成购买的订单数量和单个订单的平均交易金额。

2) 数据采集工具

(1) 专业号中心。在小红书后台的"专业号中心"可以查看账号近7日的数据表现，这是小红书自己的数据分析工具，用户通过手机端和PC端可以查看账号概览、笔记分析、粉丝画像、粉丝来源等数据，如图7-10所示。

图7-10　小红书专业号数据中心

(2) 蒲公英(https://pgy.xiaohongshu.com/)。蒲公英是小红书官方推出的一款社交媒体推广工具，主要用于品牌和优秀内容生产者之间的合作推广。通过蒲公英，品牌可以向内容生产者支付一定的推广费用，从而在内容中植入产品或服务，以扩大品牌影响力，提升品牌形象，并吸引潜在客户。

(3) 新红数据(https://xh.newrank.cn/)。新红数据是一款小红书数据分析工具，它为品牌和商家提供一系列数据分析和洞察，以帮助其更好地了解小红书用户的需求和行为，优化营销策略。新红数据主要提供数据分析报告、红人搜索、红人榜单、数据导出和定制等服务。

(4) 千瓜数据(https://www.qian-gua.com/)。千瓜数据是深度洞察小红书的大数据可视化分析工具，提供营销策略方案及精准种草服务，可进行多维度用户行为拆解，旨在驱动业务决策与营销增长，赋能品牌数字营销能力。

(二) 不同需求的数据采集工具

在新媒体营销过程中，会产生多种数据分析需求，通常涉及用户行为、内容表现、流量来源、广告效果、舆情管控等多个方面。针对这些需求，有多种数据分析工具可供选择。以下是在不同场景下，一些常见的数据分析需求及其对应的分析工具。

1. 用户行为分析

需求分析：了解用户的基本属性(如年龄、性别、地域)、活跃度、留存率、用户画像等，以优化用户体验和制定更精准的用户策略。

工具推荐：新媒体平台自带的数据分析工具、新榜、神策数据、Growing IO等。

2. 内容表现分析

需求分析：评估内容的阅读量、点赞数、评论数、分享数等指标，以了解内容的受欢迎程度和传播效果。

工具推荐：新媒体平台自带的数据分析工具、西瓜数据、飞瓜数据等。

3. 流量来源分析

需求分析：了解流量的来源渠道(如搜索引擎、社交媒体、直接访问等)，以优化流量获取策略。

工具推荐：Google Analytics(谷歌分析)、友盟+等。

4. 广告效果分析

需求分析：评估广告投放效果，包括广告点击率、转化率、ROI等，以优化广告投放策略。

工具推荐：巨量算数(抖音)、蒲公英(小红书)、腾讯广告(微信、QQ等腾讯系产品)、百度推广(百度系产品)等。

5. 舆情管控

需求分析：帮助组织或个人监测、分析和管理新媒体平台的舆情动态，实时抓取、分析并呈现网络舆论信息，为决策者提供及时、准确的舆情报告和应对策略。

工具推荐：清博舆情、人民网舆情中心、新浪舆情通、知微舆情等。

任务三　新媒体数据分析的步骤和方法

任务导入

数据分析对于新媒体运营来说非常重要，就好比航海中需要指南针一样，越是精确的数据分析越能反映不同运营手段产生的效果。那么作为新媒体运营人员，到底应该如何利用数据分析方法来显著提升新媒体营销效果呢？

当前，主流的新媒体平台主要包括微信、微博、抖音、快手、小红书、B站、知乎以及各类客户端网站等，这些平台会产生大量的数据，涉及用户行为、内容表现、流量来源、广告效果、舆情管控等多个方面。

数据分析是检验运营质量、评估营销方案的标准之一，也是控制运营成本、明确运营方向的方法之一。数据分析方法是新媒体运营人员需要掌握的基本技能之一，利用数据分析来优化内容、提高关注度和转化率，已经成为新媒体运营的关键。那么这些数据要如何整理和分析呢？在本任务中，我们将学习新媒体数据分析的步骤和方法。

一、新媒体数据分析的步骤

新媒体数据分析是通过收集、整理和分析新媒体平台上产生的海量数据，提取有价值的信息，为企业决策者提供支持和指导。企业通过数据分析可以了解用户需求、市场趋势以及竞争对手的情况，从而为产品研发、营销策略制定和品牌形象塑造提供依据；还可以掌握营销事件舆论的动向，更好地进行舆情管理。

新媒体数据分析一般包括五个步骤，即设定目标、数据挖掘、数据处理、数据分析、数据总结，如图7-11所示。

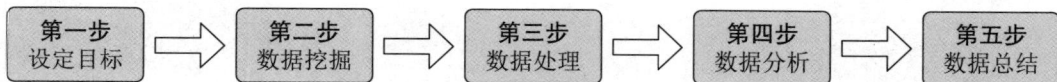

| 第一步
设定目标 | ⟹ | 第二步
数据挖掘 | ⟹ | 第三步
数据处理 | ⟹ | 第四步
数据分析 | ⟹ | 第五步
数据总结 |

图7-11　新媒体数据分析的步骤

(一) 设定目标

设定目标即明确数据分析的目标是什么，如了解用户行为、评估营销效果、预测市场趋势等。根据分析目标，设定关键绩效指标(key performance indicator，KPI)，以便量化分析成果。

(二) 数据挖掘

新媒体数据挖掘是指根据目标，通过采集、分析和挖掘海量社交媒体和网络数据来获取有价值的信息，并将目标对应的数据进行罗列。

其中，后台数据的获取是较为重要的数据获取方式，也是数据分析者应当优先获取的数据。各类新媒体平台都自带数据分析功能，如果运营者需要的数据都可以通过新媒体平台后台获取，就无须再花费时间进行数据统计与挖掘，直接收集后台数据进行分析即可。

对于无法通过后台获取的数据，运营者可以借助相关工具进行数据获取与挖掘。

(三) 数据处理

新媒体数据处理分为三个部分，即数据排序、数据筛选和数据汇总。通过数据处理，可将无用的数据剔除，将同类数据合并。

1. 数据排序

数据排序即按一定顺序排列数据，以便运营者能够通过浏览数据发现一些明显的特征或趋势，并找到解决问题的线索。此外，排序还有助于数据检查、纠错，以及为重新归类或分组等提供方便。在某些场合，排序本身就是分析目的之一。

数据排序类型包括升序操作、降序操作和自定义排序。

2. 数据筛选

数据筛选在整个数据处理流程中处于至关重要的地位，其主要目的是根据不同的分析目的选择对应的数据，找出所需要的某类数据。在大数据环境下，要想分析海量数据所蕴含的价值，筛选出有价值的数据十分必要。此外，数据筛选还有一个作用，即可以对数据进行修正。

3. 数据汇总

数据汇总主要包括数据求和、计算平均数、计算比例。

(1) 数据求和。求和常用于销售数据处理，通过网站或网店可导出下单时间、访问时间、下单金额等数据，通常比较精确。在进行数据分析时，将当月或当日数据求和，可以得到整体的销售数据，从而有助于进行销售情况分析。

(2) 计算平均数。计算平均数常用在内容数据的处理中，尤其是在测试内容平台质量时，需要定期统计数据。

(3) 计算比例。在新媒体数据分析中，计算比例是对运营效果进行评判的客观方法，常用的比例包括转化率、打赏率、点赞率、支付比例、跳出率等。

(四) 数据分析

数据分析是整个新媒体数据分析的核心环节，可以通过运用统计学、机器学习等方法对整合后的数据进行深入挖掘，发现潜在的、有价值的信息。常用的数据分析方法有描述性分析、因果分析、聚类分析、关联规则挖掘等。数据分析的内容包括用户分析、流量分析、销量分析、内容分析等。

(五) 数据总结

数据总结主要是对新媒体平台上的内容进行深入分析，以了解内容属性、用户行为并寻求可能的改进策略。在进行新媒体数据总结时，需要关注以下几个方面的内容。

1. 工作总结

工作总结包括本月工作完成情况(如KPI完成情况、发布文章数量、优质内容数量、粉丝数据等)和年度工作完成情况(通过花费和转化两个指标绘制趋势图)。

2. 账号数据情况

将整体预算消耗以及内容曝光率、点击率等数据与上个月做对比，评估是否有调整的必要。

3. 内容质量分析

从选题方向、文案创意、标题亮点、封面设计等方面进行分析，找出成功或失败的原因。

4. 下阶段规划

下阶段规划包括目标与计划(具体到每日KPI，从外部和内部两个角度进行拆解)、重点事项推进以及可能遇到的问题和所需支持。

二、新媒体数据分析的方法

新媒体数据分析方法多种多样，旨在从不同维度和角度深入挖掘数据背后的价值，为新媒体的运营、决策和优化提供有力支持。常用的分析方法包括直接评判法、对比分析法、用户分析法、结构分析法和漏斗分析法。

(一) 直接评判法

直接评判法是根据经验直接判断数据好坏的一种数据分析方法。这种方法通常用于评估账号某一阶段的运营状况，如评估近期阅读量是否过低、评判近期销量是否异常、评估当月文章推送量是否正常等。直接评判法依赖运营者的经验，因此在采用该方法时应保持客观公正的态度，避免主观臆断和偏见对评判结果产生影响。在实际应用直接评判法时，往往需要综合运用其他数据分析方法(如对比分析法、结构分析法等)，以便更全面地了解运营状况并做出准确的判断。

(二) 对比分析法

对比分析法又称比较分析法，是将两个或两个以上相互联系的指标数据进行比较，分析其变化情况，以了解事物本质特征和发展规律的分析方法。对比分析法具有可量化、简单直观、相对性的特点，在新媒体运营中尤为重要，因为它能够帮助运营者直接观察到当前的运营水平，找到已达优秀水平的方面并予以保持，同时还能够发现薄弱环节并重点突破。对比分析法的实质是基于参照物得出一种相对关系，参照物的选择决定了结论的质量。

应用对比分析法时需要对比的有内容、方式和对象，如图7-12所示。

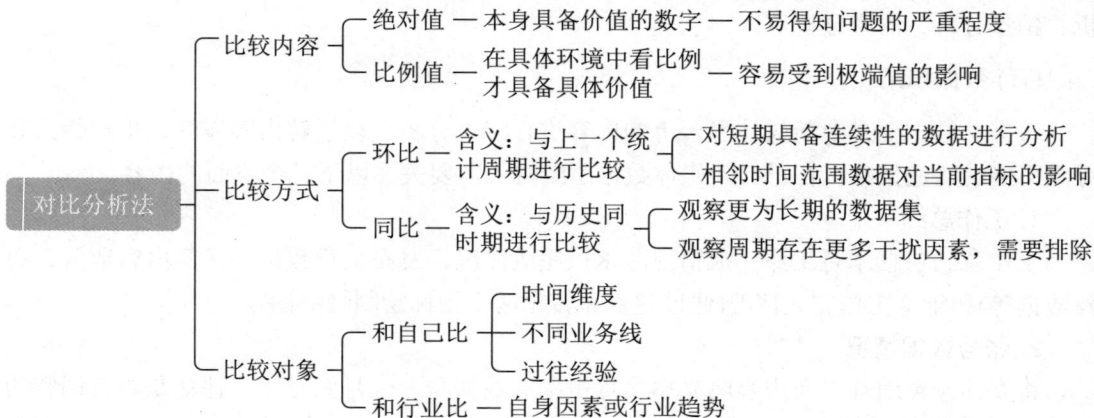

图7-12 对比分析法需要对比的内容

例如，某企业的微信公众号在阅读量和粉丝数量方面不如同行，但转发量、点赞量优于同行。这说明该企业账号的内容质量、粉丝黏性较高，但可能在推广和吸引新粉丝方面存在不足。又如，通过对比本月与上月的文章阅读量，发现阅读量有所下降。这提示运营者需要分析阅读量下降的原因，比如内容质量下降、发布时间不合适或推广力度不够等，从而采取相应的改进措施。

(三) 用户分析法

用户分析法是通过收集和分析用户在新媒体平台上的行为数据、属性信息以及反馈意见等，来构建用户画像、识别用户行为模式、预测用户需求和偏好的分析方法。通过应用此方法，运营者可以为用户提供更加精准的内容推荐，并据此制定有针对性的运营策略和优化措施。

(四) 结构分析法

结构分析法是在统计分组的基础上，将组内数据与总体数据进行对比，从而分析某一整体的内部结构特征的分析方法。这种方法的核心在于计算各组成部分占整体的比重，从而揭示出各部分在整体中的重要性及其相互关系。

运营者可以应用结构分析法来统计账号，粉丝的地域分布情况，并计算出各个地域粉丝数量的占比情况。这样，运营者可以清晰地了解粉丝的地域构成，从而制定具有针对性的运营策略。此外，结构分析法还可以用于分析新媒体平台上各类内容的发布量、阅读量、点赞量等指标的分布情况。通过计算各类内容在总体中的占比，可以了解哪些类型的内容更受用户欢迎，哪些类型的内容需要进一步优化或调整。

(五) 漏斗分析法

漏斗分析法是一种直观且有效的数据分析方法，它通过追踪用户在新媒体平台上的行为路径，将这一路径拆解成一系列关键步骤，并计算每个步骤之间的转化率，从而发现转化过程中的问题并优化转化率。这是一种科学反映用户行为状态以及从起点到终点各阶段用户转化率情况的重要分析模型。漏斗分析模型已经广泛应用于网站用户行为分析和App用户行为分析中，在流量监控、产品目标转化等日常数据运营与数据分析工作中发挥着重要作用。常见的漏斗分析模型有以下三种。

1. 电商用户行为漏斗

该模型即"打开首页→点击广告页→进入详情页→加入购物车→完成支付"。这一模型用于分析电商用户从浏览页面到完成购买的各步骤之间的转化率与总体的转化率。

2. AIDMA模型

该模型即"注意→兴趣→欲望→记忆→行动"。这一模型描述了消费者从接触信息到最终完成购买的全过程。

3. AARRR模型

该模型即"获取(acquisition)→激活(activation)→留存(retention)→变现(monetization)→推荐(referral)"。这一模型全面覆盖用户生命周期的各个阶段，可以帮助企业了解用户行为并优化产品和服务。

知识链接7-1

AIDMA模型

任务四 新媒体数据的呈现方式和分析报告

任务导入

在数据分析过程中，无论数据收集流程多么科学、分析方法多么高深，若不能将其转化为清晰明了的结论与建议(即普通人都能看得懂)，就无法发挥其价值。那么新媒体数据有哪些呈现方式？又该如何呈现呢？

分析本企业新媒体运营情况、同行新媒体运营状态、行业新媒体运营趋势等数据，对企业新媒体运营工作乃至企业整体营销都具有指导意义。对新媒体数据进行挖掘、处理及分析后，一般可以得到较为完整的数据结果。但对于纯粹的数字或图表，往往只有数据分析者自己清楚其价值，无法用于内外部交流。因此在数据分析完成后，还需要合理地呈现新媒体运营数据，确保数据分析结果易于理解且便于留存。在本任务中，我们将学习新媒体数据的呈现方式以及新媒体数据分析报告的类型和撰写方法。

一、新媒体数据的呈现方式

新媒体数据的呈现方式多种多样，这些方式不仅丰富了信息的表达形式，还提高了信息的传播效率和用户的理解度。新媒体数据呈现方式主要有数据可视化、多媒体融合、交互式呈现、新兴技术、新媒体平台直接呈现。

(一) 数据可视化

数据可视化是指将复杂、庞大的新媒体数据通过图形、图表、图像等形式直观地展现出来，以便运营者更好地理解和分析数据背后的信息和趋势。数据可视化不仅具有记录信息、提升推理和分析信息的效率的作用，还具有便于信息传播与协同的作用。

1. 数据可视化的常用形式

(1) 条形图。如图7-13所示，条形图可用于展示不同类别数据之间的对比情况，例如不同文章的阅读量、不同渠道的粉丝增长等。

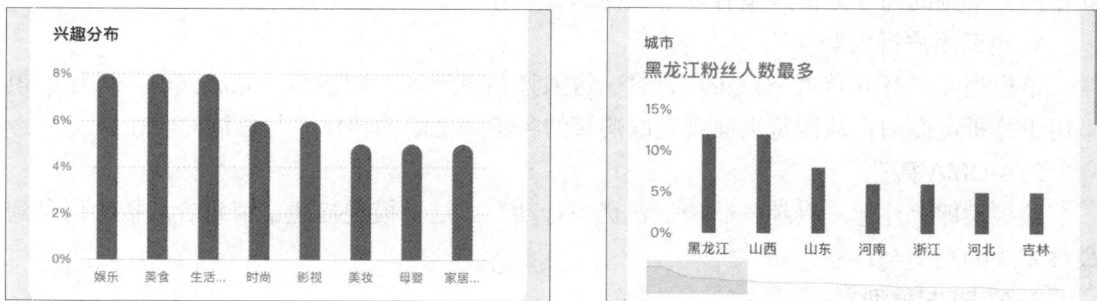

图7-13 条形图案例

(2) 饼图。如图7-14所示，饼图用于展示数据的占比情况，例如不同来源的流量占总流量的比例、不同年龄段用户占总用户的比例等。

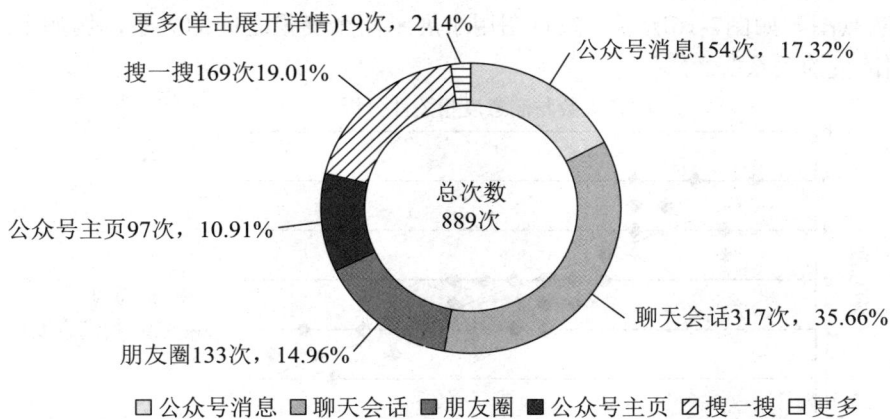

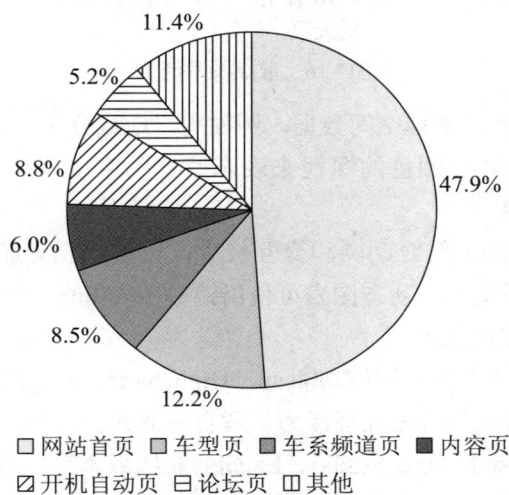

图7-14　饼图案例

(3) 折线图。如图7-15所示，折线图用于展示数据随时间的变化趋势，例如用户增长趋势、文章阅读量变化趋势等。

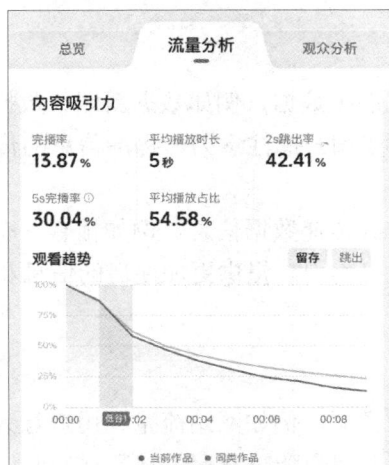

图7-15　折线图案例

(4) 散点图。如图7-16所示，散点图用于展示两个变量之间的关系，例如用户活跃度与文章阅读量的关系等。

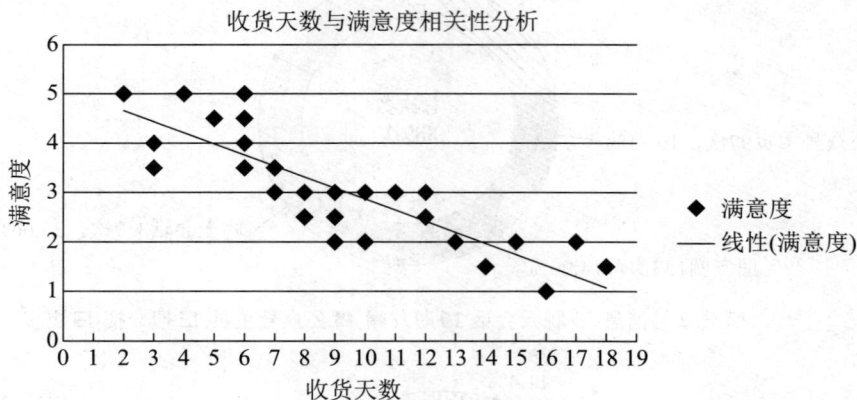

图7-16　散点图案例[①]

(5) 地图。地图用于展示地理空间数据，例如用户地域分布、文章传播范围等。

(6) 热力图。热力图通过颜色的深浅来表示数据的密度或强度，例如网站点击热力图、用户活跃度热力图等。

(7) 动态图表。动态图表结合动画和交互技术，可使图表更加生动和具有吸引力，例如动态柱状图、数据轮播图等。动态图表可使用镝数图表(https://dycharts.com/)制作。

2. 新媒体数据可视化的工具

(1) 专业软件。常用的专业软件如Tableau、Highcharts、ZingChart等，这些软件提供了丰富的图表类型，具有强大的数据处理能力，适合专业人士使用。

(2) 在线工具。如Google Data Studio、Excel的在线版本等，这些工具简单易用，适合非专业人士进行基础的数据可视化操作。

(3) 编程语言。如Python的Matplotlib、Seaborn库，JavaScript的D3.js等，通过编程可以实现高度定制化的数据可视化效果。

(二) 多媒体融合

1. 视频呈现

视频呈现即通过视频形式展示数据，例如数据新闻、数据动画等。视频具有直观、生动、易于理解的特点，能够吸引用户的注意力，提高信息的传播效果。

2. 音频呈现

音频呈现即通过声音的方式传递数据信息，例如播客、有声书等。音频呈现适用于移动场景，例如通勤、运动等，可为用户提供更加便捷的信息获取方式。

(三) 交互式呈现

1. 数据仪表盘

通过数据仪表盘展示实时数据，例如网站流量、用户行为等。数据仪表盘具有实时更新、交互性强的特点，能够帮助用户随时掌握关键数据的变化情况。

---

① 张洪举. 网站数据分析：数据驱动的网站管理、优化和运营 [M]. 北京：机械工业出版社，2013.

2. 数据可视化工具

数据可视化工具有Tableau、Power BI等。这些工具提供了丰富的数据可视化选项和交互功能，用户可以根据自己的需求定制数据展示方式，并进行深入的数据分析和探索。

(四) 新兴技术

1. 虚拟现实和增强现实

通过虚拟现实(virtual reality，VR)技术和增强现实(augmented reality，AR)技术，可将数据以三维立体的形式呈现给用户，提供更加沉浸式的体验。这种方式在房地产、旅游、教育等领域有着广泛的应用前景。

2. 人工智能

行业观察7-1

利用人工智能(artificial intelligence，AI)技术对数据进行分析和预测，可生成智能报告或建议。AI技术能够自动处理大量数据并发现其中的规律和趋势，为运营者决策提供有力支持。

AI时代的数据分析

(五) 新媒体平台直接呈现

1. 社交媒体数据

社交媒体平台可展示用户生成内容(user generated content，UGC)和数据分析结果，例如微博热搜、抖音热门短视频等。这些平台通过算法推荐机制将相关内容推送给感兴趣的用户群体。

2. 新媒体平台矩阵

微信公众号、今日头条、知乎等新媒体平台矩阵也是呈现数据的重要渠道。这些平台通过图文、视频等多种形式展示数据内容，并与用户进行互动和交流。

二、新媒体数据分析报告

撰写数据分析报告是新媒体营销的重点工作之一，通过全面、客观的分析报告，可以指出新媒体运营存在的问题，为运营者做决策提供重要支撑。

(一) 新媒体数据分析报告的类型

新媒体数据分析报告按报告频率可分为日常报告和不定期报告，按研究范围可分为外部报告和内部报告，据此可在总体上将新媒体数据分析报告分为日常运营报告、专项研究报告及行业分析报告，如表7-1所示。需要特别指出的是，由于无法直接获取同行的内部运营数据，行业分析报告主要是对行业的整体分析及同行的日常数据监测。

表7-1　新媒体数据分析报告的类型

类型	内部报告	外部报告
日常报告	日常运营报告	行业分析报告
不定期报告	专项研究报告	

1. 日常运营报告

日常运营报告是指新媒体部门每天、每周、每月、每季度等需要进行的汇报，例如

"企业网站流量日报""微信公众号粉丝周报""某账号推文阅读量周报""企业网站转化率月报"等。它是根据不同新媒体平台的日常运营数据撰写的分析报告，也是评估新媒体平台(如微信公众号、微博、抖音、小红书等)运营效果、分析用户行为、总结运营策略及提出改进建议的重要文档。日常运营报告的重点是表头设计与流程固化，具有进度性、规范性和时效性的特点。

2. 专项研究报告

专项研究报告是指针对某个特定问题而进行的数据分析与汇报，例如"母亲节××活动效果报告""本月微博销售额走低数据分析报告""××账号粉丝增长来源分析报告""××平台流量异常分析报告"等。专项研究报告的重点是数据的深入挖掘和解决方案，它能够帮助企业根据某项问题提出有针对性的解决措施。

3. 行业分析报告

行业分析报告是指行业整体的新媒体运营情况汇报。分析行业整体的新媒体运营情况，有助于企业掌握整体趋势，做到知己知彼。行业分析报告的重点是新媒体整体运营情况和同行分析。

(二) 新媒体数据分析报告的撰写思路

根据阅读报告的人对报告内容的熟悉情况，可采取以下七种撰写思路，即介绍型、监控型、探索型、诊断型、测试型、预测型、评估型思路。

1. 介绍型思路

介绍型思路通常适用于向不了解情况的人做第一次汇报时使用。介绍型思路的报告一般采用总分式结构，分若干个角度进行介绍。例如，介绍整体营销活动概况、整体粉丝情况、产品线情况。报告撰写框架如图7-17所示。需要注意的是，很多企业上层领导可能不了解具体的业务细节，所以需要先分几个大的角度讲清楚，指标不能分得太细，否则可能会得到"听不懂""没说到重点""太细了"的评价。

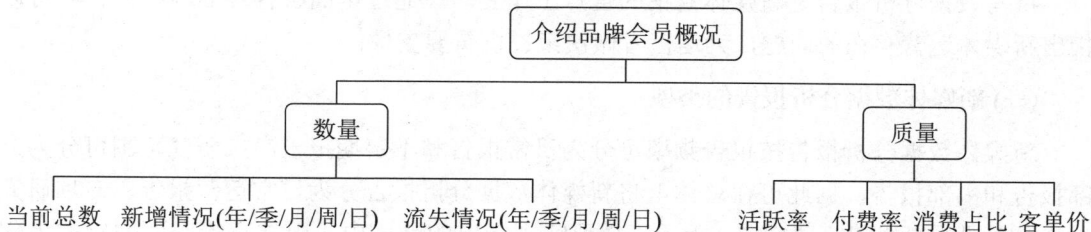

图7-17　介绍型报告撰写框架示例

2. 监控型思路

监控型思路的报告适用于对报告内容有一定程度了解的人，主要以此提示业务发展态势。监控型报告的内容篇幅视企业领导需求而定，其内容关键在于需要结合业务行动讲指标走势。监控型报告最忌讳写成"数字流水账"，没有定论。例如，本周同比涨了$x\%$，环比涨了$y\%$，时间进度比$z\%$，KPI完成率$xx\%$……在撰写监控型报告时，切忌盯着数据"就事论事"，一定要监控指标波动与具体业务行为的联系，以方便阅读报告的人做判断。例如，指标往上走，是因为运营人员做了哪些措施；指标往下走，是不是因为竞争对手在做营销活动。

3. 探索型思路

探索型思路的报告适用于向对报告内容有一定程度了解的人介绍报告的内容、提示或建议下一步行动方向。探索型报告应有较强的逻辑性，还应解释清楚数据与结论之间的逻辑关系。提示或建议也应建立在坚实的数据基础之上。探索型报告一般包括三大部分，即数据证据、结论、待讨论环节，如图7-18所示。

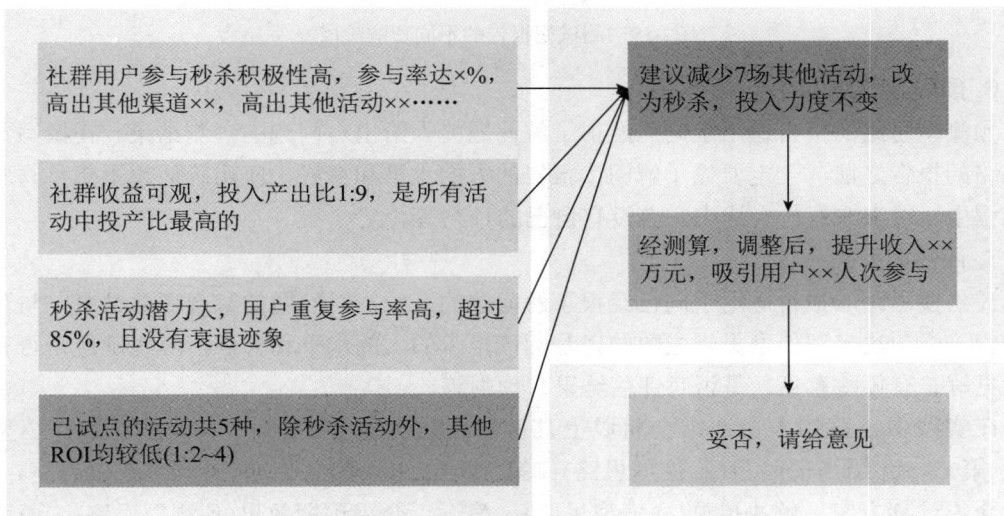

图7-18　探索型报告撰写框架示例

探索型思路的报告逻辑可以有很多种，最简单的就是"正反举例法"。例如：正向举例——做了××行为的业务，表现更好；反向举例——没有做××行为的业务，表现更差；因此得出建议——推广××行为，提升整体业绩。

4. 诊断型思路

诊断型思路的报告适用于向已经很了解问题的人解释问题产生的原因。比较简单的诊断方法是"结构分析法+指标拆解或漏斗分析法"，这种方法可指出产生问题的业务和具体环节。如果想要更深入地诊断，可能需要采用更复杂的逻辑，甚至可能需要结合ABtest或打标签分组对比，才能得出结果。所以诊断型报告可以写得很深入，如果当前分析得不够深入，就不要做结案汇报，而应作为过程汇报，听取大家的意见，再决定下一步如何深入分析。

5. 测试型思路

测试型思路的报告适用于向已经很了解问题的人解释测试结果。如果阅读报告的人不了解问题背景，应先做介绍型或监控型思路的报告。采用这种思路时，目标是第一位的，可以采用以下句式："我要测试，××做法能提升××指标，且排除××的影响。"

测试型报告的结构简单清晰，具体包括待解决的问题、测试方案思路、测试结果、测试后的建议四个部分，其不同理解阶段如图7-19所示。

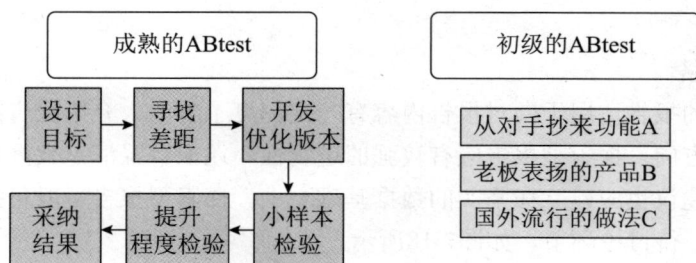

图7-19　测试型报告的不同理解阶段

6. 预测型思路

预测型思路的报告适用于向已经很了解问题的人给出对问题的预测结果。在撰写预测型思路的报告之前，一定要先了解阅读报告的人的水平和喜好，应明确他想不想参与到预测过程中、对未来有什么忧虑、有没有自己的预判等。

7. 评估型思路

评估型思路的报告适用于向已经很了解问题的人给出对问题的综合评估结果。与预测型报告一样，决定评估型报告成败的也是阅读报告的人的水平和喜好，应明确他是否有自己的见解、有哪些意见、是否对评估结果有预判等。

在实践中，营销人员通常会将以上几种思路进行整合：第一，介绍背景(介绍型思路)；第二，介绍当前趋势(监控型思路)；第三，介绍当前面临的问题(诊断型思路)；第四，介绍计划方案、解决措施(探索型思路)；第五，介绍预期效果(预测型思路)。通用的行文结构如图7-20所示。

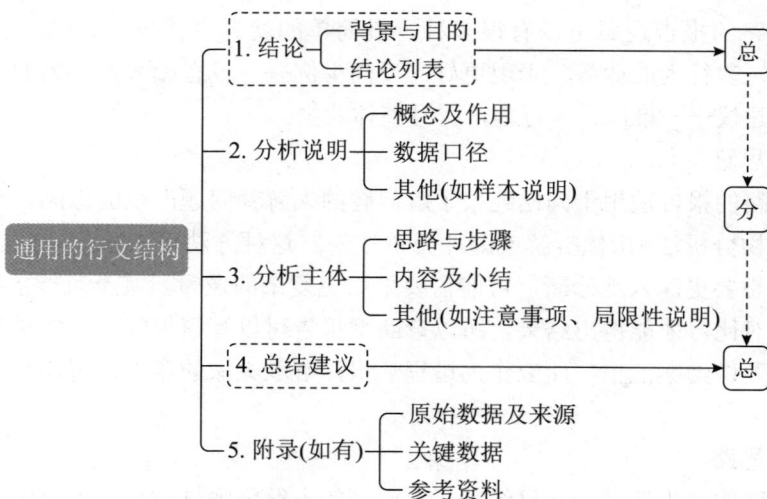

图7-20　通用的行文结构

总之，在撰写数据分析报告的时候，首先明确报告对象是谁(例如内外部成员、领导等)，其次运用七种思路中的一种撰写报告，最后考虑阅读报告的人的意见是否会影响报告结果。

(三) 新媒体数据分析报告的撰写要点

1. 日常运营报告的撰写要点

日常运营报告是一种常态化报告，它呈现的是新媒体部门的整体运营状态及各新媒体平台的日常数据情况。日常运营报告通常由数据分析者整理并发送给相关部门的同事。将日常运营报告细化，又可分为工作日程表、运营效果表和总结汇报表。

知识链接7-2

新媒体日常运营报告——写作模板

(1) 工作日程表。工作日程表的内容主要是新媒体团队的日常工作过程，通常包括完成事项的时间节点、任务完成的情况、部门分工等，如表7-2所示。

表7-2　工作日程表模板(示例)

<table>
<tr><td colspan="10">5月工作日程表</td></tr>
<tr><td rowspan="3">序号</td><td rowspan="3">项目</td><td>第一周</td><td>第二周</td><td>第三周</td><td>第四周</td><td rowspan="3">责任人</td><td colspan="2">各部门工作分布</td><td rowspan="3">工作成果
(考核标准)</td></tr>
<tr><td>1—7日</td><td>8—14日</td><td>15—21日</td><td>22—28日</td><td>部门内部
分工情况</td><td>部门外部
分工情况</td></tr>
<tr><td colspan="4">每日完成情况</td></tr>
<tr><td>1</td><td>微信公众号</td><td></td><td></td><td></td><td></td><td></td><td></td><td></td><td></td></tr>
<tr><td>2</td><td>抖音</td><td></td><td></td><td></td><td></td><td></td><td></td><td></td><td></td></tr>
<tr><td>3</td><td>小红书</td><td></td><td></td><td></td><td></td><td></td><td></td><td></td><td></td></tr>
<tr><td>……</td><td>……</td><td></td><td></td><td></td><td></td><td></td><td></td><td></td><td></td></tr>
</table>

(2) 运营效果表。运营效果表主要呈现团队新媒体运营的结果，如表7-3所示。新媒体运营结果通常不受人为因素控制，因此可以更客观地体现新媒体整体运营效果。

表7-3　运营效果表模板(示例)

<table>
<tr><td colspan="2" rowspan="2">项目</td><td colspan="9">月份</td></tr>
<tr><td>1月</td><td>2月</td><td>3月</td><td>4月</td><td>5月</td><td>6月</td><td>7月</td><td>8月</td><td>……</td></tr>
<tr><td colspan="2">销售额/元</td><td>10 000</td><td>10 000</td><td>20 000</td><td>30 000</td><td>40 000</td><td>40 000</td><td>40 000</td><td>50 000</td><td></td></tr>
<tr><td rowspan="3">运营目标</td><td>流量(UV)</td><td>3086.42</td><td>3086.42</td><td>5848</td><td>10 526.1</td><td>14 035</td><td>14 035</td><td>14 035</td><td>16 666.7</td><td></td></tr>
<tr><td>转化率</td><td>1.8%</td><td>1.8%</td><td>1.9%</td><td>1.9%</td><td>1.9%</td><td>1.9%</td><td>1.9%</td><td>2%</td><td></td></tr>
<tr><td>客单价/元</td><td>180</td><td>180</td><td>180</td><td>150</td><td>150</td><td>150</td><td>150</td><td>150</td><td></td></tr>
<tr><td colspan="2">公式</td><td colspan="9">销售额=流量×转化率×客单价</td></tr>
<tr><td colspan="2">预计广告投入</td><td></td><td></td><td></td><td></td><td></td><td></td><td></td><td></td><td></td></tr>
<tr><td rowspan="2">运营阶段</td><td colspan="3">第一阶段过渡期</td><td colspan="4">第二阶段过渡期</td><td colspan="3">第三阶段过渡期</td></tr>
<tr><td colspan="3">团队建设，员工培训，供应链重建或系统完善。通过活动让更多人了解企业和产品</td><td colspan="4">积累信用、客户、经验，对团队来说是考察第一阶段的运营成果，有助于团队快速发展</td><td colspan="3">发现问题，解决问题。第二阶段结束后，团队要进行总结、分析、学习，为下阶段的爆发做好准备</td></tr>
</table>

(3) 总结汇报表。工作日程表和运营效果表主要用于新媒体部门内部分析与交流，但是在向其他部门(销售部、人力资源部等)及公司总经理汇报时，需要注意减少过于专业化的词汇，直接提炼核心数据，无须展示全部数据，力求精简、高效，如表7-4所示。

表7-4　总结汇报表模板(示例)

日期	2024年1月1日至2024年1月13日	
汇报人	新媒体经理	
具体数据	微信公众号粉丝增加	3472
	微信公众号粉丝总数	762 391
	抖音粉丝总数	1 039 253
	网络订单数量	962
	网络订单金额/元	187 093
	待发货订单数量	210
	待发货订单金额/元	40 124

2. 专项研究报告的撰写要点

专项研究报告需要针对某个新媒体事件或问题逐层进行分析，尽量找到问题源头，并在报告中给出明确的研究建议。专项研究报告应符合报告格式要求，通常包括问题表述、研究思路、研究过程、数据解读、分析建议等部分，各部分应环环相扣。

3. 行业分析报告的撰写要点

行业分析报告是针对某行业进行分析，旨在了解行业用户的基本特征、行为路径等细节的报告。现阶段各大互联网平台都已经将大数据面向公众开放，数据分析人员可以利用数据分析工具直接获取相关数据或图表进行行业分析。行业分析报告的主体采用"分—总"架构，分别针对行业、对手展开分析，最后总结分析结果并提出运营建议，如图7-21所示。

图7-21　行业分析报告的撰写架构(示例)

行业分析报告的研究框架如图7-22所示。

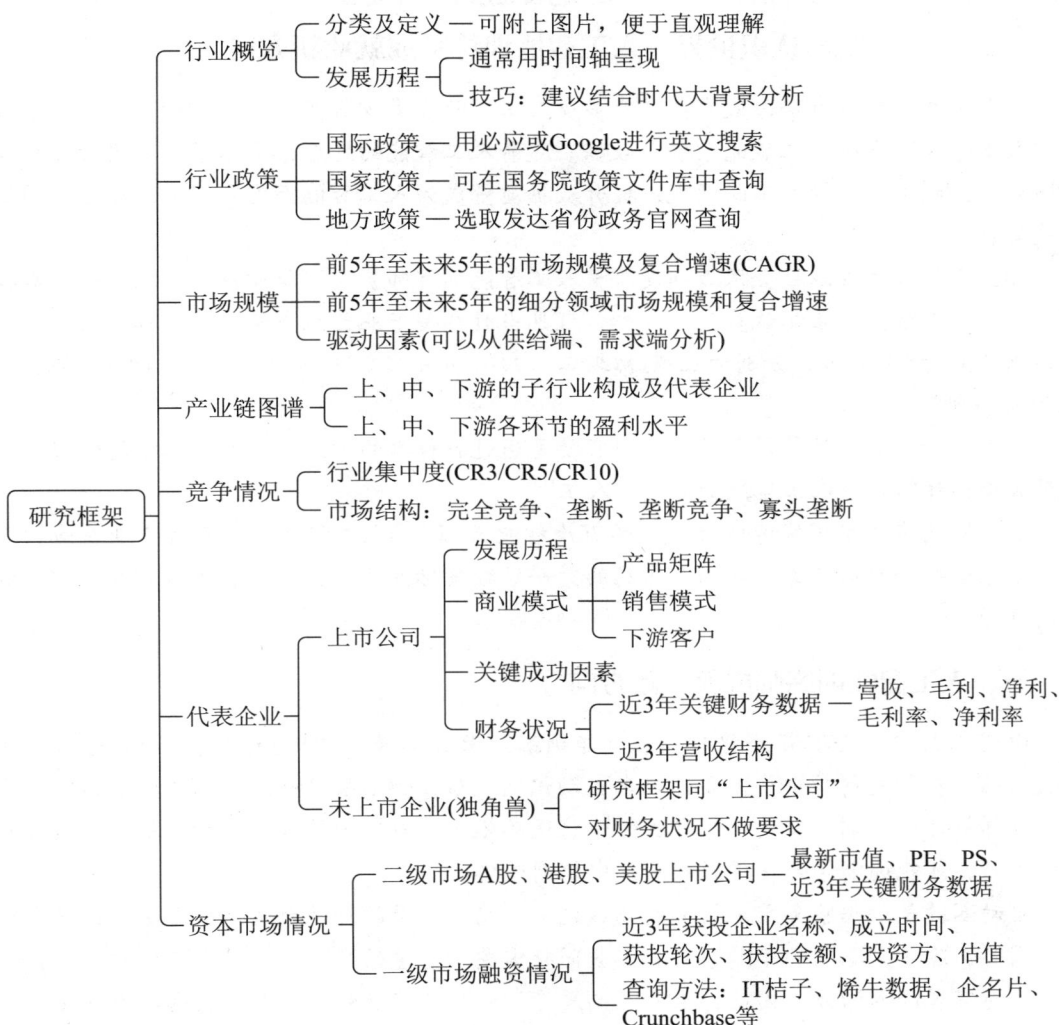

图7-22　行业分析报告的研究框架(示例)[1]

① 热衷. 新媒体数据分析报告 [EB/OL]. (2023-05-30)[2024-12-01]. https://mp.weixin.qq.com/s/LU5mlWR4IMIMg WtLg97BZA.

思想领航

教AI认识世界，人工智能训练师成就业新方向①

在人工智能领域有一句箴言："有多少人工，就有多少智能。"据估计，中国有千万名"人类专家"在给人工智能"喂"数据。随着人工智能的发展，全国多地数据标注招聘市场火热，相关创业模式不断涌现，提升数据质量成为人工智能开发商"弯道超车"的最新策略。

2021年，人力资源社会保障部发布《人工智能训练师》国家职业技能标准，覆盖数据标注员、人工智能算法测试员两个工种，可见当时相关产业已经成势。这份标准将人工智能训练师分为5个等级，分别为五级/初级工、四级/中级工、三级/高级工、二级/技师、一级/高级技师。

据了解，数据标注员每天的工作内容就是通过打标签的方式，辅助人工智能学习，可以说数据标注师就是人工智能背后的"人工"。

位于济南市明水国家经济开发区的百度智能云(山东)人工智能基础数据产业基地，是百度在全国布局的第二家、在山东布局的第一家数据标注基地，已经容纳了1500名人工智能训练师。

一、人工智能训练师成就业新方向

中国工程院院士邬贺铨曾对人工智能训练师做过解释："比如AI训练师会进行智能驾驶训练。在智能驾驶中，需要让汽车自动识别道路，但如果只是将视频单纯地传给计算机，计算机无法识别，需要人工在视频中将道路框出，再交由计算机，计算机多次接收此类信息后，才能逐渐学会在视频和照片中识别道路。"

自动驾驶是数据服务需求最大的领域之一，需要大量的标注数据对模型进行训练和调优。同时，除了"聪明的车"，自动驾驶同样需要"智慧的路"，通过车路协同的数据训练，才能实现降本增效。因此，专业、高质量的数据才能够保证自动驾驶的精准和安全。实际上，现在人们在生活中常见的小度智能屏、小爱同学、天猫精灵等智能产品背后，都有人工智能训练师的身影。

就像从零搭建一座结构精密的建筑，每一种人工智能的成长都要经历人工训练的过程。导航语音的生成，智能音箱的应答，人脸支付，动作捕捉……在业界有这样一种说法："数据标注员是'人工智能的老师'。"是他们日复一日地拉框，教会了人工智能理解人类世界。现在，你去问ChatGPT，它也会"亲口"承认："在我的训练过程中，开发者们还使用了一些人工标注的数据集，以帮助我识别语言中的关键概念和语法规则。这些数据集通常由人类专家进行标注，包括注释句子结构、命名实体识别和情感分析等。这些数据集可以帮助我更好地理解自然语言，并帮助我更准确地执行任务。"

---

① 海报新闻. 教 AI 认识世界的人——揭秘智能产业大火背后的人工智能训练师 [EB/OL]. (2023-04-16)[2024-12-01]. https://baijiahao.baidu.com/s?id=1763282153029037965&wfr=spider&for=pc. 有删改

二、人工智能的主流方向是深度学习

人工智能的三大基石是数据、算力与算法，采用的数据质量越高，往往越能够训练出越"聪明"的模型。

人工智能的主流方向是深度学习。在过去，由人来告诉机器，猫有哪些特征，机器再根据这些特征判断一个物体是不是猫；而深度学习是通过给机器"喂"大量猫的图片，让机器自行归纳猫的特征。这就需要大量经人工标注的图片，可谓"有多少智能，就要付出多少人工"。

数据标注领域有过一个神话——ImageNet项目。这个项目数据库拥有超过1400万张已被标注的图片，其中识别出的物体超过20 000种——包括120只不同品种的狗。

三、人工智能的发展离不开数据标注

"人工智能的发展离不开数据标注，没有数据标注，就没有人工智能。没有数据标注，就没有无人驾驶、刷脸支付、阿尔法狗、智能音箱。"某公司招聘广告上这样写着。

有个别公司还在招聘需求里写明职业培养方向，例如"数据标注师—数据质检师—项目培训师—项目主管—项目经理"。

如图7-23所示，在相关招聘网站上，人工智能训练师招聘职位数量呈现持续增长趋势。在招聘需求量地区排名中，排名前三位的分别为北京、深圳、上海。

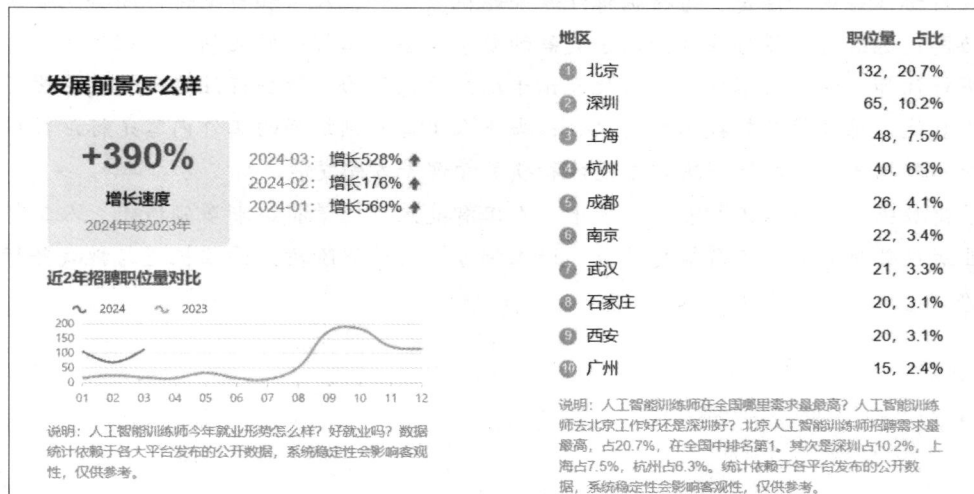

地区	职位量，占比
① 北京	132，20.7%
② 深圳	65，10.2%
③ 上海	48，7.5%
④ 杭州	40，6.3%
⑤ 成都	26，4.1%
⑥ 南京	22，3.4%
⑦ 武汉	21，3.3%
⑧ 石家庄	20，3.1%
⑨ 西安	20，3.1%
⑩ 广州	15，2.4%

发展前景怎么样
+390%
增长速度
2024年较2023年
2024-03：增长528% ↑
2024-02：增长176% ↑
2024-01：增长569% ↑

近2年招聘职位量对比

说明：人工智能训练师今年就业形势怎么样？好就业吗？数据统计依赖于各大平台发布的公开数据，系统稳定性会影响客观性，仅供参考。

说明：人工智能训练师在全国哪里需求最高？人工智能训练师去北京工作好还是深圳好？北京人工智能训练师招聘需求量最高，占20.7%，在全国中排名第1。其次是深圳占10.2%，上海占7.5%，杭州占6.3%。统计依赖于各平台发布的公开数据，系统稳定性影响客观性，仅供参考。

图7-23　人工智能训练师的就业发展前景

除了较大规模的数据标注产业基地外，数据标识行业中还有"个体户"而且其正大量涌现。在百度贴吧，大量项目正在召集"团队"接标。从发帖内容可以看出，只要有一个人员相对固定且工作时长固定的团队，就可以承接大公司分发的项目标。

四、数据标注时薪取决于工作内容

按照招聘平台上的信息，人工智能训练师是依据工作内容来定时薪价格的。时薪能达到30元档的是3D类工作，具体包括对实际场景中的特定事物进行标注，例如对一条道路上的雷达车道线、雷达目标拉框；也包括一些语音类工作，例如对音转文、方言转写、唤醒助手等进行标注。2D类工作被认为更简单，因此价格较低，具体包括对平面图像、文字段落进行标注，或者是OCR(optical character recognition，文字识别)转写，例如对交通违规图片里的人和车、红绿灯、交通标识进行识别。价格最低的是打码类工作，具体包括设计计算题验证码、简单图形概念辨析等识别类工作。

2021年版的《人工智能训练师》国家职业技能标准对该职业的能力特征描述是"具有一定的学习能力、表达能力、计算能力；空间感、色觉正常"，对教育程度的要求是"初中毕业"，言外之意，这是一种门槛不高的职业。人工智能训练师通过对大量文本、图片、语音、视频等数据进行归类、整理、纠错和批注等，让机器人接受大量数据的训练，从而使其变得越来越精准，因此可以说人工智能训练师相当于机器人的"教练"。

数据标注产业促进了不少城镇和农村就业，在河南、河北、贵州等地，还出现了一些"数据标注村"。据iResearch数据，2019年我国数据标注市场规模为30.9亿元，预计2025年市场规模将突破100亿元，年复合增长率达到14.6%。

五、人工智能发展或取代数据标注师

人工智能训练为数据标注行业带来了技术红利。随着人工智能的"升级换代"，数据标注行业也将不断发展。数据标注是一个很好的行业入门工种，从业人员有机会深度参与到产业链协作当中。但是，当数据标注越来越机器化时，人工和自动化之间必然要实现有机的协同，这就对数据标注师提出了更高的要求。当人工智能发展到一定程度时，可能取代数据标注师。但也有不少学者对此表示乐观，他们认为，数据标注越来越机器化可能会给人工智能训练师带来转换工种的机会，当下人工智能训练师的工作内容是标注数据，未来可能向数据治理、数据解决方案设计和项目管理等方向发展。

"得数据者，得人工智能。"未来，人工智能应用场景将逐渐多领域化，人工智能训练从业者也必将随着人工智能行业一同进入细分市场追逐阶段，面临机遇与挑战并行的发展态势。

项目检测

基础训练

一、扫码自测

二、思考题

1. 与用户数量与质量相关的数据有哪些？
2. 影响电商转化率的因素有哪些？
3. 微信公众号的关键数据指标有哪些？
4. 在新媒体营销过程中，会产生多种数据分析需求，这些需求通常涉及哪些方面？

三、知识强化题

请填写对应的分析报告类型(日常运营报告、专项研究报告、行业分析报告)。

1. 《粉丝来源专项研究报告》：_____。
2. 《2021年第一季度快消行业新媒体分析报告》：_____。
3. 《公众号流量日报》：_____。
4. 《付费率专项调研报告》：_____。
5. 《抖音粉丝周报》：_____。
6. 《双十一购物节微信推广活动效果报告》：_____。

综合应用

实训一

请任选一个自己关注的文化类账号，参照表7-5自制相同的表格，使用"巨量引擎"完成相关内容的分析。

表7-5 某账号数据分析模板

用户画像	性别	男性占比居多(约69.54%); 男性偏好度(TGI 130)最高	年龄	18～40岁用户居多; 31～40岁偏好指数(TGI 137)最高
	教育程度	初中及以上	地域	浙江、江苏、广东、安徽、山东、河南、上海
	行业	茶饮、文旅、教育、金融、"三农"、新媒体	兴趣爱好	时尚、美食、旅行、文化教育、创意、拍摄
账号信息	昵称	茶闻趣事	简介	快来关注我吧! 带你探索每一片茶叶后的故事,品茶味人生,与你共赏茶道之趣 找我合作上星图
	内容定位	1. 黄V认证。 2. 分享非遗技艺和历史文化,让更多人了解中国茶,传播中国茶文化		
	头像		封面	

实训二

自己运营公众号,编制"日常运营报告"中的"工作日程表"。

如需了解新媒体营销的策略、基本流程、实施步骤、实施方法以及注意事项等方面，请扫描下方二维码。

如需了解新媒体营销活动的主体与客体、目的及类型、定位、组成与要素、策划方法和策划方案等方面，请扫描下方二维码。